中国社会研究叢書
21世紀「大国」の実態と展望 ❷

日中韓の相互イメージと
ポピュラー文化

国家ブランディング政策の展開

石井健一／小針進／渡邉聡［著］

明石書店

刊行のことば

　21世紀「大国」の中国。その各社会領域―政治，経済，社会，法，芸術，科学，宗教，教育，マスコミなど―では，領域相互の刺激と依存の高まりとともに，領域ごとの展開が加速度的に深まっている。当然，各社会領域の展開は一国に止まらず，世界の一層の複雑化と構造的に連動している。言うまでもなく私たちは，中国の動向とも密接に連動するこの世界のなかで，日々選択を迫られている。それゆえ，中国を研究の対象に取り上げ，中国を回顧したり予期したり，あるいは，中国との相違や共通点を理解したりすることは，私たちの生きている世界がどのように動いており，そのなかで私たちがどのような選択をおこなっているのかを自省することにほかならない。

　本叢書では，社会学，政治学，人類学，歴史学，宗教学などのディシプリンが参加して，領域横断的に開かれた問題群―持続可能な社会とは何であり，どのようにして可能なのか，あるいはそもそも，何が問題なのか―に対峙することで，〈学〉としての生産を志す。そこでは，問題と解決策とのあいだの厳密な因果関係を見出すことよりも，むしろ，中国社会と他の社会との比較に基づき，何が問題なのかを見据えつつ，問題と解決策との間の多様な関係の観察を通じて，選択における多様な解を拓くことが目指される。

　確かに，人文科学，社会科学，自然科学などの学問を通じて，私たちの認識や理解があらゆることへ行き届くことは，これまでにもなかったし，これからもありえない。ましてや現在において，学問が世界を考えることの中心や頂点にあるわけでもない。あるいは，学問も一種の選択にかかわっており，それが新たなリスクをもたらすことも，もはや周知の事実である。こうした学問の抱える困難に謙虚に向き合いつつも，そうであるからこそ，本叢書では，21世紀の〈方法としての中国〉―選択における多様な解を示す方法―を幾ばくかでも示してみたい。

2018年2月

日中社会学会会長　首藤　明和

日中韓の相互イメージと
ポピュラー文化

国家ブランディング政策の展開

*

目　次

刊行のことば（首藤明和）／ *3*

序　章　ポピュラー文化の国際流通（石井健一）／ *9*
　1. ポピュラー文化の国際的な流れ◆ *10*　2. コンテンツに対する需要と供給のギャップ◆ *15*　3. 韓流はなぜ生じたのか◆ *16*　4. グローバル化とポピュラー文化◆ *26*　5. 日本における外国のポピュラー文化への反応◆ *27*　6. 海外における日本のポピュラー文化への批判◆ *28*　7. ポピュラー文化を用いた国家戦略のパラドックス◆ *33*　8. 本書の構成◆ *36*

第一部　ポピュラー文化と国家ブランディングに関する政策展開／ *45*

第1章　ポピュラー文化と国家ブランディング（石井健一）／ *46*
　1. 文化に関係する政策◆ *46*　2. 国家ブランディング政策◆ *50*　3. 経済政策としての文化の活用◆ *65*　4. 各国の文化関係政策◆ *68*　5. 国家ブランディング政策とその批判・評価◆ *74*　6. 国家ブランディングとしてのメガイベント◆ *80*

第2章　韓国の国家ブランディング政策（小針　進）／ *102*
　1. 韓国における国家ブランディング政策の始まり◆ *103*　2. 朴槿恵政権と国家ブランディング◆ *114*　3. 国家ブランディングへの批判的な言説◆ *125*　4. まとめ——政策効果はあるのか◆ *132*

第3章　中国の国家ブランディング政策と情報統制（石井健一）／ *143*
　1. 中国のソフトパワー戦略◆ *143*　2. 中国人は情報規制にどのように反応しているのか◆ *162*　3. 結論◆ *168*

目　次

第二部　日中韓をめぐる相互イメージとその規定要因／ 177

第４章　ポピュラー文化と国のイメージ・好意度（渡邉　聡）／ 178

1. 広報外交政策におけるポピュラー文化への期待◆ 178　2. 国のイメージ・好意度に及ぼすマスメディアの影響◆ 180　3. オリンピック報道と国イメージ・好意度◆ 186　4. 日本のポピュラー文化と日本のイメージ・好意度◆ 190　5. 韓国のポピュラー文化と韓国のイメージ・好意度◆ 196　6. 米国のテレビ番組と米国のイメージ・好意度◆ 200　7. まとめ◆ 207

第５章　韓国，台湾，香港における「日本」イメージとナショナリズム意識（石井健一・小針 進・渡邉　聡）／ 221

1. 本章の理論的枠組み◆ 222　2. 韓国・台湾・香港の対外意識の比較◆ 225　3. 韓国・台湾・香港のナショナリズム意識◆ 233　4. ポピュラー文化への接触と国のイメージ◆ 237　5. 香港における日本のポピュラー文化の影響の因果分析◆ 246　6. まとめ◆ 251

第６章　アメリカにおける日中韓のイメージとポピュラー文化の影響（石井健一）／ 258

1. アメリカ人の日本観◆ 259　2. 分析の方法◆ 261　3. アメリカ人の日本の認知◆ 263　4. 日本への好意度を説明する要因◆ 266　5. 日本の伝統文化・ポピュラー文化への接触◆ 268　6. 伝統文化・ポピュラー文化への関心はどのような効果をもたらしているのか◆ 274　7. アメリカ人にとっての日本料理◆ 276　8. 結論◆ 279

第７章　中国人の日本ブランド消費――ナショナリズム意識の消費行動への影響（石井健一）／ 282

1. ナショナリズム意識と外国製品の不買運動◆ 283　2. 原産地効果・消費者自民族中心主義・敵意◆ 285　3. ナショナリズム意識の次元◆

288 4.中国人のナショナリズム意識と日本・米国製品の消費◆*290*
5.日本アニメの好みとナショナリズム意識◆*297* 6.結論◆*305*

第8章 韓流の影響と日本人の嫌韓意識（石井健一・小針　進・渡邉　聡）／*313*

1.対韓意識の変化◆*314* 2.若者におけるアジア志向の心理◆*324*
3.韓流は対韓意識を改善させたのか——韓国ドラマの影響の因果分析◆*335* 4.嫌韓意識の構造◆*340* 5.まとめ◆*352*

第9章 日本人の外国イメージとポピュラー文化の影響（石井健一・渡邉　聡）／*360*

1.日本人の外国イメージ◆*360* 2.好きな国の時系列的な変化◆*365*
3.国家ブランドパーソナリティ◆*368* 4.国のイメージと企業のイメージ◆*370* 5.日本人の外国イメージの構造と外国製商品の評価◆*373*
6.外国に対する好意度に影響を与える要因◆*380* 7.まとめ◆*385*

おわりに（石井健一）／*392*

索　引／*397*

序　章　ポピュラー文化の国際流通

石井　健一

　本書の目的は，日本，中国，韓国におけるポピュラー文化を活用する政策がどのような背景から生じたものであるのか，またポピュラー文化の流入が人々にどのような影響をもたらしているのかを，主として実証的な研究結果によって示すことにある。なお，本書で「ポピュラー文化」とは，メディアのコンテンツやファッション，料理など，楽しむことを主たる目的として経済的または時間的消費の対象とされるコンテンツ，製品，サービスを指している。

　東アジアでは，日本，中国，韓国の間でさまざまな摩擦・対立が起きている。政治的，経済的に国力を強めるだけでなく，文化において主導権をとろうとする動きが各国の政治の中で生じている。こうした状況においてポピュラー文化が従来に見られない役割を果たしている。たとえば，中国では2016年から米軍の最新鋭迎撃システム THAAD（高高度防衛ミサイル）の韓国への配備に反対して，韓国商品のボイコット運動に加えて韓国ドラマやKポップを締め出す動きが広がった[1]。日本ではクールジャパン政策が実施される一方で，市民の間では韓国ドラマへの抗議デモが起きるなど，政治とポピュラー文化のつながりが強くなっている。こうした現象は，各国がポピュラー文化を政策的に活用していることと関係している。

　序章では，まずポピュラー文化の国際的な流通にはどのようなメ

カニズムが働いているのかを概観する。次に韓流がどのように説明できるのかを，既存の理論を使って説明する。また，ポピュラー文化に関する「文化帝国主義」的な言説をとりあげ，文化に対する三つの異なる志向性（ナショナリズム，グローバリズム，リベラリズム）がもつパラドックス性を指摘する。

1. ポピュラー文化の国際的な流れ

1990年代以前は，ポピュラー文化の流れは，経済規模の大きな国から小さな国へという一方向的な流れが大部分であった（Kaarle, Nordnstreng & Tapio Varis 1974; Varis 1985）。ところが，2000年以降のポピュラー文化の国際流通には，従来と反対方向の流れ「逆流」（Thussu 2007）が見られるようになっており，本書で分析対象とする韓流もそのひとつの例であるといえる。一方，韓国や中国は政策としてポピュラー文化の制作や輸出を育成・促進することを目ざしている。韓国は国をあげて韓国コンテンツの海外進出を促進しており，たとえば韓国コンテンツ振興院（KOCCA）は日本事務所を開設して韓国コンテンツの販売促進をしている。しかし，他方では，韓国は国内ではスクリーン・クォータ制によって海外映画の流入を制限し，日本のドラマの地上波チャンネルでの放送を禁止するなど海外からの文化流入に対する規制を続けている。中国も海外にコンテンツを輸出する「走出去」（外へ出る）政策を導入しているが，国内ではテレビドラマなど海外のコンテンツに対する規制を従来よりも強めている[2]。これに対して日本政府は，海外からの文化流入に規制を設けていないが，クールジャパン政策でアニメなどポピュラー文化の海外進出を重視する姿勢を示している。こうした状況は，日本，韓国，中国がポピュラー文化に関するソフトパワーの領域で競争状態になりつつあることを示している。

国際的な市場における映画やテレビ番組などコンテンツの取引には一般の商品とは異なるメカニズムが働いている。ポピュラー文化の国際的な流れをどのように説明するかについては，いくつかの理論が提出されている。従来の研究で指摘されている最も基本的な要因は「国内の市場規模」と「文化的割引」の二つである。

　米国は映画において圧倒的な力をもっている（Cowen 2002; Thussu 2007）。国産映画の比率が50％を超えている国は，主要国では米国，インド，中国，韓国のみである（表0.1）。ただし，このうち中国と韓国はスクリーン・クォータ制で外国の映画上映を制限している。国際的に流通している外国映画の大部分は米国映画である。こうした米国のコンテンツの強さを説明するのが，米国のコンテンツ市場の規模である。米国のコンテンツ市場の規模はその経済力を反映して世界で最も大きい。市場規模が大きいためコンテンツから大きな収益を期待することができる。大きな収益が期待できるということは，制作にそれだけ多くのコストをかけられるということなので，市場規模の小さい国に比べて，質の高いコンテンツを制作できることになる。したがって，大きな国内市場を抱える供給国には，より良い製品を作るための資金があることが多い（Cowen 2002）。実際，米国の映画作品は巨額の予算が投入されていて，そのため他国の作品に比べて技術的には質が高い。

　また，米国はテレビ番組の国際貿易においても75％のシェアを占めている（Varis 1985）。ただし，映画ほど米国のテレビ番組の国際競争力は強くない。表0.1をみると，アメリカ，日本，中国，フランス，ロシア，インドは自国コンテンツが90％を超えているのに対して，映画の国産比率はアメリカを除くとすべて60％以下である[3]。

表 0.1　主要国における映画及びテレビ番組における国産比率

	映画における国産比率 (2004, %)[*1]	テレビ番組における国産比率 (1983, %)[*2]
日本	38	96 [*3]
アメリカ	83	98
中国	55	92
韓国	54	84
フランス	39	83
イタリア	20	82
スペイン	14	67
イギリス	12	82
ロシア	12	92
カナダ	4	65
オーストラリア	1	56
インド	93	97

[*1] Thussu (2007); European Audioviausal Observatory, 2005.
[*2] "International Flow of Television Programs" Tapio Varis, 1985.
[*3] 川竹・杉山・原（2004）の 2002 年の調査による。

映画とテレビ番組の国際流通の違いを説明するのが，「文化的割引」(cultural discount) である。これは，制作国と消費国の文化的な差が大きいほど，コンテンツの価値が割り引かれて評価されることを意味する概念である。たとえば，言語が同じである国の間では，コンテンツがよく売れる (Fu & Sim 2010) が，これは字幕や吹き替えなどの必要がないということに加えて，言語が同じため両国間で文化的な類似性が高く，視聴者に受け入れやすいためと考えられる。「文化的割引」について注意すべきことは，文化的割引が小さいということと，コンテンツに文化的特徴がないということは異なることである。たとえば，香港映画は国際的に人気があるが，香港映画における中国文化の特徴は明確である。日本のアニメも，世界で人

気はあるが,アメリカのアニメーションとは明らかに異なる日本的な特徴がある[4]。

Oh（2001）は,米国を除く各国の映画市場における自国映画の比率を説明する要因について回帰分析で分析している。その分析結果は,自国映画の比率にプラスの影響が見られたのが国内の映画市場規模と米国との文化的距離[5]であった。国内の映画市場の規模が大きいほど,自国映画の比率が高く米国映画の比率が低い。また,米国と異なる文化をもつ国では,自国映画の比率が高くなる傾向が見られた。ホースキンスらは,回帰分析で米国のテレビドラマ番組の値段を説明するモデルを推定しているが,その分析結果を見ると,一人当たりGNP（対数）,テレビ受信機の数（対数）,番組の買い手が一社かどうか（市場が競争的かどうか）,英語を使う国かどうかが番組の値段を高める有意な効果を示していた（Hoskins, Colin, Mirus, Rolf, and Rozeboom 1989）。英語を使う国で米国番組の値段が有意に高いという結果は,「文化的割引」の効果を示すものといえる。また,Chan-Olmstedらは,アメリカからのビデオ輸入額の説明要因を分析している。その結果,統計的に有意な変数は,地理的な距離（近いほど輸入が多い）,英語を使う国かどうか（英語を使う国の方が多い）,人口（人口が多いほど輸入が多い）,インターネット普及率（普及率が高いほど輸入量が多い）であった（Chan-Olmsted, Cha, & Oba 2008）。同じ言語であるということが影響していることに加えて,インターネットの普及が米国からのコンテンツの流入に影響しているという点が注目される。これは,米国コンテンツに関する情報がインターネットを通じて伝わることがビデオの輸入を促進していることを示唆するものといえる。

文化的割引は,国ごとの文化の流通量を説明するだけでなく,コンテンツごとの流通量の違いを説明するためにも使われる。Lee（2008）は,香港,台湾,韓国,日本,シンガポール,マレーシア,

タイにおける米国映画の観客動員数を分析し，これらの国での売り上げは，一般的には米国での売り上げと高い相関があったが，ジャンルによる違いがあることも明らかにした。米国での売り上げレベルからの予測値で比較すると，香港ではSF，アクション，スリラーなどのジャンルの売り上げは相対的に高いのに対して，コメディや恋愛ものの場合，売り上げが相対的に少なくなる傾向が見られる。つまり，SFやアクションは文化差があまり影響しないコンテンツであるのに対して，コメディや恋愛ものは，笑いや愛に対する考え方に文化差が大きいため，文化的割引が大きくなると解釈される。逆に言うと，SFやアクションはコメディや恋愛ものに比べて，「文化的割引」の程度が低いといえる。

表0.1が示すように映画に比べるとテレビドラマは文化的割引が大きいと考えられる。実際，1978年から1991年まで米国で放送された『ダラス』のような超人気番組を除くと，米国以外で人気がある米国のテレビドラマは少ない。つまり，テレビ番組については映画ほど米国のコンテンツは国際市場で優勢ではないのである（Cowen 2002）。

米国の映画とテレビドラマの国際的な競争力が異なる理由として，コーエンは，米国の映画がグローバル市場に対応して厳しい製作体制をとってきたのに対して，テレビドラマは，視聴者が受身なので映画ほど厳しい技術水準を満たす必要がないからであるとしている（Cowen 2002）。テレビドラマにおいては，ソープオペラなど一部のジャンルでブラジルやメキシコの方が米国よりも国際的な競争力がある（Cowen 2002）。

テレビドラマ以上に文化的割引が大きいと考えられるコンテンツは，ニュース，スポーツ，ドキュメンタリー，音楽番組などの番組である。これらの番組は，ほとんどの国で自国の番組が多く外国からの輸入は少ない（Parkほか 2015）。また，アニメは，一般的には

テレビドラマよりは文化的割引が小さいと考えられる。日本アニメが欧米など多くの国で人気があるのに比べて，日本のテレビドラマについては，『おしん』のように国際的に人気となったドラマでも，人気があった地域はアジアが中心であった（Mowlana & Rad 1992）。実際，筆者の研究結果によると，日本と中国では少数の例外的なコンテンツを除くと，両国でのアニメの好みはほぼ一致していた（石井 2009a）。

2. コンテンツに対する需要と供給のギャップ

　上記の二つの変数（市場規模と文化的割引）はコンテンツの国際的な流れを説明する基本的な要因ではあるが，これらは時間的にほぼ一定な状況（静態）を説明できても，時系列変化（動態）を説明することはできない。これらの二つは，時間的にはあまり変化がないと考えられる変数だからである。コンテンツの国際的な流れの変化を説明する変数として重要なのは，コンテンツへの国内の需要を満たすだけのメディア産業のコンテンツ供給能力が国内にあるのかどうか，つまり国内における需要と供給のギャップである（石井 2004）。この変数は，最近の国際的なコンテンツの流れの変化を説明するものである。

　コンテンツの国際流通においてコンテンツの価格はきわめて重要な説明変数であるが，価格が安いことは必要条件にすぎず，安ければどんなコンテンツでも受け入れられるというわけではない。受け手国の需要に合致するコンテンツであるが国内では供給することができず，競合する他国のコンテンツよりも価格が安いということが，外国のコンテンツが流入する必要十分条件になるのである。

　コンテンツは需要があっても制作能力の制約で国内で制作できるようになるのには時間がかかることが多い。たとえば，台湾には

90年代半ばまで質の高いファッション雑誌がなかった。そのため，日本の『ノンノ』が大量に輸入されるということによって若い女性のファッション情報への需要が満たされたのである。実際，90年代の半ばには，『ノンノ』が全雑誌の中での売り上げトップになったこともある（石井 2001）。しかし，その後台湾のファッション雑誌が充実するにつれて，『ノンノ』を買い求める消費者は台湾にはほとんどいなくなった（石井 2001）。

90年代の台湾では多チャンネル化が急速に進行したため放送するコンテンツ不足が起こり，価格の安い番組への需要が高まった。90年代半ばから日本番組が急速に浸透したのは，台湾が日本番組を地上波で解禁したという事情に加えて，国内の番組不足を補うために，割安な海外番組が求められていたという事情があった（石井 2001）。また，日本の衛星放送チャンネルでは外国番組が多いが，これも多チャンネル化にともない番組を安く調達する必要があったという，衛星放送チャネル側から見た需要と供給のギャップで説明できる（Oba 2004）。一方，中国でも90年代後半に多チャンネル化によりドラマが供給不足になり，そのとき日本より価格が3割以上安く，放送期間の制限や再放送回数を制限しない点で日本ドラマより有利だった韓国ドラマが市場を開拓した（吉岡 2008）。また，韓国では地上波チャンネルで日本のテレビドラマを制限しているにもかかわらず日本のアニメが多く放送されているが，そのひとつの理由は，日本のアニメの価格が相対的に安いからである。アニメを韓国国内で制作するのに比べると日本から輸入するコストは30分の1程度にすぎない（岡田 2017）。

3. 韓流はなぜ生じたのか

「市場規模」の理論にしたがうとコンテンツは，経済規模の大き

い国から小さい国へと向かうはずであり，韓国ドラマやKポップが日本で人気がある現象——つまり「韓流」——は，こうした理論が予想するのとは逆方向の流れである。しかし，Thussu（2007）は，最近世界各地でこうした「逆流」（contra flow）が見られるようになったことを指摘している。各国で商業的なメディアが発達したために，従来の国家中心の情報の流れが変化して「逆流」が起こるようになったという（Thussu 2007）。「逆流」の例として，メキシコのテレノベラ（Telenovera）というドラマのジャンルがある。これは，ソープオペラの一種であり，米国，ヨーロッパ，アジアなどで人気がある（Cowen 2002）。また，インドの映画は，「ボリウッド」（Bollywood）とよばれて世界各地で人気があり，これも逆流現象のひとつの現象と考えられる。韓流も，ポピュラー文化の国際的なコンテンツの流れにおける「逆流」のひとつとして位置づけることができる。

それでは，逆流はどうして生じるようになったのであろうか。その主要な原因は，インターネットの発達などで情報化が進み，コンテンツに関する情報が増え，人々のコンテンツへの需要が多様化したためであると考えられる。インターネットは海外の情報を伝えることで新たな需要を生み出す働きをするとともに，メディアとしていち早くコンテンツを提供する役割も果たしている。そのひとつの例として石井と小笠原の2005年のインタビュー調査によると，当時NTTレゾナント社の動画視聴サービスの利用者は，30代の男性と40代の女性に集中していた（Ishii & Ogasahaa 2006）。30代の男性が視聴していたのはアニメであるのに対して，40代の女性が視聴していたのは韓国ドラマであった（Ishii & Ogasahara 2006）。アニメと韓国ドラマのどちらも，レンタルビデオなどでは入手が難しいニッチなコンテンツを求める視聴者が動画視聴サービスを利用していた。

このことは，人々の需要が多様化すると，国内の既存メディアではすべての多様化した需要を満たすことはできなくなることを示している。そのため，海外の「逆流」からコンテンツを求めようとする人々が増加するのである。ただし，そうした需要が非常に大きい場合は，国内のメディアが対応しようとするので，ある程度の時間は必要だが国内のメディアが供給を始めることで海外からの流入は少なくなるであろう（台湾の『ノンノ』の事例）。しかし，需要の規模がそれほど大きくない場合は，国内企業は対応しないのでニッチな需要を満たすチャンネルとして，海外のコンテンツの流入は続くと考えられる。

表 0.2　韓国ドラマを「よく見る」比率 (%)

	20代	30代	40代	50代	60代
中国	21.3	11.4	8.8	7.2	3.1
日本	1.6	2.6	4.0	6.2	5.4
台湾	11.3	13.2	13.1	11.5	8.4

出典：EASS2008 データ[6]から筆者が集計

　ここで日本における韓流の浸透度合いを確認しておこう。表 0.2 は，2008 年の国際比較調査で中国，日本，台湾において韓国ドラマを「よく見る」と答えた比率である。日本では実際に韓国ドラマを見ている人の比率は，中国や台湾と比較するとかなり低いことがわかる。また，韓国ドラマの視聴者の中心が中国では 20 代であり，台湾でも 20 代から 40 代であるのに対して，日本では 50 代が中心である点にも違いがある。流行の多くが若者から始まることを考えると，日本における韓国ドラマはある意味で特殊なタイプの流行であったといえる。

　次に韓国ドラマがどの程度日本で放送されていたのかを見てみよう。表 0.3 は，Asai（2014）と同じ方法で地上波の六つのチャン

ネル (NHK 総合, TBS, 日本テレビ, フジテレビ, テレビ朝日, テレビ東京) 及び衛星放送の八つのチャンネル (NHK-BS1, NHK-BS2, NHK-BS ハイビジョン, BS 日テレ, BS 朝日, BS-TBS [2009 年 3 月まで BS-i と呼称], BS ジャパン, BS フジ, ただし 2011 年 4 月以降 NHK-BS2 と NHK-BS ハイビジョンは NHK BS プレミアムに統合されたため 7 チャンネル) における, 各 6 月の第 2 週の 7 日間の午後 7 時から 11 時までに放送された番組を筆者が調査した結果である。4 年分の比較のみであるが, 2010 年に韓国ドラマが多くなっており, その後減っていることから, 韓国ドラマの流行のピークは 2010 年前後であったと推測できる[7]。

表 0.3 日本の主要チャンネルでプライムタイムに放送された各国ドラマの時間比率

	2008 年	2010 年*	2012 年	2016 年
韓国ドラマ	1.8%	3.9%	2.0%	0.3%
韓国映画	0.5%	0.1%	0	0
日本ドラマ	11.2%	10.8%	11.8%	9.1%
日本映画	2.0%	1.7%	1.2%	2.1%
その他の国のドラマ	0.9%	1.0%	0	0
その他の国の映画	3.0%	3.8%	3.8%	4.0%

*2010 年は Asai (2014) の結果から筆者が再計算したものである。

次に韓国の流行音楽 (K ポップ) の人気の変化を見る。2005 年以降に韓国及びその他の外国のアルバム (CD) がどの程度, 日本で売れたかをオリコンのデータからまとめたものが表 0.4 である。この表は, オリコンで年間 100 位までに入ったアルバムについて集計したものである。インターネットの影響により, アルバム (CD) の売り上げが減少するトレンドがあるため時系列的な比較は難しいが, 2011 年に韓国のアルバムがタイトル数でも売り上げでもピークに

なっており，また韓国以外の外国アルバムとの比率で見ても最高値となっているので，2011年がKポップの人気の頂点であったとみなすことができる。この年のNHK紅白歌合戦には，『冬のソナタ』がヒットした2004年と同数の3組の韓国人歌手が出場した（東方神起，少女時代，KARA）[8]。Googleの検索数を分析した研究結果も，日本におけるKポップの流行のピークは2011年だったとされており，マレーシア，インドネシア，タイなどでも同様のパターンが観察される（Shirakura 2017）。つまり，Kポップは，2010年前後をピークとして，ほぼ3年間続いた流行現象であったといえる。

表0.4 各年100位までのアルバム数（CD）と売り上げ枚数

	韓国		その他の外国		韓国とその他外国の比率（%）
	タイトル数	合計売上	タイトル数	合計売上	
2005	1	1,060,039	20	5,804,483	18.3
2006	1	427,871	15	4,004,834	10.7
2007	1	348,093	12	3,204,569	10.9
2008	1	185,388	13	2,136,774	8.7
2009	1	297,719	14	2,499,749	11.9
2010	5	1,058,566	14	2,044,318	51.8
2011	10	2,352,687	13	2,232,456	105.4
2012	8	1,243,061	16	1,755,438	70.8
2013	8	889,164	15	1,826,296	48.7
2014	9	1,074,189	17	1,678,757	64.0
2015	7	628,596	10	786,800	86.7
2016	8	571,846	10	636,749	89.8

出典：『ORICONエンタメ・マーケティング白書』の各年版から集計

ただし，韓国映画の人気のピークはやや異なる。1999年に上映された映画『シュリ』は，日本で延べ130万人もの観客を動員し，その後2000年だけで韓国映画が11本も上映された（クォン・ヨン

スク 2010)。こうした状況が2004年の『冬ソナ』の人気の背景にあったのである。

これらの結果をまとめると,「韓流」は,ドラマ,映画,Kポップなどのジャンルと国による違いはあるが,アジア各国で2010～2011年をピークとして数年間持続した流行現象であったといえる。次に,日本で韓流がどうして生じたのかという問題に答えるために,送り手(韓国側)の要因と受け手(日本の視聴者)に分けて考察する。

3-1 送り手(韓国側)の要因

韓国ドラマに競争力がある理由として多くの人が指摘するのは,そのストーリーの面白さである(クォン・ヨンスク 2014; Parc & Moon 2013)。韓国ではテレビドラマが日本よりも頻繁に放送されており,人気のないドラマは放送中止になるので制作環境における競争が厳しいという(Parc & Moon 2013)。しかし,韓国のテレビドラマが他国のドラマに比べて質的にすぐれているということを客観的に示すのは困難である。ストーリーが面白いかどうかは,見る人の好みにもよる。また,Parc & Moon (2013) は,韓国,日本,中国の人気俳優を比較して,韓国の俳優は身長が高く,外見的に優れていることが韓国ドラマの人気のひとつの理由としている。しかし,外見の良さの基準は文化によって異なるし,俳優の身長が高いということを韓国ドラマの人気の原因にすることはできないであろう。

韓国ドラマの魅力が日本のテレビドラマは扱わない独特のテーマを扱っていることは,多くの論者が指摘している。日本人にノスタルジアを感じさせるような「純愛」や家族を中心的なテーマとする韓国のテレビドラマのストーリー(Hanaki, Singhal, Han, Kim and Chitnis 2007) は,日本で人気のテレビドラマとは異なる魅力がある。つまり,韓国ドラマは,現在の日本ではあまり放送されないタイプのニッチなコンテンツであったので,そういうコンテンツを求める

視聴者層に対して流行したといえる。これは，先述した需要と供給のギャップが生じたことを意味している。ただし，韓国ドラマの流行の初期においてはストーリーの目新しさという点で新奇性があったが，その後は新奇性という点での魅力は薄れていくであろうと考えられる。新奇性の減少にともない流行が衰退するのは，流行のライフスタイルに観察される一般的なプロセスとして多くの研究者に指摘されている（宇野 1990；鈴木 1977）。つまり，日本における韓国ドラマの人気も，基本的には流行現象のひとつとみなすことができると考えられる。

韓国ドラマの日本ドラマに対する明らかな優位性のひとつは，製作費の安さである。2009 年時点で韓国ドラマの製作コストは日本の約 48％である（Parc & Moon 2013）。韓国のテレビ番組の価格が安いひとつの理由は，韓国では番組に対する権利関係の処理が容易であるということである（大場 2012）。日本では，多くの権利者が関与しているため，番組を海外に販売するのは容易ではなく，番組を海外に販売する時間的・経済的費用が大きい。そのため，日本のテレビ局は少なくとも 2000 年頃までは海外販売に積極的でなかった（大場 2012）。

金（2013）は，韓国のドラマが成功した要因として，ドラマの価格が安かったことを指摘している。日本におけるテレビドラマの購入価格は平均 16000-25000 ドルの間であるが，日本に輸出される韓国ドラマの平均価格は 1500〜31670 ドルの間である。ドキュメンタリーの場合は，9000〜25000 ドル程度が一般的な購入価格であるが，韓国のドキュメンタリーは，5000〜8000 ドルであり，日本の番組よりかなり低価格で販売されている（金 2013: 49-50）。したがって，景気低迷による広告費の減少が日本における韓流現象のひとつの要因であるという説明も説得力がある（金 2013）。台湾では日本のテレビ番組が流行したあと 2000 年頃から韓国の番組の

人気が高まるが，韓国の番組が当時多く放送されたのは，人気が高まった日本番組の価格が高騰したのに対して韓国番組の価格がきわめて安かったためといわれている（石井ほか 2001；大場 2017）。前述したように，中国でも多チャンネル化で番組不足になった90年代後半に，日本の番組より3割以上安い韓国ドラマが市場を開拓したといわれる（吉岡 2008: 160）。ただし，人気が高まると，韓国ドラマや韓国映画の価格は急騰している。たとえば，映画『私の頭の中の消しゴム』は270万ドル，『甘い人生』は20万ドルで日本に販売された（ユ・サンチョル，アン・ヘリ，チョン・ヒョンモク，キム・ジュンスル，チョン・ガンヒョン 2008: 105-106）。

韓国は国家戦略として，テレビドラマを海外で普及させるため官民が協力して独自の価格戦略を導入していると指摘する研究者もいる（イ 2010）。韓国は東南アジアにおいて市場拡大を優先目標として低価格で販売し，需用が高まった後に価格を調整するという方法を採用しており，たとえば台湾では番組価格が輸出開始当初から比べて2004年には40〜50倍に高騰している（イ 2010: 276）。金（2013）は，韓国の「日本大衆文化の輸入禁止」制度が1980年代以降アジア地域でブームを巻き起こした日本大衆文化の韓国市場における直接的な流入を防ぐ機能を果たし，日本大衆文化の開放に至るまで国内映像コンテンツの競争力を増進させる時間的な猶予を与えたことを評価している。放送産業における韓国政策の効果に限定してみると，韓流現象の発生と放送番組の輸出増加に政府が重大な役割を担ってきたとはいいがたいものの，少なくとも国内においては政府が実施してきた政策が産業拡大にはある程度有効に働いていたと金（2013）は評価している。ただし，これらの分析は客観的なデータに基づいておらず，韓国政府の政策効果の検証については，今後の新たな研究が望まれる。

3-2 受け手（日本側）の要因

　価格が安いということは外国のコンテンツが流入するための必要条件にすぎないことは既に指摘した。安いという理由だけで韓国ドラマが日本の視聴者に歓迎されることはない。韓国ドラマのようなタイプのコンテンツを求める潜在的な視聴者は存在していたが、彼らの需要が日本のテレビドラマで満たされなかったことが韓国ドラマの流入を導いたのである。具体的に言うと、「純愛」のドラマに対する「需要と供給のギャップ」（供給不足）があり、そのギャップを埋める形で韓国ドラマが流行したのである。

　また、もうひとつ重要な背景として筆者が強調したいのは、受け手である日本側の変化が、韓国ドラマが受け入れられる条件となったということである。韓流に対する反応については、第8章で詳しい分析結果を紹介するが、1960年代まで極端に悪かった韓国へのイメージが1980年代から徐々に改善してきたことが、韓流を受容できる環境をつくった（石井 2005）。第7章で論じるように、消費者は反感をもつ国の商品に対しては購買を抑制しようとする傾向がある。対韓意識が極端に悪い状況においては、韓国のコンテンツが受け入れられる可能性は低いのである。

　表0.5は、1990年から2004年までの雑誌『ノンノ』の目次を対象にし、見出しに含まれている地名をすべて抽出し、それがどこの国のものであるかを分類したものである。他の雑誌と異なり、ファッション雑誌には、ネガティブな記事はほとんどないので、登場する地名はほとんどが「おしゃれ」な場所として言及されていると言ってよい。つまり、『ノンノ』の記事の内容分析からも、90年頃から韓国や香港がおしゃれな場所として位置づけられていることがわかる。実際、日本において香港音楽や映画の流行が90年代前半に見られた（谷垣 1993）[9]が、90年代の香港ポピュラー文化の流

行は,女性ファンが中心であるなど,「韓流」に類似した点がみられた(原 1996)。90年代に香港の映画や音楽のファンになった人々は,香港をおしゃれな場所と認知しつつ,国内のコンテンツにはない魅力を香港に感じていたのであろう。香港に続いて韓国のドラマや音楽が流行してもおかしくない基本的な条件は成立していたのである。

表 0.5　見出しに登場する地名

順位	国名	出現率(%)	順位	国名	出現率(%)
1	日本	1.740	11	ベトナム	0.025
2	フランス	0.662	12	サイパン・グアム	0.016
3	アメリカ	0.506	13	カナダ	0.016
4	イタリア	0.196	14	ドイツ	0.016
5	香港	0.074	15	オーストリア	0.016
6	ハワイ	0.065	16	その他ヨーロッパ	0.016
7	イギリス	0.065	17	中国	0.016
8	韓国	0.057	18	ミャンマー	0.016
9	スペイン	0.033	19	エジプト	0.016
10	オーストラリア	0.025	20	メキシコ	0.008

出典:石井(2005)

映画やテレビ番組の輸入状況を見ても,1990年代から既に韓国番組の輸入の増加傾向は始まっていた(石井 2005)。つまり,韓流が日本でも受け入れられた背景として,こうした日本人の対韓意識の変化が基底にあったのである。ただし,2011年の李大統領の竹島上陸や慰安婦問題などをきっかけとして日本人の対韓意識は急激に悪化しており,再び嫌韓感情が強まっている。この点についての分析結果は第8章で紹介する。

4. グローバル化とポピュラー文化

　グローバル化はポピュラー文化の地域差をなくしてしまうのであろうか。Friedman (2006) は，地球が「フラットな世界」になり国と国の間の違いが小さくなりつつあると主張している。Aizenman and Brooks (2008) は，ドイツ文化を代表するビールとフランス文化を代表するワインの消費量を用いて文化におけるグローバル化の浸透を測定している。その分析結果によると，ビールとワインの消費量の比率は，ヨーロッパ各国で収斂化が見られる。つまり，ヨーロッパの各国ではアルコールに関する文化的な同質性が高まっていることが示されている。これは，グローバル化にともなう消費者の好みの均質化が国レベルで進行していることを示すものである。

　しかし，コーエンは，異質化・同質化は，現象のレベルを考慮して論じる必要があることを指摘している。コーエンによると，グローバル化にともない異なる文化の間では同質化が進むが，文化の内部では，つまり個人レベルでは異質化が進む（Cowen 2002）。グローバル化が進むとさまざまな文化に接触することができるようになるので，国レベルでは同質化が進むが，個人レベルでは異質化が進行するのである。個人レベルでの異質化が高まることは，韓流など「逆流」のコンテンツを求める需要が増加したことを理論的に説明するものといえる。

　ただし，ポピュラー文化の好みには一般の消費財とは異なるメカニズムが働いている。実際，先行研究は，ビールの事例とは異なり，ポピュラー文化については異なる文化間の均質化が起きていないことを示している。Ferreira & Waldfogel (2013) は，グローバル化にもかかわらず，ポピュラー文化の均質化は見られず，ポピュラー音楽における国内音楽の比率も低下していないとした。計量モデル

を用いて外国のポピュラー音楽の受容を説明する要因を分析した結果，共通の言語があることと植民地経験（送り手の国が受け手の国の植民地宗主国であったこと）が外国のポピュラー文化の受容に正の有意な関係があり，地理的な距離は負の有意な関係があった（Ferreira & Waldfogel 2013）。つまり，特定の国との植民地経験，共通の言語，地理的に近いことが，その国のポピュラー音楽を受け入れるかどうかを決める要因なのである。この結果は，グローバル化にもかかわらず，文化的な要因や地理的な要因がポピュラー音楽の受容に関係していることを示している。また，Ferreira と Waldfogel の分析結果によると，ほとんどの消費者は外国よりも国内のアーティストを好んでいた。しかも，国内のアーティストを好むという傾向は，1990 年代と比較すると 2006 年により強くなっていた（Ferreira & Waldfogel 2013）。ポピュラー音楽における同様の傾向は日本でも見られる。日本でも洋楽の影響力は低下しており，国産のロックや J ポップが増えている（柴 2016）。テレビ番組についても 1960 年代までは米国の番組が多かったが，1970 年代以降はほとんど放送されなくなった（川竹・杉山・原 2004）。これらの結果が示すように，一般的な商品の消費行動と異なり，ポピュラー文化においては文化間の均質化は見られないのである。

5．日本における外国のポピュラー文化への反応

　日本でも 1960 年代までは外国文化，とりわけ米国文化の過剰な流入が社会的に大きな問題として論議されていた。藤田（2015）は，アメリカの影響について「影響が多すぎる」とした者が 1960 年 10 月には 30％ に達していたことを指摘している。これに対して「ほぼ良い」は 35％，「少なすぎる」は 6％，「わからない」は 29％ だった。「アメリカの影響が大きすぎる分野」を聞いた結果では，

政治・外交・軍事（21%）や経済（11%）よりも，文化・慣習（42%）が圧倒的に多く，当時多くの人々がアメリカの文化的な影響を懸念していたことがわかる。具体的には，当時流行していたロックのロカビリーの影響を好ましくないと思っていた（藤田 2015）。

ただし，日本では 1970 年以降は米国の文化的影響を心配する声は次第になくなっていった。それは，国内において米国の番組の比率が低下し，テレビ番組でもほとんどが自国の番組で占められているようになったこと（Ito 1994）が関係していると思われる。1970年代に日本は工業製品だけでなく，コンテンツにおいても輸出国に転換していた（Ito 1994）。

2000 年代になると，韓国コンテンツの流行に対するネガティブな世論が台頭するようになった。フジテレビの「韓流偏重の番組編成」に抗議するとして，1 万人を超す戦後最大の保守派デモが行われた（長崎新聞 2014 年 6 月 20 日 3 頁）[10]。韓国ドラマへの反発は，単なる嫌韓感情の発露ではなく，国内のテレビ番組に外国番組が増えることへの反感があるとも考えられる（8 章参照）。つまり，日本では外国のポピュラー文化の影響力はあまり強いとは言えないが，それが一定程度強くなり，脅威と認識されると日本でも外国文化へのネガティブな世論が台頭するという傾向がある。

6. 海外における日本のポピュラー文化への批判

海外で日本アニメの人気は高いが，日本アニメに反感を持つ者も少なくない。中国では，日本アニメに中国の価値観とあいいれない「良くない」価値観が描かれていることが批判されている。そのため，中国政府は日本のアニメが青少年に及ぼす影響を懸念している（遠藤 2008）。中国のアニメに関連するメディア上の言説を研究した莫（2007）によると，中国の新聞の日本アニメ関連報道には，「競

争・敵対」的な言葉を含む記事が63％もあり，20％の記事に「低俗・不健康」の言及があるなど，日本アニメに対して否定的な記事が多い。中国での調査結果によると，日本アニメの愛好者は，暴力，同性愛，快楽主義，個人主義，退廃・虚無という中国政府が好ましくないと考える価値観に賛成する率が高い（陳・宋 2009）。日本アニメのコスモポリタン的な価値観と日本的ライフスタイルを中国の若者たちが受け入れていることに対して，中国政府は日本がアニメを通して日本の精神文化を中国の若者に浸透させようとしていると警戒している（Ishii 2013）。そのため，日本政府がアニメを安易に外交の武器に使おうとすると，「ほら，やはり文化侵略をするつもりだったのだ」という批判をまねく（遠藤 2008: 427）恐れがあるのである。

こうした日本アニメの排斥の論理は，いわゆる「文化帝国主義」の論理である。文化帝国主義とは，「文化やマス・メディアによるコントロールや半強制的な押し付けや影響」を指している（本多 2013）。これは，先進諸国（特に米国）がメディアや情報の流れをコントロールしており，発展途上国はその支配下にあるとみなす考え方である。こうした「理論」は，政治的なレトリックとして人々の感性に訴えかけやすいし，ナショナリズム的な主張の根拠としてしばしば使われる。たとえば，1980年代に日本の衛星放送の韓国へのスピルオーバー（日本の電波が韓国でも受信可能なこと）が問題になったとき，韓国では日本文化の一方的流入によって韓国文化のアイデンティティが損なわれるとみなす「文化侵略」の主張が支配的であった（金 1994）。

親日的とされる台湾でも文化帝国主義の論理で日本のポピュラー文化を批判する研究者はいる。そうした論議の契機となったのが，「哈日族」（ハーリーツー）といわれる日本好きのライフスタイルを標榜する若者の登場である（哈日杏子 1998）。たとえば1999年5月に

台北で開催された「台湾とアジアにおける日本流行文化（日本流行文化在台湾與亞洲）」というシンポジウムの「日本のマンガは文化的植民地の尖兵だ」という発表は，日本マンガは「新しい大東亜共栄圏」をつくろうとしているとする（石井 2004）[11]。

> 日本マンガ，たとえば『ドラえもん』『シティーハンター』『沈黙の艦隊』『スラムダンク』などは，マンガの登場人物の形をとって他国に進出し新しい植民地の空間を創り出している。……西洋的なキャラクター，同質的な場面，夢のようなストーリーなど日本漫画の中に多くあるこれらの要素は，グローバルな資本主義の下で新しい「大東亜共栄圏」を徐々に作り出そうとしているのである。（徐佳馨 2002: 88，筆者が翻訳）

さらに，台湾人の若者が文化的侵略を行おうとしている日本のコンテンツを好むのは，日本と台湾の従属関係の反映に過ぎないとする者もいる。

> 若い哈日族は自らの青春的欲望を偶像劇を見ることで果たしたわけだが，なぜ「日本」カブレであって他の国ではないのか。人間は社会的・歴史的構造によって制約されているという前提から考えてみれば，哈日族が偶像劇（日本のトレンディドラマ）を見る能動性と自主性を強調したとしても，しかし彼らはやはり日本−台湾の植民者−被植民者の関係の中で侘びしい青春の救いを求めているのにすぎないのではないかと言える（邱 2002，括弧内は筆者）。

こうした主張が学術研究として荒唐無稽であり，社会科学の論理としても破綻していることを示す端的な証拠は，2000 年頃からの

台湾における韓国のポピュラー文化の流行である。台湾で「哈韓族」という言葉が定着したことからもわかるように，台湾では日本よりも早く韓国のポピュラー文化の人気が高まった。「日本－台湾の植民者－被植民者の関係」の理論では，日本のポピュラー文化に代わって流行した韓国のポピュラー文化ブームを説明できない（石井 2004）。

さらに，上記の主張が正しいかどうか「植民地時代の影響が現在の哈日族の背景にある」という，やや弱い「仮説」におきかえて，我々の調査データ（1996年台湾全国調査）で検証してみる（石井 2004: 石井・渡邉 1997; Ishii, Su, Watanabe 1999）。上記の仮説が正しいならば，植民地時代を経験した本省人（中華民国の成立前から台湾にいた漢民族の人びと）の方が，外省人（解放後に台湾に来た大陸人）よりも日本番組を多く見ているはずであろう。しかし，分析結果をみると，当時50歳以上の年長者の場合は，本省人が外省人よりも日本のテレビ番組を多く見る傾向があるが（おそらく日本語世代が回答者に含まれるためと思われる），若者ではそうした差は見られない。むしろ30歳以下の若者では，逆に外省人の方が日本の番組を見る頻度がやや多い（ただし，統計的に有意な差とはいえない）。植民地意識の残存が日本のポピュラー文化の流行をもたらしているという仮説は，少なくとも個人レベルのデータでは支持されないのである（表0.6）。

表0.6 省籍別・週あたり日本のテレビ番組をみる日数

（ ）は人数

	本省人	外省人	平均の差の検定（t値）
15-29歳	2.30（276）	2.72（43）	−1.114
30-49歳	1.49（344）	1.23（47）	0.874
50歳以上	1.77（144）	1.11（39）	2.196 *

（1996年の調査データを再分析）　*$p<0.05$

文化帝国主義を主張する人は，上記の例のようにメディアのコンテンツを都合のよいように解釈する（「日本マンガが台湾の再侵略を意味する」は，その極端な例である）ことが多く，受け手の実証的な研究結果に基づいていない（本多 2013）。本多（2013）も指摘するように，「文化帝国主義」は学問の理論というより，政治的な言説であり，実証研究の多くは，「文化帝国主義」論が想定するのとは異なり，現実の受け手は外国のコンテンツを無批判かつ直接的には受け入れていないことを示している。たとえば，1960 年から 1995 年に発表された 36 の研究のメタ分析を行った Elasmar & Hunter（1997）によると，外国のテレビ番組の影響力はきわめて小さいものである（第 4 章では，メディアの影響力を分析した研究をレビューする）。Chen（1990）は，台湾のアメリカ大衆文化の受容状況をレビューし，文化帝国主義モデルは，台湾の状況にはあてはまらないとした。台湾では 1960 年代前半まではアメリカ映画の比率が高かったが，その後台湾の映画の制作水準の発展につれてアメリカ映画の比率は低下している（Chen 1990）。Lee（1991）も，文化帝国主義モデルは香港の状況にはあてはまらないと結論づけている。これらの研究は，文化が一方向的に流入しているとしても，受け手がどのように受容しているのかを調査する実証研究が必要なことを示している。

　ポピュラー文化の研究の問題点は，科学的な方法に基づかない，ずさんな「研究」が少なくないことである。科学的な方法に基づかない研究には，往々にして研究者の主観や政治的な主張が混在してしまう。前述した文化帝国主義的研究はそうした例であるが，残念なことに，日本でも政治的な主張を混ぜこぜにしたポピュラー文化の「研究」が少なくない。外国のポピュラー文化がどのように受容されているのかは，個人的な体験やコンテンツの内容から論じるべきではなく，受け手に関する実証的な社会・心理的データに基づいて科学的に分析する必要がある。

7. ポピュラー文化を用いた国家戦略のパラドックス

　最近,色々な国がポピュラー文化を利用した政策を導入しているが,実はこうした政策には基本的な点で矛盾がある。それは,国ごとのソフトパワーのもたらす効果がゼロサム（ある国にとってプラスであると別の国にとってはマイナスとなる）であるとすると,各国のソフトパワーの重視は国家間の対立を強めてしまう可能性があるということである。また,ナショナリズムの高揚を目的とする政策は,グローバリズムの考え方とは矛盾がある。Sakamoto & Allen（2011: 11）は,日本の寿司の海外での人気に関するナショナリスティックな言説をともなうグローバル展開と関係していると論じている。実際,日本的な基準にあう日本料理を「日本料理」と認証しようとした農林水産省の試み[12]は,海外からの批判で頓挫した（Sakamoto & Allen 2011）。たとえば,Financial Times の「寿司ポリスが来る」（Sanchata 2007）では,日本食はカリフォルニアロールなどのように現地化が進んでおり,日本政府が日本食にお墨付きを与えようとするのは時代遅れだと批判している。寿司は,日本人にとって重要な文化的アイデンティティかもしれないが,グローバルな商品「Sushi」であり,これを日本人のアイデンティティに合致するようコントロールすることはできない[13]。

　また,経済産業政策としてのポピュラー文化の支援政策が経済合理的な視点をもつのに対して,いわゆる「ソフトパワー」論は文化を通して国の政治的な力を高めようとすることをめざすものであり,両者の基本的な目的は異なる。ポピュラー文化の支援が産業構造の発展を通して国の GDP を増やす効果があったとしても,つくられたコンテンツが日本の国際的な影響力を高めたり,国民のアイデンティティを強化するのに貢献するという保証はない。

ロドリックは，国の政治において政治経済学の視点から「ハイパーグローバリゼーション」(経済合理主義)，「国民国家」(ナショナリズム)，「民主主義」(リベラリズム) の三つは同時に満たすことはできず，三つのうち二つしか満たすことができないと論じた (Rodlik, 2011；訳 233-234)。この指摘によると，民主主義を前提とした国においては，ナショナリズムとグローバリゼーションの両方を取り入れることはできない。

　同様の三項関係は，ポピュラー文化に対する政策にも成り立つと考えられる。つまり，自国のコンテンツの市場での競争力強化 (グローバリゼーション＝市場経済)，国のアイデンティティとしての自国コンテンツの優遇策 (ナショナリズム＝主権的国家)，外国や国内のマイノリティの文化を含めてコンテンツを国内で自由に流通させること (リベラリズム＝社会共同体) の三つすべてを政策的に満たすことはできないのである。

　たとえば，文化製品の国際貿易において，フランスやカナダは文化財を自由化の例外とすることを主張し，国内への外国文化の流入をスクリーン・クォータ制などによって制限しようとした (Throsby 2010)。しかし，こうした政策はコンテンツのグローバル化とは矛盾する。また，中国は外国からのコンテンツに規制をすることで，競争力の弱い自国のポピュラー文化を保護しつつ (たとえばプライムタイムには自国の番組しか放送できない)，自国コンテンツの海外進出を促進する政策を採用しているが，これは中国が国内で自由なコンテンツの流通を認めない非民主主義体制だから可能なのである。日本はコンテンツ流通に関しては自由競争主義を採用しており，外国からのコンテンツ流入に規制を加えていない。自由競争主義の下では，海外に自国コンテンツを広めようとするのであれば，自国のアイデンティティと矛盾しないように自国コンテンツを保護することはできない。経済合理主義の観点からグローバル企業がアニメを制作す

るのであれば，アニメのコンテンツは海外市場の受け手の関心に合うように「グローバル化」されることになり，日本人のアイデンティティに適合しないコンテンツが作られても政府が干渉することはできない。

　第1章で具体的に論じるように，ポピュラー文化関連の政策には，異なる目的が混在しており，複数の目的の併存は政策上の矛盾を生むことになる。たとえば，自民党によって提唱された国立メディア芸術総合センター（いわゆる「アニメの殿堂」）は，予算の無駄使いであるとして 2008 年に当時の民主党政権によって撤回されたが，アニメに日本文化のアイデンティティを感じている人々にとっては，国がアニメ関係の資料を収集・保存することは，経済効果がなくても意義ある事業と考えたであろう。青木貞茂は，日本がフランスのように象徴的価値のある国になるためには「パリのルーブル美術館に匹敵するような日本のサブカルチャーを集積したシンボリックな聖地が必要である」（青木 2014: 218）と述べている。自民党も 2020 年東京オリンピックに向けて MANGA ナショナルセンター構想を提案している（自民党政務調査委員会 2017）。アニメ関連の国立センターの設置について，こうした政策目標を受け入れるのであれば，

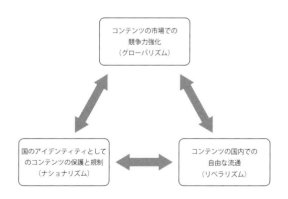

政策の是非は経済効果ではなく，対外的・対内的な国のイメージ形成という視点から検討されるべきということになる。

8. 本書の構成

　本書は，上記の問題意識から行われた筆者らの一連の研究結果をまとめたものである。まず，第1章から第3章では，日本及び東アジア諸国のポピュラー文化を利用した国家ブランディングやソフトパワーを目ざした政策動向とその背景を論じる。第4章以下では，主として各国で実施した質問紙調査の結果を用いながら，ソフトパワーや国家ブランディングの重要な要素である国のイメージがどのような要因に規定されているのかをみていく。また，アニメや韓国ドラマの視聴が視聴者に及ぼす効果についても論じる。日本政府の国家ブランディングの取り組みは諸外国に比べて遅れているが，国家ブランディングに関する実証研究も乏しい。海外の人々の日本イメージについても体系的な研究が少ない。国家ブランディング政策を検討するためには，まず日本が海外でどのようなイメージでとらえられているのか，そうしたイメージの規定要因は何なのかを把握することが必要である。本書は，先行研究を検討した上で，こうした問題意識に答えるために日本及び海外で行われた調査研究の結果を紹介する（第4〜9章）。

　なお，本書の研究は，文部科学省科学研究補助金（基盤研究B 22330051）「日中の相互国家イメージと「国家ブランディング」の可能性─中国と日本での実証研究」（代表石井健一）を受けてなされたものである。また，第3章と第7章の研究は，科学研究費補助金（基盤研究B 19402034）「中国における文化政策とポピュラー文化

の変容」(代表・石井健一) を受けている。ここに感謝の意を表したい。

注

1 ただし,中国では以前から反韓流の動きが制作現場から起きており,2006年から韓国ドラマの放送は減少していた(山本 2014)。
2 たとえば,『中国動漫産業発展報告 2014』によると中国の国内で放送されるアニメ番組のうち,海外のアニメ番組の比率は 5% 以下である。具体的には 2012 年のアニメ放送分数が 30 万 5000 分であり,そのうち輸入アニメは 1 万 2000 分であった。
3 たとえば,ヒーローのタイプや悪と善の戦い方において,日本とアメリカの漫画には違いがある(粛 2002)。
4 米国からの一方向的な流れは,ポピュラー文化だけでなく,ニュースにおいても見られる。2008 年に 17 か国のテレビニュースを分析した研究結果によると,ほとんどの国で最も多い外国ニュースが米国を情報源とするものであった(Wilke, Heinmprecht, & Cohen 2012)。米国の経済的・政治的な影響力の大きさがニュースの数量に反映しているのであると考えられる。
5 ホフステッド(Hofstede)の五つの文化次元の指標で文化差を測定している。
6 East Asia Social Survey (http://www.eassda.org/modules/doc/index.php?doc=intro) の公開データを再分析した。
7 ただし,輸出入額の動向は少し異なるようである。韓国の『2016 放送映像産業白書』によると韓国のテレビ番組の輸出金額は,2013 年 2 億 8776 万ドル,2014 年 3 億 1381 万ドル,2015 年 3 億 199 万ドルと推移している。2015 年の国別の輸出額は,日本が 5793 万ドル,中国が 4266 万ドル,台湾が 1824 万ドルとなっており,日本が依然として輸出額では最大の輸出先である。
8 また,NHK 紅白歌合戦の韓国人出場者の人数をカウントしたところ,2011 年と 2004 年に三組の韓国人が出場していた。ただし,韓国のポピュラー音楽が流行したのは,2000 年代が最初ではない。実は 1989 年にはその数を超える 4 人もの韓国人が NHK 紅白歌合戦に出場していた。
9 谷垣(1993)によると,80 年代後半から 90 年代前半にかけて,韓国でも香港映画ブームが起きている。

10 このデモは全国紙では取り上げられていないが,これはこのデモの目的に「大手メディア批判」が含まれていたためと思われる。
11 この発表は,台湾の保守系(国民党系)の有力新聞『聯合報』で大きく取り上げられていた。
12 日経 MJ,2006 年 11 月 6 日.
13 似たような問題に訪日観光における「おもてなし」がある。アトキンソンは日本人の「おもてなし」が訪日観光客には歓迎されていないことを指摘している(Atkinson 2015)。「おもてなし」は日本文化にとって重要なアイデンティティの要素かもしれないが,グローバルな観光政策という視点とは矛盾するのである。

参考文献

Asai, S. (2014) "An Examination of Terrestrial and Broadcasting Satellite Broadcasters' Programming by Type: What Factors Influence Program Diversity in the Multichannel Era?", *Journal of Media Economics*, 27: 20-37.

青木貞茂(2014)『キャラクター・パワー——ゆるキャラから国家ブランディングまで』NHK 出版.

Atkinson, D. (2015), デービッド・アトキンソン『新・観光立国論』東洋経済新報社 2015.

Chen, S-M. (1990) "Chinese Responses to American Mass Media in Taiwan", 新聞學研究(台湾国立政治大學)43, 135-152.

Chan-Olmsted, S.M., Cha J. & Oba, G. (2008) "An Examination of the Host Country Factors Affecting the Export of U.S. Video Media Goods", *Journal of Media Economics*, 21: 191-216.

Cowen, T.(2002) "Creative Destruction: How Globalization is Changing the World's Culture, Princeton University Press". 田中秀臣監訳・浜野志保訳『創造的破壊——グローバル文化経済学とコンテンツ産業』作品社 2011.

遠藤誉(2008)『中国動漫新人類』日経 BP 社.

Elasmar, M.G. & Hunter, J. E. (1997) "The Impact of Foreign TV on a Domestic Audience: A Meta-Analysis", *Communication Yearbook*, 20, 47-69.

Friedman, T. L. (2006) "*The World is Flat: A Brief History of the Twenty-*

First Century" (1st revised and expanded edition), Farrar, Straus and Giroux: New York.

Fu, W.W. and Sim, C. (2010) "Examining International Country-to-Country Flow of Theatrical Films", *Journal of Communication*, 60, 120-143.

Hanaki, T., Singhal, A., Han, M. W., Kim, D. K., and Chitnis, K. (2007) "Hanryu Sweeps East Asia: How Winter Sonata is Gripping Japan." *The International Communication Gazette* 69(3), 281-294.

原智子(1996)『香港中毒』ジャパンタイムス.

哈日杏子(2001)『哈日杏子のニッポン中毒』小学館.

本多周爾(2013)「文化帝国主義という言説」『法学研究』86(7),287-309.

イ,ミジ(2010)「韓国政府による対東南アジア『韓流』振興政策——タイ・ベトナムへのテレビドラマ輸出を中心に」『東南アジア研究』48(3),265-293.

石井健一(2004)「東アジアにおけるジャパナイゼーション——ポピュラー文化流通の政策科学をめざして」川崎嘉元・滝田賢治・園田茂人編『グローバリゼーションと東アジア』中央大学出版会,325-356.

石井健一(2001)『東アジアの日本大衆文化』蒼蒼社.

石井健一(2005)「韓流の源流」『Institute of Policy and Planning Sciences discussion paper series』no.1109.

石井健一(2009a)「アニメの視聴行動と内容の日中比較」『21世紀東アジア社会学』第2号,30-42.

Ishii, Kenichi (2013) "Nationalism and preferences for domestic and foreign animation programmes in China". *International Communication Gazette* 75(2) pp.225-245.

石井健一・渡邉聡(1997)「台湾における日本番組視聴者——アメリカ番組視聴者との比較」『情報通信学会年報』8号,25-37.

Ishii, Kenichi & Ogasahara, Morihiro (2006) "Japan-the World's Third Largest Broadband User in the World. Mobile and Broadband: Two Emerging Business Models in Japan", Ha, L. S. & Ganahl, R. J. (Eds.) *Webcasting Worldwide: Business Models of an Emerging Global Medium* (LEA's Media Management and Economics Series), Lawrence Erlbaum Associates.

Ishii, Kenichi, Su, Herng and Watanabe, Satoshi (1999) "Japanese and U.S. programs in Taiwan: new patterns in Taiwanese television", *Journal of Broadcasting and Electronic Media*, 43(3), 416-431.

Ito, Yoichi (1990) "The Trade Winds Change: Japan's Shift from an information importer to an information exporter 1965-1985", *Communication Yearbook* 13, 430-465.

自由民主党政務調査会・クールジャパン戦略推進特命委員会（2017）平成 29 年度版 クールジャパン戦略推進特命委員会．https://www.jimin.jp/news/policy/135053.html

自由民主党政務調査会・クールジャパン戦略推進特命委員会（2018）平成 30 年度版 クールジャパン戦略推進特命委員会．https://www.jimin.jp/news/policy/137729.html

Joshua, Aizenman and Brooks, Eileeen (2008) "Globalization and taste convergence: The cases of wine and beer", *Review of International Economics*, 16(2): 217-233.

Jurgen Wilke and Christine Heinmprecht, Akiba Cohen (2012) "The Geography of Foreign News on Television: A Comparative Study of 17 Countries", *The International Communication Gazette*, 74(4), 301-322, 2012.

川竹和夫・杉山明子・原由美子（2004）「日本テレビ番組の国際性　テレビ番組国際フロー調査から」『NHK 放送文化調査研究所年報 2004』213-250.

金美林（2013）『韓国映像コンテンツ産業の成長と国際流通──規制から支援政策へ』慶應義塾大学出版会．

クォン・ヨンスク（2010）『「韓流」と「日流」文化から読み解く日韓新時代』NHK 出版．

神事直人・田中鮎夢（2013）「文化的財の国際貿易に関する実証的分析」『RIETI Discussion Paper Series』13-J-059　http://www.rieti.go.jp/jp/

KIM, Chie-Woon & Kim, Won-Yong (1993) "An Assessment of Influence of DBS 'Spillover' as a Factor of Conflict Between Korea and Japan", *Keio Communication Review*, no.15, 69-80.

金官圭（1994）「韓国における日本の衛星放送の視聴と影響に関する研究──その利用と満足，議題設定機能を中心として」『マス・コミュニケーション研究』No.45, 156–170.

Lee, Chin-Chuan (1980) *Media Imperialism Reconsidered*, Beverly Hills: Sage.

Lee, F. L. F. (2008) "Hollywood movies in East Asia: examining cultural discount and performance predictability at the box office", *Asian Journal of Communication*, 18(2), 117-136.

Lee, P. S. N. (1991) "The Absorption and Indigenization of Foreign Media Cultures A Study on Cultural Meeting Point of the East and West: Hong Kong", *Asian Journal of Communication*, 1(2), 52-72.

莫穎怡（2007）「日本のアニメは中国の新聞, インターネットでどのように報じられているか」『朝日総研リポート』209 号, 20-32.

Mowlana, H. and M. H. Rad (1992) "International Flow of Programs: The 'Oshin' Phenomenon", *Keio Communication Review* 14: 51-68.

文・白（ムン ヨンジュ・ベック スンヒョク）（2016）「インターネットを通した日本大衆文化の受容状況と特徴」奥野昌宏・中江桂子編『メディアと文化の日韓関係――相互理解の深化のために』新曜社.

岡田美弥子（2017）『マンガビジネスの生成と発展』中央経済社.

Parc, J. & Moon H-C. (2013) "Korean Dramas and Films: Key Factors for Their International Competitiveness", *Asian Journal of Social Science*, 41, 126-149.

Park, S., Davis, C.H., Papandorea, F. & Picard, R. G. (2015) *Domestic Content Policies: A Four Country Analysis*, News and Media Research Centre. https://www.canberra.edu.au/research/faculty-research-centres/nmrc/publications/documents/Domestic-Content-Policy-Report.pdf#search=%27Domestic+Content+Policies%3A+A+Four+Country+Analysis%27

Rodlik, Dani (2011) *The Globalization Paradox: Democracy and the Future of the World Economy*.（柴川圭太・大川良文訳『グローバリゼーションパラドックス』白水社 2013.

Sakamoto, R. & Allen, M. (2011) "There's something fishy about that sushi: how Japan interprets the global sushi boom", *Japan Forum*, 23(1), 99-121.

Sanchata, M. (2007) "Japan's 'sushi police' are on a roll. FT. Com,", 1. Retrieved from https://search-proquest-com.ezproxy.tulips.tsukuba.ac.jp/docview/228996702?accountid=25225

柴那典（2016）『ヒットの崩壊』講談社.

佐藤卓己・渡辺靖・柴内康文編（2012）『ソフト・パワーのメディア文化政策』新曜社.

Shirakura, M. (2017) K-pop purveyors build bands with multinational flair, Nikkei Asian Review 2017 年 8 月 12 日.

谷垣真理子（1993）「香港映画はなぜ『国際化』できたか」『世界』1993 年 12

月号,228–234.
Thussu, Daya Kishan, 2007, *Mapping global media flow and contra-flow*, (Eds. Dya Kisham Thussu, Media on the Move: Global flow and contra-flow, Routledge: London and New York), pp.10-29.
Varis, T.. (1985) *International flow of TV programmes*, UNESCO unesdoc.unesco.org/images/0006/000687/068746eo.pdf
邱淑雯(2002)「台湾における台湾における日本のトレンディードラマの受容と変容」小倉充夫・加納弘勝編『東アジアと日本社会』東京大学出版会,109–133.
Straubhaar, J. D. (1991) "Beyond Media Imperialism: Assymetrical Interdependence and Cultural Proximity", *Cultural Studies in Mass Communnication* 8, 39-59.
鈴木裕久(1977)「流行」池内一編『講座・社会心理学3 集合現象』東京大学出版会.
Tsang, Kuo-Jen & Wang, Georgette (1990) Indigenizing Foreign Culture, 新聞學研究,第43集,117-133 Mass Communication Research (Taipei: R. O. C), no.43, 117-133.
宇野善康(1990)『普及学講義』有斐閣.
山本浄邦(2014)「中国における『韓流』――その展開と課題」山本浄邦編『韓流・日流』勉誠出版.
山下玲子(2002)「韓国のマンガ・アニメ意識と日本アニメの韓国進出状況」朴順愛・土屋礼子編『日本大衆文化と日韓関係』三元社,97-117.
吉岡桂子(2008)『愛国経済』朝日新聞出版.

[中国語]

李丁讚・陳兆勇(1998)「衛星電視與國族想像――以衛視中文台的日劇為觀察對象」『新聞學研究』no.56(1998年),9-34.
李天鐸・何慧雯(2002)「遥望東京彩虹橋」李天鐸編『日本流行文化在台湾與亜洲』15-49.
李天鐸・何慧雯(2003)「我以前一定是日本人?」邱淑雯編『日本流行文化在台湾與亜洲(Ⅱ)』14-41.
李金銓(1987)「傳播帝國主義」久大文化.
徐佳馨(2002)「図框中的東亜共栄世界日本漫畫中的後殖民論述」李天鐸編『日本流行文化在台湾與亜洲』88-108.

朱全斌（1998）「由年齡族群等變項看台灣民眾的國家及文化認同」no.56, 35-63.

陳奇佳・宋暉（2009）「日本动漫影响力调查报告 当代中国大学生文化消费偏好研究」人民出版社.

肅湘文（2002）「漫畫研究　傳播觀點的檢視」五南図書出版公司.

第一部

ポピュラー文化と国家ブランディングに関する政策展開

第1章　ポピュラー文化と国家ブランディング

石井　健一

　本章では，ポピュラー文化をとりまく政策動向をレビューする。まず，文化に関する政策目的を，対外イメージの改善，国民のアイデンティティ形成，経済効果の創出の三つに整理し，それらがどのような理論背景によるのかを検討する。次に，クールジャパン政策をはじめ実際にどのような政策が各国で実施されているのかを概観する。また，オリンピックを国家ブランディング政策のひとつと位置づけ，その効果について先行研究の分析結果をレビューする。

1. 文化に関係する政策

1-1　文化に関する政策の分類

　ポピュラー文化を活用しようという政策が世界各国で試みられてきている。しかし，序章でも述べたように，その政策には，異なる思想を根拠とする政策目標が混在している。したがって，まずこれらの政策にどのようなものがあるか，理論的に整理することが重要であろう。

　ポピュラー文化や伝統文化など文化に関係した政策は，(1) 目的が「イメージの管理」なのか「経済効果の創出」なのかによっ

て大きく二つに分けることができる。さらに「イメージの管理」は，(1-1) 国外に向けた政策なのか，(1-2) 国内に向けた政策なのか，という点から二つに分類することができる。「経済効果の創出」については，(2-1)「文化」を用いた政策なのか，(2-2)「文化産業」の支援なのかという点で二つに分けることができる。

文化関係の政策目的には，上記以外のものが考えられないわけではない。たとえば，伝統的な文化政策では，文化への公的資金投入の理由づけとして，上記の目的以外に，伝統文化を次世代への継承することの意義や国民への教育効果が指摘されている（野田 2014）。ただし，ポピュラー文化の場合は，こうした目的が一般的に支持されるとは考えられないので，この表には含めていない。

表 1.1 は，ポピュラー文化に関わる政策を目的の視点から分類したものである。ただし，実際の政策の目的は必ずしも明確に分けられるわけではない。たとえば，ポピュラー文化を用いて特定の地域のイメージを高め観光客の増加につなげようとする政策は，文化を

表 1.1 ポピュラー文化に関係する政策の分類

目的	細分類	具体的な目的と政策の例
国のイメージの管理（国家ブランディング）	(1-1) 国外志向	対外的なイメージの改善・管理 例　文化を用いた対外宣伝・広報活動
	(1-2) 国内志向	国民のアイデンティティの形成 例　伝統的な文化政策（狭義の文化政策），外国文化の流入規制，「アニメの殿堂」
経済効果の創出	(2-1) 文化を用いた施策	文化を用いた経済効果の創出 例　コンテンツツーリズム（観光客の誘致），貿易や投資の増加，創造都市
	(2-2) 文化産業政策	文化産業の支援・振興政策 例　中国のアニメ基地

用いた施策（2-1）と見なすこともできるが，文化を用いて対象地域の対外的なイメージの改善を図っている（1-1）ともいえる。また，コンテンツ産業の支援は（2-2）に分類されるが，国のアイデンティティとなるべきコンテンツの製作を支援するということが政策目的であれば，最終的な目的は自国のアイデンティティの形成（1-2）とも言える。中国ではアニメ国産化政策の主要な目的は，（2-2）の文化産業の振興と考えられるが，最終的には中国人の「精神文明」を創るという国内志向（1-2）の目的をも含んでいる（第3章参照）。中国では愛国主義映画やアニメを作ることが奨励されているが，これはコンテンツ産業の支援を通した「国民のアイデンティティの形成」（1-2）とも見なせる。

　「国のイメージの管理」は文化を使って自国のイメージ管理しようとする政策である。これは対外的なイメージ管理と自国民のアイデンティティの確立をめざすものの二つに分けることができる。(1-1) は，外国に対して文化を活用してイメージを改善しようとするものであり，国外に対する国のイメージの管理に文化を利用する政策といえる。これには，後に論じるパブリック・ディプロマシー（public diplomacy）も含まれる。日本において国家ブランディングのひとつの方法としてポピュラー文化の活用が考えられるようになったきっかけは，マックグレイが2002年に発表した"Japan's Gross National Cool"（McGray, 2002）という論文であるといわれている（松井 2010）。この論文の影響により日本でもアニメの人気を活用することがいわれ始めた。たとえば櫻井（2009）は，外交において日本アニメの人気を積極的に利用することを主張しており，外務省では「アニメ大使」などポピュラー文化の活用が行われるようになっている。これに対して，「国民のアイデンティティ形成」(1-2) には，国内の伝統的な文化を保護したり，逆に海外からの文化の流入を制限したりする政策が含まれ，これらは自国民に向けて文化を利

用した政策といえる。これらの政策には，伝統的な「文化政策」として行われているものもある。これらの政策においては，自国が理想とするイメージに合うように「文化」が選択されている。国民のアイデンティティ形成は，ナショナリズム的な政策のように見えるかもしれないが，自国民のアイデンティを形成することは，対外的なイメージ形成においても重要であることが指摘されている（Anholt, 2007）。この点については本章の2-4で論じることにする。

　経済効果は，多くの論者が文化政策の根拠としている。たとえば，三原（2014）は，経済がクールジャパン政策の主目的となるべきだと主張する。三原は「正しい日本文化の普及」は日本のクリエイティブ産業が海外で稼ぐことと矛盾するとし，日本の文化産業を支援することにならないとする（三原 2014）。「イメージ管理」と「経済効果の創出」における「文化」の違いは，後者では必ずしも自国のコンテンツが利用されるとは限らないことである。たとえば，(2-1) のコンテンツツーリズムでは，外国のコンテンツを用いることもある。外国が日本で映画やテレビ番組のロケをすることは，ロケ地や日本のイメージをよくすることになり，外国からの観光客を増やす効果が期待できる。たとえば，中国映画「非誠勿擾」（「狙った恋の落とし方」）でロケ地となった北海道（朱・松野 2014）やタイ映画の「Stay」「Timeline」でロケ地となった佐賀では実際に映画を見た観光客の訪問が増えている。佐賀では，佐賀県フィルムコミッションがタイの番組制作会社などにロケを働きかけ，タイで2014年に公開された映画や2015年に放映されたドラマの舞台となりロケ地巡りのタイ人が急増した（2016/09/05 日本経済新聞　朝刊29頁）。日本では2000年に大阪商工会議所が母体となって「大阪ロケーション・サービス協議会」が設立されて以来，多くの地方公共団体でフィルムコミッションを設立して映画やドラマの誘致を行っているが，この政策目的は観光地としての売り出しと地域の経済的な振

興の効果を期待したものといえる（水野 2003）。

なお，表1.1の「文化に関する政策」は，既存の「文化政策」とは異なるものを含んでいる。池上惇の『文化政策入門』によると，文化政策とは「創造環境を整備するための公共政策であり，地域社会や都市，あるいは企業や産業の中にある文化資源を再評価して，創造環境の中に位置づける」政策である（池上・端・福原・堀田 2001: 12）。文化政策においては，芸術文化資源が重視されていて，芸術家の支援や芸術文化を導入した空間作りが重視されている（p11）。最近の文化政策はポピュラー文化やデジタル文化にも視野を広げてはいるが，伝統的な芸術の支援という意味あいが強い政策である（佐々木・川崎・河島 2009）。つまり，伝統的な文化政策は，表1.1の（1-2）と（2-1）が中心の政策であるといえる。

日本のイメージを高めるためにポピュラー文化ではなく，伝統文化を強調した戦略を立てるべきだという主張もある（青柳 2015）。青柳は工業製品に代わる次世代の柱として伝統文化と現代文化を融合させた文化立国を目ざすべきであるとしている（青柳: 174-175）。ただし，伝統文化とポピュラー文化をどのように組み合わせるべきかは，これまでに十分な研究がされているとは言えない。本書では，第5章と第6章で伝統文化を用いたイメージ戦略の有効性について論じている。

2. 国家ブランディング政策

2-1 国に対するブランディング

国家ブランディングは，国を対象とした地域ブランディング（place branding）であり，表2.1における「イメージ管理」を目ざす国の政策であるといえる。国家ブランディングとは，外交や輸出な

第1章 ポピュラー文化と国家ブランディング

ど色々な側面についての国際的な国の評判を高めることを目ざした，国のイメージの管理のプロセス（Fan 2010）のことであり，最終的な目標は観光・貿易・海外投資等で競争力のある国家イメージを確立することである（金子 2011）。国のブランドイメージをうまく作ること，つまり「ブランド国家」であることは，今日多くの国の目標となっている（ハム 2002）。

表 1.2 は，アンホルトがロイヤルティ免除法（royalty relief method）によって，主要国の経済的なブランド価値を評価したもの

表1.2　国のブランド価値とGDP（2005年）

		ブランド価値 （10億ドル）	ブランド価値/GDP
1	米国	17,893	152
2	日本	6,205	133
3	ドイツ	4,582	167
4	英国	3,475	163
5	フランス	2,922	143
6	イタリア	2,811	167
7	スペイン	1,758	169
8	カナダ	1,106	111
9	オーストラリア	821	133
10	オランダ	792	137
11	デンマーク	772	320
12	中国	712	43
13	ロシア	663	113
14	スイス	558	156
15	ベルギー	456	130
16	スウェーデン	398	115
17	ノルウェー	276	110
18	韓国	240	26

出典：Anholt 2007, p45.

である（Anholt 2007）。日本のブランド価値は，総額では世界二位にランクされている。ただし，GNP の規模と比べると，日本のブランド価値はそれほど高いわけではない。一方，中国は 12 位，韓国は 18 位と両国の GNP の規模と比べて国のブランド価値はきわめて低く評価されている。

　国家ブランディングの提唱者であるアンホルトは，国に対するブランディングの必要性を主張し，国のイメージを管理するためマーケティング手法を用いることを提唱した（Anholt 2007）。「ブランディング」は，一般には，企業（corporate brand）や商品（product brand）に対して行われるマーケティング活動であるが，企業や商品に比べると国家をブランディングすることは容易なことではなく，その実行性に疑問を呈する研究者もいる（Fan 2010）。国家にはさまざまな人や組織・集団が関わっており，統一的にブランディングすることはきわめて困難だからである。国家ブランドは，商品のイメージ，観光地イメージ，パブリック・ディプロマシーと国家アイデンティティを下位領域として含む（Fan 2010）。しかし，国のロゴやキャッチフレーズなどはブランド化しやすいが，国家アイデンティティや国のイメージをブランド化することは困難である。「国家ブランディング」を最初に提唱したといわれるアンホルトもこの点を意識しているのか，2007 年に出版した書籍では「国家ブランディング」（nation branding）という言葉を避けて，「競争力のあるアイデンティティ」（competitive identity）という言葉を使うようになっている（Anholt 2007）。

　国家ブランディングを実行する施策には多くのことが含まれるが，基本となるのが国のイメージ管理である（Fan 2006, Fan 2010）。自国のイメージに明確な目標を設定し，それを達成するようにさまざまな施策を行うことになる。アンホルトは，そうした施策において文化を活用することができるとした。たとえば，日本のポピュラー

文化や日本の伝統芸術は，生産性や技術に関する日本の商業的なイメージに魅力を加えている（Anholt 2007: 97-98）。つまり，文化は，国家ブランディングが管理しようとする国のイメージを構成する重要な要素であるといえる。

2-2　国のイメージ

　国のイメージは，その国の地理，歴史，政治的な宣言，芸術，有名人などによって作られており，特にメディアがその形成に大きく寄与している（Kotler & Gertner 2002）。国のイメージは，色々な領域で影響力をもっている。たとえば，マーケティング研究で古くから研究されている「原産国効果」（country-of-origin effect）は，ある国で生産されたという情報が消費者の製品知覚にもたらす影響のことであり，商品購買に対する国のイメージの力であるといえる（第7章参照）。たとえば，フランス製の香水が高く評価されるのは，香水という製品カテゴリーにおけるフランスの原産国効果が高いためと解釈できる。原産国効果は，一般的には製品カテゴリーレベルのものと想定されている。原産国の影響は他の製品情報が利用可能なときは低くなるが，ほかに利用可能な情報がないときは高くなる（Usunier & Lee 2009）。また，意思決定プロセスの初期段階において強い影響力をもち，品質の信頼性の高さを表す手がかりとして使われることが多いとされる（Usunier & Lee 2009, 訳書 :321）。

　原産国効果はどのようにして形成されるのであろうか。Song & Sung（2013）は，米国人を対象として調査を行い，人々が知覚している国家ブランドパーソナリティとその規定因について分析をした。国家ブランドパーソナリティとは，ブランドイメージに関するブランドパーソナリティ理論を国に適用したものである（第9章参照）。分析結果から，国のイメージは「感じの良さ」（agreeableness），「悪意」（wickedness），「俗物性」（snobbism），「勤勉」（assiduousness），

「追従性」(conformity)，「消極性」(unobtrusiveness) の六つの次元で構成されていることが見出された。これらの各次元に影響を与える可能性がある 34 の項目を因子分析により「政府の競争力」(government competency)，「人々や事件」(people/event)，「自然の特徴」(natural features)，「ポピュラー文化」(popular culture)，「芸術・歴史」(Art/history) の五つの因子に分けたうえで，国のイメージへの影響力を分析した。国家ブランドパーソナリティ（6 次元）とこれらの五つの影響力の因子との関係を分析したところ，国のイメージの「感じの良さ」に最も影響を与えていたのは「政府の競争力」であり，ついで「自然の特徴」，「ポピュラー文化」であった。「芸術・歴史」は，国の「俗物性」イメージに正の影響，「追従性」には負の有意な影響を与えていた。また，回答者が最も多く答えた国のイメージに関する情報源は，インターネット（ウェブサイト及びブログ）であり，次いで友人，自分の訪問経験，テレビ，家族の順であった（Song & Sung 2013）。ポピュラー文化が国のイメージのうち「感じの良さ」に影響を与えており，伝統文化は「追従性」や「俗物性」というイメージに影響を与えていた。

　国のイメージのモデルとして，心理学のステレオタイプのモデルである「温かさ」と「有能さ」の二次元モデルが使われることもある。「温かさ」と「有能さ」の二次元モデルは，フィスクらによって提案された理論であり，ステレオタイプには二つのタイプがあり，ひとつは「温かさ」が欠如しているものであり，もうひとつは「有能さ」が欠如しているとするものである（Fiske ほか 2006）。たとえば，老人や障害者は能力を持っていない（有能さの欠如）という理由で差別されるが，アメリカ人にとってユダヤ人やアジア人は能力を持っているが「温かさ」が足りないとみられるために差別されるという（Fiske ほか 2006）。

　国家も人々の集団であり，ステレオタイプ的な認知をされること

が多い（Hakala, Lemmetyinen, & Katona 2013）ことを考えると，フィスクのモデルは国のイメージにも適用できると考えられる。たとえば，Chattalas & Takada（2013）は，米国人の学生を対象に自転車の広告をイタリア製またはドイツ製とする二種類作成し，広告から感じる製品の温かさと有能さのイメージを測定した。その結果，イタリア製の方がドイツ製よりも「温かく」感じられ，ドイツ製の方がイタリア製よりも「有能」と感じられていた。さらに，「温かさ」のイメージは，製品の快楽的な価値（hedonic value）の知覚と結びついており，「有能さ」のイメージは，製品に利用上の価値（utilitarian value）があるという知覚に結びついていた（Chattalas & Takata 2013）。つまり，ドイツ製という原産国の情報は，「有能さ」というイメージを仲介して製品の高い利用上の価値の知覚に結びついているのに対して，イタリア製は「温かさ」というイメージを媒介として製品の快楽的価値の知覚と結びついているのである。本書でも第 5 章で「温かさ」と「有能さ」の二次元モデルを用いて東アジア諸国における日本イメージの分析を行っている。その分析結果によると，韓国では日本が「冷たい」というイメージがあるために，日本製品の評価が低くなっている可能性が示唆されている（第 5 章）。

　原産国効果以外にも色々な種類の国のイメージが先行研究では指摘されている。たとえば，観光では観光地イメージ（destination image）が重要であるとされている。これ以外にも「移住先としてのイメージ」や「投資先としてのイメージ」などがあり，それぞれ異なるイメージの次元であることが示されている（Kim, Shim, and Dinnie. 2013）。アンホルトは，国家ブランディングを「輸出」「統治」「投資及び移住」「文化と文化遺産」「国民」「観光」の六つの領域に分けて対外的なイメージを測定している（Anholt 2005）。たとえば，米国は「輸出」「投資及び移住」「国民」「観光」では評価が

高いが「文化遺産」と「統治」では評価が低い（Anholt 2005）。また，国民が自国に対して持つイメージ（アイデンティティ）は，国のアイデンティティ形成という意味で重要であり，国民が自国にポジティブなアイデンティティを持つことは，その国の競争力を高めることになると考えられる。なお，自国に対するイメージについては，2-4 で論じることにする。

2-3 ソフトパワーの概念

ナイは，国と国の間で働くパワーについて，軍事力や経済力といったハードパワー以外に，その国に憧れることによって生じる魅力の力をソフトパワーとして，国際政治における重要性を指摘した（Nye 2004）。「ソフトパワー」は，本書の枠組みでいうと，表 1.1 における「対外的なイメージ管理」（1-1）の対象になるものであるが，さまざまな要因がその国のソフトパワーに影響を与えている。ナイによると，政治的価値観や外交政策はソフトパワーの源泉となる（Nye, 2011）。高級文化や研究交流・科学交流といった分野に加えて映画・テレビ番組やスポーツなどポピュラー文化も，ソフトパワーに大きな役割を果たしている（Nye 2004）。ナイによると，アメリカが冷戦に勝利した要因のひとつは，アメリカのポピュラー文化の魅力である（Nye, 2004, p87）。ナイは，日本は伝統文化に加えてアニメ映画などポピュラー文化がソフトパワーの源泉となりうることを指摘している（Nye 2004 訳書: 140）。

パブリック・ディプロマシー

ソフト・パワー論の考えを外交に適用したのが「パブリック・ディプロマシー」（public diplomacy）である。パブリック・ディプロマシーとは，外交の目的を達成するためには，相手国の政府に働きかけるだけでは十分ではなく，国民に働きかけることが必要

である,という認識に基づいて行われる政府の活動である(北野 2007: 15)。パブリック・ディプロマシーの具体的な施策には,政府広報としての情報発信,国際文化交流,国際放送が含まれる(北野 2007: 15)。現在多くの国でパブリック・ディプロマシーが重視されるようになっており,日本でもポピュラー文化を活用した文化外交や国際交流などの機運が高まっている(金子 2007)。しかし,文化予算と同じように,日本の広報外交予算はイギリスやフランスの5分の1程度であり取り組みは遅れているといえる(Nye 2004: 191)。戦後の米国は,日本へのパブリック・ディプロマシーにポピュラー文化を活用した(藤田 2015; 松田 2015)。米国の外交関係者は映画というメディアが広報と親善に役立つことに気づき,積極的にこれを外交に取り入れた。そして,ラジオやテレビもアメリカのパブリック・ディプロマシーに活用するようになった(有馬 2011)。

日本のソフトパワーは国際的に見てどの程度なのだろうか。ナイの理論に基づいて国のソフトパワーの強さを指標として測定する研究が行われている。これらの研究で提案されているソフトパワーの指標には,大きく二種類のタイプがある。ひとつは,対象とする国のソフトパワーに関係する国レベルの指標を収集して指数を構成する方法である。もうひとつは,ソフトパワーの影響の方に着目して,影響を受けている国においてアンケート調査を行うものである。前者の場合,ソフトパワーの相手となる国を特定しない一般的な指数となる。後者の場合,相手の国によってソフトパワーの程度は異なることになる。また,両者を組み合わられた指数も用いられている。

McClory(2015, 2016)は,ナイの提唱するソフトパワー論に基づいて,主要国のソフトパワーを測定しており(表1.3),先述の二つの方法を組み合わせた指数を採用している。質問紙調査を各国で実施するとともに,教育(大学の数,シンクタンクの数),engagement(ODA,難民希望者など),政府(HDIスコア,自殺率など),デジタル(イ

ンターネット利用者数など），文化（海外旅行者数，国際賞を受賞した映画数，クリエイティブ商品の輸出），企業（特許数等）の六つの領域について指標を集めて主要国のソフトパワーを定義した。質問紙調査においては，回答者に対象となった国について，生活可能性，外国政策，高級ブランド，文化，親しみやすさ，技術製品，料理の好みについてのデータが集められた。結果を見ると，日本は総合得点で8位にある。

表1.3　主要国のソフトパワーの指標

順位	国名	ソフトパワー指数
1	英国	75.61
2	ドイツ	73.89
3	米国	73.68
4	フランス	73.64
5	カナダ	71.71
6	オーストラリア	68.92
7	スイス	67.52
8	日本	66.86
9	スウェーデン	66.49
10	オランダ	65.21
⋮		
20	韓国	54.32
30	中国	40.85

出典：McClory（2005）

ただし，これらの評価は，経済先進国で行われたアンケート調査に基づくものであり，発展途上国での日本のソフトパワーの評価は異なる。表1.4は，Whitneyほか（2009）によるアメリカ及びアジア4か国（インドネシア，ベトナム，日本，韓国）におけるソフトパワーを測定した結果である。インドネシアとベトナムでの日本のソフト

パワーは中国を下回っている。また、ベトナムでの日本のソフトパワーは韓国をも下回っている。また、中国のソフトパワーがインドネシアとベトナムで強いという結果は、第3章で紹介する分析結果（表3.3）と同様の傾向を示すものである。経済先進国と発展途上国では、日本と中国のソフトパワーの評価が逆になっていて、特にインドネシアとベトナムにおいて日本のソフトパワーは弱いことがわかる。

表1.4　アンケート調査に基づく中国・アメリカ・韓国・日本のソフトパワー

	対象国			
	インドネシア	ベトナム	日本	韓国
日本のソフトパワー	0.59	0.71	—	0.69
アメリカのソフトパワー	0.53	0.67	0.69	0.66
中国のソフトパワー	0.62	0.77	0.57	0.54
韓国のソフトパワー	0.53	0.74	0.61	—

出典：Whitneyほか（2009）

2-4　自国民に対する国家ブランディング

国家ブランディングは、自国民のアイデンティティの問題とも関係している。長年にわたり文化広報外交にたずさわった近藤誠一は、日本人のアイデンティティが弱化しており、国民に誇りを持たせるためには、文化を社会に取り込むことが必要であるとした（近藤2008: 10-13）。また、麻生太郎は『とてつもない日本』の中で、

「団塊」「しらけ」「新人類」「おたく」などと十把一絡げにされ、伝統的な日本を破壊する「今時の若者」と嘆かれた世代の作ってきた文化に、アジアのみならず世界が熱い眼差しを送っ

> ている。そう考えると，ニート世代が新しいものを作り出してくれる可能性は多いにあるのではないか。(麻生 2007: 52)

と述べている。「新しいもの」が何であるかは明確でないが，若者の価値観を積極的に肯定することがプラスの効果を生み出すと期待していると考えられる。

これらの主張は，文化資源を活用して自国民に対する国のイメージを改善することを主張するものである。「国民に誇りを持たせる」という主張は，一見するとナショナリズム意識の発揚を目ざしているように見えるかもしれない。しかし，経済合理性を重視する企業ブランディングにおいても，外向きのイメージ構築だけでなく，従業員のアイデンティティを形成する内部ブランディング（internal branding）の重要性が指摘されており（Bergstrom, Blumenthal & Crothers 2002），内部ブランディングは，企業ブランディングの目標のひとつとなっている。内部ブランディングの考え方が国にも適用できるのだとすると，国への誇りを高めることは日本の競争力の強化につながる可能性がある。実際，アンホルトは国民が自分の国によいイメージを持つことが，外国への自国のイメージにプラスに働くとしている（Anholt 2007）。したがって，国民のアイデンティティを形成・維持することは，国のひとつの合理的な政策目標となると考えられる。従来から伝統文化・芸術文化を対象とした文化政策では，国の伝統的な文化を保護することをひとつの目的としてきたが，そうした政策目的のひとつに国民のアイデンティティ維持が挙げられていた（根木 2010）。

近藤も指摘するように，日本人は国際的に見ると「自国への誇り」が非常に弱い。表1.5は世界価値観調査で「自分の国にどの程度誇りをもつか」という共通の質問に対する回答分布を国ごとの平均値を低い順に並べたものである。日本は60か国中低い方から5

第1章 ポピュラー文化と国家ブランディング

表1.5 国への誇りの程度（低い順）

順位	国名	平均点	順位	国名	平均点
1	台湾	2.82	31	アルジェリア	3.56
2	香港	2.87	32	ポーランド	3.56
3	エストニア	2.88	33	カザフスタン	3.56
4	ウクライナ	2.92	34	インド	3.56
5	日本	2.97	35	モロッコ	3.57
6	オランダ	3.02	36	エジプト	3.58
7	ドイツ	3.03	37	アゼルバイジャン	3.61
8	ブラジル	3.06	38	マレーシア	3.61
9	ロシア	3.08	39	パレスチナ	3.62
10	バーレーン	3.08	40	ニュージーランド	3.63
11	韓国	3.10	41	オーストラリア	3.67
12	ベラルーシ	3.10	42	アルメニア	3.70
13	中国	3.13	43	ジョージア	3.72
14	レバノン	3.15	44	ジンバブエ	3.72
15	スウェーデン	3.27	45	リビア	3.74
16	ルーマニア	3.27	46	パキスタン	3.74
17	シンガポール	3.35	47	トルコ	3.76
18	アルゼンチン	3.36	48	コロンビア	3.77
19	スロバニア	3.38	49	クウェート	3.77
20	キプロス	3.40	50	メキシコ	3.78
21	イラク	3.40	51	イエメン	3.79
22	チリ	3.43	52	タイ	3.79
23	ウルグアイ	3.43	53	ルワンダ	3.80
24	スペイン	3.48	54	フィリピン	3.82
25	チュニジア	3.50	55	ヨルダン	3.83
26	キルギス	3.51	56	トリニダード・トバコ	3.85
27	南アフリカ	3.52	57	ウズベキスタン	3.88
28	米国	3.53	58	エクアドル	3.89
29	ナイジェリア	3.54	59	ガーナ	3.94
30	ペルー	3.55	60	カタール	3.99

出典：World Value Survey (v6) から筆者分析

番目である。日本より得点が低い台湾と香港は中国との間でナショナリズムがねじれた特殊な状態にあり，ウクライナやエストニアもロシアから最近分離独立したばかりで国内に民族問題があることを考えると，大きな民族問題がない日本国民の「誇り」の程度は国際的にもかなり低いといえる。

国への誇りは，後の章で分析する「ナショナリズム意識」のひとつである。先行研究によると，日本人のナショナリズム意識は国際的に見るとかなり弱い方である。主要国の国民アイデンティティ得点（NATID）によると，日本の得点は7か国中最も低い（Keillor & Hult1999; Phau & Chan 2003）。また，第7章で分析に用いる「消費者自民族中心主義」は，消費行動の領域におけるエスノセントリズム（民族主義）の強さをあらわす得点であるが，これも対象7か国中最低となっている（表1.6）。

表1.6　ナショナリズム意識の国際比較

	消費者自民族中心主義得点	国民アイデンティティ得点
日本	2.37	14.79
タイ	4.93	19.59
韓国	4.33	17.84
米国	3.88	17.44
台湾	3.88	16.57
香港	4.36	15.22
シンガポール	3.36	15.22

出典：Keillor & Hult (1999); Phau & Chan (2003)

日本人は「自国への誇り」がどうして低いのか，その原因を探るため，世界価値観調査のデータを用いて回帰分析を行ってみた（表1.7）。その結果によると，国への誇りの程度は，年齢が低いほど低く，また幸福度が低い人ほど低い傾向にある。幸福度と国への誇り

の間に非常に有意な正の相関関係があることが注目される。このことは，国への誇りを高めるこが，国民の幸福度を高めることにつながる可能性を示している。

さらに，自国民への視点が重要である理由に，ブランディングにおけるステークホルダー（利害関係者）の参加の重要性がある。最近の国家ブランディング研究では，ステークホルダーのブランディングへの参加が重視されるようになっている（Karavaratzis 2012）。たとえば，観光地の評価においては，観光地の訪問者のみの評価だけでは観光が地域にもたらすネガティブな影響が考慮にされないという問題があり，観光地の住民の評価を含めることが重視されるようになっている（Nigel, Annette, Rachel 2003）。オランダの研究では，地域ブランディングにおいて，ステークホルダーの関与が高くなることが，ブランドの概念の明確化とターゲットとなる集団へのアピールという点で効果的であるとされている（Klijn, Eshuis, and Braun 2012）。日本の国家ブランディングにおいても，政府が上意下達で決定するのではなく，市民や海外との関係が深い中小企業なども含めて，どのような方向のブランディング戦略をとるべきかを論じる必要がある。

表 1.7　日本人における国の誇りを目的変数とする回帰分析結果（N=1675）

説明変数	標準化係数	t 値	有意水準
年齢	0.256	10.34	0.000
性別	0.009	0.37	0.714
学歴	−0.007	−0.28	0.779
収入	−0.005	−0.20	0.839
幸福度	0.201	8.49	0.000

$R^2 = 0.106$
*1 男＝1，女＝2　*2 教育年数　*3 教育年数
*4 年間世帯収入(万円)　*5 4段階のリッカート尺度

2-5　外国文化に対する規制

　自国のアイデンティティを守るため，国内に流入する外国文化を規制する政策を採用している国もある。これは消極的な政策ではあるが，自国のアイデンティティを守るという意味では広義の国家ブランディング政策に含まれる。たとえば，映画のスクリーン・クォータ制やテレビにおける外国番組の放送制限などがその例である。

　ただし，スクリーン・クォータ制などによって外国文化を規制することが，自国の文化産業の競争力を高めることに成功したと評価する研究は少ない。映画に関する政策効果の実証分析を行ったParc（2017）は，スクリーン・クォータ制など韓国の外国文化に対する統制的な文化政策は，成功しなかったとする。韓国では1956年から1986年のスクリーン・クォータ制の下で外国の映画の数を制限していたが，外国映画を見る人数は制限されていなかった。スクリーン・クォータ制は，質の悪い韓国映画を作ることにつながり，映画館は韓国映画の上映を避けようとした。また，1966年から現在までのスクリーン・クォータ制では，韓国映画の上映日数を規定しているが，そのことは人々が韓国映画を見ることを必ずしももたらしていない。1990年代後期まで続いた国内映画への支援政策も成功していなかった（Parc 2017）。また，Lee & Bae（2004）は，1997年の20か国のデータを用いて，スクリーン・クォータ制の導入が，その国の映画の自給率にどの程度影響を与えているかを計量的に分析している。その結果は，スクリーン・クォータ制は有意な効果をもたらしておらず，その国の経済的規模（GDP，映画の売り上げ，投資規模など）のみが映画の自給率に有意な効果を持っていた。これらの研究結果は，外国からの文化を規制することが必ずしも目ざす効果を上げられないことを示唆している。

　韓国と同様に，自国の文化を保護するため文化に対して積極的

に介入しているのがフランスである。フランスは国民のアイデンティティを守るために，文化の多様性を確保することが必要であると主張している（Greffe 2007）。フランスにおけるすべてのテレビ局は，フランス語で製作された番組を少なくとも40％，ヨーロッパの番組を少なくとも60％放送することが法律で義務付けられている（Greffe 2007）。また，フランスは自国のコンテンツの製作に巨額の補助金を出している。しかし，フランスの補助金政策は，フランス映画の経済的な成功をもたらしていないようである（Messerlin & Parc 2014）。

3. 経済政策としての文化の活用

3-1　創造経済の理論

　ポピュラー文化を支援する政策目的として国のイメージ管理と並んで重要なのは，経済効果の創出である。たとえば，経済産業省はコンテンツ産業[1]の成長率が高いことやコンテンツ産業の波及効果が高いことを，コンテンツ産業を政策的に促進する根拠としている（経済産業省商務情報政策局文化情報関連産業課 2005）。創造経済を推進することで，経済の活性化・高度化が達成できると見なされており，今後の新産業分野としてヘルスケア産業，新たなエネルギー産業に加えてクリエイティブ産業が挙げられている（経済産業省 2011）。しかし，日本のクリエイティブ産業はゲームを除くと輸入超過であり，日本のコンテンツは海外から高く評価されているにもかかわらず，海外輸出比率は5％と米国の17.8％の約3割に過ぎない。そのため，今後もっと輸出を増やすことができると考えられている（経済産業省商務情報政策局 2013）。また，コンテンツ産業は関連産業への波及効果が大きいにもかかわらず，英国，韓国，中国など主要国と比べ

て日本の取り組みが遅れていることも指摘している（経済産業省商務情報政策局 2013）。

　こうした文化産業政策の理論的な支えとなっているのが「創造経済」の理論である。文化が政策的に重視されるのは，創造経済が新情報化時代において経済の活力にとって重要な源泉であり，文化が創造経済の中核になるという理論に基づいている（Throsby 2010: 6）。フロリダは，「クリエイティブ・クラス」という階層に注目し，この階層が経済発展に大きく貢献しているとした（Florida 2012）。クリエイティブクラスとは，「意義のある新しい形態を作り出す」仕事に従事している人々であり，その中核の「スーパークリエイティブ・コア」には，科学者，技術者，芸術家，俳優，編集者，デザイナー，作曲家，映画製作者などが含まれる（Florida 2012, 訳書: 56）。

　この理論は 2000 年頃から各国の文化政策に適用されるようになっており，各国で文化政策に対する見直しの根拠となっている。たとえば英国では，文化政策を扱う文化・メディア・スポーツ省の目的は「イギリスが居住，訪問，ビジネスにおいて世界で最も創造的でエキサイティングな場所となることを手助けすること」とされている（野村総合研究所 2013）。こうした国際的な潮流の中で，日本でも 2011 年に経済産業省に「クリエイティブ産業課（生活文化創造産業課）」が設置された。「創造経済」の政策は，都市の発展のために創造産業の振興が必要だとする「創造都市」の考え方と共通するものがある（中牧弘充・佐々木雅幸・総合研究開発機構 2008）。第 3 章で紹介する中国の文化産業政策も創造経済の理論に基づいており，産業を高度化し，製造業中心の段階から産業を高度化させるためには，コンテンツなど創造的な文化領域での発展が必要とされている[2]。

3-2　コンテンツツーリズム

　ポピュラー文化がもたらす影響として多くの実証研究が支持して

いるのが，観光行動への影響である。映画やテレビ番組で対象となったロケ地は，そのコンテンツを見た人々が観光地として訪問することがある。たとえば，『冬のソナタ』を見たファンの多くが韓国のロケ地を訪れた（Kim, Lee and Chon 2007; Lee & Bai 2016）。アニメは実写ではないので必ずしも対象地域が明確ではないが，ファンたちがアニメのモデル地を探し出して訪問する行動が増えており，こうした行動は「聖地巡礼」といわれている（岡本 2015）。たとえば，アニメ『らき☆すた』では埼玉県久喜市の鷲宮神社がモデルとなっているとされ，大勢のファンがここを訪れている（岡本 2014）。他にも多くの聖地とされる場所があり，たとえば『ガールズ＆パンツァー』の聖地としては，茨城県大洗町が有名である。

　こうした現象は日本では「コンテンツツーリズム」とよばれているが，contents tourism という言葉は国際的にはほとんど使われておらず，海外では film-induced tourism とか movie induced tourism（映画が誘発した観光行動）とよばれている。また，小説など文学が誘発した観光行動は literary tourism（文学による観光行動）とよばれている（Beeton 2004）。米国において映画が観光行動を誘発した 12 件の事例の分析によると，観光客の増加は少なくとも 4 年間続き，その間 40 〜 50％の観光客の増加が見られた（Riley, Baker and Van Doren 1998）。日本の事例を研究した中村哲は，NHK「大河ドラマ」の撮影地への訪問者数を分析し，来訪者が一時的に増加するがその後元の水準にもどってしまう「一過型」，来訪者が増加しその後減少するものの放映前よりも高い水準を維持する「ベースアップ型」，特に大きな影響がない「無関係型」に分類している（中村 2003）。「一過型」の例としては『翔ぶが如く』の鹿児島市，『太平記』の足利市，『八代将軍吉宗』の和歌山市がある。「ベースアップ型」は『炎立つ』の江刺市，『独眼竜政宗』の仙台市などがある。「無関係型」は，『信長』の名古屋市，『毛利元就』の広島市など，

放映以前から知名度の高い都市が多い(中村 2003)。また,どのような映画が観光と結びつくかという点については,映画の持つ「アイコン」(その映画の魅力となるような事物)が重要であるとされている。Gjorgievski & Trpkova (2012) は,映画のコンテンツツーリズムについて,多様な促進要因を表1.8のようにプル要因とプッシュ要因に分けて整理している。

表1.8 映画のコンテンツツーリズムを促進する要因

プル要因 (場所の要因)	プッシュ要因 (利用者の心理的要因)
風景,景色,気候,文化的由来,社会的由来,行動の由来	自己の強化,地位／権威,ファンタジー／逃避,代理経験,自己アイデンティティの探求

出典:Gjorgievski & Trpkova (2012)

このように人気のあるコンテンツのロケ地は観光客が増えることが多いため,英国では海外から来て映画撮影する場合に補助金を出している(内田 2009: 223)。日本でもロケ地の誘致や撮影支援をするためのフィルム・コミッションが全国の多くの自治体にあり,Wikipediaの「フィルム・コミッション」[3]に登録されている数だけで172ある(2018年12月14日現在)。

4. 各国の文化関係政策

日本は予算額でみると,諸外国に比べて政府としての文化の活用は弱い。表1.9を見ると文化予算の総額では主要7か国中最低であり,国家予算に占める比率でもアメリカに次いで二番目に低い(一般社団法人 芸術と創造 2016)。つまり,日本は文化を活用した政策の予算規模は小さいといえる。日本と比べると韓国は,文化関係の予算の比率が10倍以上ある。ポピュラー文化の振興を目的とした韓

国コンテンツ振興院だけで年間140〜175億円もの予算を使っている（小北 2012）。

表 1.9　各国の文化予算の比較（2016 年度）

	予算額（億円）	国家予算に占める比率（％）
フランス	4,238	0.89
韓国	2,525	1.09
イギリス	1,773	0.15
ドイツ	1,697	0.43
アメリカ	1,659	0.04
中国	1,167	0.25
日本	1,040	0.10

出典：一般社団法人・芸術と創造 2016

　日本を含め各国は，従来から自国の文化を保護し，国民の文化活動を促進するための文化政策を行ってきた。しかし，文化のグローバル化に対応して，諸外国では，新しい文化政策を取り入れている。以下，主要各国の状況を簡単にレビューする。

英　国

　英国は 80 年代から新自由主義の影響により，文化の経済発展への影響が強調されるようになった（河島 2012）。90 年代からは「クールブリタニア」とよばれる国のイメージ改善の取り組みを始めており，ドイツ，ポーランドなど多くの国が追随して国家ブランディング政策を採用した（Fan 2006）。北欧ではフィンランドとスウェーデンが似たような国家ブランディングを行っている。（Valaskivi 2016）

　ただし，英国は現在では「クールブリタニア」を標榜した政策はやめている。2010 年にキャメロン首相は，「クールブリタ

ニアは忘れろ。ブリタニアを支配しよう」(Forget 'Cool Britannia', 'Rule Britannia') と語り，伝統文化を重視した観光誘致策を提唱し (Hickman 2010)，「クリエイティブ産業」としての文化産業政策を展開している（河島 2012）。現在では英国は国のイメージ管理を優先的な政策目標にすることは放棄し，経済的な効果を重視している (Centre for Economic and Business Research 2015)。また，英国政府は英国政府観光庁を通じてフィルム・ツーリズムにも注力しており，映画やテレビ番組のロケ地の誘致策を国として進めている（内田 2009）。英国政府観光庁は，イギリスを訪問した2300万人のうち，イギリスで撮られた映画とテレビ番組の影響で，英国の訪問者が20％増加し，映画の消費1ポンドに対して1.5ポンドの経済効果があったとしている（内田 2009）。これらの政策が経済効果を志向していることからもわかるように，英国では都市計画と文化政策が結びついている（川崎 2009）。

フランス

フランスの文化政策の目的は，文化多様性を尊重することと，市民の文化へのアクセスの機会均等を達成することである (Greffe 2007)。フランスは予算的に充実した文化政策を実施しており，質の高い芸術を育成することをめざしている。この中には映画の支援も含まれる (Greffe 2007)。政府が財政的に映画・視聴覚産業への援助を行うだけでなく，フランス国内のテレビ局は，映画・視聴覚産業への投資が義務付けられている（湧口 2009）。一方でテレビ番組と映画にクォータ制が導入されていて，欧州製及びフランス語のコンテンツの比率に関する規定がある。映画・視聴覚作品制作に向けた支援制度の予算規模は2008年時点で5億5353万ユーロ（約720億円）である。

フランスの映画に対する支援は，国際的には自由貿易を推進する

米国などに対して映画を自由貿易の例外とすることを主張して対立している。また，フランスは，対外的な広報を活用した国家ブランディング政策を導入している。Dinnie (2007) によると，フランスの国家ブランディング戦略で，フランスに関する古臭いイメージ（フランスの先端技術やイノベーションを知らない）を変えることを目ざしており，The New France と記された 185 を超える広告が The Financial Times, The Wall Street Journal, Handelsblatt, 日経新聞などに掲載された。2005 年からは，"Creative France" というキャンペーンを行い，技術，デザイン，産業，教育における先進性を強調して海外から先端産業への投資を呼び込もうとしている[4]。

米 国

米国は連邦政府の文化予算は少ない（表 1.7 参照）。米国では，芸術は慈善団体や裕福な寄付者に任せ，公的支援に関しては連邦政府よりも地方政府に頼るという原則があり国家予算は少ない（Martel, 2006）。映画関連の政策も州レベルのものが多い（菅谷・津山 2009）。つまり，米国では中央政府は，文化を管理しない自由競争政策を採用しているといえる。ただし，ハリウッド映画の制作が海外に流出することが増え，税制の優遇などの連邦レベルの映画関連政策も行われるようになっている。一方，州レベルでは，フィルム・コミッション活動による観光客誘致が活発に行われている（菅谷・津山 2009）。

米国は，ヨーロッパで行われているような国家ブランディング政策を採用していない。ただし，米国はアメリカ的な価値観（民主主義や大衆消費など）を浸透させるために，さまざまな文化外交政策を行ってきた（Snow 1998; 渡辺 2008）。たとえば，日本占領期に各地にアメリカンセンターを開設したり色々なメディアを利用しており，日本人の側でもそうした宣伝を肯定的に受け入れていたことが研

究者に指摘されている（松田 2015; 藤田 2015; 有馬 2011; 渡辺 2008）。ただし，他国の国家ブランディング政策の目的が自国製品のイメージを改善したり，観光客を誘致したりする経済効果を狙ったものが多いのに対して，米国の政策は国益中心の観点で外交戦略を重視して広報と国際文化交流を一体化して運用する点（小川 2007）が異なる。

シンガポール

シンガポールの文化政策の特徴は，ナショナル・アイデンティティのよりどころとして，シンガポール文化の創出を目ざしていることである（川崎 2009）。そのため，シンガポールは，創造都市としてライフスタイルやイノベーションを強調したブランド化の試みを行っている（Ooi, Can-Seng 2008）。観光誘致でも「Uniquely Singapore」というキャッチフレーズを用いて国の創造性を強調したイメージを打ち出している。キャンペーン前のシンガポールのブランドパーソナリティは，「コスモポリタン（Cosmopolitan）」「若々しい（youthful）」「活気のある（vibrant）」「現代アジア（modern Asia）」「信頼性（reliability）」「快適（comfort）」であった（Henderson 2007）。シンガポールは，ブランドコンサルタント会社と 2003 年に契約を結び，400 人のステークホルダー（国内外の産業のパートナー，観光・ビジネス訪問者，政府代表と市民）と討議した結果，ブランドパーソナリティを「自信ある，洗練された，エレガントな，多彩な，喜ばせる（confident, sophisticated, elegant, colourful, good humoured）」とし，ポジショニングは「より豊かな経験をもたらすための現代社会と豊かな文化のユニークな組み合わせ」とした（Henderson 2007）。

台 湾

台湾は中国の圧力によって国際機関に加盟できないなど国際的

に孤立する状況の中で、国際的なイメージを改善するため長期にわたって宣伝活動を続けている。台湾政府の経済部は、1990年代初めから、Business WeekやEconomistなどの欧米ビジネス誌に台湾のイメージを改善するための広告を掲載している（Amine and Chao 2005）。台湾のイメージを改善する直接的な目的は、台湾への投資を増やすことと台湾製品のイメージを改善することにあった。1993年のスローガンは"Taiwan: Your source for innovalue"であり、これは2001年には"Taiwan: Your partner for innovalue"に発展した。台湾の代表的PCメーカーであるAcerは、一連のキャンペーンによって海外での売り上げ増加につながったと評価されている（Amine and Chao, 2005）。2004年からは、製品の創造性だけでなく観光地としての魅力を"Taiwan welcomes you with a smile"というスローガンで訴えている（Amine and Chao, 2005）。また、2000年以降は観光だけでなく創造産業としての文化関連の政策にも関心が高まっており、文化産業の育成のための政策も進めている。2010年には「文化創意産業発展法」を制定して文化産業を産業政策の目的に設定した（于・呉 2012）。

韓国及び中国

韓国は90年代の金泳三政権において「韓国文化イメージの統合管理」を文化政策のひとつとし（小針 2014），李明博政権下では2009年に大統領府直属の国家ブランド委員会を設置して積極的に国家ブランディングに取り組んできた。韓国の国家ブランディング政策の展開については第2章で詳しく展開する。また、中国においても独特の国家ブランディング政策が展開されており、これについては第3章で論じることにする。

5. 国家ブランディング政策とその批判・評価

　日本では経済産業省が 2013 年末にクールジャパン機構を設置し，「クールジャパン戦略担当」大臣を置くなどの取り組みを進めている。コンテンツ，ファッション，衣食住，サービス，地域産品の五つの領域の発展を通して日本の魅力を高め，関連商品販売等への波及効果，本物を求める訪日客の増加や日本での滞在・消費の拡大につなげることが目的であるとされる（経済産業省商務情報政策局生活文化創造産業課 2017）。

　ただし，内閣府にクールジャパン戦略担当大臣はいるが，実際には色々な部署（外務省，通産省，内閣府，文科省，農水省，JETRO，観光庁など）が独立にクールジャパンに関わっていて，統一的な戦略は明確に立てられていないようである。日本では，省庁ごとの縦割りの弊害で統一的な政策をつくる取り組みは遅れている。たとえば，日本の「魅力」を高めるといっても工業製品としての魅力と観光地としての魅力には違いがあるはずであるが，どのような国家イメージを国家ブランディングにより示すべきかという点についての統一的な論議は見られない。山田桂一郎（2016）は，観光政策の観点から国家ブランド政策が提示するビジョンが明確でないと批判している。「美しい日本」という国家ビジョンや観光促進のために使われているキャッチフレーズ「世界が訪れたくなる日本へ」は，具体的に何を目ざしているのかが受け手には伝わらない（山田 2016: 130-132）。松井剛（2010）は，中央官庁間の組織力学が「クールジャパン」政策の背景にあることを指摘している。つまり，省庁間の縄張り争いが中央官庁が競って「クールジャパン」政策に対して取り組むことになった原因であるとする（松井 2010）。ブランディング理論から言うと国家ブランディングは，マーケティングの一貫した

第 1 章　ポピュラー文化と国家ブランディング

プロセスとして実施すべきであり，ばらばらに実行されるべきではない（Kavaratzis & Ashworth 2008），という指摘もあり，複数の省庁の連携がとれていない日本の現状には問題があるようである。

　それでは，クールジャパン政策はどのような成果を上げているのであろうか[5]。文化に関わる政策の目的を分類した表 1.1 に基づいて，対外イメージの改善，自国民のアイデンティティ形成，経済効果という三つの観点から，クールジャパン政策の成果がどのように論じられているのかを見てみたい。

　まず，自国民のアイデンティティ形成という目的については，そもそもアニメを国のアイデンティティとすることに批判がある。大塚・大澤（2005）は，「国策」として進行しているクールジャパン政策は全く無効であり，税金の無駄使いであるとした（p.190）。ジャパニメーションをめぐる議論は歴史的な視点を欠いており，まんがやアニメーションは日本文化の伝統に連なるものではなく，実は戦時下に起源を持つことを指摘して，アニメを日本文化の伝統に位置づけようとする論理の矛盾を指摘している（p.191-192）。この批判は，実は日本のアニメ関連政策が自国民のアイデンティティ形成と矛盾するという批判であることになる。何を自国民のアイデンティティにするのかという点については，国民の間で広く議論があってしかるべきであろう。

　一方，国家ブランディング政策は対外的なソフトパワーの観点からはどのような効果を上げているのであろうか。Ahn & Wu（2015）は，50 か国の評判スコア（reputation score）を目的変数とし，各国の GDP，政府支出，犯罪率，ジニの集中係数などに加えて，文化に関する政府の部局があるかどうか，文化産業の輸出額，世界遺産の数を説明変数にした回帰分析を行っている。その結果，国の評判スコアに対して統計的に有意だった変数は，文化に関する部局の存在と文化産業の輸出額であった。文化に関する部局が存在すること

は，評判スコアにプラスの影響があり，文化産業の輸出額も評判スコアに対してプラスの影響が有意にみとめられた。一方，世界遺産の数やGDPは有意ではなかった。ただし，意外であったのは，文化に関する部局の存在と文化産業の輸出額の交互作用項がマイナスで有意であったことである（Ahn & Wu 2005）。これは，文化に関する部局が存在する場合は，文化産業の輸出額は評判スコアに対してマイナスの影響があることを意味する。つまり，文化政策が国の評判スコアを高めるという結果は得られていない。

　外務省のクールジャパン政策関連プロジェクトに参加している人々は，アニメの利用で外交上の効果を上げていると主張することが多い（櫻井 2009: 門司 2009）。内田は，在外公館に対して行ったアンケート調査から，ポップカルチャーへの関心が日本語への学習意識の向上に寄与していると回答した国が20か国中8か国あったとしている（内田 2007）。また，一般に発展途上国では，日本のポップカルチャーへの認識度が低く，何らかの施策を行うことは日本への理解度を高めるという意味で意義があるだろうと論じている。

　ただし，これらの多くは貴重な事例研究とはいえるが，個人的な体験を基にした報告であり，効果の測定としては客観性に欠けている。たとえば，筆者の勤務する大学にはアニメによって日本に興味を持った留学生が多数留学してくるが，こうした留学生からアニメの効果を一般化することは結果にバイアスがあることを否定できないであろう。アニメを見ても日本に興味を持たない学生はそもそも日本に留学しないからである。同様に外務省のイベントなどで接触した外国人には，もともと日本に興味が強い人が多いはずであり，アニメを利用した政策効果を分析するための分析対象としては偏りがある。本書の第5～9章では，各国でバイアスの少ない一般人を対象に行ったポピュラー文化の領域に関連した調査結果に基づいて，日本のポピュラー文化がどのような効果を上げているのかを論

第 1 章　ポピュラー文化と国家ブランディング

じている。

　次に，経済効果の視点からの評価を見てみよう。総務省は「クールジャパンの推進に関する政策評価」(2018) という報告書で「クールジャパンの推進に関する政策は，相当程度進展」したと自己評価し，放送コンテンツ，訪日外国人旅行者数，観光収入については目標を達成，農林水産物・食品については中間目標達成，日本産酒類については目標達成に向けて進展しているとした。たとえば，放送コンテンツの国際共同制作等の支援は 127 億円の生産誘発効果を上げたとしている (総務省 2018)。しかし，外部の識者たちは，クールジャパン政策の経済効果については否定的な者が多いようである。ヒロ・マスダ (2016) は，雑誌 Wedge に「設立から 5 年経過も成果なし　官製映画会社の"惨状"」という記事を投稿し，「クールジャパン」の公的資金拠出の意思決定や成果の評価は著しく客観性に乏しいこと，「日本を元気にするコンテンツ戦略」のもとに設立された株式会社である ANEW が設立から丸 5 年が経過したが，撮影に至った作品すら一本も存在せず，毎年赤字を垂れ流していることを指摘している。官民ファンドの産業革新機構が 22 億円出資したが，2017 年 6 月にほぼ全損で他のファンドに売却された[6]。クールジャパン機構が出資したアニメコンソーシアムジャパン（ACJ）は，運営するアニメ配信サイト「ダイスキ」と，スマートフォン（スマホ）向けアプリのサービスを終了した[7]。クールジャパン機構は，赤字続きであり 4 年間での損失は 59 億円という[8]。記事を書いた福本容子は「官民ファンドによって，国民の財産を投じる必要性が，いまだに分からない」と論じている。また，毎日新聞の社説「官民ファンドの実態　もっと国民に情報開示を」では，「23 の投資案件に，総額 519 億円の出資を決めた。しかし，それぞれの投資が成果を上げているのかどうか，知る材料が乏しい」とし，国民への情報公開を求めた[9]。日本経済新聞は，「クールジャパン過半

未達」という見出しの記事でクールジャパンファンドが明確な戦略がないまま膨張しており，ほとんどの事業が収益を上げていないとした[10]。同社説では，クールジャパン政策で政府が取り組むことは輸出や企業の支援なのではなく，長期的な視点で見た人材の育成と交流ではないかと論じている[11]。

クールジャパン政策が戦略性を欠如していることには筆者も同意するが，経済政策の効果は，設立したファンドの得た利益額ではなく波及効果を含めた長期的な経済効果で評価すべきであろう。しかし，こうしたクールジャパン政策の評価は，総務省の報告書でもなされていない。

そこで，地域の文化関連政策に関して経済効果を測定した例を見ることにする。地方自治体による類似した経済政策の研究結果としては，鎌倉市の研究がある（クリエイティブ産業研究プロジェクトチーム クール・カマクラ 2014）。報告書ではクリエイティブ産業の振興が鎌倉市にもたらす経済効果を推定している。それによると，鎌倉市が空き家などの既存ストックを活用し，オフィス床を50％増やした場合，生産誘発額は第1次波及効果で約73億円であるという。また，国立民族学博物館の設置による経済効果を測定した研究がある（梅棹 1983）。その分析結果によると，民族学博物館建設の経済効果は，住宅，道路，公園と比較すると，最も経済効果が高い住宅に次ぐ高さであり，公園や道路を上回るとした。また，アンケート調査で測定された国立民族博物館の社会的便益（ストック評価）もプラスであるとしている。ただし，これらの研究結果は地方レベルのものであり，国家ブランディングにそのまま適用できるとはいえない。

海外の分析例についてもいくつかみてみよう。日本貿易振興機構（ジェトロ）（2011年）は，韓国政府のコンテンツ振興策がどのような効果をもたらしたかを直接効果と間接効果に分けて論じている。それによると韓流輸出による経済効果として，観光，衣料，コ

スメ，アクセサリー，携帯電話，家電，自動車，飲料があるとしており，韓流ブームに乗ってこれらのサービス・商品の売り上げが増加した（日本貿易振興機構 2011）。韓流ブームの経済効果は，韓国全体の国民経済への波及効果をもたらしており，2005年において韓流の生産誘発効果は5兆6545億ウォン，就業者の誘発効果は6万2710人にのぼるという（同 p.78）。2015年における生産誘発効果は15兆6124億ウォン（1兆4600億円），雇用誘発効果は11万2705人と韓流がもたらす効果は大幅に増加したとされている（聯合ニュース 2016年4月10日）。また，コンテンツ振興策の効果は経済的効果のみではない。ジェトロは，韓流がもたらした非経済的な効果として，韓国語学習者の増加，韓国料理の拡大，外交活動への貢献，国の国際イメージ向上を指摘している（日本貿易振興機構 2011）。しかし，これらの効果の持続性は不明であり，韓流の流行が終息した後も，効果が続いているかどうかは分からない。

　国レベルの文化政策の効果については，イギリス政府の研究がある。報告書によると，芸術・文化産業の経済的効果をマクロ経済モデルで分析して，乗数（multiplier）が2.15である。つまり，1ポンドの投資に対して，1ポンドの直接効果を含めて，2.15ポンドのGDPの拡大効果があるということになる。また，純利益（GVA）に対する乗数は2.06，雇用の乗数は2.38，家計所得に対する乗数は2.06であるとした（Centre for Economics and Business Research 2015）。クールジャパン政策についても，今後これらの分析例のような計量的な効果測定が行われることが望まれる。

第一部　ポピュラー文化と国家ブランディングに関する政策展開

6. 国家ブランディングとしてのメガイベント

6-1　オリンピックの政策効果

　2020年のオリンピックは，東京で開催されることになった。オリンピックのようなメガイベントの開催は，国家ブランディングの好機でもある。オリンピックの本来の目的はスポーツ振興であるが，その効果はスポーツ振興にとどまらないことは明らかである。歴史的にもオリンピックは，ナチスドイツの宣伝に使われるなど，国家宣伝の場として使われてきた。実際，東京オリンピックでも文化プログラムが計画されている（文化庁 2015）。つまり，オリンピックは，表1.1で示したように文化関連の政策と同様の政策目標を達成することが目ざされているといえる。

　したがって，オリンピックを開催することには，表1.10のような国の政策上の目的が含まれることになる。これは，表1.1で示し

表1.10　オリンピックの政策効果の分類

目的	細分類	具体的な目的と政策の例
イメージの管理（国家ブランディング）	(1-1) 国外志向	対外的なイメージの改善・管理 例　オリンピックを用いた対外宣伝・広報活動
	(1-2) 国内志向	国民のアイデンティティの形成 例　オリンピックを用いた新しい国家イメージの創出
経済効果の創出	(2-1) オリンピックを用いた経済効果の創出	観光客の誘致，投資・貿易の増加
	(2-2) スポーツ関連産業の振興	スポーツ用品やスポーツビジネスの振興

たポピュラー文化の政策目標にも対応するものである。ただし，先行研究によると，オリンピックは巨額の費用にもかかわらず，費用に見合った経済的効果を生み出していない（Zimbalist 2016）。外国からの観光客を増加させる効果についても必ずしも支持されていない。たとえば，中国への外国人観光客数は北京オリンピックが開催された 2008 年は 2430 万人だったが，2007 年の 2610 万人から 6.8％減少している（Zimbalist 2016）。このように経済効果の視点からオリンピック開催を正当化するのは難しい。さらに，オリンピックには巨額の費用がかかり，費用はつねに当初の見積もり額を上回っていることも指摘されている（Zimbalist 2016）。そこで，以下では対外的・対内的「イメージの管理」の領域にしぼって，オリンピックの効果を考察してみることにしたい。

　国のイメージへの効果ということを考えるとき，オリンピックがきわめて高い認知とブランドイメージを持つ「ブランド」であることが基本的前提として重要である（Ferrand, Chappelet, & Seguin 2012）。オリンピックは世界平均で 94％の認知度を誇る世界で最もよく知られた「ブランド」のひとつであり，消費者のオリンピックからのブランド連想には，「成功」，「高度な水準」，「国際協力」，「卓越性」，「世界平和」，「国民の自尊心」などがある（Ferrand, Chappelet & Seguin 2012）。

　メガイベントを国として開催することの効果については，マーケティング研究においては「コ・ブランディング」（共同ブランディング＝ co-branding）の効果として多くの研究が行われてきた。つまり，オリンピックはひとつのブランドであり，国もひとつのブランドとみなせるので，ある国がオリンピックを開催するということは，時限的ではあるが二つのブランドが合体した新しいブランドをつくることになる。こうした「コ・ブランディング」がどのような場合に成功し，どのような場合に失敗するのかの条件を探るため，

多くの実証研究がされている。これらの研究の多くが理論的に重視しているのが二つのブランド間の「適合度」(fit) である (Gross & Wiedmann 2015；山口 2015；鈴木・阿久津 2016)。

　コ・ブランディングによってシナジー効果が生じるための条件は，(1) 高い認知度またはブランドイメージが，少なくともひとつのブランドにあること，(2) 二つのブランドの間に少なくともある程度のイメージの適合性があること，とされている (Heslop, Nadeau, O'Reilly and Armenakyan, 2013)。また，個人レベルでどのような要因がイベントとスポンサーの適合度を促進するかの研究もされており，ブランドに対する事前の知識やイベントに対する事前の知識が高いほど，またスポーツに対する忠誠心・愛着が強い人ほど，フィットが生じやすいとされている (山口 2015)。なお，先行研究においては，ブランド間の「適合度」は，製品カテゴリー，ブランド・コンセプト及びブランドパーソナリティなどにおける一致度によって定義されることが多い (鈴木・阿久津 2016)。しかし，Heslop らによると，バンクーバー冬季オリンピックはコ・ブランディングとして成功であったが，北京オリンピックは，「中国」や「北京」のイメージが悪く「オリンピック」との間の適合性が低かったため，コ・ブランディングの観点からは成功とは言えなかったとしている (Heslop, Nadean, O'Reilly and Armenakym 2013)。

　オリンピックの開催国に対するイメージの効果に関して実証的なテストを行っている主要な研究を整理したのが表 1.9 である。多くの研究が短期的な効果しか測定しておらず，自国民への効果を測定している研究もあるが，オリンピックにプラスの効果がなかったとする研究も少なくない。リストには 17 の研究が含まれているが，何らかのプラスの効果があるとしたのは 6 件であり，逆にマイナスの効果を見出したのが 4 件である。

6-2　北京オリンピックによる国家イメージ改善の成果

　表1.9の中では最も多くの研究が2008年の北京オリンピックを対象にしている。北京オリンピックの対外イメージへの効果については，チベット問題に対する聖火リレーへの抗議などで失敗であったとする論評が多いが，ここでは，中国人の中でも独特の国家アイデンティティを持つと考えられる香港人を対象にした研究を見ることにする。

　Lee（2010）は，香港人を対象とする調査によってオリンピック開催が中国イメージに与えた効果を分析している。1000人の香港人回答者を対象にしてオリンピックのイメージと中国のイメージを三つの領域（「スポーツ精神」「コミュニティの祭典」「人間的な価値」）における15の属性について，2005年と2009年（北京オリンピックの翌年）に調査し，各項目のイメージがどのように変化したのかを分析した。

　コ・ブランディングの観点から，オリンピックのイメージと中国のイメージを比較すると，「スポーツ精神」の領域においてのみ中国のイメージが優っていた。具体的には，「決断力」と「卓越性」では，中国のイメージの方がオリンピックのイメージよりも良かった。これら二つの中国イメージは，オリンピック後にさらに良くなった。しかし，「スポーツの精神」の領域でも「公正な競争」に関する中国のイメージは悪く，これはオリンピック後にさらに悪化した。

　一方，残りの二つの領域「コミュニティの祭典」と「人間的価値」においては，中国のイメージは悪く，オリンピック後にさらに悪化したものも多い。たとえば，「コミュニティの祭典」領域における「統一・調和」「平和」「平等」「人権」，「人間的価値」における「友情」「気品・名誉・尊敬」「信頼・誠実」「夢・希望」といっ

たイメージについてはオリンピック後に悪化していた。この結果は，オリンピックの開催が香港人の中国イメージ改善に貢献しなかったことを示している。

また，Chen は，2008 年の北京オリンピックと 2010 年の上海エキスポの中国イメージへの効果について，香港，マカオ，中国本土の人々について分析している（Chen 2012）。調査結果によると，香港よりも中国本土及びマカオの学生の方がいずれのメガイベントも高く評価している傾向があった。また，中国を誇りに思う人ほど，

表 1-11　オリンピックの効果に関する研究例

オリンピック名	分析対象及び測定方法	結果	出典
1988 年ソウル	実験コントロールを含む調査	ソウルオリンピックを見ていた人ほど，韓国製品のイメージが改善。	Nebenzahl & Jaffe (1991)
2000 年シドニー	大学生調査(日本)	オーストラリア人との類似性の認知が有意に上昇した。好意度は変化がなかった。	向田・坂元・高木・村田 (2008)
2004 年アテネ	Anholt の国家ブランド指標，East West Nation Brand Perception Index	Anholt の国家ブランド指標では，オリンピックによる改善はほとんど見られない。メディアにおけるイメージに関しては逆に悪化した。	Panagiotopoulou (2012)
2004 年アテネ	アンケート調査(日本の某市)。どこの地域で実施したかは明記されていない。	ギリシア人の能力次元での評価が低下した。	樋口・村田・稲葉・向田・佐久間・高林 (2005)
2008 年北京	電話によるランダムサンプリング調査(香港)	オリンピックが中国のイメージを改善する効果は，ほとんど見られなかった。	Lee (2010)
2008 年北京	大学生調査(中国，マカオ，香港)	中国本土とマカオの学生が，香港の学生よりもオリンピックを評価していた。	Chen (2012)
2008 年北京	大学生調査(アメリカ)	オリンピックによって中国の国家イメージが改善し，中国製品の購買へのプラスの効果をもたらした。	Sun (2011)

第 1 章　ポピュラー文化と国家ブランディング

オリンピック名	分析対象及び測定方法	結果	出典
2008年北京	アメリカ人対象の質問紙調査	北京オリンピックは、中国のイメージ強化という点では成功ではなかった。	Heslop, Nadeau, J., O'Reilly, and Armenakyan (2013)
2008年北京	米国の大学生および一般市民を調査	中国人及び中国への態度はネガティブな方向へ変化した。	Gries, Crowson, and Sandel (2010)
2008年北京	Anholtの国家ブランド指標、East West Nation Brand Perception Index	もともと強い部分(文化遺産及び輸出)では改善したが、弱い項目では変化がないか悪化した。メディアにおけるイメージに関しては、中国は2008年から2009-2010年にかけて少し改善した。	Panagiotopoulou (2012)
2008年北京	大学生調査(中国及びマカオ・香港)	中国や中国政府へのイメージとオリンピックの評価に正の相関があった。	Ni (2010)
2008年北京	大学生調査(中国)	オリンピック中に、外国人、特に日本、韓国、ケニアに対する競争心が高くなった。中国人に対する効果は見られなかった。	Li, Sakuma, Murata, Fujishima, Cheng, Zhai, Wang, Yamashita, Oe and Kim (2010)
2008年北京	大学生調査(日本)	中国への理解と評価にプラスの効果があった。	Qing, Chen, Colapinto, Hiyoshi & Kodama (2010)
2008年北京	大学生調査(日本)	中国人は「身体能力」の点ではすぐれているという方向に認知が変化したが、「温かさ」「知的能力」「ずるがしこさ」については変化がなかった。	佐久間・八ッ橋・李 (2010)
2008年北京	大学生調査(日本)	スポーツについて肯定的イメージが強い人ほど、またオリンピックを視聴した人ほど、中国・中国人イメージを低下させていた。	上瀬・萩原・李 (2010)
2010年バンクーバー(冬季)	アメリカ人対象の質問紙調査	カナダブランドについてプラスの効果があった。	Heslop, Nadeau, O'Reilly, and Armenakyan (2013)
2012年ロンドン	インターネット調査(日本)	イギリス人のイメージは変化なし。	佐久間・日吉(2013)

これらのイベントを高く評価する傾向が見られた。イベントへの評価を中国や中国政府への評価に結びつけるかどうかには，学歴による差異が大きく，学歴が高いほどメガイベントの評価と政府や国への評価を結び付けていないという傾向が見られた。

　第4章でも紹介するように，日本ではオリンピックの番組視聴の効果に関する研究が多い。これらの研究をレビューした論文によると，オリンピック番組に接触することは，日本人が諸外国の人々に好意を持ち，自分と類似しているという認知を高めると同時に，日本人自身のイメージの上昇に寄与していた（向田・坂元・高木・村田 2008）。こうした結果になったのは，テレビのオリンピック報道が日本の選手との対戦という視点からの報道がほとんどであり，開催国に関する報道が多くないためと考えられる（上瀬 2007）。

　これらの研究結果と対照的に，オリンピックを開催した国の国民を対象とした研究では，オリンピックの効果を支持する研究が多く見られる。たとえば，北京オリンピック開催は中国人の中国へのアイデンティティを高めるというプラスの効果が支持されている（Ni 2010; Li, Sakuma, Murata, Fujishima, Cheng, Zhai, Wang, Yamashita, Oe and Kim 2010）。つまり，オリンピックの開催は，対外的なイメージの改善という点では疑問があるが，開催国の国民のアイデンティティ形成という点では一定の効果があることを示している研究が多いといえる。北京オリンピックも対外イメージの改善という点では失敗であったが，国内的なアイデンティティの形成には一定の効果があったとみられる。

注

1 2004年に制定された「コンテンツの創造,保護及び活用の促進に関する法律」によると,「コンテンツ」とは,「映画,音楽,演劇,文芸,写真,漫画,アニメーション,コンピュータゲームその他の文字,図形,色彩,音声,動作若しくは映像若しくはこれらを組み合わせたもの又はこれらに係る情報を電子計算機を介して提供するためのプログラムであって,人間の創造的活動により生み出されるもの」と定義されている。
2 胡錦濤:扎実做好宣伝思想工作 提高国家文化軟実力(2008年1月22日) http://www.xinhuanet.com
3 https://ja.wikipedia.org/wiki/%E3%83%95%E3%82%A3%E3%83%AB%E3%83%A0%E3%83%BB%E3%82%B3%E3%83%9F%E3%83%83%E3%82%B7%E3%83%A7%E3%83%B3
4 *TCA Regional News*, 2015年11月27日。
5 総務省によると日本の2015年のテレビ番組の海外輸出は288億円と過去最高額を更新した(日本経済新聞2017年4月21日)。ただし,番組輸出は中国に偏っており,韓国ドラマが米軍のTHAADミサイル配備問題で締め出されたことによる影響もある。これらの増加をクールジャパン政策の成果とみなすことはできないであろう。
6 日本経済新聞2017年8月6日朝刊1頁。
7 日本経済新聞2017年8月23日朝刊13頁。
8 毎日新聞2017年9月19日朝刊11頁。
9 毎日新聞2017年9月3日。
10 日本経済新聞2017年11月6日朝刊1面及び第3面。
11 日本経済新聞2017年11月12日 朝刊社説「クールジャパン再生へ政府の役割見直せ」。

参考文献

Ahn, M. J. and Wu, H-C. (2015) "The Art of Nation Branding: National Branding Value and the Role of Government and the Arts and Culture Sector", *Public Organization Review*, 15: 157-173.

Amine, L. S., & Chao, M. C. H. (2005) "Managing country image to long-term advantage: The case of Taiwan and Acer", *Place Branding*, 1(2), 187-204.

Anholt, S. (2005) "Anholt Nation Brands Index: How Does the World See America?". *Journal of Advertising Research*, 45(3), 296-304.

Anholt, Simon (2007) *Competitive Identity: The New Brand Management for Nations, Cities and Regions*, Palgrave Macmillian: NY.

青木貞茂（2008）『文化の力――カルチュラル・マーケティングの方法』NTT出版.

青木貞茂（2012）「フランスにおけるブランド戦略の活路」佐藤卓己・渡辺靖・柴内康文編『ソフト・パワーのメディア文化政策』新曜社，90-119.

青柳正規（2015）『文化立国論――日本のソフトパワーの底力』筑摩書房.

有馬哲夫（2011）『日本テレビとCIA 発掘された「正力ファイル」』宝島社.

麻生太郎（2007）『とてつもない日本』新潮社.

Barr, Michael (201) *Who's Afraid of China: The Challenge of Chinese Soft Power*, Zed Books: London.

Beeton, S. (2004) *Film-Induced Tourism*, Channel View Publications: Cleavdon.

Bergstrom, A., Blumenthal, D., & Crothers, S. (200) "Why internal branding matters: The case of saab." *Corporate Reputation Review*, 5(2), 133-142. Retrieved from https://search.proquest.com/docview/231496702?accountid=25225

Bista, R. (2017) "Revisiting the Olympic Effect", *Review of International Economics*, 25(2), 279-291.

Bouchon, F. A. L. (2014) "Truly asia and global city? branding strategies and contested identities in kuala lumpur.", *Place Branding and Public Diplomacy*, 10(1), 6-18. doi:http://dx.doi.org/10.1057/pb.2013.21.

文・白（ムン ヨンジュ・ベック スンヒョク）（2016）「インターネットを通した日本大衆文化の受容状況と特徴」奥野昌宏・中江桂子編『メディアと文化の日韓関係――相互理解の深化のために』新曜社.

文化庁（2015）『文化プログラムの実施に向けた文化庁の基本構想』 http://www.bunka.go.jp/koho_hodo_oshirase/hodohappyo/2015071701.html

Busby, G., Huang, R. and Jarman, R. (2013), "The Stein Effect: an Alternative Film-induced Tourism Perspective.", *International Journal of Tourism Research*, 15: 570-582. doi:10.1002/jtr.1875.

Caiazza, R. and Audretsch, D. (2015) "Can a sport mega-event support hosting city's economic, socio-cultural and political development?", *Tourism Management Perspectives*, 14, 1-2.

Centre for Economics and Business Research (2015) Contribution to the arts and culture industry to the national economy: an update of our analysis of the macroeconomic contribution of the arts and culture industry to the national economy, Report for Arts Council England. http://www.artscouncil.org.uk/sites/default/files/download-file/Arts_culture_contribution_to_economy_report_July_2015.pdf

Chang, D. Y. (2016) A Study of TV Drama Series, Cultural Proximity and Travel Motivation: Moderation Effect of Enduring Involvement. *International Journal of Tourism Research*, 18: 399-408. doi: 10.1002/jtr.2058.

Chen, N. (2012) Branding national images: "The 2008 Beijing Summer Olympics, 2010 Shanghai World Expo, and 2010 Guangzhou Asian Games", *Public Relations Review*, 38, 731-745.

Chen, S-M (1990) "Chinese Responses to American Mass Media in Taiwan", 新聞學研究（台湾政治大学）, 43, 135-152

Chen, Chun-An, Lee, Hsien-Li, Yang Ya-Hui and Le Ming-Huang (2013) "How to Build National Brand-The Case of Taiwan from Culture Perspective", *Asian Journal of Empirical Research*, 3(12), 1513-1531, http://www.aessweb.com/pdf-files/4-51-3(12)2013-AJER-1513-1531.pdf

Dower, John (1999) *Embracing defeat: Japan in the wake of World War II*, W. W. Norton and Company/ The New Press.（三浦陽一・高杉忠明・田代泰子訳『敗北を抱きしめて——第二次大戦後の日本人』岩波書店, 2001）.

Keith Dinnie (2007) *Nation Branding: Concepts, Issues*, Practice Routledge. (キース・ディニー編著 林田博光・平澤敦監訳（2014）『国家ブランディング——その概念・論点・実践』中央大学出版部).

Florida, R. (2012), *The rise of the creative class, revisited* (10the anniversary edition),（井口典夫訳『新クリエイティブ資本論——才能が経済と都市の主役となる』ダイヤモンド社).

Gross, P., & Wiedmann, K. (2015) "The vigor of a disregarded ally in sponsorship: Brand image transfer effects arising from a cosponsor", *Psychology & Marketing*, 32(11), 1079-1097. doi:10.1002/mar.20848.

Henderson, J.C (2007) "Uniquely Singapore? A case study in destination branding", *Journal of Vacation Marketing*, 13(3), 262-274.

Hoskins, Colin, Mirus, Rolf, and Rozeboom (1989) "U.S Television

Programs in the International Market; Unfair Pricing", *Journal of Communication*, 39(2), 55-75.

Karavaratzis, M.(2012) "From "necessary evil" to necessity: stakeholders' involvement in place branding", *Journal of Place Management and Development*, 5(1), 7-19.

原由美子・川竹和夫・杉山明子（2004）「日本のテレビ番組の国際性――テレビ番組国際フロー調査結果から」『NHK 放送文化研究所年報』NHK 放送文化研究所編 48, 213–250.

川崎賢一（2009）「文化的グローバリゼーションと文化政策」佐々木雅幸・川崎賢一・川島伸子編『グローバル化する文化政策』勁草書房, 1–36.

Kotler,P. and Gertner, D. (2002) "Country as Brand, product, and beyong; A place marketing and brand management perspective", *Journal of Brand Management*, 9, 249-261.

Fan, Ying (2010) "Branding the nation: Towards a better understanding", *Place Branding and Public Diplomacy*, Vol.6, 97-103.

Fan, Ying (2006) "Branding the nation: What is being branded?", *Journal of Vacation Marketing*, Vol.12, No.1, 5-14.

Ferrand, A., Chappelet, J. L. & Seguin, B. (2012) *Olympic marketing, Routledge.* (原田宗彦監訳『オリンピックマーケティング――世界 No.1 イベントのブランド戦略』株式会社スタジオタッククリエイティブ, 2013 年).

Ferreira, Fernando & Waldfogel, Joel (2013) "POP Internationalism: Has half century of world music trade displaced local culture?", *The Economic Journal*, 123, 634-664.

Fiske, S.T., Cuddy, A. J. C., and Glick P. (2006) "Universal Dimensions of Social Cognition: Warmth and Competence", *Trends in Cognitive Science*, 11(2), pp.78-83.

藤田文子（2015）『アメリカ文化外交と日本』東京大学出版会.

Gjorgievski, M., & Trpkova, S. M. (2012) "MOVIE INDUCED TOURISM: A NEW TOURISM PHENOMENON", *UTMS Journal of Economics*, 3(1), 97-104. Retrieved from https://search.proquest.com/docview/1030093898?accountid=25225

後藤和子（2001）『文化政策学――法・経済・マネジメント』有斐閣.

Greffe, Xavier (2007) *La Politique Culturelle de la France: Creation aristique et democratisation des pratiques.* (坪内恵美子監訳『フランスの文化政策

――芸術作品と文化的実践』水曜社).
Gries, P. H., Crowson, H. M., and Sandel T. (2010) "The Olympic Effect on American Attitudes towards China: beyond personality, ideology, and media exposure", *Journal of Contemporary China*, 19(64), 213-231.
Gwinner, K. and Bennett, G. (2008) "The Impact of Brand Cohesiveness and Sport Identification on Brand Fit in a Sponsorship Context", *Journal of Sport Management*, 22, 410-426.
Gwinner, K. P., Bennett, K. P., Larson B. R., and Swanson, S. R. (2009) "Image Transfer in Corporate Event Sponsorship: Assessing The Impact of Team Identification and Event-Sponsor Fit", *International of Management and Marketing Research*, 2(1): 1-15.
一般社団法人・芸術と創造 (2016)『平成28年度文化庁・諸国の文化予算に関する調査報告書』 http://www.bunka.go.jp/tokei_hakusho_shuppan/tokeichosa/pdf/h24_hokoku_3.pdf
Hakala, U., Lemmetyinen, A., & Katona, S. -P. (2013) "Country image as a nation-branding tool", *Marketing Intelligence & Planning*, 31(5), 538-556.
Ham, P.V. (ピーター・ヴァン・ハム) (2002)「ブランド国家の台頭」『論座』2002年4月号, 288-295.
Hanaki, T., Singhal, A., Han, M. W., Kim, D. K., and Chitnis, K. (2007) "Hanryu Sweeps East Asia: How Winter Sonata is Gripping Japan", *The International Communication Gazette*, 69(3),: 281-294.
Heslop, L. A., Nadeau, J., O'Reilly, N., and Armenakyan, A. (2013) "Mega-event and Country Co-branding: Image Shifts, Transfers and Reputational Impacts", *Coporate Reputation Review*, 16, 1, 7-33.
Hickman, M. (2010, August 12) "Forget 'Cool Britannia'. 'Rule Britannia' will bring in tourists, says Cameron", Independent. http://www.independent.co.uk/news/uk/politics/forget-cool-britannia-rule-britannia-will-bring-in-tourists-says-cameron-2051329.html
樋口収・村田光二・稲葉哲郎・向田久美子・佐久間勲・高林久美子 (2005)「アテネ・オリンピック報道と日本人・外国人イメージ (3) ――市民調査の結果」『日本社会心理学会第46回大会発表論文集』, 610-611.
ヒロ・マスダ (2016)「設立から5年経過も成果なし――官製映画会社の"惨状"」, 14-16.『Wedge』2016年12月号 ウエッジ.
本多周爾 (2001)「台湾と香港の若者の対日意識に関する調査研究」『武蔵野女

子大学現代社会学部紀要』2号，131-171.
本多周爾（2013）「文化帝国主義という言説」『法学研究』86(7)，287-309.
池上淳・端信行・福原義春・堀田力（編）（2001）『文化政策入門』丸善．
石井健一（1995）「台湾地区における日本の大衆文化の普及要因」『日中社会学研究』第3号，31-46.
石井健一・渡邉聡（1997）「台湾における日本番組視聴者――アメリカ番組視聴者との比較」，『情報通信学会年報』8号，25-37.
Ishii, Kenichi, Su, Herng and Watanabe, Satoshi (1999) "Japanese and U.S. programs in Taiwan: new patterns in Taiwanese television", *Journal of Broadcasting and Electronic Media*, 43(3), 416-431.
石井健一（編著）（2001）『東アジアの日本大衆文化』蒼蒼社．
石井健一（2004）「東アジアにおけるジャパナイゼーション――ポピュラー文化流通の政策科学をめざして」川崎嘉治・滝田賢治・園田茂人編『グローバリゼーションと東アジア』中央大学出版部，325-356.
石井健一（2005）「韓流の源流」『Institute of Policy and Planning Sciences discussion paper series』no.1109.
石井健一（2008a）「中国人の反日意識――中国ナショナリズムの社会心理学的分析」伊藤陽一・河野武司編『ニュース報道と市民の対外意識』慶應義塾大学出版会，177-205.
石井健一（2008b）「中国人の愛国心・民族中心主義と日本・欧米ブランド志向」石井健一・唐燕霞編『グローバル化における中国のメディアと産業――情報社会の形成と企業改革』明石書店，325-348.
石井健一（2009a）「アニメの視聴行動と内容の日中比較」『21世紀東アジア社会学』第2号，30-42.
石井健一（2009b）「中国におけるアニメ国産化政策と日本アニメの利用実態――『ソフトパワー』論の一考察」『情報通信学会誌』26(4)，17-28.
石井健一（2011）「韓国ドラマ視聴の要因分析――対外意識とコンテンツ利用の関連」『Department of Social Systems and Management Discussion Paper Series』no.1282.
石井健一・海後宗男（2013）「Twitterのツイートからみた日本と東アジア諸国のイメージ」『Institute of Socio-Economic Planning discussion paper series』no. 1312
石井健一（2012）「Twitter上のメッセージによる国のイメージ測定――内容分析とテキストマイニングによる分析」『Department of Social Systems and Management Discussion Paper Series』no.1294.

Kaarle, Nordnstreng & Tapio Varis(1974) "Television Traffic——A One-Way Street: A survey and analysis of the international flow of television programme material, UNESCO http://unesdoc.unesco.org/images/0000/000075/007560eo.pdf

上瀬由美子（2007）「オリンピックにおける外国関連報道」萩原滋編『テレビニュースの世界像——外国関連報道が構築するリアリティー』勁草書房，272-290.

上瀬由美子・萩原滋・李光鎬（2010）「北京オリンピック視聴と中国・中国人イメージの変化——大学生のパネル調査分析から」（特集 テレビ視聴の多様化と記憶の共有）『慶応義塾大学メディアコミュニケーション研究所紀要』60, 67-88.

金子史弥（2015）「2012年ロンドンオリンピックにみるナショナリズム——スポーツの『国家戦略』化と『多民族国家』をめぐる表象に着目して」石坂友司・小澤考人編『オリンピックが生み出す愛国心』かもがわ出版．

金子将史（2007）「日本のパブリック・ディプロマシー」金子将史・北野充編著『パブリック・ディプロマシー「世論時代」の外交戦略』PHP研究所，183-230

金子將史（2011）「パブリック・ディプロマシーと国家ブランディング」『外交』3号．

Kasimati, E. & Dawson, P.(2009) "Assessing the impact of the 2004 Olympic Games on the Greek economy: A small macroeconometric model", *Economic Modelling*, 26, 139-146.

Kavaratzis, M., & Ashworth, G.(2008) "Place marketing: How did we get here and where are we going?", *Journal of Place Management and Development*, 1(2), 150-165. doi:http://dx.doi.org/10.1108/17538330810889989

野村総合研究所（2013）「平成24年度文化庁委託事業・諸外国の文化政策に関する調査研究報告書」，http://www.bunka.go.jp/tokei_hakusho_shuppan/tokeichosa/pdf/h24_hokoku.pdf

河島伸子（2012）「英国の文化政策と映像文化」河島伸子・大谷伴子・太田信良編『イギリス映画と文化政策——ブレア政権以降のポリティカル・エコノミー』慶應義塾大学出版会，3-25.

Keillor, B. D., & Hult, G. T. (1999) "A five-country study of national identity implications for international marketing research and practice", International Marketing Review, 16(1), 65-82. Retrieved from https://search-proquest-com.ezproxy.tulips.tsukuba.ac.jp/docview/224310601?a

ccountid=25225

経済産業省商務情報政策局 文化情報関連産業課（2005）『コンテンツ産業の現状と課題～コンテンツ産業の国際競争力強化に向けて～平成17年2月』http://www.meti.go.jp/policy/media_contents/downloadfiles/kobetsugenjyokadai/genjyoukadai1215.pdf#search=%27%E3%82%B3%E3%83%B3%E3%83%86%E3%83%B3%E3%83%84%E7%94%A3%E6%A5%AD%E3%81%AE%E7%8F%BE%E7%8A%B6%E3%81%A8%E8%AA%B2%E9%A1%8C%27

経済産業省商務情報政策局生活文化創造産業課（2017）『クールジャパン政策について』http://www.meti.go.jp/policy/mono_info_service/mono/creative/20170105CJSeisakunitsuiteJanuary.pdf

経済産業省（2010）『クールジャパン戦略について』http://www.meti.go.jp/committee/kenkyukai/seisan/cool_japan/001_08_00.pdf

経済産業省商務情報政策局生活文化創造産業課（2016）『クールジャパン政策について』http://www.meti.go.jp/policy/mono_info_service/mono/creative/20161122CJseisakunitsuiteNovember.pdf

経済産業省（2011）『新たな経済産業構造と成長戦略の検討について』http://www.meti.go.jp/policy/mono_info_service/mono/creative/20161122CJseisakunitsuiteNovember.pdf

経済産業省商務情報政策局（2013）『クリエイティブ産業の現状と課題』（平成25年3月29日）http://www.meti.go.jp/committee/kenkyukai/shoujo/creative_industries/pdf/001_s01_00.pdf

金美林（2013）『韓国映像コンテンツ産業の成長と国際流通――規制から支援政策へ』慶應義塾大学出版会.

Klijn, E-H., Eshuis, J. and Braun, E. (2012) "The Influence of Stakeholder Involvement on the Effectiveness of Place Branding", *Public Management Review*, 14(4), 499-519.

クリエイティブ産業研究プロジェクトチーム　クール・カマクラ（2014）『クリエイティブ産業支援策と経済効果調査―― IT産業を核としたクリエイティブ産業の発展に向けて――鎌倉草創塾・平成25年度研究成果報告書』https://www.city.kamakura.kanagawa.jp/seisaku-souzou/documents/08_25nendo_kamakurasousoujyuku_kenkyukekkahoukokusyo_2-3kurieitibu.pdf

Kim, S.S., Agrusa, J., Lee, H. and Chon, K. (2007) "Effects of Korean television dramas on the flow of Japanese tourists", Tourism Management, Volume 28, Issue 5, 2007, Pages 1340-1353, ISSN 0261-

5177, http://dx.doi.org/10.1016/j.tourman.2007.01.005.
Kim, Y., Shim, S. and Dinnie, K. (2013) "The Dimensions of Nation Brand Personality: A Study of Nine Countries", *Corporate Reputation Review*, 16(1), 34-47.
クォン・ヨンスク(2010)『「韓流」と「日流」文化から読み解く日韓新時代』NHK出版.
北野充(2007)「パブリック・ディプロマシーとは何か」金子将司・北野充編著『パブリック・ディプロマシー「世論時代」の外交戦略』PHP研究所, 13-32.
小針進(2004)「韓流の現状と韓国の文化産業政策」『東亜』第449号.
近藤誠一(2008)『文化外交の最前線にて——文化の普遍性と特殊性をめぐる24のエッセイ』かまくら春秋社.
Lee, A. L. (2010) "Did the Olympics help the nation branding of China? Comparing public perception of China with the Olympic Before and After the 2008 Beijing Olympics in Hong Kong", *Place Branding and Public Diplomacy*, 6(3), 207-227.
Lee, S. and Bai, Billy (2015) "Influence of popular culture on special interest tourists' destination image", *Tourism Management*, 52, 161-169, ISSN 0261-5177, http://dx.doi.org/10.1016/j.tourman.2015.06.019.
Lee, F. L. F. (2006) "Audience Taste Divergence over Time: An analysis of U. S, Movies' Box Office in Hong Kong, 1989-2004", *Journalism and Mass Communication Quarterly*, 83(4), 883-900.
Lee, F. L. F. (2008) "Hollywood movies in East Asia: examining cultural discount and performance predictability at the box office", *Asian Journal of Communication*, 18(2), 117-136.
Lee, Byoungkwan & Bae Hyuhn-Suhcjk (2004) "The Effect of Screen Quotas on the Self-Sufficiency Ratio in Recent Domstic Film Markets", *Journal of Media Economics*, 17(3), 163-176.
Li, Y.-m., Sakuma, I., Murata, K., Fujishima, Y., Cheng, W.-m., Zhai, C.-x., Wang, F., Yamashita, R., Oe, T. and Kim, J. (2010) "From international sports to international competition: Longitudinal study of the Beijing Olympic Games", Asian Journal of Social Psychology, 13: 128-138.
Malaysia Truly Asia campaign (2008/12/01) Travel &Tourism News Middle East: TTN; Manama.
松田武(2015)『対米依存の起源』岩波書店.

松井剛（2010）「ブームとしての『クール・ジャパン』——ポップカルチャーをめぐる中央官庁の政策競争」『一橋ビジネスレビュー』2010 年冬号, 86–105.

Martel, Frederic, 2006, *De la culture en Amerique* (2006, Gallimard)（『超大国アメリカの文化力』フレデリック・マルテル　根本長兵衛・林はる芽監訳 岩波書店 2009).

McClory, Jonathan (2015) *The Soft Power 30: A Global Ranking of Soft Power*, http://portland-communications.com/pdf/The-Soft-Power_30.pdf

McClory, Jonathan (2016) *The Soft Power 30: A Global Ranking of Soft Power 2016*, https://portland-communications.com/publications/a-global-ranking-of-soft-power/

三原龍太郎（2014）『クール・ジャパンはなぜ嫌われるのか——「熱狂」と「冷笑」を超えて』中公新書ラクレ.

水野博介（2003）「盛り場・イベント・フィルムコミッション——地域における映像メディアの位置づけ」田村紀雄編『地域メディアを学ぶ人のために』世界思想社, 167–189.

McGray, D. (2002) "Japan's Gross National Cool", *Foreign Policy*, 130, 44–54.

Messerlin, P. & Parc, J. (2014) "The effect of screen quotas and subsidy regime on cultural industry: A case study of French and Korean Film Industries", *Journal of International Business and Economy*, 15(2): 57–73.

文部科学省（2015）『平成 26 年度 文部科学白書』.

門司健次郎（2009）「オールジャパンで売り込む『日本』」『外交フォーラム』2009 年 7 月号, 34–38.

森田浩平（2007）『スポーツニュースは恐い——刷り込まれる〈日本人〉』NHK 出版.

莫穎怡（2007）「日本のアニメは中国の新聞, インターネットでどのように報じられているか」『朝日総研リポート』209 号, 20–32.

向田久美子・坂元章・高木栄作・村田光二（2001）「アトランタ・オリンピックと外国イメージの変化」『社会心理学研究』16(3), 159–169.

向田久美子・坂元章・高木栄作・村田光二（2008）「オリンピック報道は外国人・日本人イメージにどのような影響を与えてきたか——シドニー・オリンピックを中心に」『人間文化創成科学論叢』10, 297–307.

中牧弘充・佐々木雅幸（2008）総合研究開発機構編『価値を造る都市へ——文化戦略と創造都市』NTT 出版.

中村哲（2003）「観光におけるマスメディアの影響——映像媒体を中心に」前田勇編『21世紀の観光学』学文社，83-100．

Morgan, Nigel J; Pritchard, Annette; Piggott, Rachel (2003) "Destination branding and the role of the stakeholders: The case of New Zealand", *Journal of Vacation Marketing*, 9: 3, 285-299.

日本貿易振興機構（ジェトロ）（2011）『韓国のコンテンツ振興策と海外市場における直接効果・間接効果の分析』https://www.jetro.go.jp/ext_images/jfile/report/07000622/korea_contents_promotion.pdf

Nebenzahl, I. D. & Jaffe, E. D., 1991, "The Effectiveness of Sponsored Events in Promoting a County's Image", *International Journal of Advertising*, 10, 223-237.

根木昭（2010）『文化政策学入門』水曜社．

Ni, C. (2012) "Branding national images: The 2008 Beijing Summer Olympics, 2010 Shanghai World Expo, and 2010 Guanzhou Asian Games", *Public Relations Review*, 38, 731-745.

野田邦弘（2014）『文化政策の展開——アート・マネジメントと創造都市』学芸出版社．

Nye, J. S. (2004) Soft Power: The Means to Success in World Politics. The Sagalyn Leterary Agency, Maryland.（山岡洋一訳『ソフト・パワー』日本経済新聞社 2004）．

Nye, J. S. (2011) *The Future of Power*, PacificAffairs, NY.（山岡洋一訳『スマート・パワー』日本経済新聞社 2011）．

大場吾郎（2012）『韓国で日本のテレビ番組はどう見られているのか』人文書院．

大塚英志・大澤信亮（2005）『「ジャパニメーション」はなぜ敗れるか』角川書店．

岡本健（編）（2015）『コンテンツツーリズム研究　情報社会の観光行動と地域振興』福村出版．

岡本健（監修）（2014）『マンガ・アニメで人気「聖地」をめぐる神社巡礼』エクスナレッジ．

Oh, J. (2001) International "Trade in Film and the Self-Sufficiency Ratio", *The Journal of Media Economics*, 14(1), 31-44.

小川忠（2007）「主要国のパブリック・ディプロマシー」金子将司・北野充編著『パブリック・ディプロマシー「世論時代」の外交戦略』PHP研究所，46-101．

Ooi, Can-Seng (2008) "Reimagining Singapore as a creative nation: The

politics of place branding", *Place Branding and Public Diplomacy*, 4(4), 287-302.
小北 清人(2012)「韓国が永遠に追い求める,ブランド向上国家戦略」,2012年03月26日『週刊 アエラ』25(13), 36-40.
Panagiotopoulou, R. (2012) "Nation Branding and the Olympic Games: New Media Images for Greece and China", *The International Journal of the History of Sport*, 29:16, 2337-2348, DOI: 10.1080/09523367.2012.744527
Parc, J (2017) "The effects of protection in cultural industries: the case of the Korean film policies", *International Journal of Cultural Policy*, 23(5), 618-633.
Park, S., Davis, C.H., Papandrea, F., & Picard, R. G. (2015) *Domestic Content Policies in the Broadband Age: A Four-Country Analysis*. Canberra: News & Media Research Centre, University of Canberra. https://www.canberra.edu.au/research/faculty-research-centres/nmrc/publications/documents/Domestic-Content-Policy-Report.pdf#search=%27Domestic+Content+Policies%3A+A+Four+Country+Analysis%27
Phau, I., & Chan, K. (2003) "Targeting East Asian markets: A comparative study on national identity. Journal of Targeting", *Measurement and Analysis for Marketing*, 12(2), 157-172. Retrieved from https://search-proquest-com.ezproxy.tulips.tsukuba.ac.jp/docview/236967762?accountid=25225
朴順愛・土屋礼子(2002)『日本大衆文化と日韓関係』三元社.
Zengjun Peng (2004) "Representaion of China: An across time analysis of coverage in the new York Times and Los Angeles Times", *Asian Journal of Communication*, 14(1), 53-67.
Porter, P. K. & Fletcher, D. (2008) "The Economic Impact of the Olympic Games: Ex Ante Predictions and Ex Poste Reality", *Journal of Sport Management*, 22, 470-486.
Luo Qing, Chwen Chwen Chen, Cinzia Colapinto, Hiyoshi Akihiko, Hwang Yun'il & Kodama Miiko (2010) "Attitudes Towards China Before and After the Beijing Olympics", *The International Journal of the History of Sport*, 27:9-10, 1419-1432.
2016/04/10 聯合ニュース(2016「昨年の韓流生産誘発効果 前年比9.2%増=韓国報告書」.
Rodlik, Dani (2011) *The Globalization Paradox: Democracy and the Future*

of the World Economy.（柴川圭太・大川良文訳『グローバリゼーションパラドックス』白水社 2013）.

Roger Riley, Dwayne Baker, Carlton S.Van Doren (1998) "Movie induced tourism", *Annals of Tourism Research*, 25: 4, 919-935, ISSN 0160-7383, http://dx.doi.org/10.1016/S0160-7383 (98) 00045-0.

Sakamoto, R. & Allen, M. (2011) "There's something fishy about that sushi: how Japan interprets the global sushi boom", *Japan Forum*, 23(1), 99-121.

佐久間勲・日吉昭彦（2013）「ロンドン・オリンピック大会と国民イメージ」『社会情報学会（SSI）学会大会研究発表論文集』2013 29-32，2013 09-13.

佐久間勲・八ッ橋武明・李 岩梅（2010）「北京オリンピック大会と国民イメージ (1)」『情報研究』42，23-30.

櫻井孝昌（2009）『アニメ文化外交』筑摩書房.

Snow, N. (1998) *Propaganda, Inc.*（椿正晴訳『プロパガンダ株式会社　アメリカ文化の広告代理店』ナンシー・スノー，明石書店 2004）.

Song, Y-A & Sung, Y. (2013) Antecedents of Nation Brand Personality, Corporate *Reputation Review*, 16(1), 80-94.

総務省（2018）クールジャパンの推進に関する政策評価〈評価結果に基づく勧告〉http://www.soumu.go.jp/main_content/000550938.pdf

菅谷実・中村清・内山隆編（2009）『映像コンテンツ産業とフィルム政策』丸善出版，207-227.

菅谷実・津山恵子（2009）「アメリカフイルム政策」菅谷実・中村清・内山隆編『映像コンテンツ産業とフィルム政策』丸善出版，163-177.

Sun, Wanning (2015) "Slow boat from China: public discourses behind the 'going global' media policy", *International Journal of Cultural Policy*, 2015, 21(4), 400-418.

Sun, Q. (2011) "Country Branding Through Olympic Games", *Journal of Brand Management*, 19, 641-654.

鈴木智子・阿久津聡（2016）「共同ブランドにおける親ブランドの一致に関する考察――日本における共同ブランド戦略の構築に向けて」『マーケティングジャーナル』36(1)，72-87.

Throsby, David (2010) The Economics of Cultural Policy. Cambridge University Press（後藤和子・阪本崇訳『文化政策の経済学』ミネルヴァ書房）.

土佐昌樹（2008）『アジア海賊版文化』光文社.

Thussu, Daya Kishan (2007) "Mapping global media flow and contra-flow", (Eds. Daya Kisham Thussu, *Media on the Move: Global flow and contra-flow*, Routledge: London and New York), 10-29.

内田真理子（2007）「日本の国際文化交流とポップカルチャー――商業ベースの普及と政府の役割」『文化経済学』5(4), 29-37.

内田真理子（2009）「イギリスのフイルム政策」菅谷実・中村清・内山隆編『映像コンテンツ産業とフィルム政策』丸善出版, 207-227.

梅棹忠夫（監修）（1983）『文化経済学事始め――文化施設の経済効果と自治体の施設づくり』学陽書房.

Usunier, Jean-Claude & Lee, Julie (2009) Marketing across cultures (5th edition)（異文化適応のマーケティング［原書第5版］, 小川孔輔・本間太一訳, ピアソン桐原）.

Valaskivi, K. (2016) "Circulating a fashion: Performance of nation branding in Finland and Sweden", *Place Branding and Public Diplomacy*, 12(2-3), 139-151.

湧口清隆（2009）「フランスの映画・視聴覚産業への補助政策」菅谷実・中村清・内山隆編『映像コンテンツ産業とフィルム政策』丸善出版, 197-205.

渡辺靖（2008）『アメリカン・センター――アメリカの国際文化戦略』岩波書店.

Whitney, Chrisopher B & Shambaugh, David, 2009, *Soft Power in Asia: Results of a 2008 Multinational Survey of Public Opinion*, The Chicago Council on Global Affairs. https://www.brookings.edu/wp-content/uploads/2012/04/0617_east_asia_report.pdf

Xiao, N. & Lee, S. H (Mark). (2014) "Brand identity fit in co-branding: The moderating role of C-B identification and consumer coping", *European Journal of Marketing*, 48(7/8), 1239-1254.

山口志郎（2015）「スポーツイベントにおけるスポンサーフィット」日本スポーツマネジメント学会編『スポーツマネジメント研究』7巻1号, 3-22.

山口志郎・野川春夫・北村薫・山口泰雄（2010）「スポーツイベントのスポンサーシップにおけるスポンサーフィットに関する研究――Gwinner and Bennettモデルの検証」日本スポーツマネジメント学会編『スポーツマネジメント研究』2巻2号, 147-161.

山下玲子（2002）「韓国のマンガ・アニメ意識と日本アニメの韓国進出状況」朴順愛・土屋礼子編『日本大衆文化と日韓関係』三元社, 97-117.

吉見俊哉（2007）『親米と反米――戦後日本の政治的無意識』岩波書店.

朱敏華・松野良一（2014）「中国映画『非誠勿擾』が誘発した北海道観光ブームに関する研究」『総合政策研究』22, 109-122.
Zimbalist, A.(2016) *Circus Maximums: The economic gamble behind hosting Olympics and the World Cup*, Brookings Institution Press.（田端優訳『オリンピック幻想論——2020年東京五輪で日本が失うもの』ブックマン社, 2016）.

[**中国語**]

陳奇佳・宋暉（2009）日本动漫影响力调查报告 当代中国大学生文化消费偏好研究, 人民出版社.

劉瀾（2015）中国文化軟実力有多大, 機械工業出版社, 北京.

于國華 吳靜吉（2012）台灣文化創意產業的現狀與前擔, 二十一世紀雙月刊 2012年10月號 總第133期 82-88.

第2章　韓国の国家ブランディング政策

小針　進

　韓国では，国家ブランディングが金大中政権下（1998〜2003年）で意識されはじめ，李明博政権（2008〜2013年）ではその政策を後押しする大統領直属の委員会まで作られた。また，憲政史上初めて大統領罷免によって崩壊することになる朴槿恵政権（2013〜2017年）は，当初は関心を見せなかったものの，国家ブランディングのスローガン決定が，一連のスキャンダルと関係するものであった。

　他方，国家ブランディングの確立において前提となるような，国の矜持や愛国なるものへの冷徹な言説も登場している。

　本章では，韓国政府の国家ブランディング政策を概観したあと，その事象や諸言説，問題点，位置付け，スローガンの変遷などを分析しながら，同政策をめぐる韓国社会の変化とその政策効果を検証することを目的としている。

　また，日本人の対韓意識の変化，2017年に発足した文在寅政権の姿勢にも言及し，国家ブランディングの位置付けを考察することとする。

第 2 章　韓国の国家ブランディング政策

1. 韓国における国家ブランディング政策の始まり

1-1　通貨危機と金大中政権

　韓国社会で「国家ブランド」[1]や「国家ブランディング」という言葉が盛んに使われはじめたのは，李明博政権下（2008年2月〜2013年2月）の 2009 年頃からである。

　ただし，メディアなどではこれよりも前に登場している。『東亜日報』の場合，紙面に「国家ブランド」をワードとして使った初出は 1994 年 5 月 25 日付の「漫画，映像産業の核心に育成必要」という記事の中である。その後，6 年半余りなく，次は 2001 年 1 月 10 日付の「隠したい'韓国製'」という記事が出るが，これも単発的であった。ところが，翌年の 2002 年は 9 本も登場する。2003 年に 3 本，2004 年に 4 本，2005 年に 7 本，2006 年に 2 本，2007 年に 8 本，2008 年に 18 本，そして 2009 年は 44 本に急増する[2]。

　2009 年の急増は，李明博政権が政権発足 1 周年を機に大統領直属の「国家ブランド委員会」（Presidential Council on Nation Branding）を作ったからである。この頃の動きは後述するが，2002 年に突出して多かったのは，5 月 31 日からの 1 か月間，日韓共催のワールドカップ・サッカー大会（W杯）があったからである。「ワールドカップ効果」（5月1日付），「経済的価値"われわれもやればできる"国民自信感回復」（6月5日付），「貿易振興公社"ワールドカップ契機に国家イメージ改善"」（6月25日付），「韓国の国家ブランド価値 707 兆ウォン」（11月15日付）といった記事である。たとえば，6 月 5 日付の記事は，前日の対ポーランド戦で 1 勝した韓国チームの善戦を受けて，消費心理が拡散し景気が上昇すれば，経済にも良い影響があるだろうと展望して，「開催国韓国が初勝利を重ねるこ

103

とで，国家ブランドのイメージを高め，輸出が増えるので，間接的な経済効果が大きいだろう」と，「国家ブランド」という言葉を使う研究者のコメントを引用している。

W杯当時の韓国大統領は金大中である。金大中政権（1998年2月〜2003年2月）は，政権運営を総括する報告書で，「今回のW杯でわが国はサッカーでベスト4進出，躍動的であっても秩序があって成熟した路上応援，先端技術による競技運営，成功的な開幕式行事などを通じて，全世界に『先進市民国家』，『IT強国』，『文化国家』などの国家イメージを大きく浮き彫りにさせたものと，評価されている」（国政広報処 2003）と，自賛する。金大中政権は，金泳三政権（1993年2月〜1998年2月）の末期に国際通貨基金（IMF）へ195億ドルの緊急支援を要請したことに端を発する，未曾有の通貨危機のなかで発足した。金大中がしなければならない最優先の課題はこれを克服することであった。金融・企業・労働・公共の四大部門をめぐる構造改革は，国民に苦痛と犠牲を強いるものとなったが，2001年8月，金大中政権は前政権が借りた195億ドルをIMFへ予定より早く約3年で完済した。

通貨危機による混乱は，韓国の対外的な国家イメージを失墜させるものであったが，その克服ぶりは国際的に注目を集めたのも事実である。金大中政権は構造改革を促すために，国内では「第二の建国」をスローガンに掲げ，インターネット普及の促進など「IT革命」を推進した。金大中は大統領在任中の2000年10月にはノーベル平和賞を受賞している。同政権は，内政面では透明性を欠く運営も取り沙汰され，国内で批判も多かったが，海外での金大中個人の知名度も相まって，対日・対北関係の劇的な改善などはむしろ海外で高く評価された。

こうしたことを背景に，金大中は経済危機克服のため，「韓国のセールスマンになる」とたびたび，口にした。2000年3月に欧州

歴訪をした直後の記者会見で「大統領の（外資誘致などの）セールス外交の重要性を改めて認識した」と指摘し、「日本にも主にセールス目的で訪問したい」と話した（『日本経済新聞』夕刊 2000 年 3 月 11 日付）。また、外国人観光客誘致のための PR に自ら出演するなどして、話題となった。1998 年と 2000 年に「韓国の楽しい旅、私が責任を持ちます」と金大中が自ら訴える、日本を含む海外向けテレビ CM が放映されている（『朝日新聞』1998 年 9 月 15 日付、『日本経済新聞』2000 年 2 月 23 日付）。韓国の国家ブランディングを意識したものといってよいだろう。

　また、文化イメージを広報するために韓国文化のコーポレート・アイデンティティ（CI）を設定したのも金大中政権であった。韓服、ハングル、キムチ・プルコギ、仏国寺・石窟庵、テコンドー、高麗人参、タルチュム（仮面舞）、宗廟祭礼楽、雪岳山、世界的芸術人の 10 項目を指定した（国政広報処 2003）。

　2001 年 12 月 22 日、韓国政府は国家イメージを世界に広めるためのキャッチフレーズを、「Dynamic Korea」（写真 2.1）とすることを正式に決めた。「国家ブランド」という用語は使っていないものの、韓国政府が国家ブランドを念頭に付した初めてのキャッチフレーズと言ってよい。これは、同日、大統領主宰で開かれた「ワールドカップ・アジア大会準備状況合同報告会」で決まったものだ。サブタイトルを「Hub of Asia」とすることも同時に決定している（『東亜日報』2001 年 12 月 23 日）。2002 年は W 杯だけでなく、2002 年 9 月 29 日〜 10 月 14 日まで釜山でアジア競技大会が開催され、この二つの大会の成功は当時の韓国にとって大変な重要性を帯びていた。

　ただ、「Dynamic Korea」は両行事のためだけに使われたので

写真 2.1

はなく,盧武鉉政権(2003年2月～2008年2月)になってからも使われ続けた。したがって,時限的な国家ブランディングにするという意図は当初からなかったのかもしれない。もちろん,盧武鉉政権は金大中政権の政治基盤を継承する政権であったこととも無関係ではなかったであろう。

ところが,2007年には「Korea, Sparkling」(写真2.2)を観光ブランドとして,韓国政府は採択する。当時の金明坤・文化観光部長官は,これを採択した背景として,国家広報のために作られた「Dynamic Korea」の知名度が低いことを挙げた。「Sparklingが英米圏では『きらきらする』『きらびやかな』という意のほかに,『活気に満ちる』『新鮮な』というニュアン

写真 2.2

スも持っており,韓国の魅力を表して,外国人にもう少しなじむように近寄ることができるものと期待する」とした(『東亜日報』2007年2月9日付)。また,「Korea, Sparkling」は国家ブランド指数を考案した英国人サイモン・アンホルトの作品で,彼はニュージーランドの観光ブランド「100% Pure New Zealand」なども創案している。

興味深いことは,国家ブランディングと観光ブランディングを区別し,併存させたことである。文化観光部は,長官ブリーフィングの翌日,「観光ブランドは国内・国外の観光分野の広報マーケティングに活用されるブランドなので,国家ブランドの"Dynamic Korea"とは別個のものである。したがって,国家ブランド(Dynamic Korea)が"Korea, Sparkling"に代替されるものではない」(文化観光部 2007)と,異例の捕捉をした。

1-2 李明博政権下での国家ブランド委員会の発足

　盧武鉉政権に続く李明博政権は 10 年ぶりの保守政権となった。前述したように，2009 年 1 月，李明博は大統領直属の「国家ブランド委員会」を作った。政権発足 6 か月となる 2008 年 8 月の演説で，「私たちが先進国になりたいのならば，私たちのイメージ，私たちの評判も画期的に高めなければなりません。私は近い将来，大統領直属で国家ブランド委員会を設置します。任期中に韓国の国家ブランド価値を先進国水準にします」（李明博 2008）と宣言していた。その後，2008 年 10 月から 2009 年 1 月までの間に 8 回の準備委員会を経て，発足した。当時の同委員会ホームページ（http://www.koreabrand.go.kr/kr/pcnb/pcnb_index.do）には，その目的を「国家的次元での体系的で総合的な戦略を通じた対内外的な国家位相と品格を高めて，国家ブランドの価値を高めるため」としていた。

　アンホルトが経営する GfK ローパー広報＆メディア社が，2005 年から発表している国家ブランド指数（Nation Brand Index）の 2008 年調査で，韓国は評価対象 50 か国中で 33 位（日本は 5 位）と下位であった（Nation Branding & Andreas Markessinis 2008）。李明博の大統領任期が切れる 2013 年に「国家ブランド価値の世界 15 位圏入り」を具体的な目標としていた。そして，「国際社会の寄与拡大」「魅力的な文化・観光」「多文化包容，外国人配慮」「先端技術と製品広報」「グローバル市民意識涵養」などを，ウイークポイントと設定し，韓・英・日・中の 4 か国語によってホームページを運営していた。

　同委員会の最も強い目的意識は，自国への「不当な低い評価」の是正であった。政府の施策を広報する文化観光部が運営する「政策ブリーフィング」というホームページ（http://www.korea.kr/）では，同委員会発足の前後に，「大韓民国は GDP 基準で世界 13 位の経済

大国だ。また，2008年北京オリンピックでは金メダル13個，銀メダル10個，銅メダル8個を獲得し，順位で総合7位，アジア2位を占めたスポーツ強国だ。ところが，このような国際的な地位に似合わず，全世界で大韓民国のブランド認知度が低いことは明らかである」(キム・ジフン 2008) という主張が，たびたび繰り広げられていた。

こうした「不当な低い評価」の状況のことは，「コリア・ディスカウント」と呼ばれている。同委員会の初代委員長に就任した高麗大元総長の魚允大も，この言葉を多用し，外国でサムスンや現代など企業ブランドが，「韓国」という国家ブランドのイメージよりはるかに良いのが現実であり，この格差を減らして，国の価値が実際より低く評価される「コリア・ディスカウント」を是正することが当面の目標であると，就任時の韓国紙のインタビューなどでたびたび語っている (『韓国経済新聞』2009年1月22日付)。

同委員会は，官が作ったものではあるが，委員は，外交通商部長官など閣僚級12名と，大学教授や大手企業の社長など30名の民間人が参加している。政府の複数の部署がやってきた国家ブランドに直結する業務を総括して，縦割り行政のマイナスを排する狙いから，12名の閣僚級が関与したのであろう。事務局にはサムスン，現代自動車，LGなど，韓国の財閥トップ企業の社員も派遣されている。魚允大によれば，委員会を作ろうと言ったのも，民間人の参加も，李明博のアイデアだという (『韓国経済新聞』2009年1月22日付)。国家ブランドの定義とその重要性を，同委員会は次のように説明する。

　　国家ブランドはある国家に対する好感度と信頼度を言います。主に企業に適用されてきたブランドの概念を，国家次元に拡大するものですが，より広い範囲で見れば，国家の品格，つまり

国格の別の表現だと言えます。国家ブランドが重要なのは，市場で消費者がブランドを見て物品を選択するように，海外で『大韓民国』という国家ブランドを見て，わが国民や企業の製品サービスの価値を評価する基準になるからです（国家ブランド委員会 2008）。

委員会は，企画，グローバル市民，企業・IT，国際協力，文化観光の5分科委に分かれていた。これらの分科委では，国際社会での寄与拡大，文化資産の価値拡散，グローバルコミュニケーションの強化，汎国民力量の統合という，委員会が掲げる四つのテーマで議論が行われた。また，李明博政権が任期を終える1か月前の2013年1月までに17回の全体会議が行われた（国家ブランド委員会 2013）。

では，同委員会の評価はどうであったか。極めて否定的なものが多い。

「何の成果を上げることができなかった」（『ソウル新聞』2016年7月5日付）といったメディアなどの評価だけでなく，「有名無実な機構であった。皆が同席するのに熱心なだけで，国家ブランドや韓流にまったく関心がないように見えた。当時，熱心に参加した純真な企業家ほど被害を受けた」（『時事オヌル』2016年7月6日付）という，委員を経験した財界人の証言も事後に聞こえてきた。

縦割り行政の打破を目ざしても統合的に国家ブランディング作りが機能しなかった点，短期的な成果達成を目ざした点，経済的・マーケティング的戦略に偏重した点なども，失敗要因として指摘されている（金泰煥 2014）。

たとえば，2013年までの「国家ブランド価値の世界15位圏入り」は，あまりにも短期的目標にすぎた。前述したアンホルトの調査による国家ブランディング指数では，2013年は27位（日本は6

位）であった（GfK 2014）。2008 年の同調査での 33 位からは 6 ランク上がったが，目標には達しなかった。

　いっぽう，国家ブランド委員会は，国家ブランディングがその間に上昇し，順位もアンホルトの調査よりも上位にあるという見解を持っている。同委員会は，サムスン経済研究所と共同で両機関の英名略語などを付した「SERI-PCNB NBDO」という，独自の国家指数を作った。NBDO は Nation Brand Dual Octagon の頭文字で，Dual は実態とイメージを意味し，Octagon は八つの部門（経済・企業，科学・技術，インフラ，政策・制度，伝統文化・自然，現代文化，国民，著名人）を指す。全 50 か国を比較対象にして，実態（125 の統計・データ分析）とイメージ（36 の質問項目による 26 か国のオピニオンリーダー 1 万 3500 人を対象とした質問紙調査）のランキングを，2009 年から 2012 年までの毎年発表した（サムスン経済研究所 2013）。これによれば，2009 年から 2012 年における韓国のランキングは，実態が 19，18，15，13 位と，イメージが 20，19，19，17 位と，それぞれ推移した。この調査による他国のランキング（ベスト 10）は表 2.1 の通りである。

　自国への「不当な低い評価」を自覚する国家において，国家主導でこのような委員会ができることは，不思議なことではない。同委員会の最後の委員長であった具三悦は，事業を総括する白書に相当する報告書で「わが国は朝鮮戦争による廃墟のイメージとつながって，世界 10 位圏の経済強国の隊列に上った今でも，依然としてその影を残している」としたうえで，「イメージは一度形成されれば，それと同じぐらいの事件でも再び発生するまで，相当期間，以前と同じく維持される特性があります。それにもかかわらず，国家ブランド委員会はこのようなイメージを，誇らしい今の姿へ変えるために，この間，政府の部署と民間企業と共にさまざまな努力を傾けてきた」と書く（国家ブランド委員会 2013）。

第 2 章 韓国の国家ブランディング政策

表 2.1 国家ブランド委員会独自の国家ブランディング指数 SERI-PCNB NBDO

実態			イメージ		
2012 年	(2011年)	(2010年)	2012 年	(2011年)	(2010年)
1 米国	(1)	(1)	1 米国	(3)	(4)
2 ドイツ	(2)	(2)	2 ドイツ	(2)	(1)
3 フランス	(3)	(4)	3 英国	(5)	(5)
4 英国	(5)	(3)	4 日本	(1)	(3)
5 日本	(4)	(5)	5 スイス	(9)	(6)
6 スイス	(6)	(6)	6 スウェーデン	(7)	(8)
7 オーストラリア	(7)	(7)	7 カナダ	(4)	(2)
8 スウェーデン	(8)	(8)	8 フランス	(6)	(7)
9 オランダ	(10)	(10)	9 オーストラリア	(8)	(10)
10 カナダ	(9)	(19)	10 オランダ	(11)	(11)
13 韓国	(15)	(18)	17 韓国	(19)	(19)

出典：サムスン経済研究所『SERI イシュー・ペーパー 国家ブランド指数調査結果』2013 年より作成

「不当な低い評価」，「朝鮮戦争による廃墟のイメージ」とは具体的に何か。図 2.1，図 2.2，図 2.3，図 2.4 は，2009 年 3 月，同委員会が世論調査機関ワールドリサーチとの共同で駐韓外国人 1000 名を対象に実施した韓国に対するイメージ調査の結果である。図 2.3，図 2.4 にある「政治」，「北朝鮮との対峙状況」などが，その具体的なことなのだろう。

当時，国家ブランド委員会に対して冷淡であった当時の野党（民主党）議員でさえ，「国家ブランドを高めるための戦略として，長所を最大限浮き彫りにさせて，短所を最大限補完させることだ」（趙慶泰 2009）と，北朝鮮との対峙状況の解消と，国会での乱闘騒ぎの自制などを訴えている。また，とりまく政治状況を念頭に，南

第一部　ポピュラー文化と国家ブランディングに関する政策展開

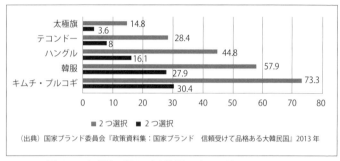

(出典) 国家ブランド委員会『政策資料集：国家ブランド　信頼受けて品格ある大韓民国』2013 年

図 2.1　まず思い浮かべる韓国のイメージ（%, n =1,000）

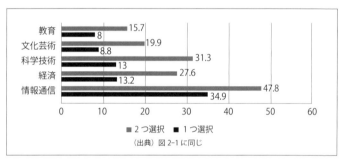

(出典) 図 2-1 に同じ

図 2.2　韓国のイメージに肯定的に影響を与える分野（%, n =1,000）

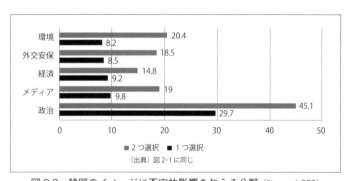

(出典) 図 2-1 に同じ

図 2.3　韓国のイメージに否定的影響を与える分野（%, n =1,000）

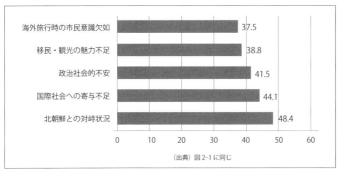

図 2.4　韓国の国家ブランディングが低評価な理由（%, n =1,000）

北の分断（division），示威（demonstration），不和（disharmony）から，韓国社会のイメージとブランディングを自虐的に 3D と表現した識者もいる（チェ・チョンファ 2009）。

また，李明博政権下では，2008 年秋にリーマンショックの到来で経済危機の克服に対処し，2009 年に G20（20 か国・地域首脳会議）の 2011 年ソウル開催を，さらに 2011 年には 2018 年冬季五輪の平昌開催をそれぞれ誘致した。それだけに，国家ブランディングを意識せざる得ない時期であった。

このため，国家ブランディングに対する韓国人の認知度は高まった。前述の白書には，「『国家ブランド』という用語が一般化した。これは委員会が設立する前の 2008 年に一般国民の国家ブランドに対する認識率が 37％であったところ，2012 年 1 月には 93％に上昇したことからも，よくわかる」としている。さらに，「国際社会で非難を受ける行動をする場合には，『国家ブランドを貶める』というインターネット上の書き込みが多く見られるようになった」（国家ブランド委員会 2013）としている。

同委員会は，全体会議のほか，大統領への直接的な報告会議をたびたび開催するなど（2012 年 2 月までの間に 5 回），韓国政府のなかで

も重みがあり，メディアでの扱いも大きなものがあった。さらには，国際的にも大きな注目を浴びて，「クールジャパン戦略」との絡みで，日本の経済産業省が同委員会に注目していた痕跡が多く見られる[3]。

同委員会の「限界」は，政策決定権とその執行権が不在の諮問委員会に過ぎなかったという点だ。蔡芝栄（2016）は，同委員会自体が政策と事業を立案できず，実質的なコントロールタワーになり得なかったことを指摘する。

2. 朴槿恵政権と国家ブランディング

2-1　国家ブランディングの位置付け

次の朴槿恵政権（2013年2月～2017年3月）は，政権発足前から国家ブランド委員会の解散を決めていた。

韓国では，大統領選での当選者は就任までの間に「大統領選引き継ぎ委員会」を組織して，前任からの文字通りの引き継ぎ業務を行うほか，今後の国政運営の方向性とそれに伴う組織の改編などを検討するのが慣例である。朴槿恵が2012年12月に当選した約1か月後の翌年1月31日，同委員会の金容俊委員長は国家ブランド委員会，国家競争力強化委員会，緑色成長委員会，未来企画委員会など，大統領所属の諮問機構的な性格を帯びる18の委員会を廃止することを発表した（『ヘラルド経済』電子版2013年1月31日付）。

国家ブランド委員会の廃止に関して，当時，韓国の与野党やメディアの間で公開的な議論もほとんどなしに決められている。強い反対論も見られなかった。行政改革につながる組織のスリム化であり，廃止された委員会がいずれも，「李明博大統領の国政哲学を反映したもの」（『文化日報』1月22日付）と思われていたからだ。レー

ムダックを経て，退任するだけの大統領が在任中に肝いりで作った組織の存廃に関する議論など，政権末期の韓国社会では成立しないのである。

ただし，政策広報の専門家の中には，李明博政権下での同委員会の運営に対する評価とは別に，同委員会が持つ本来の意味や役割を軽視すべきではないという論も皆無ではなかった。兪載雄（乙支大広報デザイン学科教授）は，次のように主張した。

> 国家イメージに関するコントロールタワーだと言える国家ブランド委員会が，その間どれくらい意味ある活動をしてきたかに対しては賛否が別れるだろう。いずれにせよ，大統領が数度，直接業務報告を受けるほど李明博政権の重きがおかれていた委員会であった。初代国家ブランド委員長ポストにも，李明博大統領の側近で知られた魚允大前高麗大総長を座らせた。李明博政権の色彩が強いからなのか，朴槿恵当選者は，政府と大統領府の組織改編案を発表しながら，大統領直属委員会を整備する方針を明らかにした。特別な状況変動がない限り，国家ブランド委員会も看板を下ろすことになる。しかし，国家ブランド委員会という組織が，たとえ廃止されるとしても，大韓民国の国家イメージを持続的で効率的に管理していく，汎国家次元のコントロール組織が，どんな形態であれ，必ず必要だという点を朴槿恵政権は忘れないでおくことを望む（『ソウル新聞』2013年2月4日付）。

兪載雄は，公務員として金大中政権で大統領府国政広報局長，文化部広報企画局長，盧武鉉政権で海外広報院長などを歴任した。李明博政権での公職はなく，国家ブランド委員会にも関わっていない。それでも，朴槿恵政権が発足して1か月後，『韓国日報』（2013年3

月25日付)とのインタビューでも,「ブランド委員会のように森を見ることを他がせず,政府の各部署が勝手に動いては効率が落ちるほかはないだろう」,「大統領の諮問委員会形態で,全体の絵を描く上位組織がなければならない」,「政権変化に関係なく,国家ブランド管理業務を持続的で安定的に行い得る法的土台を作ること」と主張した。

さらに,兪載雄は朴槿恵政権が発足して半年以上を経た頃,再び,「国家ブランド管理機構が復元されてこそ」というタイトルのコラムで,「朴槿恵政権になって,汎政府次元の国家イメージ管理のコントロールタワーがなくなった。個別部署や組織は木だけを見るのが常だ。制限された人材と資源によって,国家イメージをまともに管理していこうとするならば,どこかで森を見て,国家イメージと国家競争力という観点で,改善点を発掘し,新しいプログラムを能動的に探して推進する,汎政府次元のコントロールタワー復元が切実だ。先進強国も自国のイメージ改善のために,熾烈に努力しているのだ。未来を強調する朴槿恵が,タイミングを逃さないことを望む」(『京郷新聞』2013年10月7日付)と書いた。その後も,兪載雄は『国民日報』(2014年8月15日付)などで同様のこと主張している。

ところが,こうした主張は広がりをまったく見せなかった。政治家からも,メディアからも,国家ブランド委員会復活の意見は黙殺された。同委員会が,前述したように,前政権の付属物のように見られたからであろう。また,新政権が誕生すると,韓国メディアは旧政権には厳しく,新政権にはご祝儀相場のように甘い姿勢を見せる。こうしたことも,同委員会の位置付けに関して議論とならなかった背景であろう。さらに,李明博政権下で高まったといわれる,国家ブランディングそのものの議論も目立たなかった。

こうしたこともあり,朴槿恵政権の初期は国家ブランディングに関する政策を,どこで担当しているのかも,わからないような状態

となった。

　蔡芝栄（2016）によれば，「国家ブランド価値向上に関する規程」（大統領令第24481号）が，2013年3月23日に改正・施行され，国家ブランド委員会の設置，運営に関する条項などはすべて削除されたが，「政府は国家ブランド価値向上のために総合的で体系的な戦略と政策を樹立，推進しなければならない」との条項は残った。このため，中央官庁の各部署別に，国家ブランド価値向上の業務が行われることとなり，国家ブランドに関する統合的な政策管理が難しい状況になったという。

　つまり，朴槿恵政権の初期は国家ブランディングに対して特別な関心を持たず，政策らしいものも明らかにせず，社会もこれを容認していたことになる。国家ブランディングの位置付けは，その程度のものに過ぎないと言ってよい。

2-2　CREATIVE KOREA をめぐって

　ところが，2016年7月4日，文化体育観光部長官の金鍾徳は，新たな国家ブランディングのスローガンを「CREATIVE KOREA」（写真2.3）とすることを突然，発

写真2.3

表した。金大中政権下の2001年1月に発表された「DYNAMIC KOREA」は，李明博政権ではあまり使われなかったが，廃止されたわけではなかった。したがって，「CREATIVE KOREA」の制定は，15年ぶりの国家ブランディングスローガンの変更を意味した。

　同部の報道資料（文化体育観光部 2016a）によれば，同部は前年より1年間かけて，ブランド・広告広報分野の研究者や専門家を中心に国家ブランド開発推進団を構成して，国家ブランドを決めるための作業を進めてきたという。

第一部　ポピュラー文化と国家ブランディングに関する政策展開

「韓国らしさ」に対する考えを集めるために，海外での韓国のイメージ調査と並行して，「大韓民国の DNA を探します。大韓民国（KOREA）！」といった呼びかけで，国民からアイデアと作品を公募した。その結果，30999 件の公募作品と約 127 万件（うち海外から 24605 件）の「韓国らしさ」に対するキーワードが集まった。その結果，韓国の核心価値として創意（Creativity），情熱（Passion），和合（Harmony）の三つを導き出し，選定作業を通じて，未来指向的な新しい国家ブランド「CREATIVE KOREA」を採用することとなった。

そして，「CREATIVE KOREA」は韓国人の遺伝子（DNA）に内在した「創意」価値を再発見し，国民の自負心を鼓吹して，世界の中に大韓民国のブランドイメージを高めようという意味を込めたそうだ。具体的には，世界で認められた創意的韓流コンテンツ（韓国ドラマ，K ポップなど），先祖が編み出した創意的で魅力的な文化資産（ハングル，韓国料理など），韓国の核心資産の創意的な韓国人（スポーツスター，芸術家など），企業の海外進出・韓国ブランドの世界化（化粧品，半導体，携帯電話，自動車など），短期間に成し遂げられた発展の原動力は低開発国家の発展モデルなどを，「創意」に込めたという。同部が，海外へ国家ブランドを知らせるための広報活動を多角的に推進することも明らかにした。

こうした同部の発表に対して，「新しい国家ブランドにかける期待」（『ソウル経済新聞』2016 年 7 月 7 日付）といった，好意的なコラムも皆無ではなかったが，ほどなくメディアや野党から厳しい批判にさらされた。

第 1 に，スローガンとロゴの発表後，わずか 2 日後には盗作疑惑が浮上した点である。7 月 6 日，当時の野党第一党「共に民主党」の広報委員長（国会議員）でもある孫恵園は，「CREATIVE KOREA」がフランス貿易投資庁（ビジネスフランス）による

CREATIVEFRANCEキャンペーンを盗作していると主張した。孫恵園はプロのデザイナーでもあることから，「私がデザイナーという事実がとても恥ずかしくて，文化体育観光部長官が私の直属後輩という事実がとても恥ずかしくて，これを最終決定したこの国の大統領が誠に恥ずかしい」と述べた。同党院内総務の禹相虎は「国家ブランドを，他国のデザインと名前まで書き写すとは，国家的恥さらしだ」と，朴槿恵政権の責任を追及した（『文化日報』2016年7月6日付）。たしかに，写真2.4のように，両者は酷似していた。

写真2.4

これに対して，文化体育観光部（2016b）は即日でこれを否定したが，その後も盗作疑惑を積極的に否定しうる材料は登場しなかった。

第2に，「CREATIVE KOREA」というスローガンとロゴの誕生にかけた予算が多額であり，決定過程も不透明だという指摘である。

先の孫恵園は「これまで35億ウォンの予算が投入された」と言い，東亜日報が独自入手した文化体育観光部「2015年国家ブランド決算細部執行明細」によれば，28億7000万ウォンに上るとしている（『東亜日報』2016年7月16日付）。同紙によれば，このうち約16億2000万ウォンが広報物製作（特集放送，映像など），総11億1000万に国家ブランド公募展経費に費やし，ロゴ製作費は2060万ウォンに過ぎなかった。公募に関して「進行プロセスも不透明だ」と評し，授賞式も開かれず，入賞者への賞状は郵便で送付され，賞金は銀行振込されたとしている。

朴槿恵は，記者会見をほとんど開かないなど，国民との意思疎通不足が指摘され，「不通大統領」と批判されたが，「CREATIVE

写真2.5　　　　　　　　　写真2.6

KOREAの選定と発表過程は'国民疎通と説得'に失敗した代表的事例だ」とも，同紙は指摘した。

　第3は，国家ブランドのスローガンを頻繁に変えてもよいのかという指摘である。

　15年ぶりの国家ブランディングの変更であると前述したが，これとは別個に韓国観光ブランドというものが作られている。前章でも触れたように，盧武鉉政権下の2007年に「Korea, Sparkling」が定められた。その後，李明博政権下の2010年に「KOREA Be Inspired」（写真2.5 "Korea Times" February 1, 2010），朴槿恵政権下の2014年7月に10「Imagine your Korea」（写真2.6，海外文化弘報院 2014）と，変更されていった。一般には，国家ブランドも観光ブランドの区別がつくはずもない。これまでの国家ブランディングと観光ブランディングの変遷をまとめたものが表2.2である。弁理士である崔徳奎は，新聞のコラムで「国家ブランド，なぜしばしば変えるのか」と題して，次のように主張する。

　　韓日ワールドカップの時に使った「DYNAMIC KOREA」も捨てて，観光で使った「Imagine your Korea」も消えることになった。その間「DYNAMIC KOREA」や「Imagine your Korea」は，大韓民国のイメージをどれくらい伝達したのだろうか。ブランド選定と広報には莫大な費用がかかる。文

第 2 章　韓国の国家ブランディング政策

表 2.2　歴代政権下での国家ブランディングと観光ブランディングの変遷

	政権	国家ブランディング	観光ブランディング
1998 年 2 月	金大中政権発足		
2001 年 12 月		Dynamic Korea に	
2003 年 2 月	盧武鉉政権発足		
2007 年 2 月			Korea, Sparkling に
2008 年 2 月	李明博政権発足		
2010 年 2 月			KOREA Be Inspired に
2013 年 2 月	朴槿恵政権発足		
2014 年 7 月			Imagine your Korea に
2016 年 7 月		CREATIVE KOREA に	
2017 年 5 月	文在寅政権発足		
7 月		定めないことを発表	

　化体育観光部は新しい国家ブランドの広報映像を CNN, BBC などに放映して，在外公館，韓国観光公社，KOTRA，アリランテレビ等を通じて広報する計画だという。市場が変わって，政権が変わるたびごとに，私たちはこうしたことを繰り返すだろうか。ブランドはしばしば変えるものではない（『朝鮮日報』2016 年 7 月 12 日付）。

　第 4 に，朴槿恵政権の政治的な思惑が帯びているのではないかという疑念である。

　2013 年 2 月にスタートした同政権の任期は，制度的には 2018 年 2 月までであり（後述するが 2017 年 3 月に大統領罷免により政権崩壊），「CREATIVE KOREA」発表の時点では，任期の 3 分の 2 を過ぎていた。

　このため，識者からは「現政権が過去の政権の国家ブランドを廃棄したように，次の政権もこれを廃棄しないという保障がない。こういう結果が予想されるならば，任期 1 年半しか残さない政権

が，国家ブランドを短期間に作るということ自体が，無謀な試みだと言わざるを得ない」（林然哲「CREATIVE KOREA 国家ブランド価値」，『建設経済新聞』2016 年 8 月 2 日付）といった批判が多かった。しかも，朴槿恵が大統領戦当時から政治的スローガンが「創造経済」であり，その英語名称が「Creative Economy」であることから，「CREATIVE KOREA」はこれを連想させたのである。

2-3　政権の崩壊と文化政策

「CREATIVE KOREA」をめぐる散々な評価が収まらないうちに，後に憲政史上初の大統領罷免という事態へと発展する，朴槿恵をめぐるスキャンダルが 2016 年 10 月に表面化した。

朴槿恵が 70 年代からの知人である一私人の崔順実に対して，国政の多くの部分に介入させていた事実が発覚するというスキャンダルである。この問題で，同年 12 月 9 日，3 野党が国会で共同提案した朴槿恵への弾劾訴追案は，与党からも大量の造反票が加わり，議員総数（300）の 78％に相当する賛成票 234 で可決した。翌年 3 月 10 日，大統領訴追に対する審判を憲法裁判所が「合憲」とし，朴槿恵は大統領職を罷免され，さらに 3 月 31 日に逮捕，4 月 17 日に逮捕されている。

朴槿恵をめぐるスキャンダルが追及される中で，「CREATIVE KOREA」の決定過程を 11 はじめとする文化政策に対しても，崔真実とその周辺が深く介入していたことが取り沙汰された。

一連のスキャンダルの端緒となったのは，JTBC テレビ（中央日報社系）の 2016 年 10 月 24 日の報道であった。崔順実の事務所で廃棄される予定だったパソコンを入手して分析したところ，朴槿恵の演説草稿や閣議資料の計 44 件で，崔順実からの事前の助言を受けていと報じた（JTBC 2016）。大統領記録物管理法に違反する可能性がある行為であった。翌 25 日，朴槿恵は緊急記者会見を開

き，崔順実の助言を受けていたことを認め，謝罪した。これを機に，韓国の各メディアは崔順実周辺の報道合戦を繰り広げ，特に崔順実が，政府の部署の中でも文化体育観光部の政策や組織に深く関与していることが明らかになっていく。

写真 2.7

朴槿恵の謝罪から 3 日後（10 月 27 日）には，JTBC テレビと競合するテレビ朝鮮（朝鮮日報社系）が「大韓民国の顔'新しい国家ブランド'も崔順実が作った」（テレビ朝鮮 2016）と報じた。国家ブランド事業は，崔順実チームが作った「文化育成プロジェクト」の一環で，140 億ウォンもの公費投入を計画して，初期の計画段階から字句のひとつから目次まで赤ペンを入れながら，崔順実自身が同事業を設計したという。事業主体も随意契約によって，崔順実に近い映像プロデューサーである車ウンテク（大統領直属の文化隆盛委員も兼務）が影響を及ぼせる会社が任されたという。

さらに，韓国政府の主要官庁で使う「大韓民国政府」とハングル表記された国章型のロゴ（写真 2.7）が 2016 年 3 月から一新されたが，これも崔順実チームによる作品だったと，『ソウル新聞』（2016 年 10 月 29 日付）が報じた。

『東亜日報』（2016 年 11 月 16 日付）は，「CREATIVE KOREA」の事業主体となった企画会社（クリエイティブアレナ）に関して，その実質的な所有主が崔順実であることを実証して報じた。

「CREATIVE KOREA」を 2016 年 7 月に華々しく発表した文化体育観光部長官は，金鍾徳であったが，2014 年 8 月，長官に任命される際，朴槿恵に推薦したのは崔順実であり，そもそも崔順実は車ウンテクより大学の恩師である金鍾徳を推されたという。これは，崔順実の側近である高ヨンテ（フェンシングの元国家代表選手）が行っ

た検察への証言で明らかになっている(『慶北日報』電子版2017年1月11日付)。

このように,朴槿恵をめぐる一連のスキャンダルが取り沙汰される過程で,「CREATIVE KOREA」をめぐっても,崔順実の関与と国家ブランド事業の不透明さが喧伝されていった。そのスローガン決定過程についても,「国家ブランドとなった'創造(Creative)'という単語は,公募当時,受賞作はもちろん,上位にもなかった単語であった。崔氏がこの事業を企画し,直接,企画案まで修正したという疑惑まで持ち上がった」(『東亜日報』2016年11月16日付)のである。しかも,「CREATIVE KOREA」に関わったといわれる朴槿恵,金鍾徳,崔順実,車ウンテク,高ヨンテのすべてが,最終的に逮捕される事態へと推移していった。

「CREATIVE KOREA」に対しては,韓国国民の間では拒否反応が支配的となった。朴槿恵が大統領職を弾劾され,罷免されるまでの過渡期(大統領権限代行は国務総理の黄教安)であった2017年1月6日,文化体育観光部第2次官の劉東勲は「CREATIVE KOREA」に関して,さまざまな問題提起や報道があったことを背景に,海外広報物に限定して使うことを明らかにした(聯合ニュース2017)。

劉東勲の発言は,黄教安へ報告の「2017年度業務計画」に関する事前ブリーフィングの中で記者団に語ったものであった。この席で,劉東勲は朴槿恵政権発足以降,文化政策の説明で使ってきた「文化隆盛」という用語を排除した。「文化隆盛」は「経済復興」,「国民幸福」と並んで,同政権の国政運営の3大基軸であった。車ウンテクが「文化隆盛委員」に就任していたように,崔順実と連想されやすい用語である。つまり,過渡期の文化体育観光部は,文化政策に深く関与してきた崔順実色の一掃によって,文化行政に対する信頼回復を企図したものと思われる。

文化体育観光部にとって,「CREATIVE KOREA」のほかにも,

崔順実と関連して，文化政策への信頼を失う事態がいくつもあった。崔順実の娘（乗馬の国家代表選手）が大会で優遇されなかった報復として，朴槿恵が同部の体育局長と体育政策課長を退職に追い込んだことが明らかになった問題（『ハンギョレ新聞』電子版 2016 年 10 月 13 日付），大統領府が政府に批判的な文化人 9000 人以上の「ブラックリスト」を作成し，助成事業などで支援しないよう圧力をかけられた同部がこれに従っていた問題（『韓国日報』2016 年 10 月 12 日付）などである。朴槿恵政権下では，文化政策をめぐって行政が歪められたという印象が広く浸透した。

3. 国家ブランディングへの批判的な言説

3-1 政権ブランド化する国家ブランディング

　Chernatony（2014）は，「世界の多くの国々は，観光客の誘致，内部投資の活性化，輸出の増大という重要な三つの目標を実現するため，自分たちの国をブランド化するのに最大限の努力を注いでいる」としている。

　その意味では，「韓国のセールスマンになる」と述べて，国家ブランドのスローガン「Dynamic Korea」を初めて決めた金大中や，国家ブランドの概念を打ち出して委員会まで作り，直接的な報告会議を何度もさせていた李明博の行動は，他国との差別化を念頭に，この三つの目標を多分に意識したものであったであろう。

　さらに，Anholt（2014）は，「国家イメージに対する差別化は，新しいアイデア，政策，法律，製品，サービス，企業，建物，芸術，科学の発展のため努力などを通じて成し遂げることができる」とも指摘する。つまり，スローガンや委員会を作っただけでは，国家ブランドの確立は遂行できないということである。

第一部　ポピュラー文化と国家ブランディングに関する政策展開

　キム・ボギョン（2017）は，「韓国の国家ブランド政策は，ブランドコンテンツ（スローガン），推進組織，実行戦略の三つの側面での改善が必要である」としている。この三つの側面で検証すると，まずスローガンに関しては，これまで見たように国家ブランド「Dynamic Korea」と並存する形で，「Korea, Sparkling」（盧武鉉政権），「KOREA Be Inspired」（李明博政権），「Imagine your Korea」（朴槿恵政権）と，観光誘致のためのスローガンが別に掲げられた。つまり，国家ブランドと観光の二つのスローガンが存在してしまうのである。これはわかりにくく，定着も難しくしている。そして，政権が変わるごとにしばしば変わる印象を与えている。さらには，朴槿恵政権下で誕生した国家ブランド「CREATIVE KOREA」は盗作疑惑と政治的な意図やスキャンダルにも巻き込まれた。

　2点目の推進組織に関して，キム・ボギョン（2017）は国家ブランド政策を統合的に推進するコントロールタワーのことを指摘している。李明博政権では，国家ブランド委員会ができたが，諮問機関に過ぎず，関係部署を統合的に管理し得る特別な権限を持たなかった。次の朴槿恵政権は権限を強めるどころか，「李明博色」を嫌って，同委員会を廃止してしまった。

　キム・ボギョン（2017）は，三つ目の実行戦略に関しては，韓国の国家ブランド政策において，次の点が問題であるとしている。広告やイベントなど短期的広報偏重や，担当する組織の頻繁な変更によって効果が上がらないこと，官民協力，韓国人と外国人の共同参画が不足する総花的な政策が主であることだ。この点は，歴代のどの政権においても，十分でないと言ってよいであろう。

　こうした問題点は，韓国における歴代の政権（administration）の他の政策においても言えることであるが，国家（nation）としての継続性が欠けているということである。国家ブランディング（nation branding）ではなく，政権ブランディング（administration branding）

と化しているのである。

　韓国と同じように，日本の植民地支配から解放され，建国後は独裁から民主化への移行した経験を持つ分断国家ともいえる台湾の場合，政権が変わっても，「一貫した長期的構成を有している」(Freire 2014) という。ニュージーランドの観光スローガン「100％ピュア・ニュージーランド」は1999年から一貫して使われている（ニュージーランド政府観光局ホームページ）。また，韓国では日本が「クールジャパン戦略」において，担当大臣が置かれ，2009～12年の民主党政権下を前後しても，一貫して使われていることも評価する声がある（キム・ボギョン 2017）。

　朴槿恵政権下で決まった「CREATIVE KOREA」について，結局，2017年5月10日に発足した文在寅政権は，海外広報物限定での使用どころか，これを一切使わないことを決めた。6月29日，文化体育観光部は，「CREATIVE KOREA」が盗作疑惑などのさまざまな問題をかかえ，国民的共感と信頼を得ることができず，国家イメージ向上という政策効果を期待できないと，都鍾煥が判断したという。また，同部担当者は「新しい国家ブランドのスローガン開発は検討していない。国家ブランドはスローガンではなく，ひとつの国家の国民性，文化遺跡，観光基盤施設（インフラ），政府の対国民政策の方向など，総体的な社会文化的価値によって構築されており，文化体育観光部は国民の生活文化を全般的に向上することに政策力量を集中するだろう」とも明らかにした（文化体育観光部 2017）。

　国家ブランディングのスローガンそのものが開発されないことも明らかになった。

　「CREATIVE KOREA」以前の「Dynamic Korea」が復活されなければ，ブランドコンテンツが存在しない状態となり，新政権の国家ブランディング政策が不在とも解釈されるかもしれない。

　韓国政治がかかえる，連続性と断絶性の問題は，国家ブランディ

ング政策においても如実に現れていると言ってよい。

　もちろん，ブランディングコンテンツの有無だけが，国家ブランディングを決めるものでもない。「総体的な社会文化的価値によって構築」と，文化体育観光部の担当者が述べているように，韓国にとっての対外イメージは，たとえば，とりまく政治状況が大きく左右する。南北の分断 (division)，示威 (demonstration)，不和 (disharmony) の 3D が，韓国のイメージを決めているという識者の話を紹介した。

　まさに，史上初の大統領罷免へと発展した朴槿恵をめぐるスキャンダルこそは，3D と関連した韓国の政治状況が対外的にマイナスイメージとなった，その典型であろう。韓国の経済紙のひとつは，「崔順実事態 2 か月…国家ブランド，翼の折れた墜落」という記事の中で，次のように書いている。

　　数十年間，刻苦の努力を積み重ねて築いてきた国家ブランドイメージが，虚しく崩れている。韓国経済に致命的な毒になるだろうという憂慮が広がっている。4 日毎日経済新聞が，ビックデータ分析機関であるソルジェンと共同で，ミル財団・K スポーツ財団疑惑が初めて浮上した 9 月 20 日から 12 月 1 日まで，海外オンラインビッグデータを分析した結果，韓国に対する否定的な認識が急速に広がっている姿が浮き彫りとなった。

　　特に，主要外国メディアと海外ポータルサイト，ソーシャルネットワークサービス（SNS）などでは，「韓国はシャーマニズムの国，巫女が大統領を操縦したか」「これまで私はこんな国のドラマに熱狂してきたのか。恥ずかしい」など，韓国に対する否定的な言及が急増した。

　　分析によれば，今年初めは外国メディア及び海外のネット上では，韓国と関連したキーワードは韓流ブームの勢いで，「K

ポップ」「Kドラマ」「旅行」など,文化コンテンツが圧倒的に多かった。

しかし,9月下旬,崔順実ゲートが浮上して以後,韓国関連キーワードは「スキャンダル」「朴槿恵」「崔順実」「シャーマニズム」など,国政スキャンダルの関連ワードが急増した。確実に国の恥さらしとなっているわけだ。

特に,去る10月25日,朴大統領の第一次対国民談話以後には,「辞任(Resign)」「謝罪(Appology)」「ロウソクのあかり(candle)」「デモ(Protest)」などが,キーワードに浮び上がった。

SNSでは韓国卑下がより一層深刻だ。海外ネチズンらは「まぬけだ(Stupid)」「恥ずかしい(Shame)」など,否定的な感情を赤裸々に吐き出した。

こうしたなか,世界3大信用評価会社であるムーディーズは,崔順実ゲートが韓国経済に悪影響を与えうる危険要素だと警告した(『毎日経済新聞』2016年12月5日付)。

韓国の国家ブランディング政策の断絶性のみならず,韓国社会の断絶性が,韓国の国家ブランディングを決めているのだという言説である。

3-2 「クッポン」の出現にみる風潮

他方,国家ブランディングの価値を高める以前の問題として,国家ブランディングの確立において前提となるような矜持や愛国なるものを冷ややかにとらえる言説もある。国家ブランディングを直接的に否定するものでないのだが,韓国の過剰な愛国心を中毒だと揶揄する「クッポン」という若者の流行語があり,自国を卑下する傾向も生まれているのだ。クッポンとは,漢字語の「国」(クッ)と外来語「ヒロポン」(覚醒剤)の造語である。左右両派とも批判的な対

象としてこなかった愛国心や愛国主義に対する揶揄である。たとえば，日本の植民地支配からの解放 70 周年にあたる 2015 年に太極旗（国旗）を掲げる運動があったが，これを「クッポン」の文脈で批判する議論があったという（オ・ヒョンヨン 2016）。また，朴槿恵が大統領当時に絶賛した朝鮮戦争を扱った映画，野党代表が試写した抗日映画のいずれにも，「クッポンをいっぱい飲んで愛国心が高まった」，「駄作，まさにクッポン」，「過剰な愛国主義をあおり，観客動員増を狙ったクッポン映画」と否定的なニュアンスで語られた現象などは，日本の経済紙も紹介している（『日本経済新聞』夕刊 2016 年 9 月 6 日付）。

「クッポン」は国家ブランディングをめぐる議論の中でも，直接的に読み取ることもできる。たとえば，「国家ブランドは国家の顔であり，ストーリーだ。韓国の核心的価値は情熱，スピード，躍動性であり，これを代表するのが K カルチャーだ」「K カルチャー，K ポップを引っ張っていく若い世代を政府は支援しなければならない」という論者は少なくない（ソ・ヨンジン 2016）。定着している K ポップだけでなく，K アート，K 文学，K フード，K ビューティー，K クラシック，K オペラ，K ツアー，K 医療，K ホテルなど，あらゆる文化的事象に対して，韓国を意味する「K」を付ける傾向があるのだ。

こうした傾向への批判も，「クッポン」論である。「クッポンの代表例として挙げられるひとつが，すぐに，脈絡なしに 'K' の接頭辞を付けることだ。いつからか私たちの周辺に 'K' が付いた新造語が溢れている。もちろん，数ある中で 'K ポップ' は自然と韓流ブームを作り出したジャンルで，固有の特徴と意味を発展させた。反面 'K' がなぜついたのか分からないジャンルもある。単に '韓流' を世界に知らせるためという目的以外には，コンテンツ面で差別性や特色は目につかない。果たして，そんなクッポンのジャンル

が世界の人に，いや私たち自らに，どんな意味がある」と，主流メディアであるSBSテレビ（2016）が論評したことがある。

　この論評は，2016年6月に訪韓した英国人翻訳家デボラ・スミスの発言を報じる中でのものであった。デボラ・スミスは，英国の権威ある文学賞「マン・ブッカー賞国際部門」の2016年度受賞作である，韓国の女流作家韓江著『菜食主義者』（The Vegetarian）を英訳している（ロイター 2016）。記者会見でデボラ・スミスは，「国家のブランド価値を高めるための，政府主導の試みや世界主要作品の隊列に合流しなければならないという妄信的な注文は，出版人の精神と反する」と述べるなど，「K文学」のようなスローガンを掲げた，国家主導の文化事業を戒めた。また，村上春樹が「日本文学」の作家と認識されないように，韓江もやはり「韓国文学」作家と認識されなくともよいのだとした。

　こうした言説が若者を中心に受け入れられる背景には，就職難をはじめとする社会や経済状況に対する不満もある。勇ましい愛国主義を語る以前に，自らの生活に直結する切実な問題が韓国社会には横たわっている。大学を卒業しても，正規職で就職できる割合が6割程度である（4年制大学卒業者の就職率は2015年現在で64.5％＝教育部・大学教育協議会調べ，『江原日報』電子版2016年2月16日付）。経済的に不安定な若者は，恋愛，結婚，出産の三つを放棄せざるを得ないという，「3放世代」という言葉が盧武鉉政権下で生まれ，さらにマイホーム，人間関係，夢，就職の四つが加わった「7放世代」，そして諦めることが無限大を意味する「n放世代」という言葉まで登場している。朴槿恵政権下では，「クッポン」と同時に，「地獄のような韓国社会」を意味する「ヘル朝鮮」という新造語も浸透した。

　朴槿恵は，2016年夏の演説で「いつからか，私たちの内部では大韓民国を否定的に描写する誤った風潮が広がりつつある。私たちの偉大な現代史を否定して，世界が羨むわが国を生活が苦しいと

卑下する新造語が広がっている」(朴槿恵 2016) と,「クッポン」や「ヘル朝鮮」を批判したことがある。

 ところが,この朴槿恵演説そのものが,「愛国心に陶酔したクッポン演説」(『ハンギョレ新聞』電子版 2016 年 8 月 15 日配信) と一部メディアやネット上で批判の対象となった。

「私たちの偉大な現代史」「世界が羨むわが国」が「クッポン」の典型と映った。

「クッポン」という言葉が広く知られるようになったのは,2013年頃だといわれている。韓国人男性歌手 PSY (サイ) のダンス曲「江南スタイル」が,2012 年 7 月に You Tube で公開され,同 10 月には米ビルボードチャートで 2 位になるなど,大ヒットした。当時,米国務省のブリーフィングで,韓国のある通信社記者が「江南スタイルの PSY を知っているか」と得意気に質問する場面の動画がネット上に拡散すると,「クッポン」論議が浮上したという。PSY だけでなく,「キムチ」,「朴智星」(サッカー選手),「金妍児」(フィギュアスケート選手) などに関しても,「知っているか」と外国人に聞く韓国人の行動形態も「クッポン」の俎上に載っていった (オ・ヒョンヨン 2016)。

 'K' の接頭辞であれ,PSY などへの自慢であれ,国家ブランディンの典型となるようなものが,もはやダサいという感覚が生まれているのである[4]。

4. まとめ──政策効果はあるのか

 2017 年 7 月 19 日,文在寅政権は「国政運営 5 か年計画書」を発表した。任期中に取り組む課題を 100 の分野毎 (原則として担当官庁別) にまとめたもので,その計画書は A4 判で 200 ページに及ぶ冊子になっている (国政企画諮問委員会 2017)。この計画書の中には,

「国家ブランド」という単語は一か所しかない。「主力産業競争力向上で産業経済の活力回復」という産業通商資源部が管轄する分野の中で，「輸出構造革新：2018年まで国家ブランド戦略と産業・貿易政策を連係した'Korean-Made 戦略'樹立およびオーダーメード型支援など強化で輸出企業化促進」という文脈で使われているだけで，特別な意味を込めたものとは思えず，一般名詞としての「ブランド」を使っているかのようだ。

前政権下で「CREATIVE KOREA」を華々しく発表するなど，国家ブランディングを管轄してきた文化体育観光部が担当する分野の中には，「国家ブランド」という言葉が一句も使われていない。海外広報，文化交流，文化産業と関連する，同部が管轄するものとして，「公正な文化産業生態系の造成および世界の中の韓流拡散」という分野がある。ここでは，「韓流拡散および同伴進出――双方向の文化交流および優しい韓流実現で文化コンテンツ輸出市場および連係産業の同伴進出を拡大。2022年までに現在6千万人の韓流ファンを1億人に拡大」と書いているのが，目につく程度である。

自国の大衆文化ファンを海外で拡大させる数値目標を掲げている点は自文化の拡張志向もうかがえるが，「双方向」や「優しい」という表現は自重的ではある。「韓流で代表されるわが文化は，世界の人が熱狂する新しい文化の位置を占めつつあります。世界的な文化の中心地パリでは，雨の中でも韓国のKポップとわが文化に会うために，ヨーロッパ各国の若者たちの行列がひっきりなしに続いてきました」（朴槿恵 2016）という，「クッポン」と揶揄された朴槿恵の演説とは距離がある志向もうかがえる。

国家ブランディングのスローガンを定めないことにしたことを含めて，文在寅政権は「脱国家ブランディング」の方向にあるようにも見える。

そもそも，国家ブランディングを意識した政策は，韓国にその効

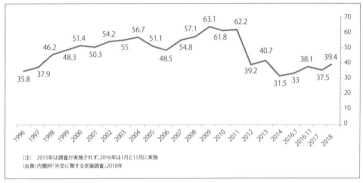

図 2.5 「韓国に親しみを感じる」と答えた日本人の推移
（%，内閣府調査，1996-2018 年）

果をもたらしてきたのであろうか。その測定や判断は難しい。日本への効果だけを考えると，たとえば，日本社会における韓国への「眺め」の推移変化から，その一端を読み取ることは可能であろう。

内閣府の「外交に関する世論調査」は，日本人の対外意識を定点観測するものであり，その調査結果は貴重である。「韓国に親しみを感じる」人の推移（1996 〜 2018 年）は，図 2.5 の通りである（内閣府 2018）。この 20 年間の推移に関しては，さまざまな分析が可能であり，ここでは詳細は触れない（小針進 2011）。同調査は，1978 年から実施されているが，「親しみを感じる」が過半数を超えたのは，1900 年代ではソウル五輪があった 1988 年しかなかった。図 2.5 にあるように，2000 年（金大中政権）に 51.4％となってから 2011 年（李明博政権）までの約 10 年間は，2006 年（盧武鉉政権）を除くと，「親しみを感じる」の過半数維持が安定基調で推移した。これは，金大中政権の友好的な対日外交政策のほか，2003 年のドラマ「冬のソナタ」ブームに端を発する韓流現象などの影響が大きかった。その意味では，韓流の日本でのブームを背景とした日本人の対韓意識向上は，韓国の国家ブランディング政策の成功ともいえ

る。

　ところが，2012年に前年対比で20ポイント以上下落の39.2%となった。これは，同年8月に李明博が竹島に上陸，さらには天皇陛下への卑下発言も加わり，日韓間の政治外交関係が極度に悪化したことが背景にある。2014〜2016年も30%台のままだったのは，2013年に大統領に就任した朴槿恵が，慰安婦問題などを背景に対日批判を強めたからであろう。

　日本における韓国の国家ブランディング向上という点では，李明博と朴槿恵の言動はマイナスしかもたらさなかった。1-2で見た，駐韓外国人を対象に実施した韓国に対するイメージ調査の結果，チェ・チョンファ（2009）が指摘した3D（division, demonstration, disharmony）という指摘にもあったように，国家ブランディング政策以前に政治外交の不和や混乱がもたらすマイナス要因は，外国人（少なくとも日本人）の対韓認識に大きな影響をもたらしたと言ってよい。

　前述したPSYの「江南スタイル」は，日本ではブームにならなかった。その原因は一概には言えない。このブームはYou Tubeによる拡散でもらされたが，当時，日本ではYou Tubeを「入口」とする外国の歌手が大人気となった例を聞かなかった。他のKポップ歌手やグループは，所属事務所の日本での綿密なマーケティングとプロモーションによるCD販売，テレビ出演，コンサートによってブームが生まれた。つまり，同じソウル発の大衆文化であっても，日本ではその越境ツールとプロセスがそれなりに重視される傾向がある。

　また，越境する文化がどのようなスタイルなのかという点も，受容国にとっては重要である。一般に，外国の大衆文化が流入する余地は受容国の需要と供給の差によるところが大きい。つまり，国内で十分に供給できるスタイルの文化は需要が満たされているので，

スタイルが似ている外国文化は流入できる余地はない。逆に，国内で供給ができないスタイルの文化は需要が満たされていないので，スタイルが異なる外国文化は流入できる余地がある。

『冬のソナタ』をはじめとする韓流ドラマ人気，ペ・ヨンジュンやイ・ビョンホンらの韓流スター人気，少女時代らのKポップガールズ人気はこれで説明が可能だ。PSYと似たスタイルの芸能人は日本にいる。しかも，日本の韓流ファンが期待する韓国人の風貌は，PSYのようなユーモラスな顔と体型ではない。

同時に，「江南スタイル」が世界的ヒットしはじめた2012年秋といえば，李明博の竹島上陸が強行された直後のタイミングであった。この当時，日本の新聞やテレビによる韓国報道は，両国間の外交関係悪化にかかわる問題に集中した。優先順位として外交問題が上位にあるソウル特派員たちは，韓国大衆文化の話題は関心の外であった。もし平時であれば，テレビの情報番組などで，「江南スタイル」が紹介されていた可能性はある。

もっとも，テレビがこれを紹介していたとしても，多くの日本人がPSYのダンス・ミュージックを真似て喜ぶムードにあったかどうかは別である。日本人から見れば，当時，李明博の一連の行動を背景に，韓国への違和感が日本社会で漂っていると感じていたからだ。内閣府の「外交に関する世論調査」で見たように，2011年までは総じて日本における韓国のイメージは向上し，各レベルの日韓交流が活性化していた。

ジョゼフ・S・ナイ（2004）によれば，対外政策はソフトパワーに影響を与えるという。国の政策がソフトパワーを強化しもすれば，減少もさせると指摘する。竹島上陸以降の李明博やその後を継いだ朴槿恵の対日外交は，日本における韓国のソフトパワーを削いでしまった。

国家ブランディングという概念は，観光客の誘致，投資の活性

化,輸出の増大などの目標を実現するためには,重要であろう。第5章で見るように,国のイメージは企業のイメージとも相関がある。また,第5章で指摘するように,「有能さ」イメージと「温かさ」イメージの関係性も重要な要素である。国家ブランディングの目標を具体的に設定したうえで,この概念を意識する意味は小さくない。

もっとも,政治外交の不和や混乱がもたらすマイナス要因を十分に考慮しなければ,国家ブランディングの目標は,容易に達成されない。韓国の場合,北朝鮮との対峙状況,(日本との間で見られるような)外交的な摩擦やそれに付随する対抗的な国際宣伝活動[5],内政面での混乱が,3D(division, demonstration, disharmony)の面で,国家ブランディングの向上を妨げよう。日本との関係で言えば,竹島問題,日本海呼称問題,慰安婦問題などをめぐっての,韓国政府の対抗的な国際宣伝活動は,韓国にとっては国家ブランディングのアップと思っていても,一般に,日本においては韓国へのイメージダウンにしかならない。

前述した文在寅政権が発表した「国政運営5か年計画書」には,「ろうそく市民革命」という文言が8か所も登場し,自らの政権を「ろうそく市民革命によって誕生した」と位置付けている(国政企画諮問委員会 2017)。朴槿恵をめぐる一連のスキャンダル発覚から大統領罷免への流れを作ったのが,ろうそくデモで権力に抗した市民の力というわけである。

ただし,まさに朴槿恵をめぐるスキャンダルこそは,有力経済紙が「崔順実事態2か月…国家ブランド,翼の折れた墜落」と書くなど,3D(とくにdemonstration)と関連した韓国の政治状況が対外的にマイナスイメージとなった典型例であり,文在寅政権が評価する「ろうそく市民革命」と表裏の関係にある。つまり,「ろうそく市民革命」は国家ブランディングの向上にとって,どのような意味を持つのかは判断が分かれるであろう[6]。

それだけに，国家ブランディングのスローガンを定めないとしたことを含めて，「脱国家ブランディング」の方向にあるようにも見える文在寅政権の行方が注目される。

注

1 韓国では「国家ブランド」という用語が多用される。本稿では原則として「国家ブランディング」を使用するが，韓国語文献などからの直接引用の場合やその引用のうえでの論述の場合では，「国家ブランド」と表記する。
2 東亜日報アーカイブ「紙面検索」の「詳細検索」で，検索語に「国家ブランド」を検索した。
3 たとえば，経済産業省（2012）「クール・ジャパン戦略（中間とりまとめ（案））」〈http://www.meti.go.jp/committee/kenkyukai/seisan/cool_japan/pdf/012_02_00.pdf〉や，日本経済研究センター（2013）「クール・ジャパン戦略への処方箋～市場獲得の鍵は現地化戦略にあり！～」〈http://www.jcer.or.jp/report/econ100/pdf/econ100bangai20136data.pdf〉では，「韓流戦略」という用語を使って，「クール・ジャパン戦略」との比較や韓国の国家ブランド委員会などについて分析している。
4 「国家」の矜持ではなく，「民族」の矜持に関しては，冷ややかにとらえる動きが表面化するかどうかは未知数である。小倉紀蔵（2012）は，次のように指摘している。

> 韓国社会は一方できわめて自由な社会であるかのようだが，たとえば歴史認識問題や領土問題という「民族」の枠組み設定に直接関係するイッシューに関しては，きわめて硬直的で自由がないのである。そして，「民族」が規定する＜理＞の内容に，同心円の中心である「私」も遡及して規定されてしまうというメカニズムを持つので，この意味では「私」の多様性は認められない。韓国人が政治的には自由に多様な意見をいえるようだが，歴史認識問題や領土問題では自由に多様な意見をいえないのは，以上のような理由によるのである。これは，韓国社会の最も未熟な側面を現わしている。

5 金子将史（2014）によれば，領土，歴史認識をめぐる対立は日中間，日韓

間にこれまでも存在してきたが，近年，中国や韓国による，日本に対抗するような働きかけが第三国で体系的，組織的に行われるようになった。対抗的な国際宣伝活動は，従来とは異なる対応を要する構造的な変化であり，戦後日本のパブリック・ディプロマシーが経験したことのない種類の挑戦であるとしている。
6　フリージャーナリストの伊東順子は，いわゆる「ろうそく市民革命」に対する日本での受け止め方に関して，次のように分析している。同じ事象でも，日本人の受け止め方が分化していることがわかり，多様な韓国イメージが日本社会で存在する事例である。

> 日本のテレビのワイドショーは熱心に「騒動」を放送しました。気になったのは「先進国入りしたと言いながら，まだこんなことやっている」とおもしろおかしく伝える「上から目線」です。一方で，日本の保守的な人たちは，「デモの背後に北朝鮮の工作がある」というような陰謀論を展開。リベラル派は「民衆が大統領を倒した。これぞ成熟した民主主義」とたたえます。なぜか，最近の日本人は韓国というと興奮するようです。それぞれの立場によって「自分好みの韓国像」があるからでしょうか。(「(耕論) さまよえる韓国　伊東順子」『朝日新聞』2017年5月11日付)

参考文献

文化観光部（2007）「業務計画ブリーフィング韓国観光ブランド追加説明資料（2007年2月9日）」〈http://news.naver.com/main/read.nhn?mode=LSD&mid=sec&sid1=123&oid=172&aid=0000000130〉

文化体育観光部（2016a）「大韓民国の新しい国家ブランド 'CREATIVE KOREA'―大韓民国の核心価値で導き出されたスローガンおよびロゴ発表（2016年7月4日）」〈http://www.mcst.go.kr/web/s_notice/press/pressView.jsp?pSeq=15362〉

文化体育観光部（2016b）「一部'国家ブランド盗作'主張関連，国家ブランド発表前にすでに検討した内容です―国家ブランド盗作論争関連文化体育観光部の立場（2016年7月6日）」〈http://www.mcst.go.kr/web/s_notice/expPress/expPressView.jsp?pSeq=15373〉

文化体育観光部（2017）「文化体育観光部，国家ブランド スローガン

'CREATIVE KOREA' 使用中断決定―国民的共感と信頼低く政策効果が期待できず（2017年6月29日）」〈http://www.mcst.go.kr/web/s_notice/press/pressView.jsp?pSeq=16112〉
チェ・チョンファ（2009）「韓国の国家イメージ，韓国の国家ブランド」『国会立法調査処報』前掲．
趙慶泰（2009）「国家ブランド今日のための議政活動」『国会立法調査処報』2009年Winter通巻3号．
GfK (2014) 'Germany knocks USA off top spot for 'best nation'after 5 years', "2014 GfK Press Releases-12 November 2014"〈http://www.gfk.com/us/news-and-events/press-room/press-releases/pages/germany-knocks-usa-off-top-spot-for-%E2%80%98best-nation%E2%80%99-after-5-years.aspx〉
ジョゼフ・S・ナイ（2004）山岡洋一訳『ソフトパワー―21世紀国際政治を制する見えざる力』日本経済新聞社．
JTBCテレビ（2016）「［単独］崔順実PCファイル入手…大統領演説前演説文を受け取った（2016年10月24日）」〈http://news.jtbc.joins.com/article/article.aspx?news_id=NB11340632&pDate=20161024〉
海外文化弘報院（2014）「韓国観光の新しいキャッチフレーズ「Imagine your Korea」（2014年7月23日，日本語）」〈http://japanese.korea.net/NewsFocus/Travel/view?articleId=120714〉
金子将史（2014）「転換期を迎える日本のパブリック・ディプロマシー」『国際問題』通巻635号．
キム・ボギョン（2017）「主要国の国家ブランド引上げ政策と示唆点」『韓国貿易協会国際貿易研究院：TRADE FOCUS』2017年18号．
キム・ジフン（2008）「大韓民国政策記者団：国家ブランド価値を高める四つの提案（2008年9月16日）」〈http://reporter.korea.kr/newsView.do?nid=148656880〉
金泰煥（2014）「韓国におけるパブリック・ディプロマシーの現況」北野充・金子将史『パブリック・ディプロマシー戦略』PHP研究所．
小針進（2011）「日本マスメディアの韓国報道の変遷と日本人の対韓意識」『東洋文化研究』第13号．
国家ブランド委員会（2008）「国家ブランドは国家に対する好感度と信頼度を言います」〈http://17koreabrand.pa.go.kr/gokr/kr/cms/selectKbrdCmsPageTbl.do?cd=0158&m1=1&m2=1〉
国家ブランド委員会（2013）『政策資料集：国家ブランド 信頼受けて品格ある

大韓民国』.
国政弘報処(2003)『国民の政府5年国政資料集　第3巻　教育,福祉,環境,労働,文化,社会』.
国政企画諮問委員会(2017)『文在寅政府　国政運営5か年計画』.
Martial Pasquier, João R.Freire, Elsa Wilkin-Armbrister(2014)「国家ブランディングと原産国効果」キース・ディニー編,前掲.
内閣府(2018)「外交に関する世論調査(2018年12月21日)」〈http://survey.gov-online.go.jp/h30/h30-gaiko/index.html〉
Nation Branding & Andreas Markessinis (2008) Anholt's Nation Brand Index 2008 released': October 1, 2008 〈http://nation-branding.info/2008/10/01/anholts-nation-brand-index-2008-released/〉
ニュージーランド政府観光局ホームページ「100%ピュア・ニュージーランド(日本語)」〈http://traveltrade.newzealand.com/ja-jp/working-with-us/100-pure-new-zealand/〉
小倉紀蔵(2012)『朱子学化する日本近代』藤原書店.
オ・ヒョンヨン(2016)「クッポンと愛国の間」〈http://news.chosun.com/site/data/html_dir/2016/04/19/2016041901251.html〉
朴槿恵(2016)「第71周年光復節祝辞(2016年8月15日)」〈http://www.korea.kr/archive/speechView.do?newsId=132029688&pageIndex=1&srchType=title&srchKeyword=%EA%B4%91%EB%B3%B5%EC%A0%88%20%EA%B2%BD%EC%B6%95%EC%82%AC〉
聯合ニュース(2017)「文化体育観光部,崔順実一掃…新年業務計画に「文化隆盛」なくす(2017年1月6日)」〈http://www.yonhapnews.co.kr/bulletin/2017/01/05/0200000000AKR20170105195251005.HTML?input=1195m〉
ロイター通信(2016)「16年ブッカー国際賞,韓国の女性作家韓江氏の『菜食主義者』に(日本語,2016年5月17日)」〈http://jp.reuters.com/article/booker-idJPKCN0Y80KQ〉
李明博(2008)「第63周年光復節および大韓民国建国60年祝辞(2008年8月15日)」〈http://www.pa.go.kr/research/contents/speech/index04_result.jsp〉
蔡芝栄(2016)『文化コンテンツ海外広報インフラ高度化方案研究』韓国文化観光研究院.
サムスン経済研究所(2013)『SERIイシュー・ペーパー国家ブランド指数調査結果(2013年1月10日)』〈http://www.seri.org/db/dbReptV.html?g_menu=02&s_menu=0201&pubkey=db20130110001〉

SBS テレビ（2016）「［リポート +］K- 文学？'K-' 接頭辞の陥穽（2016 年 6 月 22 日）」〈http://news.sbs.co.kr/news/endPage.do?news_id=N1003639509&plink=ORI&cooper=NAVER〉
ソ・ヨンジン（2016）「大韓民国政策記者団—国家ブランドを論じる！（2016 年 6 月 21 日）」〈http://reporter.korea.kr/newsView.do?nid=148817031〉
テレビ朝鮮（2016）「［単独］大韓民国の顔'新しい国家ブランド'も崔順実が作った（2016 年 10 月 27 日）」〈http://news.tvchosun.com/site/data/html_dir/2016/10/27/2016102790159.html〉
Yvonne Johnston, Leslie Chernatony, Simon Anholt（2014）「国家ブランディングの妥当性と範囲，発展」キース・ディニー編（林田博光・平澤敦監訳）『国家ブランディング——その概念・論点・実践』中央大学出版部．

第3章　中国の国家ブランディング政策と情報統制

石井　健一

　本章は，中国の国家ブランディング政策の目的を論じ，その効果について筆者が収集したデータを用いていくつかの分析をする。まず，中国の国家ブランディング政策の中核である対外的な宣伝政策と文化産業政策を概観する。中国の対外広報の変化について「人民中国」の内容分析に基づいて論じる。また，国家ブランディング政策と一体でなされている情報統制政策が一般市民にどのように浸透しているのかを，調査データから論じる。

1. 中国のソフトパワー戦略

1-1　「中国脅威論」の広がりとソフトパワー戦略

　習近平総書記は，2017年の第19回党大会の活動報告で「文化的ソフトパワー」を強めて中国文化の国際的な影響力を高めると言明した。

　　中国の特色ある社会主義の文化発展を堅持しなければならない。文化産業の発展を推進し，北京冬季オリンピック・パラリンピックの準備をしっかり行う。国際的発信力の向上を図り，

国の文化的ソフトパワーを強める[1]。

2011 年の中国共産党第 17 期第 6 回中央委員会総会では，文化体制改革を通してソフトパワーの発信力を高める『文化強国』の建設の宣言と同時に，インターネットなどのメディア管理の強化と思想の引締めが図られている（高井 2011）。

つまり，中国では，対外的な文化発信と国内の情報統制が一体の政策となっている。こうした背景には，江沢民政権の時から共産党イデオロギーを徹底させるため，政策目標とされてきた「精神文明の建設」がある（石井 2008）。2012 年の中国共産党第 18 次全国代表大会では，「富強」「民主」「文明」「和諧」「自由」「平等」「公正」「法治」「愛国」「敬業」「誠信」「友善」という価値観を社会主義の中核となる価値観として重視することが謳われている（新華網 2015 年 2 月 28 日）。外国文化は，ポルノ，道徳の退廃，贅沢，暴力などさまざまな悪影響を与えるものとして批判されており（高 2007），特に海外のテレビ番組が青少年の価値観に悪影響を与えているのではないかという懸念が政治家の間では強い[2]。日本アニメは，こうした悪い文化の例としてしばしば批判の対象となっている[3]。

さらに，中国は世界規模でポピュラー文化の領域に参入しようとしている（Nye 2011）。この背景には，経済力と比べ中国のソフトパワーが弱いという強い危機意識がある。中国は，国際的に「中国脅威論」による批判があるため，そのソフトパワーは制約を受けている。また，中国の文化政策が他の国と異なる点は，ソフトパワーの強化を通して社会主義的な価値観を国民に浸透させようとする意図があることである。このことは歴代の中国指導者の中で最初にソフトパワーに言及した胡錦濤主席の以下の発言からも明らかである。

社会主義の先進文化は，マルクス主義の政治思想と精神を明

確に示すものである。今日，文化がますます総合的な国力の競争にとって重要な要因になりつつあることに対して，我々は高度の文化の自覚と文化に対する自信を通して民族性を高め，高い人格をつくることに目を向け，またより強い力で文化改革の発展を進め，中国の特色ある社会主義の偉大な実践において文化創造を推進し，人々に文化発展の成果を享受させるようにしなければならない。（筆者訳，人民日報 2011 年 7 月 2 日 [4] 頁）

　中国の経済発展が他の国にとって脅威になるという「中国脅威論」は，先進国の主要メディアに共通して見られる傾向である。天安門事件後，欧米における中国のイメージはよくない。1992 年と 2001 年の中国関連の記事（New York Times / Los Angeles Times）を比較したパンの研究では，中国関連の記事量は時系列的に増えていたが，全般的な評価はいずれの年度についても中国について否定的であった。否定的な記事が多いのは，特に政治的な記事またはイデオロギー的な内容の記事であり，経済的な視点からの記事の場合，比較的肯定的なものが多かった（Peng 2004）。つまり，中国の経済発展を評価する見方はあるが，政治的・イデオロギー的には否定的な見方がアメリカのメディアにおいて大勢であるといえる。たとえば，チベット問題に関する西側の報道は，非常にネガティブな側面に偏っている（Sun 2015）。

　筆者が海後宗男氏と共同と行った海外における東アジア諸国（日本，韓国，北朝鮮，台湾，中国）のイメージに関する Twitter 上の英語のツイートに関する調査でも，中国への低い評価が見られた。言及している国別にツイートの評価を見ると，東アジア 5 か国のうちでは台湾への好意度が最も高く，次いで日本が肯定的に評価されていた。中国や韓国については否定的な評価が大半であった。ツイートのテキスト分析からも同様の結果が見られ，「好き」や「人が好

き」という表現の頻度で見ると，台湾に最も好意的であり，次いで日本，韓国，中国という順で中国の評価が最も低かった（石井・海後 2013）。似たような結果は，日本語のツイートの分析結果についても見られている（石井 2012）。ツイートは，李明博大統領の竹島訪問（2012 年 8 月）により対韓感情が悪化する前に収集したデータに基づいて行われたため，日本人の韓国への好感度はそれほど低くはなかったが，中国への好感度は極端に低くなっている。また，中国とは対照的に，台湾の好感度は日本語，英語ともに最も高い。

表 3.1　Twitter のツイートの内容分析（日本語・英語）

	総件数 (T)	ポジティブなメッセージの件数(A)	ネガティブなメッセージの件数(B)	ポジティブなメッセージの比率（%）A/(A+B)
日本語				
中国	229	1	27	3.6
台湾	215	51	1	98.1
香港	231	24	5	82.8
韓国	204	27	42	39.1
シンガポール	222	17	5	77.3
インド	191	11	12	47.8
アメリカ	186	14	50	21.9
英語				
China	859	72	220	24.7
Japan	862	153	128	54.4
Korea	945	97	177	35.4
Taiwan	927	142	61	70.0

出典：日本語ツイートは石井（2012），英語ツイートは石井・海後（2013）による

しかし，欧米など先進国で「中国脅威論」が一般的なのに対して，発展途上国には，「中国脅威論」は必ずしも浸透していない。中国

の有名人を各国の人々がどの程度知っているのかを比較したのが,表3.2である。国ごとに単純に10人の平均値を計算すると,日本72.5％,韓国83.6％,ベトナム93.2％,インドネシア79.8％となり,日本が最も低い。日本は歴史的には中国から強い文化的な影響力をうけてきたが,最近は他のアジアの国に比べると中国の文化的影響力は浸透していないと言える。表3.3は,劉（2015）によるアジア4か国（インドネシア,ベトナム,日本,韓国）での中国の文化的ソフトパワーを測定した結果である[5]。インドネシアとベトナムでは中国のソフトパワーの評価が高いが,日本,韓国といった経済先進国においては中国のソフトパワーは低く評価されている。日本や韓国よりもインドネシアやベトナムの方が,中国文化への接触度と魅力度の評価のいずれもはるかに高いのである。

同様の傾向は,2008年に行われた「アジアのソフトパワー」

表3.2　中国有名人の認知度（％）

		日本	韓国	ベトナム	インドネシア
成龍	俳優（ジャッキーチェン）	97.5	99.2	99.3	99.4
毛沢東	政治家	90.4	94.8	96.7	82.7
孔子	古代思想家	88.2	97.7	98.2	74.4
章子怡	俳優	66.9	96.4	95.5	88.6
老子	古代思想家	80.0	95.8	98.2	71.3
鄧小平	政治家	79.1	89.1	90.3	77.4
李白	詩人	78.9	75.4	97.2	70.4
孫中山	政治家・革命家	78.3	51.2	95.7	79.5
姚明	バスケットボール選手	38.9	77.1	75.7	86.3
羅貫中	『三国志演義』作家	27.2	59.1	85.4	68.0

出典：劉（2015）

(Whitney ほか 2009）でも見られる。各国でアメリカ，日本，中国の各々について脅威の度合いを聞いた結果は，日本と韓国では中国への脅威が最も強く感じられていたのに対して，インドネシアでは中国を脅威とする率は低く，アメリカを最も脅威と感じていた。表3.4 のソフトパワー指数は，シカゴカウンセルの報告書に記載されているものであるが，これも同様の傾向が見られる（Whitney ほか 2009）。この指数は，各国で行った経済，人的資源，文化，外交，政治に関するアンケート調査の回答を単純加算することで構成したものである。表3.3 と同様に，ベトナムとインドネシアでは，日本や韓国でよりも中国のソフトパワーが最も強くなっている。逆に言うと，中国脅威論は，発展途上国にはあまり強い影響を与えていないのである。

表3.3　アジアにおける中国のソフトパワーの指標

	インドネシア	ベトナム	日本	韓国
ソフトパワー（総合指標）	61.85	55.26	38.27	42.93
中国文化の豊富さ	74.05	84.20	67.18	77.24
中国のコミュニケーションへの信頼度	54.16	43.87	21.93	29.04
中国文化の魅力	67.22	61.11	49.07	50.24

出典：劉（2015）

表3.4　アジアにおける中国・アメリカ・韓国・日本のソフトパワー指数

	対象国					
	インドネシア	ベトナム	日本	韓国	中国	アメリカ
日本のソフトパワー	0.59	0.71	—	0.69	—	0.67
アメリカのソフトパワー	0.53	0.67	0.69	0.66	0.71	—
中国のソフトパワー	0.62	0.77	0.57	0.54	0.65	0.47
韓国のソフトパワー	0.53	0.74	0.61	—	0.67	0.49

出典：Whitney ほか（2009）

中国のソフトパワー政策は，中国からの主体的な取り組みというより，こうした「中国脅威論」に対抗する活動という性格が強い。天安門事件以来の西側諸国からの文化的影響力に対する警戒から，文化政策に対する議論は防衛的であり，2000 年頃に導入された「公共外交」（パブリック・ディプロマシー）という概念も西側諸国からの防衛という視点から取り入れられた（張，2015）。中国の歴代のリーダーの中では胡錦濤が最初に「ソフトパワー」に言及したが，中国の学者はナイのソフトパワーの概念を中国の文脈に適合するように改変した（Barr 2011），たとえば，中国の学者は民主主義や人権など政治的な価値観には注意を払わなかった。さらに，ナイは経済力をハードパワーに含めていたが，中国では経済力をソフトパワーとしている点も異なる（Barr 2011）。つまり，ソフトパワーの定義が中国では拡大されて使われている。

ただし，こうした試みにもかかわらず，国際的な「中国脅威論」への取り組みは必ずしも成功していない。たとえば，中国の歴史で強調される明代の武将，鄭和の遠征の歴史は，欧米に対抗して，発展途上国との連帯を主張するものである（Barr 2011）。中国メディアはソマリアに中国艦を派遣したとき「600 年前にアフリカに遠征した鄭和以来で，中国の復興を連想させる」と盛り上げた（日本経済新聞 2008 年 12 月 27 日朝刊 6 頁）。しかし，インド洋進出を正当化するためのストーリーとして鄭和による南海遠征を記念する行事を催したことが，インドの不信をよんで成功しなかった（Nye 2011, p.125）。また，民主化を目ざした劉暁波へのノーベル平和賞授与に対抗して「孔子平和賞」を設立したが，台湾元副総統の連戦や日本の元総理・村山富一に受賞を辞退されるなど，高い評価は得られなかった。国家イメージの改善を目ざした北京オリンピックを通した広報活動も必ずしも成功とはいえないようである（第 1 章参照）。

第 1 章で指摘したように，国家ブランディングにおいても自国

民のイメージの形成は重要な目的のひとつである。ソフトパワーに対する考え方で中国に特徴的なことは，中国ではソフトパワーが国際的イメージの構築だけでなく，国内に対しても重要だと考えられているということである（Barr 2011）。また，中国にとって「ソフトパワー」とは，軍事的領域以外のものすべてであり，投資などの経済力による働きかけも含めていることが多い（Barr 2011）。

　90年代後半から続く歴史認識問題の対立により最近の日中関係は最悪の状況にあるといえるが，中国側のコミュニケーション戦略の失敗も日中関係を悪化させてきた。特に失敗であったのが，1998年の江沢民の訪日である（Dinnie & Lio 2010；日経産業新聞1999年1月5日）。このとき，訪日した江沢民主席は一方的に台湾問題や歴史認識問題を語り，日本軍国主義の復活に対する懸念を示すなど，多くの日本人を当惑させた（山本，1998）。一方，2008年の胡錦濤主席と2007年及び2010年の温家宝首相の訪日はポジティブに評価されているようである。温家宝首相は，訪日中にジョギング，キャッチボール，俳句，野球，太極拳を通じて市民と交流した[6]。

　こうした変化の背後にあるのは，中国政府が，中国に対する偏見や誤解を減らすため，パブリック・ディプロマシー（公共外交）の概念を取り入れたことがある。それは，「外向けの宣伝」から「外向けのコミュニケーション」への転換といえる。中国では共産党の伝統的な「宣伝」という考え方が基本にあり，コミュニケーションは一方的に発信されることが多かった。1998年の江沢民の訪日時のコミュニケーションはその典型例であったといえる。最近は，欧米のコミュニケーション研究の成果を取り入れ，外国の受け手にも多様性があることを認めつつ相互理解の重視したコミュニケーション戦略が必要なことが認識されつつある（Sun 2015: 405）。

1-2 孔子学院

中国のソフトパワー戦略は欧米の方法を模倣しているだけでなく，中国独特の部分もある（Lee 2016）。「徳による支配」の概念は，中国独特のものであり，哲学的には儒教とレーニン主義「共産党は労働者階級の前衛である」に基づくものである。このような「中国的特色」は，中国が民主主義先進諸国に同調しないことを正当化する理論ともなっている（張 2015）。中国では，天安門事件後に伝統文化の再評価が行われるようになり，伝統的な儒教の価値観を強調した宣伝活動を国内・国外で展開するようになった。1984年には中国孔子基金会が設立され，儒教的価値観の見直しが進められてきた（小野寺 2017）。ノーベル平和賞に対抗してつくられた「孔子平和賞」も中国的価値観として儒教を重視していることのあらわれといえる。中国は欧米の価値観に対抗するため，伝統的な儒教を政治的なイデオロギーに取り込んでおり，「和諧」のスローガンもそうした儒教的な価値観を反映したものである（Pan 2013）。孔子学院は，パブリック・ディプロマシーを担う対外宣伝機関のひとつとして2003年から展開している。

孔子学院は，政府が2003年の「漢語橋工程」のひとつとして運営しており，『孔子学院章程』によると (1) 中国語教育，(2) 中国語教師の訓練と教育用資料の提供，(3) 中国語試験及び教師資格の認定，(4) 中国の教育，文化などの情報提供，(5) 中国と外国の文化交流活動の促進が目的とされている（袁 2014）。2010年時点で96か国で369か所の孔子学院があり4000人の教師が在籍している[7]。世界各地の開設数をみると，アジアに148，ヨーロッパに309，南北アメリカに535，アフリカに49，オセアニアに65となっている（2017年8月現在）。国別では最も多いのが米国で462，イギリスが119，オーストラリアが47，カナダとイタリアが31と

なっている。全般的な傾向として欧米諸国，特に英語圏の国に集中的に設置されている。

表 3.5　孔子学院の数
（10 以上の国・地域）

国名	数
米国	462
イギリス	119
オーストラリア	47
イタリア	31
カナダ	31
韓国	23
タイ	23
ロシア	22
日本	20
ドイツ	18
フランス	18
ニュージーランド	17
キルギスタン	15
アイルランド	10
ブラジル	10

出典：http://www.chinesecio.com/ より集計

表 3.6　孔子学院の認知度と好意度

	認知度(%)	好意度(5点満点)
日本　（N=1225）	16.2	2.94
韓国　（N=1038）	35.9	2.91
ベトナム（N=1023）	72.5	3.44
インドネシア（N=1024）	59.1	3.49

関（2016, p485）

　日本，韓国，ベトナム，インドネシアにおける孔子学院の認知度と好意度を調査した結果が表 3.6 に示されている。孔子学院は，日本ではあまり知られておらず，また影響力も発揮していない。調査対象の四か国中，日本の認知率は最低であり，好意度も韓国に次いで低い。日本の中国専門家 7 人にインタビューした結果でも，「孔子学院」の印象は薄く，日本人の中国イメージの改善にほとんど寄与していないと評されている（Dinnie & Lio 2010）。

1-3 日本に向けた広報の実態——「人民中国」の分析結果

次に,2000年頃からの中国のコミュニケーション戦略の転換が日本への広報の状況にどのように反映しているのかをみてみたい。『人民中国』は,1953年に創刊された日本語の対外宣伝刊行物（現在は月刊）である (http://www.peopleschina.com/zhuanti/2012-09/11/content_481741.htm)。この雑誌は,国務院文化部の管理下にあり,中国政府の対日広報の方針が強く反映されているとみることができる。この雑誌を分析する目的は,前述した中国の公共外交（パブリックパブリック・ディプロマシー）政策の2000年頃の転換が,実際の広報の中にどのように反映されているのかを見ることである。

分析では改革開放後の広報のみを対象とすることにし,1980年から2015年までの36年間,432冊の各号を分析することにした。対象とした時期においては,ほぼすべての号について巻頭に「特集記事」が存在する。これは量的にページ数が最も多く,内容的にも各号で最も重要な記事と考えられ,広報戦略として最も重視されている内容と考えられるので,これを対象にして分析することにした。まず,各特集の主要なトピックをひとつ選び,表3.7のように分類した。その後,各特集の見出しの文章を入力してテキストマイニングを行った。テキストマイニングには,KH coderのプログラムを用いた[8]。

特集記事の内容を分類して,2000年の前後でトピックを比較した結果,次のような傾向が明らかになった（表3.7）。

● 2000年以降に「中日関係」の特集記事が増えている（χ^2検定の調整ずみZ値による検定でも0.1％水準で統計的に有意である）。これは,日中間の歴史認識問題などで対立が激化し,2000年以降に中国政府が広報において中日関係をより重視するようになったことが雑誌内容に反映しているといえる。

表 3.7 人民中国の各号の特集記事（トップ記事）の内容分類 (%)

トピック	1999年まで (N=240)	2000年以降 (n=192)	調整済み Z 値 (2000年以降の値)
過去の政治家	2.1	0.5	−1.38
政治の大会	0.8	1.0	0.22
中国の法律・制度	6.7	4.2	−1.13
中日関係	4.6	14.6	3.60 ***
台湾問題	1.3	0.5	−0.79
経済	5.0	6.8	0.78
企業	1.7	0.5	−1.11
農村	5.0	2.6	−1.27
漢方薬，健康法	2.5	0.0	−2.21*
歴史（古代王朝から）	3.8	3.1	−0.35
一般人の生活	13.8	9.4	−1.40
少数民族	2.5	3.1	0.39
服装	0.8	0.0	−1.27
食べ物・料理	0.4	0.0	−0.90
文学・芸術	2.5	0.5	−1.62
スポーツ	2.1	5.2	1.76
自然	3.3	1.6	−1.16
恐竜	0.4	0.0	−0.90
教育	2.9	2.6	−0.20
家族	1.3	0.0	−1.55
社会問題（失業，犯罪など）	4.2	3.1	−0.57
特定都市・地方の状況	12.5	13.0	0.16
個人史（新中国以降）	1.3	0.5	−0.79
その他の中国伝統文化	5.4	2.6	−1.45
災害	0.8	2.1	1.10
現代文化（映画，テレビ，アニメ等）	2.5	3.1	0.39
現代技術	0.4	3.6	2.47 *
開発	1.3	2.1	0.68
環境問題	0.8	2.6	1.45
その他	7.5	10.9	1.24

*$p<0.05$, **$p<0.01$, ***$p<0.001$

第3章　中国の国家ブランディング政策と情報統制

- 2000年以降で増えているトピックに「現代技術」がある（両時期の差は5％水準で有意）。たとえば，中国におけるインターネットの最先端技術の導入動向を紹介する内容である。2000年以降に中国の技術水準が向上し，中国の技術の先進性をアピールしようとする姿勢を反映しているといえよう。
- 「環境問題」「災害」「スポーツ」が増加しているが，前二者は中国で実際に多くの事件やイベントがあったこと（たとえば，2008年の汶川地震＝四川大地震と北京オリンピックが開催されたこと）が記事内容に反映していると考えられる。
- 一方，2000年以降に減っているトピックとしては「漢方薬・健康法」「一般人の生活」「文学・芸術」「その他の伝統的文化」などがある（「漢方薬・健康法」のみ5％水準で有意）。現代技術に関する言及が増えている一方で，中国の伝統的な文化や一般人の生活を紹介する記事は減少している。

次に見出しに使われた文章をテキストマイニングで分析した結果をみる（表3.8）。テキストマイニングでは，形態素解析プログラムにより文章を単語に分解してその頻度を見るものである。ここでは，Dice係数を用いて，2000年前後で頻度に顕著な変化が生じた単語を抽出した。Dice係数は0から1の範囲をとり，値が大きいほど，2000年以降に多く出現したことを意味する。逆に値が小さい（0に近い）ことは，1999年以前に多く出現したことを意味する。

結果をまとめたものが表3.8である。注目されるのが2000年以降に「中日」「関係」「日本」という言葉が多くなっていることである。これは，中国のコミュニケーションが一方的に発信する伝統的な宣伝から，双方向的な「コミュニケーション」に転換したことを示すものといえる。また，2000年以前は「農村」「開放」「建設」という言葉が多く出現したのに対して，2000年以降はこれらの言葉は減り，「夢」や「経済」といった言葉が多く使われるよう

になっている。これらの変化は，中国政府の基本政策の変化を反映しているものと考えられる。また，「チベット」「香港」は2000年以前にはよく出現していたが，2000年以降にはあまり出現していないことも注目される。

表3.8　2000年前後で比較した頻出単語の変化

2000年以降が多いもの				2000年以前が多いもの			
	全体頻度	1999年以前の頻度	Dice係数		全体頻度	1999年以前の頻度	Dice係数
夢	9	0	0.000	問題	6	6	1.000
歩み	5	0	0.000	王国	5	5	1.000
関係	11	1	0.167	来る	5	5	1.000
発展	8	1	0.222	生活	16	13	0.897
迎える	6	1	0.286	農村	10	8	0.889
中日	15	3	0.333	開放	10	8	0.889
変わる	10	2	0.333	語る	10	8	0.889
日本	12	3	0.400	建設	5	4	0.889
暮らし	8	2	0.400	今	5	4	0.889
世界	11	3	0.429	中国人	8	6	0.857
社会	9	3	0.500	チベット	8	6	0.857
進む	8	3	0.545	香港	8	6	0.857
経済	23	9	0.563	現代	7	5	0.833

1-4　「ソフトパワー」強化を目ざした文化産業政策

ソフトパワーの強化として中国政府が重視しているのが，文化産業政策である（石井 2009）。中国政府は，海外のテレビ番組を減らしつつ，国内企業のコンテンツ制作を振興する政策を採用している。中国政府が海外の番組を排除し，国産化推進を進める理由は二つある。第一は，海外の文化の流入がもたらす青少年への影響への懸念

である。第二は，創造的な文化産業（創意産業）を国内に育成することで，産業の高度化を図ろうというものである。創造的な文化産業の育成で重視されているのは，デジタルコンテンツであり，アニメ，ゲーム，デジタル音楽，ネット文学，ネット動画などが含まれている[9]。また，コンテンツ産業の競争力を高め，海外進出（「走出去」）を進めることが最終的な目標とされている。

 文化産業政策の成功例として，中国でしばしば引用されているのが韓国である[10]。中国政府には，中国は産業構成がハードウェアの製造に偏っており，ソフトウェアの分野での独自な発展がなければ，世界で競争力を持つことはできないという問題意識がある（蔡・温 2006）。そうした状況の中で，アニメやゲームは「創意産業」のひとつとして，文化産業政策の中でもきわめて重要な位置づけが与えられており，そのため国内のアニメ関連企業を育成する必要があるとされた。中国政府はアニメ国産化の推進のため，2000年以降にさまざまな政策を導入した。最も重要な政策は，各地に指定された「アニメ産業基地」である。2016年時点で全国に54の国家レベルのアニメ基地がある[11]。また，大量のアニメを国産化するためには人材も必要になるため，アニメ制作の人材を育成する専門学校や大学に人材育成のコースが作られた。六つの大学をアニメの教育研究基地と指定し，1230の大学でアニメ制作に関するコースが設立された[12]。

 中国がアニメに注力する背景として，中国はもともとはアニメーションの先進国であったという自負がある。人民網日本語版（2017年1月3日）によると，1941年，万籟鳴（ウォン・ライミン）と万古蟾（ウォン・グチャン）の万氏兄弟が製作したアニメーション映画「西遊記 鉄扇公主の巻（原題：鉄扇公主）」が世界で大ヒットし，「漫画の神様」と呼ばれる手塚治虫もこのアニメを見て，医師の道を捨て，漫画家となり，日本の第一次アニメブームを牽引した。と書

かれている[13]。実際，中国では 1960 年までは，中国独特の芸術性の高いアニメが多数作られていた（Wu 2009; 呂学武 2014）。つまり，中国は優れた作品をつくっていた伝統があったので，中国のアニメ国産化政策でそうした伝統を復活させようという意図がある。

この政策の理論的な支柱としてしばしば引用されているのが，ナイの提唱した「ソフトパワー」論（Nye 2004）である。胡錦濤は 2008 年 1 月の全国思想宣伝工作会で小康社会の建設のために思想文化を高めることが必要であり，そのためにソフトパワーを国として高める必要があると述べた[14]。習近平も基本的に同様の路線を引き継いでおり，全国思想工作会議の「8・19 講話」において中国独自の社会主義が中国の文化や歴史に基づくものであることをコミュニケーションすることが重要であると指摘した。

青少年への海外からの悪影響を排除するだけでなく，国の文化的な発信力を強めることが必要であると中国の政治家は考えている。つまり，中国の文化産業政策においてアニメには，単なるひとつのコンテンツ以上の位置づけが与えられているといえる。2008 年 8 月の政府（文化部）の文書によると，アニメは社会主義の核心的な価値観を高め，社会主義先進文化を建設するのに貢献されるべきものであるとともに，漫画，テレビ・劇場アニメ，舞台劇，インターネット・携帯電話上の動画など，文化産業の発展を支えるコンテンツの基礎であると位置づけられている[15]。こうした計画の最終目標は，中国をアニメ大国にして多くのアニメ作品を海外に輸出することであるとされた。さらに，国家経済の発展目標と発展方向を示す「国民経済と社会発展に関する『十二五』計画」(2011-2015) には，アニメ産業が文化産業の重点発展対象であると初めて記述された（王 2016）。ただし，最近はアニメを重視する程度は弱まりつつあるようである。2016 年に発表された「十三五」計画の中では，ディジタルコンテンツの創作を支援することが謳われていて，アニ

メゲーム,ディジタル音楽,ネット文学,ネット動画などの市場価値を高めることが目ざされている(国務院 2016)か,アニメはディジタルコンテンツのひとつとして重要性が強調されているだけである。

中国政府は,2000年頃からテレビ放送における海外の番組への規制を強化するようになった。2006年8月の広電総局の通知では,午後5時から8時の時間帯の海外アニメの放送が禁止され,国産アニメと外国アニメの比率は7:3以上とされた[16]。2008年2月の通知では,この規制が強化されて海外アニメの放送禁止時間帯が午後9時までに一時間延長された[17]。こうして国内で放送されるのは,ほとんど国産アニメとなった。2014年には,中国の国産アニメの放送が289,000分であったのに対して,海外のアニメの放送は15,900分にすぎない。アニメだけでなく映画やテレビドラマの制作も増えている。中国の映画制作数は2003年の100作以下から2010年には526作となり,テレビドラマ制作数も2010年に世界のトップになった[18]。しかし,急速な生産の拡大により制作量は過剰になり,市場は飽和しているとの指摘もされている(『中国動漫産業発展報告2014』)。実際,中国で制作されたアニメの数をみると,2011年の435作をピークにしてその後は減少している。

ただし,放送時間が長いわりには,中国アニメの人気は高くない。表3.10は,中国の検索サイトでの検索数からみたアニメの人気ランキングである(『中国動漫産業発展報告2016』)。上位20位までのうち12本を日本アニメが占めており,特に上位4位まではすべて日本アニメである。また,2015年に中国で公開されたアニメ映画のランキングをみると,上位10位までには日本のアニメが二つ(『ドラえもん』と『名探偵コナン』),米国のアニメが五つ,フランスのアニメがひとつ入っていて中国アニメは二つだけである。いっぽう,ランキング11位から55位までには輸入アニメは五つしかなく(アメ

リカ 2, イギリス・フランス合作, ギリシア, ロシア各 1), アニメ映画においても人気上位は海外作品であることがわかる（『中国動漫産業発展報告 2016』）。

表3.9　政府が認可した国産アニメの作品数と分数の年度変化

	作品数	分数		作品数	分数
1999 年	13	4,121	2008 年	249	131,000
2000 年	14	4,689	2009 年	322	171,800
2001 年	13	8,511	2010 年	385	220,500
2002 年	13	11,392	2011 年	435	261,224
2003 年	14	12,755	2012 年	395	222,900
2004 年	29	21,819	2013 年	358	204,700
2005 年	83	42,759	2014 年	278	138,579
2006 年	124	82,326	2015 年	275	134,000
2007 年	186	101,900	2016 年	261	125.053

出典：広電総局，CCTV のホームページ及び『中国動漫産業発展報告 2016』

表3.10　2015 年に Baidu で検索されたアニメ上位 30 番組

(カッコ内は日本のアニメ名)

順位	検索語(アニメ名)	国名	検索回数(万回)	順位	検索語(アニメ名)	国名	検索回数(万回)
1	Naruto	日本	6109	11	中国惊奇先生	中国	1,000
2	海賊王(ワンピース)	日本	4101	12	銀魂	日本	796
3	東京喰種トーキョーグール	日本	1516	13	進撃の巨人	日本	722
4	航海王(ワンピース)	日本	1460	14	アンパンマン	日本	578
5	尸兄(我叫白小飞)	中国	1459	15	クレヨンしんちゃん	日本	552
6	BLEACH	日本	1409	16	灵域	中国	531
7	Fairy Tail	日本	1342	17	Dora the Explorer	米国	478
8	熊出没	中国	1296	18	DRAGON BALL 超	日本	449
9	秦時明月之君臨天下	中国	1036	19	妖怪名単	中国	416
10	名探偵コナン	日本	1035	20	10 万個冷笑話	中国	404

出典：『中国動漫産業発展報告 2016』

アニメの海外進出（「走出去」）についてはどの程度達成しているのであろうか。『中国対外文化貿易年度報告2014』でみると，2012年の中国のアニメ番組の輸入総額は，輸入額で1489万元，アニメ番組の時間量では385時間に達した（中華人民共和国文化部対外文化連絡局・北京文化産業研究院 2014）。一方，アニメ番組の輸出額は3105万元，時間量では1788時間であり，輸出超過となっている（卢斌 郑玉明 牛兴侦 2014）。輸入先のうち，日本は821万元（45時間），米国からは，411万元（294時間）となっている。輸出先ではアジアが最も多く輸出額は2009万元，ついで南北アメリカが678万元などとなっている。国別にみて最も輸出額が多いのが韓国であり840万元（53時間），ついで香港の547時間（306時間），台湾の204万元（199時間）となっている。その他の東南アジアへは317万元であるが時間数は325時間と長い。アメリカへの輸出は396万元，383時間であった。なお，アフリカへの輸出額はゼロであった。しかし，こうした輸出額は経済規模として大きいとはいえない。2017年5月に杭州で開かれた「国際アニメ祭」では関連グッズの売り上げだけで20億元（320億円）にもなるという[19]。つまり，一回の「国際アニメ祭」でアニメ番組の年間輸出額の70倍以上の規模の売り上げがあるのである。

　なお，中国における日本アニメの海賊版は従来は野放しであったが，最近は改善がされている。そのひとつは，海賊版の取締りが強化されたことである。人民網によると「日本マンガ・映画の著作権を保護し，海賊版の製造を防ぐために，中国は既に著作権を直接購入し，専門サイトでのみ配信することを決定した」[20]とのことである。2016年には「君の名は。」が中国で過去最高の収入を記録した[21]。また，中国の動画配信サービスで日本アニメを有料で視聴するサービスも浸透しつつあり，2015年には286件もの契約があった[22]。

2. 中国人は情報規制にどのように反応しているのか

　中国では，改革開放時代にメディアや情報の自由化が進んだが，2000年頃から逆に情報規制は強化されるようになった。習近平に政権が移行してから，ますます情報の規制が厳しくなっている。特にインターネットへの規制が強化され，2017年8月には，党大会を控えて，「デマや低俗な情報を流している」ブログや「党や国の歴史を歪曲する内容がある」ブログが1000件以上閉鎖された[23]。

　本章の冒頭において，中国政府のソフトパワー戦略の強化は，国内の情報規制の強化と一体の政策であることを指摘した。つまり，海外番組やアニメへの規制強化は，こうしたソフトパワー戦略の一環といえる。また，2011年の第17期第6回中央委員会総会の『文化強国宣言』では，海外から情報が自由に入りやすいインターネットの規制強化が謳われていた。以前から中国は色々なインターネット規制策を導入していたが（野村 2008），最近はさらに規制が強化され国外のネットワークに接続するVPN（仮想施設網）の規制も行っている[24]。こうした規制が徹底されると，GoogleやFacebookなど中国の外では一般的に使われているコンテンツを中国では使うのがますます難しくなる。

　情報規制に対する中国人の態度はどのようなものなのかをみるため，筆者が現地の調査会社に委託して2009年7月に上海の街頭の歩行者を対象とした質問紙調査の結果を紹介したい（以下「2009年上海調査」）。対象者の年齢層を15-19歳，20—29歳，30-39歳でそれぞれ男女同数の割り当て抽出法を用いており，総回収数は400である。

　まず，中国人に政府のプロパガンダがどの程度浸透しているのかを探るため，「あなたにとっての英雄とは誰か」という自由回答方

式の質問を行った結果をみる。表3.11は，自由回答を21のカテゴリーにまとめたものであり，政治家，革命家，模範労働者，中国人科学者，文化人，中国の歴史上の人物という，政府の宣伝や教科書などでよく登場する人物を挙げた回答の合計は，42%にのぼった。それ以外にも，中国人の芸能スターやスポーツ選手を挙げたものが19%ある。これに対して外国人を回答した人は約10%とそれほど多くはない。

表3.11 あなたにとっての英雄は誰か（上海街頭調査）

英雄のタイプ	回答者数	%
政治家	91	22.75
革命家	16	4.00
模範労働者	25	6.25
科学者（中国人）	9	2.25
科学者（外国人）	9	2.25
文化人，芸術家，作家など（中国人）	5	1.25
文化人，芸術家，作家など（外国人）	4	1.00
歴史上の人物（中国人）	22	5.50
歴史上の人物（外国人）	12	3.00
企業家（中国人）	1	0.25
企業家（外国人）	4	1.00
芸能人（中国人）	58	14.5
芸能人（外国人）	13	3.25
スポーツ選手（中国人）	19	4.75
スポーツ選手（外国人）	18	4.50
自分	8	2.00
両親	17	4.25
アニメ・ゲームのキャラクター	52	13.00
ない	5	1.25
その他の中国人	6	1.5
その他の外国人	6	1.5
合計	400	100

2009年上海調査による。

また,「アニメ等のキャラクター」を挙げた者が13％いた。これらの回答をみると「スーパーマン」(14人)「コナン」(8人)「ウルトラマン」(6人) などとなっている。これらの回答は,「ヒーロー」が登場して問題を解決するアニメや映画の主人公が挙げられたと考えられる。しかし, こうした回答は少数派であり, 全体の6割程度の回答は, 政府の宣伝が提示する「英雄」に沿った回答をしており, 一般市民に政府の宣伝はかなり浸透しているといえるであろう。

　党のプロパガンダの市民への浸透を示すデータをもうひとつ示そう。日本人は中国では民主主義がなく, 人権が抑圧されていると考えているが, 中国人は必ずしもそのように考えていない。表3.12は, World Values Survey (第6回) のデータを筆者が集計したものであり,「市民権によって国の弾圧から守られることは, 民主主義にとって必須か？」に対する回答を中国, 台湾, 香港, 日本, 韓国の5か国について比較したものである[25]。「市民権によって国の弾圧から守られることが必須だ」という回答は, 中国においても他国と同様に多数派であり, 平均値で比較すると5か国中最も値が高い (賛成の程度が強い) ことがわかる。また,「現在, 我が国はどの程度民主的に統治されているか」という回答を平均値でみると, 中国で「民主的である」という回答は香港や韓国よりも多く, 中国人が香港や韓国以上に自国を「民主的」であると見なしていることがわかる。また,「人権はどの程度尊重されているか」をみると,「大変尊重されている」の比率が五か国中最も高く, 平均値でみると四か国中最も「尊重されている」に賛成している (平均点が低いほど「尊重されている」ことを意味する)。つまり, 中国人自身は, 中国は民主的に統治されていて, 人権も尊重されていると考えているのである[26]。

第 3 章　中国の国家ブランディング政策と情報統制

表 3.12　「市民権によって国の弾圧から守られることは，民主主義にとって必須か？」の回答分布（%）

		中国	台湾	香港	日本	韓国
	無回答	5.7%	0.4%	0.7%		1.3%
	分からない	9.6%	7.5%		24.8%	
1	必須でない	1.0%	1.4%	3.5%	3.2%	3.8%
2		0.6%	0.5%	2.4%	1.2%	1.9%
3		0.7%	0.7%	3.6%	2.2%	3.3%
4		1.7%	1.1%	3.3%	2.1%	3.3%
5		3.0%	5.5%	13.3%	9.0%	13.8%
6		4.2%	6.5%	6.7%	6.1%	9.6%
7		6.3%	10.4%	11.3%	7.4%	13.7%
8		17.0%	17.4%	18.3%	12.8%	18.8%
9		20.1%	11.0%	14.1%	7.4%	11.3%
10	必須である	30.0%	37.6%	22.8%	23.9%	19.3%
	平均	8.4	8.3	7.2	7.5	7.1
	N	2300	1238	1000	2443	1200

注：World Value Survey V6 より筆者集計。2〜9 は「必須でない」と「必須」であるの中間であることを示す。

表 3.13　「現在，我が国はどの程度民主的に統治されているか」の回答分布（%）

		中国	台湾	香港	日本	韓国
	無回答	6.1%	0.4%	0.1%		0.3%
	分からない	9.0%	4.8%		15.5%	
1	全く民主的でない	1.5%	3.1%	3.6%	1.5%	2.2%
2		2.0%	1.4%	3.5%	1.4%	1.8%
3		4.3%	3.9%	7.8%	3.3%	9.2%
4		5.3%	3.6%	9.7%	4.7%	10.0%
5		10.8%	13.4%	19.6%	11.7%	14.4%
6		14.8%	14.1%	18.7%	10.1%	16.4%
7		18.7%	14.5%	15.3%	16.5%	23.1%
8		17.5%	17.0%	13.1%	22.2%	16.6%
9		6.7%	6.7%	3.3%	8.1%	4.7%
10	完全に民主的	3.4%	17.0%	5.3%	5.0%	1.4%
	平均値	6.4	6.9	5.8	6.7	6.0
	N	2300	1238	1000	2443	1200

注：World Value Survey V6 より筆者集計。2〜9 は「全く民主的でない」と「完全に民主的」の中間的段階でであることを示す。

第一部　ポピュラー文化と国家ブランディングに関する政策展開

表 3.14　「人権はどの程度尊重されているか」の回答分布（%）

		中国	台湾	香港	日本	韓国
	無回答	6.0%	0.4%	0.2%		1.1%
	分からない	10.4%	4.9%		13.1%	
1	大変尊重されている	17.7%	13.6%	12.5%	3.4%	2.8%
2	かなり尊重されている	51.8%	56.2%	60.2%	50.2%	68.8%
3	あまり尊重されていない	12.1%	22.1%	25.4%	31.4%	25.2%
4	全く尊重されていない	2.0%	2.8%	1.7%	1.9%	2.2%
	平均値	2.0	2.1	2.2	2.4	2.3
	N	2300	1238	1000	2443	1200

注：World Value Survey V6 より筆者集計

　次に政府の情報の規制に対して人々がどのような考えを持っているのかを 2009 年の上海調査の結果から見よう。表 3.15 は，情報規制に対する態度を測定したものである。テレビの外国番組の規制については反対が多いが，それでも賛成者が 3 割を超える。「精神文明」を強調したテレビ番組を放送すべきということについては賛成が 6 割を超える。インターネットの規制については，反対がやや多いが賛成も 4 割を超えており，賛否は分かれている。全体的

表 3.15　情報規制に対する態度（%）

	非常に賛成	賛成	どちらでもない	反対	非常に反対
外国のテレビ番組はもっと厳しく制限すべきだ。	1.5	23.0	20.5	45.8	9.2
中国は，精神文明を強調するテレビ番組を放送すべきだ。	11.8	45.0	26.2	13.0	4.0
インターネットは現在開放されすぎているので規制を強化すべきだ。	6.5	32.8	18.2	26.0	16.5

2009 年上海調査（N=400）．

に見ると、一般市民では情報規制に対して強い不満を表明している人はそれほど多くないといえる[27]。

この3問の情報規制得点を加算して「情報規制への態度」尺度得点とした（クロンバックのα係数= 0.656）。この尺度を目的変数として回帰分析を行った結果が表3.16である[28]。この結果から次のことがわかる。まず性別についていうと、女性の方が情報規制に賛成する傾向があることがわかる。次に、集団主義的な価値観を持っている人は、情報規制に賛成する傾向があることがわかる。愛国心や自民族中心消費主義傾向（この変数については第7章参照）も情報規制と正の相関関係がある。また、興味深いのはインターネット利用時間は、情報規制と負の相関関係があることである。つまり、イン

表3.16 「情報規制への態度」を目的変数とする回帰分析の結果

	標準化係数	t 値	VIF
性別	0.11	2.37*	1.21
年齢	0.07	1.46	1.26
学歴	−0.06	-1.33	1.12
集団主義	0.14	3.08**	1.16
物質主義	−0.02	−0.46	1.05
愛国心	0.12	2.63**	1.16
自民族中心消費	0.34	7.54***	1.11
外国番組の好み	0.04	0.79	1.12
CCTVの好み	0.13	2.67**	1.28
テレビ視聴時間	−0.02	-0.54	1.08
インターネット利用時間	−0.19	−3.54***	1.57
アニメの視聴頻度	−0.10	−1.93	1.30
漫画の閲覧頻度	0.03	0.69	1.25
ゲームの利用頻度	0.16	3.00**	1.58

注：$N = 399$（街頭調査）．$R^2 = 0.274$．*$p<0.05$, **$p<0.01$, ***$p<0.001$

ターネットを長く使う人ほど情報規制に賛成しない傾向がある。これは，尺度を構成する質問のひとつにインターネットの規制が含まれていたからという可能性がある。そこで，インターネットの規制の質問を除いた2問で尺度をつくって同様の回帰分析を行ったが，インターネットの標準化回帰係数は−0.17（$t = 3.03\ p<.01$）とほとんど変わらず，インターネットの利用が情報規制一般に対する態度にネガティブな影響を持つことが確認できた。一方，CCTV（中国中央電視台）チャンネルが好きである人は情報規制に賛成する傾向がある。また，ゲームを多くする人や物質主義が強い人は，情報規制に賛成する傾向があるが，この結果をどのように解釈すべきかは今後の研究課題として残される。

　これらの結果をまとめると，集団主義や愛国心など伝統的な価値観を持つ人ほど情報の規制に賛成する傾向があるといえる。規制が比較的ゆるいインターネット利用は情報の規制への態度とは負の相関関係にあり，逆に中央政府のテレビ局である中国中央電視台の好みとは正の相関関係があるといえる。ただし，外国番組が好きであることやアニメの視聴時間（大部分は日本アニメであると考えられる）は，情報規制への態度とは関係が見られない。つまり，日本アニメが好きであることと情報統制への態度には関係が見られない。

3. 結　論

　Lee（2016）によると，習近平政権になってから，ソフトパワーとパブリック・ディプロマシーに対する姿勢が，平和的な台頭から西側諸国への対抗勢力を目ざすものに変わりつつある。しかし，中国の対外的なソフトパワー政策は，必ずしも成功していない。孔子学院やオリンピックも必ずしも中国政府の目ざす国家イメージ改善の効果をもたらしていない。少なくとも先進民主主義国に対しては，

民主主義や人権を認めない政治体制から発せられたメッセージへの信頼度は、低くならざるを得ないという点に限界がある。

　Lee（2016）は、現在の中国の体制は清王朝以前と同じであり、欧米諸国と価値観を共有していない以上、中国のソフトパワーが欧米諸国に対して効果を持つことはないとした。Lee（2016）によると、中国のソフトパワーにとって最も重大な問題は、欧米から中国は民主的な自由と人権の重視が欠如していると見られていることである。2008年の北京オリンピックにおいても、聖火リレーで、少数民族の抑圧や児童労働、環境問題など人権抑圧の問題が提起された。そのため、北京オリンピックと上海万博のメガイベントも中国のイメージは改善につながらなかったのである（Nye 2012）。

　2009年と2010年に中国は、中国中央電視台（CCTV）、CRI（China Radio International）、新華社、China Daily を通して、87億ドルも外部の宣伝に費用を費やした（Nye 2012）。しかし、BBCや Pew Research Center の世論調査の結果は、中国に否定的である。しかも、東シナ海や南シナ海での中国の強硬な領有権主張は、周辺諸国と欧米に「平和的台頭」に疑いを抱かせることになっている。

　一方、国内的な文化産業政策については、外国アニメへの規制が強化される中で、インターネットを通して日本アニメに接触している中国のアニメファンの独特な利用状況が浮き彫りになった。遠藤誉は「保護策をとり、国家資金を投入し、国家主導で製作者を育てても、はたして中国の若者の心をつかむような動画をつくることができるのだろうか？」と疑問を投げかける（遠藤 2008: 176）。この指摘のように中国のアニメ関連政策には多くの矛盾が存在している。「優秀国産アニメ」として政府により表彰された作品のリストを見ると、青少年に共産党のイデオロギーを浸透させることを目的としたものが多く、中には抗日英雄を描いたアニメ作品も含まれており[29]、「百本の愛国主義教育映画」（李 2008）と類似した特徴がある。

第一部　ポピュラー文化と国家ブランディングに関する政策展開

こうした官製コンテンツが，はたして国際的に競争力を持つかは疑問がある。また，海外アニメの禁止措置についても，多くのアニメファンがインターネットで日本のアニメを視聴していることを考えると，もともと日本アニメを見ていた視聴者を国産アニメに向けさせる効果はほとんどないように思われる。アンケート調査結果が示したように，幼児向けの作品を除くと中国のアニメは国際的に競争力があるとは言えない[30]。国産化政策が導入されてから10年以上が経過し，量的にはきわめて多くの中国アニメが制作されているにもかかわらず，現状では中国アニメの人気はきわめて低い。つまり，これらの政策の真の目的は，経済効果ではなく，共産党の指導に合致した自国民のアイデンティティ形成であると考えるべきであろう。

現在の日本アニメの人気を支えてきたのは（違法な行為ではあるが），「ファンサブ」(fansub)といわれる中国語の字幕をつけて日本アニメをインターネットのサイトにアップロードする中国のファンたちの活動である。中国以外での研究結果によると，海賊版は単なる不法活動と考えるべきではない。土佐（2008）は，ミャンマーでは，欧米の海賊版ビデオを視聴することは厳しい政府のメディア政策への人々の対抗手段であるとしている。また，80-90年代の台湾では，政府の取り締まりにもかかわらず違法なケーブルテレビが普及し，地上波で放送が禁止されていた日本ドラマが人気を博していたが，その背景には地上波放送局への統制が厳しく面白い番組が少ないことがあった（石井1995）。こうした例は，海賊版を見るということが政府の文化規制政策に対抗するカウンターカルチャーとして機能していたことを示すものである。ただし，先述の調査結果は，中国の日本アニメについては，こうしたカウンターカルチャーとしての機能は弱いことを示している。日本アニメの視聴者は，情報規制に対して特にネガティブな態度を示していなかったのである。

ただし，インターネット利用者は情報規制に対して否定的な態度

を持っていた。海外からの情報に比較的自由にアクセスできるインターネットは，国内の情報規制に抵抗するためのメディアとしての働きを，ある程度果たしていると考えられる。インターネットを規制しようとする政府とそれに抵抗するインターネット利用者のせめぎあいがどのように展開するのか，今後も注意を払っていく必要があるであろう。

注

1 日本経済新聞2017年10月19日朝刊9頁。
2 こうした懸念から行われたものに愛国主義教育がある。たとえば，「百本の愛国主義教育映画」（李2008）。
3 例としては2007年の「デスノート」の発禁処分がある。
4 中国共産党成立90周年における談話。
5 2013-14年に「中国文化印象調査」として，インドネシア（N=1024），ベトナム（N=1023），日本（N=1255），韓国（N=1038）についてオンラインパネルを用いて調査が行われた。ただし，修士以上の学歴の回答者が，インドネシアで22.9%，ベトナムで24.3%，日本で20.5%，韓国で29.5%を占めるなど，サンプルには大きな偏りがあるようである。
6 趙（2011）；朝日新聞（天声人語）温家宝首相の"氷を溶かす"旅，2007年4月13日。
7 http://www.chinesecio.com/
8 KH Coderは樋口耕一氏が開発したものである（樋口2014）。http://khc.sourceforge.net/
9 国务院关于印发"十三五"国家战略性新兴产业发展规划的通知。
10 たとえば，叶・王・陳（2003）。
11 我国动漫产业基地整体情况（图），http://www.chyxx.com/industry/20161/454634.html
12 動漫培訓前景広闊千余大学設動漫専業（2008年2月20日），http://www.xinhuanet.com
13 http://j.people.com.cn/n3/2017/0103/c94476-9162088.html
14 胡錦濤：扎实做好宣传思想工作 提高国家文化軟实力（2008年1月22日），http://www.xinhuanet.com

15 文化部関于扶持我国動漫産業発展的若干意見（2008 年 8 月 21 日），http://www.cpll.cn/
16 广電総局関于加強電視動画片播出調控和監管工作的通知（2006 年 8 月 25 日），http://www.cqcrtv.gov.cn/
17 广電総局関于加強電視動画片播出管理的通知（2008 年 2 月 19 日），http://www.sarft.gov.cn/
18 人民網日本語版 2011 年 3 月 1 日。
19 日本経済新聞 2017 年 5 月 2 日。
20 人民網日本語版 2012 年 2 月 28 日。
21 人民網 2016 年 12 月 27 日。
22 週刊東洋経済（2017 年 4 月 1 日号），35-39 頁及び 50 頁。テンセント（騰訊）や愛奇芸の動画サイトが日本アニメを発信している。
23 日本経済新聞，2017 年 8 月 2 日朝刊 9 頁。
24 日本経済新聞，2017 年 9 月 7 日。
25 中国においては 2012 年に 18 歳から 75 歳の男女を対象にした無作為抽出により選ばれた 3840 人を対象に調査が実施され，2300 人から回答を得た（http://www.worldvaluessurvey.org/WVSDocumentationWV6.jsp）。
26 ただし，無回答や「分からない」の回答が比較的高いことには注意する必要があるかもしれない。この点について石井（2015）は考察を行っている。
27 ひとつの可能性として，中国人がこれらのアンケート調査の質問に対してホンネで答えていないという可能性はある。実際，中国人が政治的に敏感な問題に関する質問では相対的に無回答が多いという傾向が見られる（石井 2015）。
28 なお，VIF 値はすべて 2 以下であり，説明変数間に多重共線性の問題はないと判断できる。
29 たとえば，2008 年度第一期最優秀アニメ（11 本）の中のひとつ『遊撃神兵』は，少年兵が侵略して来る日本軍に対して村を守ったり，人々を助けたりする話である。
30 また，もうひとつの矛盾は，海外アニメの輸入禁止をしながら輸出促進政策をとっていることである。この政策は，国際的に見れば矛盾がある。同様のことは，中国がモデルにしたと思われる韓国の文化政策にもいえる（韓国は 2008 年 11 月現在，映画でスクリーン・クォータ制を維持しているほか，地上波放送で日本のドラマ番組等を解禁していない）。今後，中国のコンテンツの質が向上し輸出に成功したとしても，この点で他の国から反発が起きる可能性がある。

参考文献

青崎智行・財団法人デジタルコンテンツ協会（編著）（2008）『コンテンツビジネス in 中国』翔泳社.

Barr, M. (2011) *"Who's Afraid of China? The Challenge of Chinese Soft Power"*, Zed Books: London.

Cull, N. (2010) *"Public Diplomacy: Seven lessons for its future from its past"*, Place Branding and Public Diplomacy, 6, 11-17.

Dinnie, K., & Lio, A. (2010) *"Enhancing China's image in Japan: Developing the nation brand through public diplomacy"*, Place Branding and Public Diplomacy, 6(3): 198-206.

莫穎怡（2007）「日本のアニメは中国の新聞，インターネットでどのように報じられているか」『朝日総研リポート』209号, 20-32.

知的財産戦略本部・コンテンツ専門調査会（2006年2月20日）「デジタルコンテンツの振興戦略」http://www.kantei.go.jp/jp/singi/titeki2/houkoku/180220dezi.pdf

遠藤誉（2008）『中国動漫新人類』日経BP社.

外務省（2007）『外交青書2007』（平成19年度版）http://www.mofa.go.jp/mofaj/

原田優也（2008）「日本アニメのソフトウェアと中国・上海の海賊版市場」『産業総合研究』Vol.16, 51-66.

樋口耕一（2014）『社会調査のための計量テキスト分析──内容分析の継承と発展を目指して』ナカニシヤ出版.

本多周爾（2001）「台湾と香港の若者の対日意識に関する調査研究」『武蔵野女子大学現代社会学部紀要』2号, 131-171.

石井健一（1995）「台湾地区における日本の大衆文化の普及要因」『日中社会学研究』第3号, 31-46.

石井健一・海後宗男（2013）「Twitter のツイートからみた日本と東アジア諸国のイメージ」『Institute of Socio-Economic Planning discussion paper series』1312.

石井健一（編著）（2001）『東アジアの日本大衆文化』蒼蒼社.

石井健一（2004）「東アジアにおけるジャパナイゼーション──ポピュラー文化流通の政策科学をめざして」川崎嘉元・滝田賢治・園田茂人編『グローバリゼーションと東アジア』中央大学出版部, 325-356.

石井健一（2008a）「中国人の反日意識──中国ナショナリズムの社会心理学的

分析」伊藤陽一・河野武司編『ニュース報道と市民の対外意識』慶應義塾大学出版会, 177-205.
石井健一（2008b）「中国人の愛国心・民族中心主義と日本・欧米ブランド志向」石井健一・唐燕霞編『グローバル化における中国のメディアと産業――情報社会の形成と企業改革』明石書店, 325-348.
石井健一（2009）「中国におけるアニメ国産化政策と日本アニメの利用実態――「ソフトパワー」論の一考察」『情報通信学会誌』26(4), 17-28.
石井健一（2015）「中国人の政治意識と価値観――『チャイニーズ調査』とWorld Values Survey」『日中社会学研究』23, 65-76.
石井健一・渡邉聡（1997）「台湾における日本番組視聴者―アメリカ番組視聴者との比較」『情報通信学会年報』8号, 25-37.
Ishii, Kenichi, Su, Herng and Watanabe, Satoshi (1999) " Japanese and U.S. programs in Taiwan: new patterns in Taiwanese television", *Journal of Broadcasting and Electronic Media*, 43(3), 416-431.
JETRO（2008）「中国コンテンツ市場調査(6分野)」（2008年3月）. http://www3.jetro.go.jp/jetro-file/search-text.do?url=05000973
Lam, Peng Er, (2007) "Japan's Quest for 'Soft Power': Attraction and Limitation", *East Asia*, 24, 349-367.
Lee, P. S. N. (2016) "*The rise of China and its content for discursive power*", Global Media and China, 1-19.
李洋陽（2008）「中国の学校教育と大学生の対日イメージ」石井健一・唐燕霞編『グローバル化における中国のメディアと産業――情報社会の形成と企業改革』明石書店, 240-270.
McGray, D. (2002) "*Japan's Gross National Cool*", Foreign Policy, 130, 44-54.
野村弘美（2008）「中国における情報化政策の展開――グローバル化の親展と中国の『情報化』」石井健一・唐燕霞編『グローバル化における中国のメディアと産業――情報社会の形成と企業改革』明石書店, 188-215.
Nye, J. S. (2004) Soft Power: The Means to Success in World Politics. The Sagalyn Leterary Agency, Maryland.（山岡洋一訳『ソフト・パワー』日本経済新聞社 2004）.
小野寺史郎（2017）『中国ナショナリズム』中央公論新社.
王梓安（2016）「中国の文化産業政策における政府の政策過程――アニメ政策を事例に」『国際広報メディア・観光学ジャーナル』22, 75-93.
朴順愛・土屋礼子（編著）（2002）『日本大衆文化と日韓関係』三元社.

Pan, S-Y. (2013) "*Confucius Institute project: China's cultural diplomacy and soft power projection*", Asian Education and Development Studies, 2:1, 22-33.

Peng, Z. (2004) "*Representation of China: An across time analysis of coverage in the new York Times and Los Angeles Times*", Asian Journal of Communication, 14(1), 53-67.

Shambaugh, D. (2013) "*China Goes Global: The Partial Power*", Oxford University Press（加藤祐子訳『中国　グローバルの深層』朝日新聞出版）

Sun, Wanning (2015) "*Slow boat from China: public discourses behind the 'going global' media policy*", International Journal of Cultural Policy, 2015, 21(4), 400-418.

高井潔司（2011）『中国文化強国宣言批判――胡錦濤政権の落日』蒼蒼社.

土佐昌樹（2008）『アジア海賊版文化』光文社.

山下玲子（2002）「韓国のマンガ・アニメ意識と日本アニメの韓国進出状況」朴順愛・土屋礼子編『日本大衆文化と日韓関係』三元社，97-117.

Whitney, Christopher B & Shambaugh, David (2009) "*Soft Power in Asia: Results of a 2008 Multinational Survey of Public Opinion*", The Chicago Council on Global Affairs. https://www.brookings.edu/wp-content/uploads/2012/04/0617_east_asia_report.pdf

Wu, W. (2009) In Memory of Meishu Film: Catachresis and Metaphor in Theorizing Chinese Animation, *Animation*, 4: 31-54.

山本勲（1998）「日中意識の溝，依然深く」日本経済新聞夕刊 1998 年 12 月 15 日 3 頁.

趙新利（2011）『中国の対日宣伝と国家イメージ――対外伝播から公共外交へ』趙憲来訳, 日本僑報社.

張雪斌（2015）「台頭する中国のパブリック・ディプロマシー（公共外交）」『アジア研究』61(3), 18-37.

「日本通中国通不在でギクシャク」日経産業新聞 1999 年 1 月 5 日 17 頁.

［中国語］

関世傑（2016）中華文化国際影響力調査研究, 北京大学出版社.

叶取源・王永章・陳昕（2003）中国文化産業評論, 上海人民出版社.

蔡尚偉・温洪泉等（2006）文化産業導論, 復旦大学出版社.

花健等（2006）文化力, 上海文芸出版総社百家出版社.

高占祥（2007）文化力, 北京大学出版社.

牛維麟（主編）（2007）国際文化創意産業園区発展研究報告，中国人民大学出版社．
動画産業年報課題組（2006）中国動画産業年報 2006，海洋出版社．
呂学武（2014）動画的"中国学派"研究，中国伝媒大学出版社．
袁礼（2014）基于空间布局的孔子学院发展定量研究，中央民族大学出版社．
中华人民共和国文化部对外文化联络局（港澳台办）北京大学文化产业研究院（编著），2014．中国对外文化贸易年度报告（2014）北京大学出版社．
中央文化企业国有资产管理领导小组办公室 中国社会科学院文化研究所（编），2014．中国对外文化贸易年度报告（2014）社会科学文献出版社．
卢斌 郑玉明 牛兴侦（2014）中国动漫产业发展报告，2014，社会科学文献出版社．
卢斌 郑玉明 牛兴侦（2016）中国动漫产业发展报告，2016，社会科学文献出版社．
国务院（2016）国务院关于印发"十三五"国家战略性 新兴产业发展规划的通知〔国发〕67 号．
以习近平为总书记的党中央高度重视精神文明建设（2015）新华网．2015 年 2 月 28 日 http://news.xinhuanet.com/politics/2015-02/28/c_127527324.htm?rsv_upd=1

第二部

日中韓をめぐる
相互イメージとその規定要因

第4章　ポピュラー文化と国のイメージ・好意度

渡邉　聡

　本章では，マスメディアを通したポピュラー文化は国のイメージや好意度を改善するのかという視点からなされた先行研究をレビューする。日本のポピュラー文化に限定せず，ポピュラー文化やメディアの情報が国のイメージや好意度に与える影響を明確な方法論に基づく調査や実験によって検討した先行研究を概観し，その概要と結果を紹介することにする。

1. 広報外交政策におけるポピュラー文化への期待

　本書の第一部でも論じたように，国際政治面での国益に重点を置く広報外交政策（パブリック・ディプロマシー）は，ポピュラー文化を通して海外における日本のイメージや日本に対する好意度を向上させ，ひいては日本の外交政策に対する協調や賛同を得やすくすることを期待するものだといえる[1,2]。しかし，日本のポピュラー文化が海外で人気を得たとしても，果たしてそれが本当に日本のイメージの向上や日本に対する好意につながるのだろうか。

　「日本発のメディア文化が好意的に受容されても，それは必ずしも日本という国の肯定につながるとは限らない」と岩渕は論じている（岩渕 2007: 96）。1980年代の初めに世界中で一大ブームを巻き

起こした米国ドラマ『ダラス』の受け手分析を行った Ang（1985）や Katz & Liebes（1984）のような実証的な受容者研究が示すところによれば，メディアの受け手は「自分の置かれている文脈によってさまざまな創造的解釈・流用・抵抗をしている」（岩渕 2001: 38）のであり，「能動的で批判能力があり，その反応は複雑で内省的」（Tomlinson 1991=1997: 104）なのである[3]。エジプトにおける『おしん』の受容者分析を行ったハワガは，『おしん』を見るエジプトの視聴者は『おしん』についてそれぞれ異なる「解釈」を抱いており（ハワガ 1998: 226），「おしんの日本」は「個人的な或いは家族的・職業的な次元に基づいて，各人にとってさまざまな意味を生じさせるものを組み立てるために，道具として利用されている」（ハワガ 1998: 216）と述べている。中国における日本ドラマの受容について論じた張は，おしゃれな若者の恋愛を描いた日本のドラマを見る中国の若者が「失敗してもあきらめずに頑張るという積極的な生活態度」という見本をそうしたドラマの中に見出しているという例を挙げて，「ローカルの人々は実際の社会環境や自らの精神的需要に合わせて，グローバルな飲食文化や映像文化を消費している」と論じている（張 2012: 129）。また，台湾における日本ドラマの受容を分析した李・何（2002）は，同じ日本のドラマでも，生活環境の違う日本人と台湾人ではドラマを見る視点も異なることを示した。

　日本のポピュラー文化の海外展開にあっては，受け手による能動的なデコーディング（解釈）があるばかりでなく，現地のメディアや文化産業といった社会的なアクターによる再エンコーディングが介在することを Huang（2011）は論じている。日本のポピュラー文化の東アジアへの進出に際しては地元の文化産業の強力なプロモーション活動が大きな役割を果たしたとされるが（岩渕 1998: 60），そうしたプロモーションの中で台湾メディアが行う「日本らしさ」の再構築が台湾における日本のブランド化を助けてきたし，日本の文

化をスタイリッシュでファッショナブルで望ましいものと意味づけるうえで台湾メディアが果たしていた役割は重要なものだったとされる（Huang 2011: 10, 15）。

　こうした受け手の解釈の自律性や地元文化産業の介在といった要因の存在を考えれば、ポピュラー文化の発信を通して国のブランドイメージや好意度を高めることをいたずらに期待する前に、まずは実証的な調査研究を行うことによって、日本のポピュラー文化が海外で実際にどのように流通し、受容されているのかを確かめる必要があるはずである。この点について岩渕は、そのような精緻な調査がまったくといっていいほど行われていないこと、日本のポピュラー文化が受容されることで、どのような日本のイメージが認識されているのか、どのような意味での日本理解につながっているのかについての質的な調査が蔑ろにされていることを指摘している（岩渕 2007: 96）。たしかに、このテーマに関する質的な調査研究は少なく、量的な調査も数多く行われているとはいいがたい。ただ、調査研究がまったく行われていないわけではない。また、日本のポピュラー文化に限定せず、ポピュラー文化やメディアの情報が国のイメージや好意度に与える影響を扱った調査全般にまで目を向ければ、それなりの研究の蓄積がある。そこで、本章では、質的か量的かにかかわらず、ポピュラー文化やメディアの情報が国のイメージや好意度に与える影響を明確な方法論に基づく調査によって検討した先行研究を概観し、その概要と結果を紹介する[4]。

2. 国のイメージ・好意度に及ぼすマスメディアの影響

2-1　マスメディアの影響力

　外国イメージについて検討した上瀬が「直接接する機会の少ない

第 4 章　ポピュラー文化と国のイメージ・好意度

国の人々に対しては，マスメディアを介して提供される情報の影響が強いと考えられている」（上瀬 2004: 243）と述べているように，外国や外国人に対するイメージはメディアによって形成される側面が大きいことを指摘する研究は多い。古畑たちは，韓国や韓国人に対する好意的あるいは非好意的な情報に接触したときに韓国や韓国人に対する態度がどのように変化するかについて，実験という方法で検証している（辻村・金・生田 1982）。この研究では，情報を提供するメディアとして書籍を用い，韓国に好意的な情報を多く含んだ本を読んだ人と非好意的な情報を多く含んだ本を読んだ人を韓国や韓国人に対する態度について比較している。実験の結果，好意的情報を多く含む本を読んだ人は韓国・韓国人に対する態度がより好意的になり，非好意的情報を多く含む本を読んだ人は韓国・韓国人に対する態度がより非好意的になることが示された。また，好意的情報を多く含む本を読んだ人のほうが非好意的情報を多く含む本を読んだ人よりも韓国・韓国人に対して好意的な態度を示していた（辻村・金・生田 1982: 420）。ただし，韓国人に対する態度の変化は韓国という国に対する態度の変化に比べると一貫性を欠いていた（辻村・金・生田 1982: 420）。また，変化した態度は情報に接触してから 3 か月後にも維持されていた（辻村・金・生田 1982: 421）。この研究は実験という方法をとっているため，結果から因果の方向を特定することができる。この結果はメディアを通して得られる情報が国や国民に対する態度に影響を及ぼすことを示したものだといえる。

　古畑・奥田・稲木は，映像情報への接触が日本あるいは日本人に対するイメージにどのような影響を与えるかについての実験を行っている（辻村・古畑・飽戸 1987）。対象は，11 か国（米国・英国・西ドイツ・フランス・スイス・ハンガリー・オーストラリア・ブラジル・ケニア・インド・フィリピン）の子どもと成人である。映像情報には，日本の外務省が 1980 年に制作した日本紹介映画『日本（Japan-an overview)』(約 28 分) が使われている。子どもの場合は，映画視聴の前後に日本や日本人に対するイメージを尋ねている。成人の場合は，映画を視聴する群としない群を設け，日本や日本人に対する両者のイメージを比較している。子ども，成人ともに映画を視聴する群の人数はいずれの国でも 100 人前後，映画を視聴しない成人の群は 40 人前後となっている。日本イメージ，日本人イメージは，それぞれ 13 対の両極（対極）形容詞に 7 件法で回答した数字を加算することで測定している。

　結果を見ると，子どもの場合は，ほとんどの国で映画を視聴した後のほうが日本イメージ・日本人イメージともにより好意的なものになっていた。ただし，スイスだけは映画視聴後のほうがどちらのイメージも悪化していた。成人の場合も，ほとんどの国で，映画を視聴した群のほうが日本に対しても日本人に対しても好意的なイメージを抱いていた。ただし，ここでもスイスは映画視聴によって日本人イメージを悪化させている。

　この研究も実験という方法をとっているため，因果の方向を特定することが可能であり，映画の視聴が日本あるいは日本人のイメージに変化をもたらしたということができる。その点で意義深い研究だといえるが，使われた映画が日本の美点・長所を強調する内容のものだったという点では結果の解釈に留保が必要となるだろう。

　相良たちは，東京近郊の私立一貫教育校の小学 5・6 年生，中学 2 年生，高校 2 年生の合計 240 人を対象とした調査を 2003 年 7 月に実施したが，どの学年でも欧米の国に対しては肯定的なイメージが一貫して強く，世界地理を体系的に学ぶ以前の小学生の段階で，子どもたちはすでに欧米の国に対して肯定的なイメージを持っていることが示された（相良 2004: 281）。この点について，相良たちはメディアの影響を推測している。日本のメディアの中の外国要素は欧米のイメージで描かれることが多く（相良 2004: 281），しかも

それらは肯定的な情報に偏っている可能性があるため（相良・萩原 2004: 72），メディアを通じてそうした情報に接することを繰り返した子どもたちは欧米の国に対する親近感を高め，肯定的なイメージを形成しているのだろうと相良たちは推測している。欧米とは逆に，近年，中国についてはメディアで否定的な情報が多く流されることが多いため，メディアに接触する機会が多いほうが中国に対して否定的な感情を抱くようになる可能性があることを榎本（2015）は指摘している。榎本が大学生143人を対象に2015年5月に実施した質問票調査では，新聞を読む頻度が高い学生，テレビを見る時間が長い学生のほうが中国に対する好意度が低かったという。

2-2 テレビの影響力

メディアの中でも特にテレビが国のイメージの形成に与える影響力の大きさを指摘する研究は多い。石井たちが1996年に台湾全土で実施した調査でも，台湾で日本の番組を見ている人の76.5％が「日本番組は日本の生活を理解するのに役立つ」と考えていた（Ishii, Su, Watanabe 1999: 428）。NHK放送文化研究所は，1999年10月に日本・韓国・中国の三か国で無作為抽出による全国調査を実施し，日韓，日中の相互認識・相互イメージとテレビでの情報入手との関係について検討しているが，相手国に関する情報源としてテレビを挙げる人は，どの国でも70％を超えていた（原・塩田 2000: 22）。また，この調査では，それぞれの国や国民のイメージを表すと思う言葉をいくつかの選択肢の中から選ばせているが，相手国に関するテレビ番組を視聴したことのある人のほうがイメージを表す言葉として数多くの言葉を選択する傾向にあった（原・塩田 2000: 12-13, 16）。番組の視聴経験が国のイメージの形成に大きく関与していることを示唆する結果といえる。さらに，同調査を分析した飽戸・原（2000）は，相手国に好意的な態度を示す人は情報源としてテレビをよく利

用していることを指摘している。

　川竹・杉山・渋谷は,「国際テレビ番組フロー研究日本プロジェクト」が 1985 年以降に米国・英国・フランス・韓国・タイ・フィリピンで実施した調査結果の要約として, 一般市民が外国・外国人に関して得る知識・情報のほとんどはメディア経由のものであること, その中でも最も大きな力を持っているのはテレビであること, 外国・外国人に関してテレビが作り上げるステレオタイプが人々の外国・外国人イメージを形成していることなどを挙げている（川竹・杉山・渋谷 1996: 49）。また, 川竹・杉山は, 同じプロジェクトが 1990 年代の後半に世界 11 か国と日本で行ったメディア調査の結果を総括して, 海外諸国における日本イメージの形成にはメディアの中でも特にテレビが大きな力を持っていること, テレビ報道や番組の中の日本関連の情報が少ないほど, 伝統的な「日本ステレオタイプ」が強調されることを述べている（川竹・杉山・原・櫻井 2000: 174）。

　大学生のメディア利用と外国認識の関係を検討するために萩原が 2006 年 5 月に首都圏の 13 大学で実施した調査では, 海外情報の入手源としてテレビが依然として優位な地位を占めていることが示されている（萩原 2007b: 320）。また, 文化活動を目的としてニューヨークあるいはロンドンに移り住もうとしている 18 歳〜30 歳の若者（海外在住経験なし）22 人を対象としたインタビュー調査を実施した藤田は, 調査対象者がニューヨークやロンドンに対して抱いているイメージの形成には, 米国製や英国製の映画・テレビ番組が大きく影響していることを見いだしている（藤田 2008: 13, 15）。

　ガーブナーはテレビが視聴者の世界観に大きな影響を与えるものであることを「培養（cultivation）」という概念を用いて論じている（Gerbner & Gross 1976; Gerbner , Gross, Morgan, & Signorielli 1982）。テレビは遍在性が高く, 多くの人が幼少の頃から長時間にわたって接

触を持つメディアである。その結果，テレビが描き出す世界は人々の世界観を「培養」することになり，テレビに接触する時間が長い人ほど，その世界観はテレビの描き出す世界に近いものになるという。犯罪ドラマに顕著に見られるように，テレビの中の世界では現実の世界よりも暴力が頻発し，悪意を持った人物が数多く登場するが，テレビの視聴時間が長い人ほど，現実の世界で犯罪に巻き込まれる可能性を高く見積もり，他人は信用できないと考える傾向が高いことをGerbner & Gross（1976）は示している。また，人々が自分で実際に経験することのできないような領域における事象になるほど培養の効果が強く現れるという（Adoni & Mane 1984）。

いっぽうで，テレビの視聴が海外の人々の日本イメージや日本人イメージの形成に影響を与えていないとする研究結果もある。飽戸と稲増は，諸外国が日本や日本人についてどのようなイメージを持っているのか，そのイメージはどこから生まれているのかを検討するために，米国・英国・フランス・西ドイツ（当時）・ハンガリー・インド・ケニアの7か国で，各国およそ1200人（米国のみ，およそ1500人）の標本を用いた大規模な調査を1980年代の前半に実施した（辻村・古畑・飽戸 1987）。この調査では，8対の両極形容詞（例：良い―悪い，豊か―貧しい，勤勉―怠惰，など）について7件法で回答を求めることで日本及び日本人のイメージを測定している。その回答結果の因子分析を行い，それぞれ第1因子，第2因子の負荷量の高い項目の評定値（回答）の平均点を日本のイメージ，日本人のイメージの得点としている。分析の結果を見ると，何らかのかたちで日本あるいは日本人に接触した経験のある人のほうが日本あるいは日本人に対して肯定的なイメージを持つ傾向にあることが示されていた。また，接触体験の効果は日本のイメージよりも日本人のイメージに対して強く見られた。さらに，「渡航体験」，「友人」，「同僚」という直接体験よりも「文化イベント」，「日本製品」，「日

本食」といった間接体験のほうが接触体験の効果が大きかった。ところが，これらの接触体験にメディアへの接触も加えて，どのような要因が日本あるいは日本人イメージの形成に効果を持っているかを数量化Ⅰ類を用いて検討した結果によれば，調査対象となった国の多くでは日本あるいは日本人イメージの形成にテレビは大きな役割を果たしていなかった。

3. オリンピック報道と国イメージ・好意度

ここまで，マスメディアが国のイメージや好意度に与える影響についての研究を概観してきたが，メディアイベントの代表ともいえるオリンピックの報道が諸外国についてのイメージや好意度に与える影響について検討した研究がある。それらの研究のうち，第1章では，オリンピック報道が開催国のイメージに与える影響を扱った研究の結果を紹介したが，本節では，オリンピック報道がオリンピックに参加している国々に対するイメージや好意度に与える影響を調べた一連の研究を紹介する。

高木・坂元（1991）は，1988 年のソウルオリンピック開会直前，閉会直後，3か月後の3回にわたるパネル調査を実施して，日本人がさまざまな国の国民に対して持っているイメージや好意度の変化を調べた。調査対象者は美術大学の学生で，主な分析の対象となったのは，第1回調査と第2回調査の両方に回答した 91 名（男性 18 名，女性 71 名，不明 2 名）である。この調査では，16 対の両極形容詞について 7 件法で回答を求めることで 10 か国の国民に対するイメージを測定している。また，上記 10 か国から日本を除いた 9 か国に好きな順に順位をつけさせ，1位〜9位にそれぞれ9点〜1点を与えることで，各国に対する好意度を測っている。

社会心理学では，「単純な接触の効果」という現象が知られてい

る（Zajonc 1968）。同じ対象への接触（目にする，耳にする）が繰り返されると，それだけで，その対象に対する好意が高まるというものである。そうだとすれば，オリンピック期間中の競技報道の中で，さまざまな国・国民に関する情報を目にしたり耳にしたりすることを繰り返すことで，それらの国・国民に対するイメージは好転し，好意度も高くなることが期待される。しかし，高木・坂元（1991）の研究では，多くの国について，その国民に対するイメージはオリンピック後に悪化していた。特に，韓国人とカナダ人のイメージの悪化が顕著だった。好意度については，好意度が高くなる国民，低くなる国民，変らない国民に分かれた。ここでも，韓国人とカナダ人に対する好意度は大きく低下していた。この結果について，高木・坂元（1991）は，自尊心に脅威を与える対象に対して人は否定的な感情を抱くという社会心理学の知見（Cialdini & Richardson 1980, Salovey & Rodin 1984 など）を援用して，大会における日本の成績不振によって自尊心を傷つけられるという脅威を感じた調査対象者が，そうした脅威を与える諸外国の国民に対して否定的なイメージや感情を抱くことになったのだろうと考察している。

　ところが，1992年のバルセロナオリンピックにおけるテレビ報道の影響を調べた Sakamoto, Murata & Takaki（1999）の研究では，対象とした15か国の半数の国について，その国に対する好意度はオリンピック後に上昇していた。15か国全体の平均を見ても，オリンピック後は好意度の上昇が見られた。また，好意度の上昇はオリンピック関連番組の視聴時間と正の相関が見られた。すなわち，オリンピック番組を視聴する時間が長いほど，外国に対する好意度が高くなる傾向にあった。この結果について，Sakamoto et al.（1999）は，バルセロナオリンピックでは日本が好成績を収めたため，自尊心の脅威に対する防衛機構よりも単純な接触の効果のほうが強く現れたためだろうと解釈している。

Sakamoto et al. の研究は東京と横浜の六つの大学の学生を対象として実施されており，上記の結果はオリンピック開会直前と閉会直後の 2 回にわたって行われた調査の両方に回答した 681 人（男性 280 人，女性 401 人）についてのものである。また，この研究では，15 か国のイメージを 10 対の両極形容詞を使った 6 件法で測定している。その結果を主成分分析した結果，肯定的感情を表す成分が第一主成分として得られたため，第一主成分の主成分得点を国に対する好意度を表す得点として用いている。

1996 年のアトランタオリンピックについても，テレビ報道への接触と各国に対する好意度の関係について，向田・坂元・村田・高木（2001）が Sakamoto et al.（1999）を踏襲した方法で調査を行っている。調査対象者は東京と横浜の 7 大学の学生で，オリンピック開会直前と閉会直後のいずれの調査にも参加したのは 543 人（男性 168 人，女性 375 人）だった。この研究では，Sakamoto et al.（1999）で用いられた 15 か国にインドとタイを加えた 17 か国に対する好意度を取りあげているが，各国に対する好意度は Sakamoto et al.（1999）と同じ方法で測定されている。

分析の結果，半数近い国に対する好意度がオリンピック後に上昇していた。また，17 か国全体の平均を見ても，好意度はオリンピック後に上昇していた。さらに，この研究では，オリンピック期間中にテレビや新聞で各国の選手をどの程度よく見たかを 6 件法で尋ね，これを国別のメディア接触量としているが，それぞれの国に対する好意度を目的変数とした重回帰分析の結果，多くの国について，国別のメディア接触量が好意度に対して正の効果を示していた。すなわち，その国のオリンピック報道に多く接するほど，その国に対する好意度が高まる傾向が見られた。この結果について，向田他（2001）は，単純な接触の効果に関する Burgess & Sales（1971）の議論を援用して解釈を行っている。Burgess & Sales（1971）は単

純な接触が繰り返される状況・文脈に注目し，肯定的な（好ましい）状況・文脈において繰り返される単純な接触では，接触対象に対する好意が高まるとした。向田他は，オリンピックの「報道では努力や勇気，友愛や共生といったポジティブな側面が強調されることが多」く，「こうした報道のあり方や感動的な内容そのものが」肯定的な状況・文脈となって，接触対象（それぞれの国）に対する好意度を高めたのだと解釈している（向田他 2001: 166）[5]。ただし，中国と韓国については，メディア接触量が好意度を高めるという効果は見られなかった。

　金山（2008）は，フォーカスグループインタビューを用いて，北京オリンピックの報道が中国や中国人に対するイメージをどのように変容させたかを検討している。インタビューの対象は，20歳代・30歳代の男女7人と40歳代・50歳代の男女8人だった。その結果，20歳代・30歳代については，オリンピックそのものの報道よりも関連報道によって既存の中国・中国人イメージ，特に否定的なイメージが強化される傾向が見られた。これに対して，40歳代・50歳代では，オリンピック報道は中国・中国人イメージに大きな影響を与えていないことが示された。

　オリンピックとならぶ世界的なスポーツイベントであるサッカーのワールドカップの報道が参加国のイメージや参加国に対する好意度に与える影響ついて，上瀬（2004）は2002年の日韓ワールドカップの開幕直前，閉幕直後，3か月後に調査を実施して検討している。調査対象者は首都圏の6大学の学生で，人数は開幕直前の調査は1594人（男性807人，女性783人，不明4人），閉幕直後は538人（男性229人，女性309人），3か月後は652人[6]（男性364人，女性288人）となっている。ただし，調査はパネル調査とはなっていない。国のイメージは，それぞれの国（日本を含む10か国）について，その国の国民にあてはまると思う形容詞を20の形容詞の中から選ばせるこ

とで測定している。各国に対する好意度は，日本を除く9か国について，好きな順に順位をつけさせ，1位〜9位にそれぞれ9点〜1点を与えることで測定している。

分析の結果，韓国やカメルーンについては，報道によってステレオタイプ的なイメージが強化されている可能性が示唆された。また，閉幕直後の調査からは，報道量の多かった国ほど好意的な評価を得ていることが示されたが，韓国については当てはまらなかった。さらに，メディア接触の多かった人ほど，報道量の多かった国に対する好意度を上昇させる傾向が見られたが，韓国については，逆にメディア接触の多かった人ほど，韓国に対する好意度が低くなっていた。

4. 日本のポピュラー文化と日本のイメージ・好意度

1990年代半ばの台湾では，日本のポピュラー文化に夢中になる「哈日族（ハーリーズー）」と呼ばれる若者が現れるほど，日本のポピュラー文化が大きな人気を博していた。当時の台湾では，日本のポピュラー文化への若者の過剰な接触が台湾に悪影響を及ぼすのではないかと懸念する人が少なからずいたという（石井 2001b: 224）。日本のポピュラー文化の影響を扱った台湾での研究として，台北市に住む高校生を対象に聞き取り調査を行った李・陳（1998）の研究がある。そこでは，日本のポピュラー文化は台湾の若者を「親日的」に変えたと結論づけられている。

その台湾で，日本のポピュラー文化への接触と日本に対する好意度との関係を石井・渡辺は質問票調査を実施することによって数量的に検討している。調査は1999年12月に台北及びその近郊で実施された。対象は15〜49歳の男女で，性別×年代による割り当て抽出が行われ，回答者は805人（男性392人，女性413人）だった。

その調査結果によれば,日本のポピュラー文化を好む人,接触する頻度の高い人のほうが日本に対して好意的な態度を示していた。日本が好きかどうかを5件法で尋ねた結果を日本のテレビ番組を週に3日以下しか見ない人と4日以上見る人で比較すると,日本が好きだと答えた人の割合は前者の42.5％に対して,後者ではそれよりほぼ25ポイント高い67.0％だった（石井・渡辺 2001a: 64）。また,日本が好きかどうかを目的変数とした重回帰分析の結果では,「日本のテレビ番組の視聴が週6日以上」,「日本の流行歌（Jポップ）が好き」という二つの変数が有意なプラスの効果を示していた（石井 2001a: 173-174）。そのいっぽうで,「日本のマンガを読む」は有意な効果を持っていなかった。

韓国では,1990年代後半になってようやく日本のポピュラー文化の公的な開放措置がとられるようになったが,それ以前から若者を中心としてインターネット,CD,ビデオテープなどのかたちで日本の大衆文化への接触は広く見られていた。小針・渡邉（2003）は2002年3月にソウル首都圏及び釜山圏の6大学の学生740人（男性364人,女性371人,性別不明5人）を対象とした質問票調査を実施し,日本のポピュラー文化への接触と日本に対する親近感との関係について検討している。結果は,日本のポピュラー文化に接触している学生のほうが日本に対して親近感を示していた。日本の映画やテレビ番組を見たことがある学生は,見たことがない学生にくらべて日本に親しみを感じる人の割合が2倍以上高かった（小針・渡邉 2003: 12）。また,日本のポピュラー音楽を聴く学生も,聴かない人くらべて日本に親しみを感じる人の割合が2倍近く高かった（小針・渡邉 2003: 13）。さらに,日本のポピュラー音楽を聴く頻度が高くなるほど,日本に親しみを感じる程度も高くなっていた（小針・渡邉 2003: 13）。

小針・渡邉は,韓国で日本のポピュラー文化の開放が大幅に進ん

だ第 4 次開放措置（2004 年 1 月）後の 2005 年にも韓国の五つの大学の学生 892 人を対象として同様の調査を実施しているが，そこでも日本の大衆文化に接触している学生のほうが日本に親しみを感じる傾向が高いことを確認している（小針・渡邉 2006）。

　日本のポピュラー文化への接触が日本のイメージとどのように関係しているかを検討した研究に石井・小針・渡邉（2014）がある。石井たちは，韓国では 2012 年 11 月に，台湾では 2013 年 2 月にそれぞれインターネットを利用した全国調査を実施した。調査対象者の年齢は韓国が 20 〜 59 歳，台湾が 15 〜 49 歳で，いずれも性別×年齢による割り当て抽出を行っており，標本の大きさは韓国調査が 960 人，台湾調査が 800 人である。国のイメージは，性格・性質を表す 25 個の形容詞のそれぞれについて，それがその国にどの程度あてはまると思うかを回答させることで測定している。

　分析の結果，日本のイメージを含め，国のイメージは「温かさ」の次元と「有能さ」の次元という二つの異なる次元のイメージから構成されていることが見いだされた。そのうえで，日本のポピュラー文化への接触と日本のイメージの関係を調べたところ，「有能さ」の次元については日本のポピュラー文化に接触している人としていない人でイメージに差は見られなかったが，「温かさ」の次元では日本の映画，テレビ番組，ポピュラー音楽に接触している人のほうが日本に対して良いイメージを抱いていた。ただし，アニメについては，「温かさ」の次元でも日本のアニメを見ている人と見ていない人の間でイメージに違いが見られなかった。この研究に香港での調査の結果を加えて検討した研究の詳細については第 5 章で論じる。

　岩渕の「文化的無臭性」[7] に関する議論をふまえれば，ひとくちに日本のポピュラー文化といっても，映画やテレビ番組とマンガやアニメでは，日本のイメージや日本に対する好意度に及ぼす影響

第4章　ポピュラー文化と国のイメージ・好意度

に違いがあることが予測されるが，台湾や韓国で実施された上述の研究の一部の結果はそうした予測が正鵠を射たものであることを示唆している。この点について，Hao & Teh（2004）がシンガポールで行った調査も同様の結果を示している。この調査は2001年の10月にシンガポールの各種の学校に通う13～21歳の生徒・学生620人を対象にして実施された。この調査では，ポピュラー文化の種類ごとに日本のポピュラー文化への接触頻度を4件法で尋ねている。また，日本人のイメージについては，性格・性質を表す20個の形容詞（10個は望ましい性質・性格，10個は望ましくない性質・性格）それぞれについて，その形容詞が日本人にどの程度あてはまるかを4件法で答えさせている。

　テレビ番組や映画，VCD，雑誌（ファッション誌）には生身の日本人の現実の生活が現れるのに対して，音楽，マンガ，アニメ，ゲームでは抽象的な架空（仮想）の人物や世界が描かれることが多い。この点で両者は区別されるべきだとHao & Tehは論じ，テレビ番組，雑誌，VCDへの接触頻度の合計を「日本のメディアの利用」，音楽，マンガ，アニメ，ゲーム，プリクラへの接触頻度の合計を「日本のポピュラー文化愛好」とし，両者を別々の変数として分析を行っている。

　その結果，「日本のメディアの利用」，「日本のポピュラー文化愛好」ともに日本に対する肯定的な態度と正の相関があることが確認された。そのいっぽうで，両者とも日本人イメージとの結びつきはほとんど見られないことが示された。日本のポピュラー文化への接触によって特定の日本人イメージが形成されていることはほとんどなかったのである。ただ，「日本のポピュラー文化愛好」は「自慢屋（boastful）」，「粗野（rude）」，「けばけばしい（flamboyant）」という好ましくない形容詞の評定と正の相関が見られた。日本のマンガ，アニメ，ゲームなどへの接触頻度の高い生徒・学生ほど日本人に対

して「自慢屋」で「粗野」で「けばけばしい」という否定的なイメージを抱きやすいということである。また，日本製品に対する評価を目的変数とした重回帰分析の結果からは，「日本のメディアの利用」は日本製品の高評価に効果を持つが，「日本のポピュラー文化愛好」は効果を持たないという結果も示された。このように，ひとくちにポピュラー文化といっても，テレビ番組・映画とマンガ・アニメ・ゲームでは，与える影響に違いがあることをこの研究結果は示している。

　ここまでの諸研究の結果を見ると，日本のポピュラー文化への接触は総じて日本に対する好意に結びついていると言えそうである。それでは，歴史問題・政治問題に対する態度とはどのような関係にあるのだろうか。かつて台湾では，日本のポピュラー文化に接触している若者は保釣運動（魚釣島をはじめとする尖閣諸島の領有権を主張する運動）への支持が低く，愛国心にも欠けるという主張があり（石井 2001a: 172），同運動のピーク時には，日本番組を放送停止にすることも議論された（石井・渡邉・周 1996: 115）。だが，日本のテレビドラマを好み，日本人タレントやアイドルに夢中になるいっぽうで，過去の戦争や日本の侵略行為，現在の日本政府の対応などの歴史的・政治的問題になると一転して激烈な日本批判・非難を展開するといったように，日本のポピュラー文化を愛好しながらも日本に対して根強い不信感を抱き続ける若い中国人の姿も報告されている（渡辺 2001: 124; 中野・呉 2002: 50）。

　石井・渡辺が香港で1998年に実施した前出の調査では，日本のテレビ番組の視聴と保釣運動に対する態度との間に統計的に有意な関係は見られていない（石井・渡辺 1998: 124; 石井・渡辺 2001b: 133）。むしろ，日本のテレビ番組を見ている人のほうが保釣運動の支持率は若干高かった。さらに，マンガについては，日本のマンガを読んでいる人のほうが保釣運動の支持率が有意に高いという結果が得ら

第4章 ポピュラー文化と国のイメージ・好意度

れている（石井 2001a: 172-173）。

　小針・渡邉が2002年に韓国で実施した前出の調査では，「朝鮮半島の植民地化問題について日本は謝罪したと思うか」という質問に対して，「謝罪していない」と答える学生の割合は日本のポピュラー音楽を聴く学生のほうが低かった（聴く学生51.4%：聴かない学生65%）ものの，「十分に謝罪した」と考える割合は，日本のポピュラー音楽を聴く学生でも0.8%しかおらず，聴かない学生の0.9%と同様に，きわめて低い数字だった。

　さらに，小針・渡邉が2005年に韓国で実施した調査（前出）では，同じ質問に対して「謝罪していない」と答えた学生の割合は，日本のテレビ番組を見ている学生が59.2%，見ていない学生が55.4%で，むしろ日本のテレビ番組を見ている学生のほうが日本に対して厳しい態度を示す学生の割合が高かった。同じ調査では，「日本における憲法改正の動きは東アジアの安全保障に対する脅威になると思うか否か」も尋ねているが，ここでも「脅威となる」という回答は，日本のテレビ番組を見ている学生が66.6%，見ていない学生が55.4%で，日本のテレビ番組を見ている学生のほうが日本の政治動向に批判的な態度を示していた。

　このように，既存の調査結果を見るかぎり，日本のポピュラー文化への接触がそれだけで歴史的・政治的な問題に対する従来の日本の立場や対応への好意的な態度と結びつくということはなさそうである。岩渕が指摘するように，国境を越える文化の交流は「植民地主義の歴史から断ち切られてはいないし，また文化交流に歴史的和解をもたらすような魔法があるわけではない」（岩渕 2007: 70）ことを上述の研究結果は示しているといえよう。

第二部　日中韓をめぐる相互イメージとその規定要因

5. 韓国のポピュラー文化と韓国のイメージ・好意度

　1990年代の終わり頃から2000年代前半にかけて，日本を含むアジアの各地では「韓流」と呼ばれる韓国ポピュラー文化の大流行が見られたが，ここでは，韓国ポピュラー文化への接触と韓国のイメージや好意度との関係について検討した研究を見ていくことにする。

　長谷川（2005）は，知人を通じて募集した80人（男性10人，女性70人）を対象として，『冬のソナタ』視聴前と視聴後の2回にわたる質問票調査を実施し，『冬のソナタ』の視聴が韓国人に対するイメージを変化させたかどうかを検討している。調査は2003年12月から2004年10月にかけて実施された。ただし，この調査では韓国人のイメージを測定しているわけではなく，韓国人のイメージが変化したかどうかを5件法で尋ねているだけである。こうして測定された韓国人イメージの変化を目的変数とし，その他の一連の質問を因子分析して抽出された五つの因子を説明変数[8]とする重回帰分析を実施した結果，「韓国（人）に対する関心」，「『冬のソナタ』への好意」，「主人公への感情移入」が韓国人イメージの変化に比較的強い効果を持っていることが示された。

　この調査を予備調査として，長谷川は韓国ドラマの視聴が視聴者にもたらす影響についての調査を2004年10～11月末にかけて実施している（Hasegawa 2006；長谷川 2007a）。

　調査票は1）『冬のソナタ』関連のインターネット掲示板での募集，2）知人の紹介，3）韓流スター歓迎のために成田空港に集まったファンや異文化コミュニケーションに関する講演会の参加者への協力依頼，という方法で配布された。分析対象者数は，Hasegawa（2006）では285人（男性18人，女性267人），長谷川（2007a）では

252人（全員女性）と異なっているが，分析の結果はほぼ同一である。「韓国イメージの改善」（「韓国のイメージが良くなった」と「韓国人イメージが良くなった」という2項目に対する回答の合計）を目的変数とした重回帰分析では，「『冬のソナタ』への感情移入」[9]と「『愛の群像』の視聴」という二つの説明変数が有意な効果を示していた。「韓国への心理的距離の縮小」を目的変数とした重回帰分析でも，上の二つの変数は有意な効果を示していた。韓国ドラマの視聴が韓国や韓国人に対するイメージを改善すること，韓国に対する親しみを高めることを示唆している。ただ，性別に大きな偏りがあることに加え，調査票の配布方法を考えると，標本に偏りがあることは否めない。

　長谷川は，韓国や韓国人に対する具体的なイメージが韓国ドラマの視聴によってどのように変化するかについても質的な調査を行って検討している（長谷川 2007b, 2011a, 2011b）。ただし，ここで韓国や韓国人のイメージとされているのは，調査対象者が「韓国・韓国人といって思い出すもの」であり，「熱い」，「厳しい」といった性質や性格を表す形容詞だけでなく，「キムチ」，「焼き肉」，「整形」，「北朝鮮」などのほか，「キリスト教の人が多い」といった短文も含まれている。2004年2〜7月に57人（男性1人，女性56人）を対象に実施された調査では，『冬のソナタ』を見た人は，1) 韓国や韓国人に関する否定的なイメージが減り，肯定的なイメージが増えること，2) 韓国人や韓国文化に対する否定的な感情が減り，親しみが増すことなどが示された（長谷川 2007b, 2011b）。また，この調査から2年をおいて実施された経時調査では，肯定的なイメージの割合が増し，否定的なイメージの割合が減少していたことから，『冬のソナタ』視聴の継続的な効果の存在が示唆されている（長谷川 2011b）。ただ，この結果が『冬のソナタ』視聴の継続的な効果以外の要因によるものである可能性については検討されていない。

　長谷川は『冬のソナタ』以外の韓国ドラマを用いた調査も行って

いる。2005年10月〜2006年5月にかけて13人の有償の協力者を対象に行った調査では,『ラブレター』という全20回のドラマの視聴前後に調査を行い,1) ドラマ視聴後には否定的なイメージ(連想される語句)が減り,2) 韓国人の特徴に関する語句が増えることを見いだしている(長谷川 2011a)。

渡邉・石井・小針(2004)は2003年12月〜2004年1月に首都圏のひとつの高校と四つの大学,静岡県のひとつの大学で質問票調査を実施し,韓国のポピュラー文化への接触と韓国に対する親近感との関係について検討している。回答者は974人(高校生281人,大学生693人)である。この調査では,韓国のポピュラー音楽(Kポップ)を聴いている人は聴いていない人にくらべて韓国に親しみを感じる人の割合が高く,韓国の映画・テレビドラマを見たことがある人はない人にくらべて韓国に親しみを感じる人の割合が高いという結果が示されている(渡邉・石井・小針 2004: 79-80)。

渡邉・石井(2012)は,性別×年齢層で割り当て抽出を行った標本を用いたインターネットによる質問票調査を2012年2月に実施し,韓国のポピュラー文化への接触と韓国イメージや韓国に対する好意度の関係について検討している。回答者は20〜69歳の880人である。韓国に対するイメージは,性質・性格を表す24個の形容詞それぞれについて,それが韓国にどの程度あてはまると思うかを5件法で評定させることで測定している。好意度は「好き」と「嫌い」を両極とする5件法で尋ねている。韓国に対する好意度を目的変数とした重回帰分析では,韓国のポピュラー文化への接触を表す変数として「韓国映画が好きかどうか」が説明変数の中に投入されているが,投入された説明変数の中では一番大きな効果を示していた。

この調査でイメージの測定に使われた24項目を因子分析した結果,三つの因子が抽出され,渡邉・石井はそれらを「信頼性」,

「かっこよさ」,「有能さ」の因子としているが，韓国はいずれの因子についても否定的なイメージを持たれていた。韓国映画が好きかどうかと韓国に対するイメージとの関係を調べるために，イメージの3因子の因子得点を韓国映画が好きな人とそれ以外で比較したところ，韓国映画が好きな人のほうがすべての因子で韓国に対して良いイメージを抱いていた。ただし，「有能さ」のイメージは他の二つのイメージに比べて韓国映画が好きな人とそうでない人の差が小さかった。

　韓国に対する好意度を目的変数，韓国イメージの3因子の因子得点を説明変数とする重回帰分析の結果，すべての因子が有意にプラスの効果を持っていた。すなわち，韓国に対して良いイメージを抱いている人ほど韓国に好意を持っていた。ただし，ここでも「有能さ」のイメージの効果が最も小さかった。

　この研究では，韓国のポピュラー文化への接触は韓国に対する肯定的なイメージと結びつき，韓国に対する肯定的なイメージは韓国に対する好意に結びついていることが示されているが，同時に，「有能さ」のイメージは他のイメージとくらべてポピュラー文化への接触との結びつきも好意度との結びつきも弱いことが示されている点で興味深い。

　Kim, Agrusa, Chon, & Cho（2008）は，2006年の3〜4月に香港の韓国料理店5店舗の利用者440人（男性47.6%，女性52.4%）を対象にした質問票調査を実施し，韓国の映画・テレビドラマを見てから韓国に対するイメージが良くなった人が72.2%，韓国のポピュラー音楽を聴いてから韓国に対するイメージが良くなった人が64%いることを報告しているが，韓国料理店の利用者という標本の偏りは否めない。

6. 米国のテレビ番組と米国のイメージ・好意度

　世界における米国ポピュラー文化の広がりの大きさを考えれば当然のことだが，米国のテレビ番組が外国の視聴者に与える影響を扱った研究は日本や韓国のポピュラー文化の影響を扱った研究にくらべると数が多い。Ware & Dupagne（1994）は米国のテレビ番組が外国の視聴者に与える影響を扱った17の研究についてのメタ分析を行い，米国の番組は1）外国の視聴者に統計的に有意な影響を与えている，2）ただし，その影響はそれほど大きなものではない，3）米国に対する「態度」や米国商品の「選好」には影響を与えるが，米国・米国人に対する「イメージ」や「認識」にはあまり影響を与えない，といったことを指摘している。ここでは，Ware & Dupagne（1994）のメタ分析の対象となった研究も含めて，米国のテレビ番組が外国の視聴者に与える影響を扱った研究を紹介することにする。

6-1　米国のテレビ番組は外国の視聴者に「影響を与えている」とする研究

　Tsai（1970）は，台湾の児童を対象にした調査を実施し，米国番組の視聴が児童の価値観や米国の文化に対する評価に与える影響を検討している。調査は台北地区とChanghwa地区の11～12歳の児童160人（男女各80人）を対象として1965年12月に実施された。当時の台湾では，テレビ放送は一般には普及しておらず，娯楽番組の6割近くは米国番組であり，なおかつ米国の娯楽番組は子どもが視聴しやすい時間帯に放送されていた。そのため，子どもが見るテレビ番組の多くは米国の番組だった。いっぽう，Changhwa地区は調査実施の2か月前までテレビの放送が行われていなかった

ため，台北地区でテレビを見ている児童と Changhwa 地区の児童を比較することで，米国番組の視聴が児童に与える影響を調べることができると考えられた。分析の結果，台湾の伝統的な基本的価値に対する志向という点では，米国番組の視聴の影響は見られなかったが，米国の衣服，音楽，雑誌，ヴェトナム戦争に従軍する兵士などに対する態度については，米国番組を視聴している児童（台北の児童）のほうが米国に対して好意的な態度を示していた。

　Willnat, Zhou, & Hao (1977) は，香港，深圳，シンガポールの中国人大学生 625 人（男性 33%，女性 67%）を対象とした調査を実施し，欧米メディアの利用と米国に対するイメージや感情との関係について検討している。大学生の地域別の内訳は，香港 224 人，深圳 179 人，シンガポール 222 人だった。米国のイメージについては，17 の形容詞それぞれについて，その形容詞が米国にあてはまるかどうかを 4 件法で回答させている。その結果を因子分析することで，形容詞を七つの肯定的な形容詞と 10 の否定的な形容詞に分け，それぞれの評定平均値を算出したうえで，「肯定的な形容詞の平均値―否定的な形容詞の平均値」の値を米国イメージの得点としている。米国に対する感情については，九つの感情について，そうした感情を米国に対して抱くかを 4 件法で尋ねている。そのうえで，イメージと同様に，「肯定的な感情の平均値―否定的な感情の平均値」を算出し，それを米国に対する感情得点としている。分析の結果，1) 香港では，欧米メディアへの接触割合が大きいほど，米国に対するイメージや感情が否定的になる傾向が見られた。特に感情についてはその傾向が大きかった。逆に，深圳では，欧米メディアへの接触割合が大きいほど，米国に対する感情は肯定的なものになっていた。シンガポールでは，両者の間に相関は見られなかった。2) メディアの中でもテレビへの接触の影響が最も大きく，香港でも深圳でも，欧米テレビ番組への接触割合が大きいほど，米

国に対するイメージ，感情ともに否定的なものになる傾向が見られた。ただし，ここでもシンガポールではそのような関係は見られなかった。

Tan（1982）は米国南西部の州立大学の中国人留学生を対象にした調査を実施して，テレビの視聴が米国人に対するステレオタイプとどのように関係しているかを検討している。調査は1979年に実施されており，調査に協力したのは中国人留学生180人のうちの114人（台湾出身85人，香港出身29人）で，平均年齢は25歳，大多数が大学院生だった。回答者には，人の性質・性格を表す特性形容詞99個の中から，米国人にあてはまると思う10の形容詞を選ばせ，あてはまる程度の順に順位をつけさせた。20％を超える学生に選ばれた形容詞を米国人のステレオタイプとし，それぞれの回答者について，その形容詞が回答者に選ばれていなければ1点，選ばれていれば2点，5位以内に選ばれていれば3点をその形容詞のその回答者における得点とした。分析の結果，テレビの視聴時間は「快楽主義」，「物質主義」というイメージと正の相関が見られた。また，ニュースの視聴頻度（4件法）は「押しが強い（aggressive）」，「快楽主義」というイメージと相関が見られた。ただし，娯楽番組の視聴頻度とステレオタイプの間には関係が見られなかった。

Weimann（1984）は，イスラエルの高校生及び大学生を対象とした調査を実施し，米国番組の視聴と米国に対するイメージの間の関係について検討している。対象者は都市部の高校生310人，農村部の高校生58人，港湾都市の大学生93人である。1980年当時のイスラエルのテレビ番組は60％が輸入番組で，そのほとんどが米国製だったため，この調査では，テレビの視聴時間を米国番組の視聴時間の指標として用いている。分析の結果，テレビの視聴時間が長いほど米国の生活の豊かさ（収入，自家用車所有率，家の広さなど）を過大評価する傾向にあることが示された。

Tan, Li, & Simpson（1986）は，米国番組の視聴と米国に対して抱くイメージの間の関係を調べる調査を 1985 年の 3 月に台湾とメキシコで実施している。台湾の回答者は 788 人（男性 40％，女性 60％）で，7 割強が大学生，メキシコの回答者は 150 人（男性 31.5％，女性 68.5％）で全員が大学生だった。平均年齢は台湾が 24.4 歳，メキシコが 22 歳。イメージの測定は前出の Tan（1982）と同様の方法によっているが，与える形容詞の数は 37 個となっている。分析の結果，特定の米国番組の視聴が米国に対する特定のイメージと結びついていることが明らかになった。台湾では，『ダラス』の視聴頻度は「物質主義」という米国イメージと正の相関を持ち，「正直」というイメージとは負の相関を示していた。メキシコでは，同じく『ダラス』の視聴頻度が「押しが強い」，「残酷」という米国イメージと正の相関を持ち，「正直」とは負の相関を示していた。

　Tan, Tan, & Tan（1987）は，フィリピンの高校生 225 人（男性 44.6％，女性 55.4％）を対象として，米国番組の視聴と米国に対する関心・好意や高校生の持つ価値観との関係を調べることを目的とした調査を 1982 年の夏に実施した。その結果，米国番組の視聴頻度は訪米希望（米国に対する関心・好意の指標）と正の相関が見られた。また，米国番組の視聴頻度が高い人ほど，米国番組に頻出する「快楽（pleasure）」という価値――フィリピンの伝統的な価値観では評価されない価値――を高く評価する傾向があり，逆に，フィリピンでは伝統的に重視される価値だが米国番組ではあまり見られない「救済（salvation）」や「赦し（forgiveness）」といった価値を低く評価する傾向があることが分かった。

　Tan & Suarchavarat（1988）は，米国番組の視聴と米国人イメージの関係を調べるための調査を 1985 年 11 月にタイで実施している。対象者はバンコクの 5 大学の学生 279 人（男性 49.6％，女性 50.4％）である。米国番組の視聴頻度については，当時バンコクで

放送されていたすべての米国番組について視聴頻度を5件法で尋ね，その回答の平均値を用いている。米国人のイメージは，36個の形容詞それぞれについて，それが米国人にどの程度あてはまると思うかを5件法で評定させている。それぞれの形容詞の評定値を目的変数とし，米国番組の視聴頻度を説明変数に含めた重回帰分析を行った結果，36個のうちの24個の形容詞について米国番組の視聴頻度が有意な効果を示していた。また，個々の番組の視聴頻度を説明変数とした分析を行うと，番組ごとに異なる形容詞において視聴頻度の効果が見られた。

Kang & Morgan（1988）は，韓国の若者における米国番組の視聴と家族，結婚，性別役割に関わる価値観との関係を調べるための調査を1984年4月にソウルで実施した。対象はソウルの語学系専攻の大学生226人（男性46%，女性54%）である。平均年齢は24.6歳で20歳代が7割を占めている。在韓米軍向けのテレビ局であるAFKNテレビをよく見ている（1日に1時間以上）人とそれ以外の人に分けて価値観を比較したところ，女性ではAFKNテレビをよく見ている人のほうが脱伝統的で欧米的な自由な考え方を支持する人が多く見られた。ただし，男性の場合には，AFKNテレビをよく見ている人のほうが伝統的な価値観を支持する人が多い項目も見られた。

Zaharopoulos（1995）は，ギリシャの高校生における米国番組の視聴と米国イメージや価値観との関係を調べるための調査を首都アテネと南西部の小都市アマリアスの高校生を対象として実施した。回答者の数はアテネが253人，アマリアスが255人で，年齢は15〜19歳である。この調査では，幸せ，友好的，信頼がおける，礼儀正しいという4項目に米国人が一般にどの程度あてはまると思うかをそれぞれ5件法で尋ね，その合計点を米国人イメージとしている。結果を見ると，米国番組を視聴する頻度の多い生徒，視聴

時間が長い生徒ほど米国人に対して好ましいイメージを抱いていた。また，米国の番組を視聴する時間が長い生徒ほど，ギリシャよりも米国の家族制度のほうが好ましいと考える傾向が見られた。いっぽう，米国の番組を視聴する頻度の多い生徒ほど，米国の倫理観はギリシャよりもゆるいと考える傾向が高く見られた。さらに，米国の番組を視聴する時間の長い生徒，視聴頻度の多い生徒ほど，米国人は快適な生活を送っていると考える傾向が見られた。

萩原（2007a）は，大学生のメディア利用と外国認識の関係を検討するために，2006年5月に首都圏の13大学で質問票調査を実施している。有効回答者数は1774人（男性892人，女性861人，不明21人）である。この調査では，認識の対象国として米国，イタリア，フランス，スイス，ドイツ，ブラジル，キューバ，ケニア，韓国，イスラエル，イラク，中国，北朝鮮，日本の14か国を扱っているが，これらの国から好きな国，嫌いな国をそれぞれ3か国選ばせ，好きな国の1～3位にそれぞれ＋3～＋1，嫌いな国の1～3位にそれぞれ－3～－1の得点を与え，これを各国に対する心情的評価の得点としている。米国に対する心情的評価を目的変数とした重回帰分析を行うと，米国の映画やドラマをよく見る人ほど米国を好意的にみる傾向が見られることが報告されている（萩原 2007a: 31）。

6-2 米国のテレビ番組は外国の視聴者に「影響を与えていない」とする研究

Sparkes（1977）は，米国境に近く，米国の放送局 CBS の放送が受信できるカナダの都市キングストンの住人403人を対象とした調査を1975年の秋に実施し，CBS のニュース番組の視聴が住民の米国認識に与える影響を検討している。この研究では，米国の国や社会についての八つの言明それぞれに対する同意／不同意を5

件法で尋ねることで,住民の米国認識を測っているが,CBS ニュースの視聴時間の多少によって米国に対する認識に差が見られることはなかった。

　Payne & Peake（1978）は,アイスランドの 11 〜 14 歳の児童を対象とした調査を 1968 年 3 〜 4 月に実施し,米国のテレビ番組を見ているかどうかによって,児童の米国に対する親近感・好意に違いが見られるかどうかを検討している。調査は,米国番組の受信が可能なレイキャビック及びヴェストマンナエイヤールに居住する児童とテレビ放送そのものが受信できないアークレイリに居住する児童を対象として実施された。この研究では,移住希望先として米国を選択するか否かが米国に対する親近感・好意を示す変数として用いられているが,アークレイリよりもレイキャビックやヴェストマンナエイヤールの児童のほうが移住先に米国を選ぶ児童の割合が高いということはなかった。すなわち,米国番組の視聴は米国に対する親近感・好意を高めてはいなかった。

　Hawkins & Pingree（1980）と Pingree & Hawkins（1981）は,テレビの「培養効果」の検証を目的として,1977 年 10 月にオーストラリアのパースで児童・生徒を対象とした調査を実施している。有効回答者数は 1085 人である。結果を見ると,テレビの視聴時間が長い児童・生徒や犯罪ドラマの視聴時間が長い児童・生徒のほうが「今の社会では他人は信用ができない」と考える傾向が強く,暴力犯罪の発生件数も多く見積もる傾向が見られた。そのいっぽうで,オーストラリアのパースではテレビ番組の多くを米国製作の番組が占め,児童・生徒が見るコメディー,ドラマ,犯罪ドラマの 90％は米国製の番組だったにもかかわらず,米国社会に対する認識に関しては,上記の傾向は見られなかった。米国テレビ番組の視聴はオーストラリア社会についての認識には影響を与えていたが,米国社会についての認識には影響を与えていないという結果だったので

ある。

　Fullerton（2005）は，ロンドンのリージェンツ・カレッジに通う105人の留学生（男性46.2%，女性53.8%）を対象とした調査を実施し，米国番組の視聴と米国に対する態度の関係について検討した[10]。留学生の地域別の内訳は，ヨーロッパ70%，中東・インド10.5%，東アジア9.5%，南米3.8%，アフリカ5.7%だった。米国に対する態度は，米国について記した16項目の言明それぞれに対する同意／不同意を5件法で尋ねることで測っている。3分の2の留学生が米国番組を見ていたが，米国番組を見ている留学生と見ていない留学生の間で米国に対する態度に差は見られなかった。

7. まとめ

　ここまで，マスメディアやポピュラー文化が国や国民に対するイメージや好意度に与える影響を扱った研究を概観してきたが，それらの結果を紹介する際に，本章ではできる限り「影響」という言葉を避け，「関係」という言葉を用いてきた。それは，本章で取り上げた研究のほとんどが調査に基づくものであり，その結果からは相関関係の有無を確認することはできても，多くの場合，因果関係の有無やその方向性を確認することはできず，ポピュラー文化が国や国民のイメージや好意度に「影響を与えている」とは言いきれないからである。ポピュラー文化がもたらす影響をより高い可能性で推論するためには，実験を用いた研究を行うか，あるいは，より多角的な側面からの検討が必要となる。その点には留意が必要だが，本章で概観した研究の多くがポピュラー文化やメディア情報と国のイメージや好意度との間に何らかの関係を見出していたといえるだろう。

　しかし，本章で取り上げた調査の多くは標本が小さく，標本の偏

りも見られる。児童，生徒，学生を対象にした調査が多く，成人を対象にした調査でも，ポピュラー文化に接触している人たち，あるいは接触する傾向が高い人たちに偏っている場合がある。そのため，ある国のポピュラー文化への接触とその国に対する好意的なイメージや好意度との間に正の相関関係が見られたとしても，その結果を社会のより広い層の人たちに一般化して考えることが必ずしもできない。

さらに，そのような相関関係が一般化できるものだとしても，そもそもその国のポピュラー文化に接触する人たちの割合が少ないとしたら，社会全体におけるポピュラー文化の影響はきわめて限定的なものだとしかいえない。たとえば，世界的に見た場合に，日本のマンガやアニメの普及の範囲が実はかなり限定的なものであるということは多くの論者によって指摘されている（小野 1998: 89-90, 秋 2012: 159-160; Cooper-Chen 2012: 53; 岩渕 2001: 118; 草薙 2003, 大塚・大澤 2005: 201, 204-205）。日本の番組が大人気だといわれていた 1996 年の台湾で石井・渡辺が行った調査でも，代表的な日本番組専門チャンネルを見ている人の割合は三台と呼ばれる台湾の一般チャンネル（台湾電視，中国電視，中華電視）を見ている人の割合の 10 分の 1 程度（50〜60％対 5〜6％）だったし，米国映画専門チャンネルとくらべても 4 分の 1 程度にすぎなかった（石井・渡辺 2001a: 49）[11]。1980 年代後半に日本のドラマが大きなブームを引き起こした中国でも，1998 年に中国中央電視台（CCTV）が放送した輸入番組 148 本のうち日本番組は 3 本にすぎなかったという（王 2006: 177）。中国で日本の番組が減った理由としては，農村地域の視聴者が日本やアメリカの番組よりも台湾や香港の番組を好むこと，中国制作の番組の質的な向上もあって輸入ドラマの視聴率が全体に低下の傾向にあることが挙げられている（王 2006: 178）。この中国の例にも示されているように，多くの海外市場で最も人

気があるのは，ほとんどの場合がローカル製のメディア商品なのである（岩渕 2001: 38）。Straubhaar（2007）によれば，質が一定の水準に達してさえいれば，人々はローカルなコンテンツ，自国のコンテンツを一番に好むものなのである（Cooper-Chen 2012: 46）。

こうしたことを考えると，海外における日本のポピュラー文化の本当の影響力を明らかにするためには，それに接した人がどのような影響を受けるかを調べるだけでなく，どれだけの人がどの程度の頻度でそれに接しているのかを知ることも必要となる。そのためには，社会の広い層を対象にした，偏りのない標本による調査研究が必要とされよう。

本章で概観してきた研究における外国・外国人イメージの測定方法はいくつかのパターンに分けることができる。ひとつは，ステレオタイプの内容に関する調査研究の先駆けともいえる Katz & Braly（1933）の方法にならったもので，性格や性質を表すいくつかの語句（主に形容詞）を提示し，評価対象となっている集団を表すのにふさわしい（集団にあてはまる）と思われる語句をその中から選ばせる方法である。一定の割合を越える回答者によって選ばれた語句をその集団のステレオタイプとし，それらの語句について分析を行う。二つめは，集団の特徴を評定するのに適していると思われる語句をいくつか与え，それぞれの語句について，それが対象集団を表すのにどの程度ふさわしい（対象集団にどの程度あてはまる）と思うかをリカート尺度で尋ねる方法である。三つめは，両極形容詞対（正反対の意味を持つ二つの形容詞を一対としたもの）をいくつか与え，それぞれの対について，対象集団が二つの形容詞を両極とした評価軸上のどの辺りに位置すると思うかをリカート尺度で尋ねる方法である。

イメージの測定にいずれの方法を用いた場合でも，分析では個々の語句を肯定的イメージを表す語句と否定的イメージを表す語句に

分類し，集団の全体的なイメージを肯定的か否定的かという一次元の評価軸で評定している研究がほとんどである。ところが，集団ステレオタイプ（集団イメージ）の内容に関する社会心理学的な研究では，集団ステレオタイプは多次元的なものであることが示されている。たとえば，Phalet & Poppe（1997）は国や民族のステレオタイプについて「徳性（morality）」と「能力（competence）」という二つの次元を見出し，Fiske, Cuddy, & Glick（2002）は集団のステレオタイプについて「温かさ（warmth）」と「能力（competence）」という二つの次元を見出している[12]。そのうえで，外集団の「徳性」や「温かさ」に関する肯定的な評価はその集団に対する好意につながるが，「能力」に関する肯定的な評価は必ずしも好意につながらないことが示唆されている。そうした点を考慮するなら，ポピュラー文化が国や国民のイメージや好意度に与える影響を検討する場合にも，イメージを多次元的にとらえて分析する必要があるだろう。

さらに，Phalet & Poppe（1997）や Fiske, Cuddy, & Glick（2002）は集団間の関係がステレオタイプの内容と関係することを示している。たとえば，ある目的（goal）をめぐって葛藤・競合関係にある集団に対するイメージは，「徳性」や「温かさ」の次元で否定的なものになりやすいことが示されている。この結果は，日本と政治あるいは経済的な面で対立関係にある国の人々の日本イメージをポピュラー文化の力で好転させようとすることの限界を示唆するものであり，こうした観点を考慮に入れた調査研究も必要とされるだろう。

また，国や国民のイメージを尋ねる質問に関しては，特定の特徴を集団全体に一般化して答えることに慎重な態度を示したり，抵抗を感じたりする人が少なくないことが半世紀も前から指摘されている（Karlins, Coffman, & Walters 1969: 14）。そのいっぽうで，Devine（1989）は，黒人に対するステレオタイプ的な判断を否定する人でも，

潜在的な認知としては，そうしたステレオタイプを持っている場合があることを示している。こうしたことを考えると，ポピュラー文化が国や国民のイメージに与える影響を検討する研究においても，「潜在的連合テスト（Implicit Association Test）」（Greenwald, McGhee, & Schwartz 1998）のような潜在的な認知を把握するための手法を用いることを考えてもよいと思われる。

　岩渕は外交的な国益のためにポピュラー文化を利用しようとする安易な態度を批判する議論を展開しているが（岩渕 2007; Iwabuchi 2015），その岩渕もポピュラー文化が国境を越えた人々の間の対話や理解を促すことの可能性そのものを否定しているわけではない。本章で紹介した研究のうちにも，海外のポピュラー文化の受容がその国に対する肯定的なイメージや好意的な態度と結びついていることを示す研究はいくつも見られた。ただし，すでに述べたように，それらの研究が示すのは相関関係であって，因果関係ではないため，ポピュラー文化の受容が肯定的なイメージや好意的な態度をもたらしているのかどうかについては明らかではない。標本の限定性や偏りのために，結果の一般化可能性に疑問符がつく研究もある。こうしたことを考えるなら，ポピュラー文化が外国でどのように流通し，受容され，どのような影響を及ぼすのかについての精緻で実証的な研究の積み重ねが今後もますます必要とされるだろう。

注

1　ポピュラー文化の力に対するこうした期待の根拠としてしばしば言及されるのはナイの提唱する「ソフトパワー」である。だが，ナイのいうソフトパワーとは「自国が望む結果を他国も望むようにする力」（Nye 1990）であり，ポピュラー文化はそうした力のいくつかの源泉のひとつにすぎない。ナイは「ポケモンがあるからといって日本が望む政策を外国がとるわけではない」という例も挙げて，ポピュラー文化の力をソフトパワーと混同し

てはならないことを強調している（Nye 2004=2004: 35）。
2 岩渕は，東・東南アジアへの日本のポピュラー文化の輸出を歴史問題の克服という国益と結びつける議論が1990年代になってから盛んに行われるようになったことを指摘し，その理由として，ポピュラー文化が「その地域での日本のイメージを向上させ，ひいては日本の侵略の歴史に対する後遺症をやわらげ，抹殺してくれる可能性に注目が集まった」ことを挙げている（岩渕 2001: 126-127）。そのうえで岩渕は，そうした議論は過去を克服するために過去と真摯に向き合い続けることを回避し，イメージ外交による安易な過去の清算をめざすものだとして，これを批判している（岩渕 2007: 25）。
3 いっぽうでは，こうした受容者研究が受け手の能動性，自律性，解釈の独自性を過大評価しているという批判もある（Morley 1993）。
4 調査データに基づかない論考，あるいは調査の方法論が不明確であったり，そもそも記述されていなかったりする論考は基本的には本章における概観の対象としなかった。結果として，概観の対象になった研究はいわゆる量的な調査に基づいた研究が多くなっている。
5 これに対して，アトランタ，トリノの二つのオリンピック報道を分析した上瀬（2007）は，オリンピック報道で外国あるいは外国人が登場する場合には日本の対戦国あるいは日本人選手のライバルとして現れることが多く，外国を日本と対立するものとして明示し，対立軸を顕在化する提示パターンが用いられることを示し，これをライバルフレームと呼んでいる。
6 上瀬（2004）では「752人」となっているが，性別内訳の人数を合計した数字が652人のため，ここでは652人とした。
7 岩渕は，海外で流通する日本のメディア文化商品のうち，アニメやコンピューターゲームなどは，文化的，人種的，民族的な特徴が消されるか薄められており，「日本」という国の文化的特徴やライフスタイルのイメージがそこに結びつけられていないため，製作国である「日本」のイメージが強く消費者に意識されないとし，それらを「日本臭」のない「文化的に無臭」な商品だと論じている（岩渕 1998: 42, 岩渕 2001: 30）。したがって，それらの商品の魅力は日本という国や文化のイメージとはあまり関係のないところで見出されていると岩渕は論じる（岩渕 1998: 48）。岩渕に限らず，アニメの「無国籍性」はしばしば指摘されている（草薙 2003: 97）。
8 各因子の因子得点を変数としているのか，各因子の因子負荷量が高かった項目に対する回答の数字を加算したものを変数としているのかは不明であ

る。
9 「冬のソナタにはまった」,「冬のソナタの世界にのめりこんだ」などの 13 項目の記述に対する 7 件法による回答の平均値を値とする変数（長谷川 2007a）。
10 この調査は，米国番組が海外の若者の米国イメージを悪化させ，米国の好意度を低下させているという DeFleur & DeFleur（2003）の主張を検証する目的で行われた。
11 1999 年に行った調査では，ふだん三台をよく見る人の割合が 27% 程度に落ち込んでいたのに対して，日本番組専門の代表的なケーブルテレビ局である緯來日本台をよく見る人の割合は 14.2%，國興衛視台は 7.5% に上昇していた。ただし，このとき米国映画専門チャンネルの HBO 家庭電影院を見る人の割合は 45.2% あった。
12 「徳性」と「温かさ」はともに対人関係的に望ましい性質や性格，意図の望ましさや好ましさに関係するもので，ほぼ同じ内容を表す次元だと考えられる。たとえば，「徳性」の次元の要素としては「正直な」,「寛容な」,「謙虚な」などが挙げられ（Phalet & Poppen 1997: 711），「温かさ」の次元の要素としては「温かい」,「寛容な」,「誠実な」などが挙げられている（Fiske, Cuddy, & Glick 2002: 884）。

　また，ブランドパーソナリティを分析した Aaker（1997）は「誠実さ」と「能力」を含む五つの次元を見出しているが，「誠実さ」は「徳性」や「温かさ」と同じ内容の次元だと考えられる。

　Ishii & Watanabe（2015）が日本人 880 人を対象とした調査では，日本を含む 8 か国それぞれに対して回答者が持つイメージについて因子分析を行ったところ，「誠実さ」,「有能さ」,「温かさ」の 3 次元が抽出された。

参考文献

[日本語]

秋菊姫（2012）「初期テレビ史における日本のアニメーション再考」谷川健司・王向華・須藤遥子・秋菊姫編著『コンテンツ化する東アジア』青弓社, 152-169.
飽戸弘・原由美子（2000）「相手国イメージはどう形成されているか──日本・韓国・中国世論調査から（その 2）」『放送研究と調査』50(8), 56-93.
榎本泰子（2015）「大学生の中国イメージと文化交流の意義」『東亜』578: 22-

31.

藤田結子(2008)「メディアが構築する外国イメージと若者の国際移動」『メディア・コミュニケーション』58: 5-18.

萩原滋(2007a)「大学生のメディア利用と外国認識——首都圏13大学での調査結果報告」『メディア・コミュニケーション』57, 5-33.

萩原滋(2007b)「大学生の外国認識とメディアの役割」萩原滋編著『テレビニュースの世界像——外国関連報道が構築するリアリティ』勁草書房, 313-341.

原由美子・塩田雄大(2000)「相手国イメージとメディア——日本・韓国・中国世論調査から」『放送研究と調査』50(3), 2-23.

長谷川典子(2005)「テレビドラマ『冬のソナタ』の受容研究——日韓コミュニケーションの視点から」『多文化関係学』2: 15-30.

長谷川典子(2007a)「韓国製テレビドラマ視聴による態度変容の研究——異文化間教育の視点から」『異文化間教育』25: 58-73.

長谷川典子(2007b)「対韓イメージの質的研究 II ——ドラマ視聴が生む心理的変化の経時的調査」『異文化コミュニケーション』10: 63-82.

長谷川典子(2011a)「韓流ドラマ視聴による韓国人イメージの変容——日本人学生へのPAC分析調査結果から」『北星大学文学部北星論集』48(2): 13-33.

長谷川典子(2011b)「『韓流』再考——韓流ドラマの感情移入的視聴による偏見逓減効果の検証をもとに」多文化関係学会編『多文化社会日本の課題——多文化関係学からのアプローチ』明石書店, 197-214.

ハワガ,ディナ・エル(1998)「エジプト人が見た日本——連続ドラマ『おしん』の放映をめぐって」五十嵐暁郎編『変容するアジアと日本』世織書房, 211-247.

石井健一(2001a)「親日と反日——尖閣諸島問題をめぐる日・中・台報道」石井健一編『東アジアの日本大衆文化』蒼蒼社, 165-192.

石井健一(2001b)「文化と情報の国際流通」石井健一編『東アジアの日本大衆文化』蒼蒼社, 209-240.

石井健一・渡辺聡(1998)「香港における日本のポピュラー文化と消費行動——アンケート調査から」『ブレーン』38(4): 118-124.

石井健一・渡辺聡(2001a)「国境を越える日本のテレビ番組——台湾の事例」石井健一編『東アジアの日本大衆文化』蒼蒼社, 33-74.

石井健一・渡辺聡(2001b)「香港の若者の日本文化接触と消費行動」石井健一編『東アジアの日本大衆文化』蒼蒼社, 113-134.

第4章　ポピュラー文化と国のイメージ・好意度

石井健一・小針進・渡邉聡（2014）「韓国と台湾における『日本』イメージの比較——国家ブランディング調査から」『東亜』No.562, 80-93.

岩渕功一（1998）「文化的無臭性それともアジアンモダニティーの芳香？——東アジア市場への日本の文化輸出」五十嵐暁郎編『変容するアジアと日本——アジア社会に浸透する日本のポピュラーカルチャー』世織書房, 41-79.

岩渕功一（2001）『トランスナショナル・ジャパン——アジアをつなぐポピュラー文化』岩波書店.

岩渕功一（2007）『文化の対話力——ソフト・パワーとブランド・ナショナリズムを越えて』日本経済新聞社.

上瀬由美子（2004）「ワールドカップによる外国イメージの変容——日韓共催によって韓国のイメージはどう変わったか」萩原滋・国広陽子編『テレビと外国イメージ——メディア・ステレオタイピング研究』勁草書房, 243-259.

上瀬由美子（2007）「オリンピックにおける外国関連報道——テレビニュースにおけるライバルフレーム」萩原滋編著『テレビニュースの世界像』勁草書房, 271-290.

金山智子（2008）「北京オリンピック報道と中国イメージの変化——フォーカスグループインタビューの結果と考察」『武蔵大学総合研究所紀要』18: 69-83.

川竹和夫・杉山明子・原由美子・櫻井武編（2000）『外国メディアの日本イメージ——11ヵ国調査から』学文社.

川竹和夫・杉山明子・渋谷香織（1996）「マスメディアに現れる外国イメージのステレオタイプ——外国テレビ番組の中の日本イメージを中心に」川竹和夫・杉山明子編『メディアの伝える外国イメージ』圭文社, 47-76.

小針進・渡邉聡（2003）「韓国大学生における日本の大衆文化への接触と対日態度」『現代韓国朝鮮研究』3: 10-18.

小針進・渡邉聡（2006）「韓国の大学生は、こう考えている——最新意識調査から読み取る」『中央公論』3月号, 121(3): 90-104.

草薙聡志（2003）『アメリカで日本のアニメは、どう見られてきたか』徳間書店.

向田久美子・坂元章・村田光二・高木栄作（2001）「アトランタ・オリンピックと外国イメージの変化」『社会心理学研究』16(3): 159-169.

中野嘉子・呉咏梅（2002）「キムタクと魯迅——中国の大学生が見た日本ドラマ」『外交フォーラム』15(10): 48-50.

小野耕世（1998）「日本マンガの浸透が生み出す世界」『日本漫画が世界ですご

い！』たちばな出版,76-91.

大塚英志・大澤信亮（2005）「『ジャパニメーション』はなぜ敗れるか」角川書店.

王文蘭, 2006,「消費文化の変革と中国における日本大衆文化の受容と普及」『アジア文化研究』13: 167-179.

相良順子（2004）「子どもの外国イメージとメディア」萩原滋・国広陽子編『テレビと外国イメージ――メディア・ステレオタイピング研究』勁草書房, 263-283.

相良順子・萩原滋（2004）「メディアと子どもの外国イメージ――小中高校生を対象とした発達的研究」『メディア・コミュニケーション』54: 59-73.

高木栄作・坂元章（1991）「ソウルオリンピックによる外国イメージの変化――大学生のパネル調査」『社会心理学研究』6(2): 98-111.

辻村明・金圭煥・生田正輝編（1982）『日本と韓国の文化摩擦――日韓コミュニケーション・ギャップの研究』出光書店.

辻村明・古畑和孝・飽戸弘編（1987）『世界は日本をどう見ているか――対日イメージの研究』日本評論社.

張梅（2012）「異文化に対する抵抗と吸収のジレンマ――中国アニメ業界への日本アニメの影響に関する一考察」谷川健司・王向華・須藤遥子・秋菊姫編著『コンテンツ化する東アジア――大衆文化／メディア／アイデンティティー』青弓社, 129-151.

渡辺浩平（2001）「乱反射する日本のイメージ――中国の大衆文化に見る日本好き／日本嫌い」『世界』（3月号）685: 122-126.

渡邉聡・石井健一・小針進（2004）「日本の若年層における韓国大衆文化の受容とアジア意識――首都圏および静岡県の大学生と高校生を対象にした調査から」『国際関係・比較文化研究』静岡県立大学国際関係学部紀要 3(1): 73-94.

渡邉聡・石井健一（2012）「韓流と韓国イメージ――ナショナリズム的態度との関係」『国際・比較文化研究』静岡県立大学国際関係学部紀要 11(1): 195-215.

[英語]

Aaker, J. L. (1997) "Dimensions of Brand Personality", *Journal of Marketing Research*, 34: 347-356.

Adoni, H., & Mane, S. (1984) "Media and the social construction of reality: Toward an integration of theory and research", *Communication*

Research, 11(3): 323-340.
Ang, I. (1985) *Watching Dallas: Soap opera and the melodramatic imagination,* Methuen & C0. Ltd.
Burgess II, T. D. G., & Sales, S. M. (1971) "Attitudinal effects of 'mere exposure': A reevaluation", *Journal of Experimental Social Psychology*, 7: 461-472.
Cialdini, R. B., & Richardson, K. D. (1980) "Two indirect tactics of image management: Basking and blasting", *Journal of Personality and Social Psychology*, 39: 406-415.
Cooper-Chen, A. (2012) "Cartoon planet: the cross-cultural acceptance of Japanese animation", *Asian Journal of Communication*, 22 (1): 44-57.
DeFleur, M. L., & DeFleur, M. H. (2003) *Learning to hate Americans*, Marquette Books.
Devine, P. G. (1989) "Stereotypes and prejudice: Their automatic and controlled components", *Journal of Personality and Social Psychology*, 56(1): 5-18.
Fiske, S. T., Cuddy, A. J. C., Glick, P., & Xu, J. (2002) "A Model of (Often Mixed) Stereotype Content: Competence and Warmth Respectively Follow From Perceived Status and Competition, *Journal of Personality and Social Psychology*, 82(6): 878-902.
Fullerton, J. A. (2005) " 'Why do they hate us?' International attitudes towards America, American brands and advertising", *Place Branding*, 1(2): 129-140.
Gerbner, G., & Gross, L. (1976) "Living With Television: The Violence Profile", *Journal of Communication*, 26(2): 173-199
Gerbner, G., Gross, L., Morgan, M., & Signorielli, N. (1982) "Charting the Mainstream: Television's Contributions to Political Orientations", *Journal of Communication*, 32(2): 100-127.
Greenwald, A. G., McGhee, D. E., & Schwartz, J. L. K. (1998) "Measuring Individual Differences in Implicit Cognition: The Implicit Association Test", *Journal of Personality and Social Pshchology*, 74(6): 1464-1480.
Hao, X., & Teh, L. L. (2004) "The Impact of Japanese Popular Culture on the Singaporean Youth", *Keio Communication Review*, 26: 17-36.
Hasegawa, N. (2006) "A Quantitative Analysis of Japanese Images of Korea: Perceptual Changes Brought about by TV Drama Viewing",

Intercultural Communication Studies, 15(1): 77-86.
Hawkins, R. P., & Pingree, S. (1980) "Some Processes in the Cultivation Effect", *Communication Research*, 7(2): 193-226.
Huang, S. (2011) "Nation-branding and transnational consumption: Japan-mania and the Korean wave in Taiwan", *Media, Culture & Society*, 33(1): 3-18.
Ishii, K., Su, H., & Watanabe, S. (1999) "Japanese and U.S. programs in Taiwan: New Patterns in Taiwanese Television", *Journal of Broadcasting & Electronic Media*, 43(3): 416-431.
Ishii, K., & Watanabe, S. (2015) "Nation brand personality and product evaluation among Japanese people: Implications for nation branding", *Place Branding and Public Diplomacy*, 11(1): 50-64.
Iwabuchi, K.(2015) "Pop-culture diplomacy in Japan: soft power, nation branding and the question of 'international cultural exchange'", *International Journal of Cultural Policy*, 21(4): 410-432.
Kang, J. G., & Morgan, M. (1988) "Culture clash: Impacts of U.S. television in Korea", *Journalism Quarterly*, 65: 431-438.
Karlins, M., Coffman, T. L., & Walters, G. (1969) "On the Fading of Social Stereotypes: Studies in three generations of college students", *Journal of Personality and Social Psychology*, 13(1): 1-16.
Katz, D., & Braly, K. (1933) "Racial stereotypes of one hundred college students", *Journal of Abnormal and Social Psychology*, 28: 280-290.
Katz, E., & Liebes, T. (1984) "Once upon a time, in Dallas", *Intermedia*, 12(3): 28-32.
Kim, S. S., Agrusa, J., Chon, K., & Cho, Y.(2008) "The Effects of Korean Pop Culture on Hong Kong Residents' Perceptions of Korea as a Potential Tourist Destination", *Journal of Travel & Tourism Marketing*, 24(2/3): 163-183.
Morley, D. (1993) "Active Audience Theory: Pendulums and Pitfalls", *Journal of Communication*, 43(4): 13-19.
Nye, J. S. (1990) "Soft power", *Foreign Policy*, 80:153-171.
Nye, J. S. (2004) Soft Power: *The Means to Success in World Politics*, The Sagalyn Literary Agency.（山岡洋一訳『ソフトパワー——21世紀国際政治を制する見えざる力』日本経済新聞社, 2004）
Payne, D. E., & Peake, C. A. (1978) "Cultural Diffusion: The Role of U.S. TV

in Iceland", *Journalism Quarterly*, 54(3): 523-531.

Phalet, K., & Poppe, E. (1997) "Competence and morality dimensions of national and ethnic stereotypes: a study in six eastern-European countries", *European Journal of Social Psychology*, 27: 703-723.

Pingree, S., & Hawkins, R. (1981) "U.S. Programs on Australian Television: The Cultivation Effect", *Journal of Communication*, 31(1): 97-105.

Sakamoto, A., Murata, K., & Takaki, E.(1999) "The Barcelona Olympics and the perception of foreign nations: A panel study of Japanese university students", *Journal of Sport Behavior*, 22(2): 260-278.

Salovey, P., & Rodin, J. (1984) "Some antecedents and consequences of social-comparison jealousy", *Journal of Personality and Social Psychology*, 47: 780-792.

Sparkes, V.(1977)"TV across Canadian Border: Does It Matter?", *Journal of Communication*, 27(4): 40-47.

Straubhaar, J. (2007) *World television: From global to local*, Sage.

Tan, A. S. (1982) "Television use and social stereotypes", *Journalism Quarterly*, 59: 119-122.

Tan, A. S., Li, S., & Simpson, C. (1986) "American TV and Social Stereotypes of Americans in Taiwan and Mexico", *Journalism & Mass Communication Quarterly*, 63: 809-814.

Tan, A. S., & Suarchavarat, K. (1988) "American TV and Social Stereotypes of Americans in Thailand", *Journalism Quarterly*, 65: 648-654.

Tan, A. S., Tan, G. K., & Tan, A. S. (1987) "American television in the Philippines: A test of cultural impact", *Journalism Quarterly,* 64: 65-72, 144.

Tsai, M. K. (1970) "Some effects of American television programs on Children in Formosa", *Journal of Broadcasting*, 14(2): 229-238.

Tomlinson, J. (1991) *Cultural Imperialism: A Critical Introduction*, Pinter Publishers. (片岡信訳『文化帝国主義』青土社, 1997)

Ware, W., & Dupagne, M. (1994) "Effects of U.S. Television Programs on Foreign Audiences: A Meta-Analysis", *Journalism Quarterly*, 71(4): 947-959.

Weimann, G. (1984) "Images of Life in America: The Impact of American T.V. in Israel", *International Journal of Intercultural Relations*, 8: 185-197.

Willnat, L., Zhou, H., & Hao, X. (1997) "Foreign Media Exposure and

Perceptions of Americans in Hong Kong, Shenzhen, and Singapore", Journalism & Mass *Communication Quarterly*, 74(4): 738-756.

Zaharopoulos, T. (1997) "US Television and American Cultural Stereotypes in Greece", *World Communication*, 1: 30-44.

Zajonc, R. B. (1968) "The attitudinal effects of mere exposure", Journal of Personality and Social Psychology, 9, *Monograph Part2*: 1-27.

[中国語]

李天鐸・何慧雯（2002）「遙望東京彩虹橋」『日本流行文化在台灣與亞洲』李天鐸編, 15-49.

李丁讚・陳兆勇（1998）「衛星電視與國族想像 - 以衛視中文台的日劇為觀察對象」『新聞學研究』no.56, 9-34.

第5章　韓国，台湾，香港における「日本」イメージとナショナリズム意識

石井　健一・小針　進・渡邉　聡

　本章では，日本から地理的にも近い韓国，台湾，香港の人々が日本にどのようなイメージを持っているのか，その規定要因は何か，さらにそうしたイメージが日本製品や旅行地としての日本の魅力にどのように影響を与えているかを，調査の結果を用いて実証的に論じることとする[1]。これらの国・地域の対日意識は，ナショナリズム意識と結びついていることが過去の研究から指摘されている (Ishii, 2012)。韓国では，慰安婦問題や竹島の領有権など，ことあるごとに反日意識を煽る問題が政治的に提起されてきた。台湾では，本省人（台湾出身者）と外省人（大陸出身者）の対立が親日・反日の意識と結びついていることが，従来から指摘されてきた（朱 1998）。ただし，1999年の筆者たちの調査では，日本のポピュラー文化を好むかどうかということと，本省人・外省人という要因との関係は見出されていない（石井 2001）。台湾では2014年に中国との関係をめぐって反発する学生たちの「ひまわり運動」が起きるなど，台湾のナショナリズム意識は以前よりも強く中国を意識したものになっていると予想される。香港でも最近のナショナリズム意識は中国との関係に強く関連したものになっている。「自分は中国人である」と認める比率は2007年の92.8％から2014年に62.6％まで低下し，「反愛国教育運動」や「雨傘運動」などに見られるように反

中国的な運動も起こっている（倉田・張 2015）。こうした状況において，韓国，台湾，香港におけるナショナリズム意識と日本のイメージや中国に対する好意度がどのように関連しているのかについても見ていくことにする。

1. 本章の理論的枠組み

　本章の理論的枠組みについて説明しておきたい。本章では，社会心理学から二つの理論を援用する。ひとつは，イメージの多次元性の理論である。社会心理学の実証研究が示すところでは，人がある対象に対して持つイメージは多次元的なものである。この知見に基づけば，国のイメージもひとつの次元で説明することはできない。したがって，アンホルトの国家ブランド指数調査（BMI）[2]のように，国の魅力を一次元の尺度（ランキング）で測ろうとするのは，社会心理学の知見からすると適切ではない。アンホルトのランキングは国際的な注目度が高く，多くの国で国家ブランディング関係の施策に使われているが，こうした一次元的なランキングは現状の認識を歪めてしまう危険性がある。本章が目ざしているのは，国のランキングを作ることではなく，学術的に妥当性の高い理論に基づいて，韓国，台湾，香港における日本のイメージとその影響力を客観的に測定することである。

　イメージの多次元性を理論化した研究のひとつとして，社会心理学者スーザン・T・フィスクらが提案した「ステレオタイプの二次元モデル」がある（Fiske 2006）[3]。これは，ステレオタイプ的な認知には「温かさ」と「有能さ」の二つの次元があるという理論であり，このモデルによると，人が対象に対してネガティブな評価（ステレオタイプ的な評価）をする際には二つの異なる次元が関係しているとされる。ひとつは「温かさ」が欠けている（＝冷たい）という認知，

もうひとつは「有能さ」が欠けている（＝無能である）という認知である。たとえば，アメリカ人にとって障がい者や老人に対するステレオタイプには「有能さ」が欠けているという認知が関係しているが，ユダヤ人やアジア人へのステレオタイプには，「温かさ」が欠けているという認知が関係しているとされる（「有能さ」の次元では優れていると認知されている）。

　このモデルは主としてマイノリティや障がい者に対する社会的認知の分析に使われているが，国の認知にも適用例がある。多次元的なイメージ理論が優れている点は，国のイメージを多次元的な枠組みでとらえることによって，その国のさまざまな製品や観光地などに対する評価と国のイメージとの関係を多面的に分析できることである。たとえば，先行研究によると，国の「温かさ」の次元の評価は，その国の「快楽的な」製品（使うことが楽しい製品）の評価に関係しており，国の「有能さ」の次元の評価は，その国の実用的な製品の評価に関係している（Chattalas, & Takada 2013）。我々の研究でも，パソコンなどのIT製品に対しては「有能さ」の次元，革靴などファッション製品に対しては「温かさ」の次元，旅行地としての魅力については，その国に対する好意度が最も関係していることが示されている（石井・渡邉 2012; Ishii & Watanabe 2015）。なお，ブランドパーソナリティに基づく国家イメージの効果に関する詳細な分析は，第9章で行う。

　本章で援用するもうひとつの理論的な枠組みは，ナショナリズム意識に関するものである。ナショナリズム意識は，自分の国に向けられる「愛国心」と，外国に向けられる「排外意識」に大きく分けられる。中国で石井が行った研究によると，二つのナショナリズム意識のうち，「愛国心」は自国製品の積極的な購買に関係しており，「排外意識」は特定の国（日本やアメリカなど）の製品の排斥につながっていた（Ishii 2009）。本章が対象とする韓国と台湾は，経済水

準のレベルがほぼ等しく,政治体制も似ているにもかかわらず,対日意識の点では正反対の特徴を持っている。この2か国の差異をもたらしている要因のひとつとして,両国のナショナリズム意識のあり方の違いを考えることができる。香港でも中国との関係において複雑なナショナリズム意識が形成されている。これらのナショナリズム意識は,日本との歴史的な関係から,反日的な意識と結びついたり,親日的な意識と結びついたりしている。そこで,本章では,韓国,台湾,香港について,それぞれのナショナリズム意識が日本や中国に対する意識とどのように関係しているのかを見る。

　調査結果の紹介に入る前に,本章で用いる調査データについて簡単に説明しておく。韓国では,現地の大手調査会社のモニターを利用して,2012年11月にインターネットで調査を実施した。対象は,韓国に居住する満20歳以上59歳以下の成人男女で,回答者数の合計は960人である。回答者の抽出には,割り当て抽出法を用いた。20-29歳,30-39歳,40-49歳,50-59歳の各年齢層に同数(240人)を割り当て,さらに各年齢層において男女同数(各120人)を割り当てた。調査では八つの国に対するイメージを調べたが,国のイメージを測定する質問は項目数が25と多く,回答者の負担が大きいため,回答者1人当たりは,8か国からランダムに割り当てた2か国だけについて答えるようにした。そのため,日本のイメージについての回答者は240人になる。台湾でも現地の調査会社に委託して2013年2月にインターネットで調査を実施した。対象は,台湾在住の満15歳以上49歳以下の成人男女であり,回答者数の合計は800人である。韓国と同様に割り当て抽出法を用いて,15-19歳,20-29歳,30-39歳,40-49歳の各年齢層を同数(200人)とし,各年齢層において男女同数(各100人)とした。ただし,台湾でも,国のイメージは回答者1人当たり2か国だけについて答えるようにしたため,日本のイメージについて答えた回答者は

200人である。香港では2014年2月に香港在住の15-69歳の男女750人を対象としてインターネット調査を実施した（使用言語は広東語）。各回答者に対して3か国（アメリカ，韓国，日本）のうちひとつをランダムに割り当て，23項目の人格特性用語を用いて国のイメージを測定した。また，その国の「革靴」「スマートフォン」「映画のDVD」「シャツ」「自動車」「ミネラルウォーター」について「絶対に買いたくない」から「ぜひ買いたい」の5段階で評定してもらった。韓国及び台湾ではイメージを測定した国が8か国であるのとは異なり，香港ではアメリカ，韓国，日本の3か国に限定して，このうち1か国のみについて回答している。そのため，香港では日本のイメージについて答えた回答者は250人である。このように，対象者の選択は韓国，台湾，香港で細部は異なるものの，ほぼ同様の方法をとっているが，回答者の平均年齢については，韓国が38.9歳，台湾が30.6歳，香港が42.9歳であり，韓国と香港に比べて台湾の対象者の年齢が若い層に寄っていることに注意する必要がある。

調査時期は，台湾においては「ひまわり学生運動」のデモが始まった時期の直前（1か月前）の時期にあたり，香港においては2014年9月から行われた反政府運動（雨傘運動）の約半年前の時期にあたっている。なお，3か国の調査において，回答者の社会経済的属性のほか，イメージを測定した各国に対する好意度，各国の料理の好き嫌い，観光希望，友人の有無等についても測定した。

2. 韓国・台湾・香港の対外意識の比較

韓国では日本を含む7か国（日本，中国，米国，イタリア，ベトナム，ドイツ，インド），台湾では上記7か国に韓国を加えた8か国について，その国に対する好意度を5段階で評価してもらった。予想し

た通り,日本に対する好意度は,韓国と台湾では対照的な結果となった。韓国では日本は7か国中で最も非好意的に評価されたのに対して,台湾では最も好意的に評価されていた(表5.1)。香港でも日本はかなり好意的に評価されているが(8か国中2位),日本よりも韓国への好意度がさらに高かった。

表5.1 主要8か国への好意度平均(5点尺度)

	韓国 (n=960)	台湾 (n=800)	香港 (n=750)
日本	2.46	4.27	3.92
アメリカ	3.34	3.74	3.37
中国	2.70	2.69	3.07
イタリア	3.30	3.81	3.66
ベトナム	2.96	2.88	2.94
ドイツ	3.56	3.75	3.57
インド	3.03	2.80	2.48
韓国	—	2.92	3.95

ただし,興味深いことに,日本以外の国に対する韓国,台湾,香港の人々の評価は似ている(表5.1参照)。たとえば,ドイツ,米国,イタリアといった欧米諸国には好意的であり,ベトナムとインドに対してはややネガティブな評価をしている。特に香港ではインドに対する好意度が低い。また,1997年に香港の主権は中国に返還されたが,香港人は返還先となった中国に対して,あまり高い好意度を示していない。

前述した「ステレオタイプの二次元モデル」によると,国のイメージは「温かさ―冷たさ」「有能―無能」の二次元で整理・分類できると予想される。今回の調査では,「堅実な」,「正直な」,「知性がある」,「温かい」,「有能な」,「自信がある」などの性格や性質を表す語句を25項目提示し,それぞれについて,各国あるいは各

第5章 韓国, 台湾, 香港における「日本」イメージとナショナリズム意識

国の人がその語句にどの程度あてはまると思うかを「非常にあてはまる」から「まったくあてはまらない」までの5段階で答えてもらうことで, それぞれの国のイメージを測定した。その結果を因子分析と呼ばれる統計手法で分析したところ, フィスクらの研究で示されているのと同様の二つの主要な次元が現れた。そこで, 先行研究の知見にならって, 第1の次元と関係の強かった「温かい」と「信頼できる」という2項目に対する評価の合計値を「温かさ」のイメージの得点とし, 第2の次元と関係の強かった「有能な」と「先進的な」の2項目に対する評価の合計値を「有能さ」のイメージの得点とすることにした。それぞれ, 最低点が2点, 最高点が10点で, 得点が高いほどそれぞれのイメージが強く持たれていることを意味する。

韓国, 台湾, 香港人が各国・各国人に対して持っているイメージの得点の平均を示したものが表5.2である(「—」は調査データがない)。韓国人は, 日本を「有能さ」では中程度だが, 「温かさ」が欠けて

表5.2 主要国に対する「温かさ」と「有能さ」得点の平均

	温かさ			有能さ		
	韓国 ($n=240$)	台湾 ($n=200$)	香港 ($n=250$)	韓国 ($n=240$)	台湾 ($n=200$)	香港 ($n=250$)
日本	4.6	7.2	6.9	6.3	8.1	7.6
アメリカ	6.1	6.5	6.1	7.6	8.1	7.2
中国	4.2	4.9	—	5.1	5.9	—
韓国	—	5.2	6.8	—	7.1	7.0
イタリア	6.2	6.4	—	6.5	6.6	—
ベトナム	5.7	5.5	—	4.6	4.8	—
ドイツ	6.9	7.1	—	7.7	8.5	—
インド	5.9	5.7	—	5.4	5.7	—

いるとみており，台湾人は日本を「温かく」かつ「有能」とみている。他の国で特徴的な点を見ると，韓国人，台湾人ともにベトナムが最も「有能さ」に欠けるとみている。温かさについては，韓国人は日本と中国がほぼ同レベルで最も「温かさ」に欠けているとみている。また，意外なのは，台湾人は韓国を最も「温かさ」に欠けているとみていることである。2010年のテコンドーの国際競技会における台湾人選手の判定をめぐるトラブルや半導体をはじめとする一部電子製品の国際市場における韓台間の企業競争などによって台湾で反韓感情が生じたことが，韓国は「温かさ」に欠けているというイメージに反映しているとみられる[4]。なお，香港人の日本に対するイメージは，「温かさ」「有能さ」とも3か国中（日本，アメリカ，韓国）最高である。

なお，台湾，韓国ともに，「温かさ」と「有能さ」の両次元でドイツのイメージがきわめて良いことが注目される。特に「有能さ」の得点は，両国ともドイツが最も高い。また，韓国と台湾で中国の「温かさ」の得点が最低であることも注目される。中国は「有能さ」においてベトナム，インドを上回っているが，「温かさ」ではこれらの国の中の最低点となっている。中国は経済力は評価されているものの，政治的に強硬な姿勢をしばしばとり，軍事的な脅威とも認識されていることが，「温かさ」が欠けているというイメージにつながっているのではないかと考えられる。

当然のことながら，日本に対するイメージは日本に対する好意度（日本が好きかどうか）と関係している。回答者を日本に対する好意度によって三つのグループに分け，それぞれが日本に対して持っている「温かさ」のイメージと「有能さ」のイメージの得点（平均点）を示したものが表5.3である。日本が好きな人ほど日本に対して良いイメージを抱いていることが分かる。特に韓国人においては「温かさ」のイメージが日本への好意度と強く関係している。ただし，

第5章 韓国, 台湾, 香港における「日本」イメージとナショナリズム意識

「温かさ」と比べると,「有能さ」のイメージと日本に対する好意度の関係はやや弱い[5]。

表5.3 日本に対する好意度と日本に対するイメージの関係

		日本が好きか			日本に対する好意度との相関係数
		好き	普通	好きではない	
韓国	温かさ	6.02 >	5.35 >	3.64	0.594
	有能さ	7.64	6.63 >	5.76	0.334
台湾	温かさ	7.42	6.45	5.50	0.359
	有能さ	8.23	7.61 >	6.40	0.324
香港	温かさ	7.19 >	5.94 >	4.74	0.590
	有能さ	7.73 >	6.82 >	6.30	0.394

※ >は, 統計的に有意な差であることを示す[6]。

　日本に対する好意度がどのような要因から影響を受けているのかを調べるため, 性別, 年齢, 支持政党 (韓国)／省籍 (台湾), 学歴, 所得, 日本人の友だちの有無, 日本への渡航経験を説明変数に用いて回帰分析という手法による統計分析を行った。表5.4がその分析結果であり, 各要因の影響力が示されている[7]。なお, 説明変数はすべてダミー変数であり, 0または1の値となっている。性別は男性と比べた女性の目的変数 (好意度) に対する影響力, 年齢は20代と比較した各年代の影響力を示す。その他の説明変数もすべてダミー変数であり, たとえば「セヌリ党支持者」という変数はセヌリ党支持者であることが日本への好意度にどれくらい影響するかをセヌリ党支持者以外と比べるかたちで示している。プラスは日本に対して好意的な方向, マイナスは非好意的な方向への影響があることを意味し, 各数値は該当するカテゴリーが日本への好意度 (5点尺度) に与える影響の大きさを示している。表5.4からは, セヌリ党

支持者はそうでない人に比べて日本に対する好意度が 0.07 高くなる効果（影響力）を持っていることが分かる。また，韓国の 30 代は 20 代に比べて日本に対する好意度が 0.04 低くなる効果があるといえる。ただし，20 代と 30 代の差は統計的に有意ではない。韓国では，日本への好意度には，若者（20 代），与党セヌリ党支持者，日本人の友だちがいること，日本への渡航経験[8]がプラスの有意な係数を示している。その一方で，性別，学歴，収入の影響力は小さい。

韓国と同様に，台湾や香港でも日本に対する好意度は 20 代で最も高い。韓国と同様に，日本人の友だちがいることと日本への渡航経験は日本に対する好意度との正の相関関係がみられる。ただし，台湾の省籍については，本省人の方が好意度がやや高いものの，それほど大きな差は見られず，5％水準で統計的に有意な差とはいえない。以前よく言われていた「本省人＝親日」，「外省人＝親中」という図式は最近は明確には成り立たなくなっているようである。

この点についてさらに詳しく見るため，日本への好意度と中国への好意度の相関係数を求めたところ，韓国では $r = 0.258$ （$p<.001$），台湾は $r=0.037$（非有意），香港では $r=-0.178$（$p<.001$）と香港のみでマイナスになり，統計的にも有意であった。香港では日本への好意が中国への反感と結びついているといえる。一方，台湾ではそうした関係が見られない。香港とは逆に，韓国では日本に対する好意度と中国に対する好意度の間にプラスの相関が見られる。韓国では，日本が好きな人は中国も好きであり，逆に日本が嫌いな人は中国も嫌いだという傾向があるということである。南シナ海問題や尖閣諸島問題などをめぐって，日本と中国は政治的に対立しているが，一般の韓国国民の意識にはそうした対立が反映していないといえる。

第5章　韓国, 台湾, 香港における「日本」イメージとナショナリズム意識

表 5.4　日本への好意度, 中国への好意度を説明する回帰分析（標準化回帰係数）

韓国		台湾		香港	
日本への好意度					
性別	0.02	性別	0.01	性別	0.13***
		10代	−0.08		
30代	−0.04	30代	−0.12**	30代	−0.12**
40代	−0.10*	40代	−0.24***	40代	−0.16***
50代	−0.09*			50代	−0.29***
				60代	−0.24***
セヌリ党支持者	0.07*	外省人	−0.06		
大学卒	0.04	大学卒	−0.02	大学卒	−0.13***
高所得者	−0.05	高所得者	0.00	高所得者	0.03
日本人の友だちあり	0.18***	日本人の友だちあり	0.12***	日本人の友だちあり	0.12***
日本渡航経験あり	0.16***	日本渡航経験あり	0.21***	日本渡航経験あり	0.20***
R^2	0.09		0.08		0.13
中国への好意度					
性別	−0.03	性別	−0.12***	性別	−0.05
		10代	−0.06		
30代	0.02	30代	0.11**	30代	0.06
40代	0.11**	40代	0.18***	40代	0.10*
50代	0.12**			50代	0.27***
				60代	0.22***
セヌリ党支持者	0.10**	外省人	0.02		
大学卒	0.04	大学卒	−0.08**	大学卒	0.01
高所得者	−0.09**	高所得者	0.02	高所得者	0.00
中国人の友だちあり	0.18***	中国人の友だちあり	0.02	中国人の友だちあり	0.11**
中国渡航経験あり	0.12***	中国渡航経験あり	0.18***	中国渡航経験あり	0.02
R^2	0.10		0.12		0.09

*$p<0.05$, **$p<0.01$, ***$p<0.001$

　日本に対する好意度について行ったのと同様の分析を中国に対する好意度についても行った。まず, 韓国での分析結果で目につくのは, 中国に対する好意度が40代, 50代で高いということである。

この世代はおおむね軍事政権下で青年期を過ごしており、当時の政権に協力的であった日米両国に対して否定的な感情を持つ人がいるが、中国に対しては特別な感情がない。なお、この調査では60歳以上は対象にしなかったが、中国が参戦した朝鮮戦争を知る60代後半以上の場合、中国に対する好意度は高くない可能性がある。また、中国人の友だち、中国への渡航経験のいずれも、中国に対する好意度に対して統計的に有意なプラスの効果を持っている。所得も有意な効果があり、高所得者では中国に対する好意度が低く、低所得者の方が好意度が高いという傾向がある。また、日本に対する場合と同様に、セヌリ党支持者の方が中国に対する好意度が高い。韓国の保守勢力は、民族主義的色彩が強い進歩勢力よりも国際協調型が多いとも言われているので、保守政党であるセヌリ党（与党）支持者は外国に対するアレルギーが相対的に低いのかもしれない。

台湾人の中国に対する好意度についての分析結果を見ると、韓国と同様に、若者よりも中年層で中国に対する好意度が高く、日本に対する好意度の場合とは逆の結果となっている。中国人の友だちの有無は統計的に有意な影響力が見られないが、中国への渡航経験はプラスの影響力が見られる[9]。日本に対する好意度の場合と同様に、省籍（本省人・外省人）は中国に対する好意度に有意な影響を与えていない。また、性別と学歴の効果が有意であり、男性と低学歴層が中国に対する好意度が高い。

香港人の中国への好意度について見ると、台湾、韓国と同様に若者で好意度が低くなっている。ただし、既存研究（倉田・張 2015）とは異なり、学歴と所得による有意な影響は見られなかった。一方「中国に友だちがいる」が有意な結果を示した。これは、最近になって中国から香港にやってきて、まだ中国にも友人がいる人たちの中国に対する好意度が高いことによるものだと思われる。

これらの結果をまとめると、好意度に関して、回答者の年齢は日

本に対する場合と中国に対する場合で逆の効果を持っており（日本に対しては若者，中国に対しては中年で好意度が高い），友だちや渡航経験といった直接接触は日本と中国のいずれに対しても好意度を高める方向に働いている可能性を示しているといえる。

3. 韓国・台湾・香港のナショナリズム意識

韓国と台湾は，反日と親日という点で対照的であるが，韓国，台湾，香港のナショナリズム意識はどのように違うのであろうか。韓国と台湾のナショナリズム意識を比較してみると，「愛国心」の強さに大きな差はないが，排外意識（ここでは，外国製品を拒否する意識）は韓国人の方がかなり強い（表5.5）。逆にいうと，韓国より台湾の方が排外意識は弱く，外国に対して開放的であると言える。同じ質問を日本で行った調査もあるが，日本を含めた4か国の中では台湾が外国製品に対して最も開放的な態度を示している。香港のナショナリズム意識は複雑であり，香港人としての意識と中国人としての意識が対抗的に働いているといわれる（倉田・張 2015）。「香港が好きだ」という項目に対しては肯定（「非常に好き」と「やや好き」の合計）が75.1%であったのに対して，「中国が好きだ」という項目に対しては，肯定は40.4%にとどまった。一方，外国商品に対しては，台湾と同様に開放的な態度を示し，ほとんどの回答者が外

表5.5 ナショナリズム意識の比較 （5点尺度による肯定的回答の%）

	私は（韓国，台湾，香港）が好きだ	外国製品を買うのは（韓国人，台湾人，香港人）としてよくない
韓国	80.1%	49.1%
台湾	78.5%	8.6%
香港	75.1%	12.1%
日本[10]	89.9%	14.6%

国製品を拒否することには同意しなかった。

次に，韓国と台湾それぞれのナショナリズム意識と日本や中国に対する好意度との関連を見よう。表5.6はナショナリズム意識に関連した主な質問への回答結果（%）と，それらの回答と日本・中国に対する好意度との関係を示したものである。

韓国では「外国製品を買うのはよくない」という意見に約半数の人が賛成しているが，賛成者は賛成しなかった人に比べて日本に対する好意度が有意に低い。しかし，中国に対する好意度については有意な差は見られないものの，賛成者のほうが高い好意度を示している。この結果は，韓国において外国製品として排斥される可能性が高いのは中国製品ではなく日本製品であることを示唆している。愛国心を尋ねる項目「韓国が好きだ」については，賛成した人の方が日本に対する好意度が有意に低い。このことは，韓国人の愛国心が反日意識と結びつく傾向にあることを示すものといえよう。ただし，3問目の「外国人を受け入れなければならない」という質問に対する回答は，日本ではなく中国に対する好意度と関係が見られ，この意見に賛成しない回答者の方が中国に対する好意度が低い。中国朝鮮族などの中国人労働者の流入の増加が背景にあると考えられ，この場合の排外意識は中国に向けられているといえる。

台湾でも，「外国製品を買うのはよくない」という意見に賛成している回答者は日本に対する好意度が低い。賛成率そのものが韓国よりかなり低いとはいえ，台湾でも外国製品の排斥と反日意識が結びついていることを示唆している。ただし，香港では，台湾や韓国とは逆に「外国製品を買うのはよくない」という人の方が日本への好意度が高いという結果になった（ただし，相関係数で二つの変数間の関係を見ると有意な相関ではなかった）。排外意識が反日意識ではなく，日本以外の外国への反感と結びついている場合もあると考えられる。台湾において興味深いのは，愛国心を示す「台湾が好きだ」に対す

第5章　韓国，台湾，香港における「日本」イメージとナショナリズム意識

表5.6　韓国・台湾・香港のナショナリズム意識と日本・中国に対する好意度との関係

	賛成率	日本に対する好意度（平均）		中国に対する好意度（平均）	
		賛成者	それ以外	賛成者	それ以外
韓国					
外国製品を買うのは韓国人としてよくない	49.1%	2.36	2.55*	2.78	2.61
私は韓国が好きだ	80.1%	2.45	2.52*	2.71	2.61
韓国はさらに外国人を受け入れなければならない	36.7%	2.50	2.44	2.82	2.63*
台湾					
外国製品を買うのは台湾人としてよくない	8.6%	4.04	4.29*	2.67	2.69
私は台湾という国が好きだ	78.5%	4.28	4.22	2.73	2.51*
日本政府は歴史を正しく見て誤りを認めるべきだ	69.0%	4.21	4.41*	2.78	2.49*
日本政府は慰安婦に賠償と謝罪をすべきである	73.9%	4.20	4.46*	2.75	2.51*
台湾政府は釣魚島を守るためにもっと積極的になるべきだ	57.4%	4.24	4.31	2.74	2.62
香港					
外国製品を買うのは香港人としてよくない	12.1%	4.15	3.89*	3.37	3.03**
私は香港が好きだ	75.1%	3.88	4.03	3.15	2.81***
日本政府は歴史を正しく見て誤りを認めるべきだ	73.6%	3.84	4.15***	3.15	2.85**
日本政府は慰安婦に賠償と謝罪をすべきである	75.2%	3.84	4.16***	3.15	2.82***
中国政府は釣魚島を守るためにもっと積極的になるべきだ	57.3%	3.76	4.14***	3.31	2.74***

注：賛成率は，「賛成」＋「どちらかというと賛成」の数字（%）。
*は，好意度の平均点が「賛成者」と「それ以外」の間で統計的に有意な差があることを示す。

第二部　日中韓をめぐる相互イメージとその規定要因

る回答は日本に対する好意度とは関係がなく，中国に対する好意度と関係があることである。愛国心が強い人ほど，中国を好意的に評価するという傾向がある。この結果については，「ひとつの中国」の枠組みへの意識との関係性からも検討が必要であろう。

表 5.6 の台湾についての結果に示されている最後の 3 問は歴史認識や領土問題に関連した質問である。これらの質問への賛成率から分かるように，台湾でも日本の歴史認識については批判的な意見が多い。たとえば，「日本政府は慰安婦に賠償と謝罪をすべきである」に対しては賛成が 70％を超えている。しかも，この意見に賛成した人たちは，日本に対する好意度が有意に低く，中国に対する好意度は高い。したがって，台湾人の日本に対する好意度の水準が高いからといって，慰安婦をめぐる問題が台湾人の日本認識に影響を与えていないとは言えない。ただし，歴史認識問題や慰安婦の問題に比べると，尖閣諸島（釣魚島）問題が日本に対する好意度に与えている影響は小さいようである。

香港も台湾と同様に日本の歴史認識問題については否定的な傾向を示した。「日本政府は歴史を正しく見て誤りを認めるべきだ」と「日本政府は慰安婦に賠償と謝罪をすべきである」のいずれについても 70％以上の回答者が肯定した。ただし，尖閣諸島について積極的な行動を支持する意見は歴史認識問題に比べるとやや少なかった。一方，「香港が好きだ」とする者ほど中国への好意度は低くなっていた。これは，香港人としての意識と中国人の意識の間に矛盾があることを示している。

ナショナリズム意識の結果についてまとめると，韓国の愛国心は反日意識，台湾人の愛国心は親中意識と結びついているといえる。また，韓国に比べて台湾や香港人の排外意識は弱いといえるが，このことは台湾・香港人が慰安婦問題など歴史認識問題に寛容であることを必ずしも意味するものではないことに注意する必要がある。

4. ポピュラー文化への接触と国のイメージ

　経済産業省の「クールジャパン」政策では，海外展開を目ざすべき分野として，ファッション，食，コンテンツ（アニメ，マンガなど），地域産品，すまい，観光の六つを挙げている[11]。我々の調査には，これらに関係する質問として，日本製コンテンツ（映画，テレビドラマ，ポピュラー音楽，アニメ）への接触，各種の日本製品の購買意向，日本料理の好き嫌い，日本への観光旅行の意向が含まれている[12]。そこで，これらについて日本のイメージがどのように関係しているのかを見ることにする。

　まず，ポピュラー文化の種類ごとに，そのポピュラー文化に接触している人とそうでない人を分け，日本のイメージを構成する二つの次元である「温かさ」と「有能さ」のそれぞれについて，両者の間に差があるかどうかを検討した。なお，香港調査は他の調査と質問文が少し異なっていたため，テレビとアニメは1か月に1回以上の視聴を「見ている」とし，映画と音楽は「興味あり」を「見ている／聴いている」，「興味なし」を「見ていない／聴いていない」とした（表5.7）。また，比較のために，韓国のポピュラー文化についても同様の分析を行った（表5.8）。ただし，香港では韓国のポピュラー文化接触についての質問が十分でなかったので，日本の結果とすべての項目で比較可能にはなっていない。

　日本製コンテンツに接触している人とそうでない人では，日本に対するイメージに違いが見られるのだろうか。日本製コンテンツへの接触の有無別に日本に対するイメージ得点の平均点を示し，あわせて，その「効果量」[13]（＝接触している人としていない人のイメージ得点の差を基準化した指標）を記したものが表5.7である。これを見ると，「温かさ」のイメージについては，日本の映画やテレビドラマに接

表5.7 日本コンテンツへの接触・日本料理の好き嫌いと日本に対するイメージの関係

		韓国			台湾			香港		
		温かさ	有能さ	かっこよさ	温かさ	有能さ	かっこよさ	温かさ	有能さ	かっこよさ
日本の映画	見ている	5.06	6.25	2.60	7.38	8.14	3.54	7.23	7.83	3.56
		∨		∨				∨		
	見ていない	4.44	6.27	2.31	6.97	7.96	3.32	6.76	7.56	3.34
	効果量	0.36	-0.01	0.32	0.27	0.12	0.26	0.28	0.20	0.23
日本のテレビドラマ	見ている	5.13	6.62	2.27	7.38	8.11	3.49	7.07	7.73	3.41
		∨						∨		
	見ていない	4.47	6.18	2.81	7.03	8.01	3.39	6.39	7.39	3.24
	効果量	0.37	0.24	0.58	0.23	0.07	0.12	0.40	0.25	0.24
日本の音楽	聴いている	4.88	6.54	2.67	7.52	8.26	3.56	7.42	7.83	3.71
				∨	∨		∨	∨		∨
	聴いていない	4.52	6.19	2.30	6.74	7.79	3.28	6.72	7.58	3.31
	効果量	0.20	0.19	0.40	0.54	0.33	0.32	0.40	0.18	0.46
日本のアニメ	見ている	4.72	6.33	2.41	7.26	8.04	3.47	7.12	7.73	3.52
								∨		∨
	見ていない	4.46	6.19	2.35	7.00	8.06	3.37	6.44	7.46	3.16
	効果量	0.14	0.08	0.07	0.17	-0.01	0.11	0.39	0.20	0.39
日本料理	好き	4.90	6.77	2.58	7.37	8.29	3.52	7.13	7.77	3.49
		∨	∨	∨	∨	∨	∨	∨	∨	∨
	好きでない	4.12	5.46	2.08	6.49	7.22	3.13	6.02	7.14	3.08
	効果量	0.45	0.76	0.55	0.61	0.76	0.46	0.66	0.47	0.45

※ ∨は,統計的に有意な差(5%水準)であることを示す。

第5章　韓国,台湾,香港における「日本」イメージとナショナリズム意識

表 5.8　韓国コンテンツ接触と韓国イメージの関係

コンテンツ		台湾			香港		
		温かさ	有能さ	かっこよさ	温かさ	有能さ	かっこよさ
映画	見ている	5.5	7.6	3.6			
		∨	∨	∨			
	見ていない	4.9	6.8	3.1			
	効果量	0.35	0.70	0.41			
テレビ	見ている	5.7	7.9	3.8	6.9	7.2	3.7
		∨	∨	∨	∨	∨	∨
	見ていない	4.7	6.3	2.9	6.4	6.3	3.0
	効果量	0.75	0.91	0.77	0.59	0.79	0.76
音楽	聴いている	5.7	7.8	3.7			
		∨	∨	∨			
	聴いていない	4.7	6.4	2.9			
	効果量	0.67	0.69	0.61			
アニメ	見ている	4.2	7.0	3.2			
	見ていない	5.2	7.1	3.3			
	効果量	-0.02	0.57	-0.08			
韓国料理	好き	5.7	7.9	3.8	7.1	7.2	3.7
		∨	∨	∨	∨	∨	∨
	それ以外	4.8	6.6	3.0	6.3	6.6	3.2
	効果量	0.59	0.75	0.63	0.40	0.65	0.66

※　∨は,統計的に有意な差(5%水準)であることを示す。

触している人の方が日本に対して良いイメージを抱いていることが分かる。これに対して「有能さ」のイメージについては,日本製コンテンツに接触している人と接触していない人が抱くイメージに差が見られない。

　日本のポピュラー文化の代表とされるアニメであるが,日本のイメージとの関係はほとんど見られない。特に「温かさ」のイメージ

は，韓国，台湾ともに効果量が最小になっている。日本のアニメを見ている人が日本に対して抱くイメージがアニメを見ていない人と変わらないのは，アニメでは空想的・非現実的な状況設定が多いというコンテンツ上の特徴が関係しているのかもしれない。生身の日本人が演じる映画やドラマや音楽と違い，アニメに登場する人物の民族や国籍を意識することは少ない。空想的な状況設定も多く，たとえ登場人物が日本人という設定であったとしても，現実の日本人を意識することは少ないだろうし，その登場人物が魅力的であったとしても，そのことによって日本人や日本に対するイメージが高まることは少ないだろう。魅力的な作品を制作・供給する国としての日本に対する関心を高める効果はあっても，日本や日本人に対するイメージを変えさせる効果をアニメに期待するのは難しいのかもしれない（第4章参照）。アニメに比べると，映画，テレビドラマは登場人物がより現実的であり，音楽は歌手という現実の人間を通してコンテンツに接触することになるので，それらに接触する人が日本に対して「温かさ」のイメージを高める力を持っているようである[14]。

また，ポピュラー文化への接触が国のイメージを「カッコいい」ものにするという指摘があり（たとえば，櫻井 2009)，「クールジャパン」政策もそのような前提に基づいて策定されていると思われる。そこで，ここでは「温かさ」と「有能さ」という二つの次元に加えて「カッコいい」という次元も分析対象に加えることにした。その結果は，「温かさ」とほぼ同様であり，映画，音楽，日本料理で効果が見られるというものであった。ただし，意外なことに韓国ではテレビ視聴の効果はネガティブであった。一方，アニメへの接触が「カッコいい」というイメージを高める方向に働いているのは香港だけのようである。

また，同様の分析を，台湾と香港における韓国のポピュラー文化

第5章 韓国,台湾,香港における「日本」イメージとナショナリズム意識

への接触と韓国イメージについて行ってみた(表5.8)。分析結果を見ると,映画,テレビ番組,音楽,韓国料理について統計的に有意な効果が認められる。これらに接触している人の方が「温かさ」「有能さ」「カッコよさ」のいずれについても高い得点を示している。日本の場合と同様,韓国アニメの視聴と韓国イメージの間には関係が見られなかった。ただし,韓国アニメへの接触者は5人(2.5%)しかいなかったので分析結果の信頼性は高くない。韓国のポピュラー文化が日本のポピュラー文化と異なるのは,いずれのコンテンツについても「有能さ」の次元で特に大きな差が見られるということである。つまり,台湾と香港では,韓国のポピュラー文化への接触が韓国の「有能さ」のイメージ改善に役立っていることを示唆している。

意外なことに,韓国,台湾,香港のいずれにおいても,日本のイメージへの影響が最も強く見られたのはアニメや映画といったコンテンツではなく「日本料理」であった。日本料理を好む人とそうでない人を比べると,「温かさ」についても「有能さ」についても,両者の持つイメージの差はかなり大きい。当然のことながら,日本料理を好む人の方が日本に対するイメージが良い。また,ほとんどのコンテンツで「有能さ」のイメージには差が見られないのに対して,日本料理については,韓国,台湾,香港のいずれにおいても「温かさ」に加えて「有能さ」でも統計的に有意な差が見られ,しかもその差が他のコンテンツと比べてかなり大きいことも注目される[15]。韓国料理も韓国のイメージに対して大きな影響力を持っていた。

表5.9は,日本のイメージの各次元を目的変数とし,日本のポピュラー文化への接触に回答者の社会経済地位などの属性変数を加えたものを説明変数として回帰分析を行った結果である。この結果も上記とほぼ同様の傾向を示している。日本のポピュラー文化は,

表5.9 日本へのイメージと好意度・日本歴史認識問題を目的変数とする回帰分析（標準化回帰係数）

	温かさ	有能さ	カッコよさ	好意度	日本の歴史認識問題
韓国					
日本のテレビ番組	0.06	0.09	0.16	0.04	
日本の映画	0.21	−0.03	0.13	0.05	
日本の音楽	−0.02	0.01	−0.08	0.12*	
日本のアニメ	0.00	−0.02	−0.03	−0.02	
日本料理	0.08	0.23*	0.14	0.10*	
日本渡航経験	0.12	−0.02	−0.08	0.11*	
日本の友だち	−0.05	0.00	0.00	0.15***	
学歴	0.14	0.03	0.05	0.06	
収入	0.06	0.15	0.09	0.01	
性別	0.02	0.07	0.08	0.01	
年齢	−0.05	−0.02	−0.15	−0.02	
R^2	**0.13**	**0.11**	**0.13**	**0.13**	
台湾					
日本のテレビ番組	0.04	−0.01	−0.05	0.027	−0.023
日本の映画	0.02	0.01	0.07	0.090*	0.054
日本の音楽	0.15	0.08	0.12	0.138***	−0.073
日本のアニメ	0.01	−0.04	0.02	−0.001	0.023
日本料理	0.21**	0.31***	0.12	0.214***	−0.004
日本渡航経験	0.07	0.05	0.13	0.156***	−0.081
日本の友だち	−0.02	−0.11	−0.10	0.067	0.074
学歴	−0.08	−0.12	−0.06	0.089*	−0.034
収入	−0.06	0.09	0.13	−0.007	−0.045
性別	0.02	0.07	0.09	0.017	0.247***
年齢	−0.19*	−0.07	0.08	−0.166***	−0.093**
R^2	**0.15**	**0.14**	**0.11**	**0.18**	**0.07**
香港					
日本のテレビ番組	0.08	0.07	-0.02	0.17***	−0.013
日本の映画	−0.02	0.01	0.04	0.03	0.065
日本の音楽	0.08	0.02	0.12	0.05	0.003
日本のアニメ	0.05	0.00	0.10	0.01	−0.030
日本料理	0.22**	0.16*	0.10	0.24***	0.037
日本渡航経験	0.21**	0.12	0.07	0.17***	−0.029
日本の友だち	0.05	0.04	−0.03	0.05	−0.137***
学歴	−0.16*	−0.12	−0.14	−0.16***	0.054
収入	0.00	0.03	0.13	0.05	0.096
性別	−0.12	−0.05	0.02	0.09**	−0.073
年齢	−0.14	−0.13	−0.16*	−0.22***	0.176***
R^2	**0.16**	**0.07**	**0.10**	**0.25**	**0.07**

*p<0.05, **p<0.01, ***p<0.001

第5章　韓国，台湾，香港における「日本」イメージとナショナリズム意識

音楽が韓国と台湾で，映画が台湾で，テレビ番組が香港で日本に対する好意度と有意な関係を持っているものの，日本のイメージとの間には，どの次元についても統計的に有意な関係が見られない。これに対して，「日本料理」は「カッコよさ」を除くほとんどの項目と統計的に有意な関係が見られた。「カッコよさ」についても，有意ではないが標準化回帰係数で0.1を超えるプラスの値となっている。また，台湾と香港においては，歴史認識に関する質問「日本政府は歴史を正しく見て誤りを認めるべきだ」「日本政府は慰安婦に賠償と謝罪をすべきである」「台湾政府は釣魚島を守るためにもっと積極的になるべきだ」の3問を合計し[16]，これを目的変数とする同様の回帰分析を行ったが，ポピュラー文化への接触には（「日本料理」を含めて）ひとつも有意な効果を示す変数がなかった（表5.9の右端の列）。この結果は，政治的な問題に対する態度については，ポピュラー文化の影響力がきわめて限定的であることを示している。

　表5.9に示した回帰分析の結果は，メディアのコンテンツよりも料理の方が国のイメージに大きな影響を与えるものであることを意味しているのかもしれない[17]。実際，インドネシア人についての研究では，日本食へのイメージが日本訪問意向に影響していることが示唆されている（Cahyanti, Rohman & Irawanto, 2014）。また，米国において韓国料理への接触が韓国へのイメージを改善し，韓国への訪問希望を高めたという研究結果もある（Phillips, Asperin & Wolfe, 2013）。ただし，外国の料理を好むことが国のイメージをどのように変えるのかについては，今後のさらなる研究が必要であろう。園田（2012）は，東アジア15か国の外国食の好みを分析して，グローバル化は総じて各国を雑食化に向かわせているが，グローバル化で単純に説明できない現象もあることを指摘している。たとえば，園田（2016）の分析結果によると，寿司への好みは，台湾や中国，タイなど多くのアジア諸国でグローバル化と正の相関が見られたが，

第二部　日中韓をめぐる相互イメージとその規定要因

韓国やヴェトナムではそうした関係が見られなかった。

次に，日本のイメージと日本に対する好意度が，日本製品や観光地としての日本の評価にどのように影響を与えているのかを分析した結果を紹介する。表5.10は，その分析の結果をまとめて示したものである[18]。

購買意向の平均点を見ると，すべてのカテゴリーについて，韓国は台湾や香港よりも1点ほど低く，日本製品に対する購買意向が低いことが分かる。3点以上がポジティブな評価になるので，韓国では自動車を除くすべてのカテゴリーで日本製品に対してネガティブな評価をしている。どのような要因がこうした評価に関係しているのかを調べるために回帰分析を行った結果が表の右側の部分に示されている。

結果を見ると，韓国では，すべての製品の購買意向に日本の「温

表5.10　日本製品の購買意向・日本への観光旅行の意向に関係している日本イメージ

製品の カテゴリー	購買/観光意向（5点尺度の平均値）			日本製品の購買意向に関係しているイメージ（太字＋下線は標準化回帰係数が0.3以上[i]）								
	韓国	台湾	香港	韓国			台湾			香港		
革靴	2.56	3.53	3.53	<u>**温かさ**</u>		<u>**好意度**</u>	温かさ				有能さ	好意度
パソコン	2.62	3.85	4.00	温かさ	有能さ	好意度		有能さ	好意度		有能さ	好意度
映画のDVD	2.52	3.50	3.67	温かさ	有能さ	好意度	温かさ		<u>**好意度**</u>	温かさ		好意度
シャツ	2.53	3.70	3.65	<u>**温かさ**</u>	有能さ	好意度	温かさ	有能さ	好意度	温かさ		好意度
自動車	3.10	3.99	3.82	温かさ	有能さ	好意度	温かさ	有能さ	好意度		有能さ	好意度
ミネラルウォーター	2.12	3.15	3.22	<u>**温かさ**</u>		好意度	温かさ		好意度	温かさ		好意度
日本への観光旅行	3.52	4.51	4.19	温かさ	有能さ	<u>**好意度**</u>	温かさ	有能さ	<u>**好意度**</u>	温かさ		<u>**好意度**</u>

第 5 章 韓国,台湾,香港における「日本」イメージとナショナリズム意識

かさ」のイメージが有意に関係している。このことは,韓国においては,日本製品の購買に関して,日本に対する好き嫌い(好意度)に加えて,日本の「温かさ」のイメージが重要であることを示唆している。つまり,「冷たい」(=温かさが欠けている)という日本のイメージをよくすることができれば,韓国においても日本製品の購買が促進される可能性があるということである。また,四つの製品カテゴリーについては,「有能さ」のイメージも購買意向に関係している。高い技術力を必要とする製品については,日本の「有能さ」のイメージが製品購買にプラスに働いている可能性を示している。台湾では「温かさ」は五つの製品カテゴリーの購買意向と有意に関係しており,「有能さ」はパソコン,自動車,シャツの購買意向と有意に関係している。

表 5.10 に見られるこれらの結果は,日本に対する好意度だけでなく,日本に対してどのようなイメージを抱いているかということが日本製品の購買意向に大きく関係すること,また製品カテゴリーによって影響するイメージの次元も異なることを示している。

ただし,製品の購買意向とは異なり,日本への観光旅行の意向には,韓国,台湾ともに,日本のイメージよりも日本に対する好意度の方が強く関係している。イメージに比べて,国への好意度は政治の影響を受けやすいので,政治の影響を受けて観光旅行客は大きく変動すると予想できる。そのいっぽうで,2013 年の場合,日本を訪問した韓国人は実数で史上 2 番目に多い 245 万 6100 人(前年対比 20.2％増)に達し,韓国人の海外出国者総数の成長率(前年対比 8.1％増)よりも高く,日韓間の政治・外交関係が極度に悪化した影響を直接的には見てとれない。もっとも,円安の進行などもあり,同じ時期に訪日した外国人全体が 24％増,台湾人が 50.8％増(221 万 800 人)であることを勘案すると,訪日韓国人の増加率は相対的には高いとも言い切れない[19]。その意味では,今回の我々の調査の

分析結果が示しているように，製品購買と比べて観光地の選択には国に対する好意度が影響を与えていると言えるだろう。

5. 香港における日本のポピュラー文化の影響の因果分析

この節では，香港における日本のポピュラー文化の影響に焦点をあてた分析をすることにしたい。その理由は，香港についてはポピュラー文化接触について数量的な尺度となりうる頻度を測定しており，因果関係の推定を可能にする構造方程式モデルの適用が可能だからである。

第4章でも述べられているように，ポピュラー文化の影響を論じた既存研究は，多くが相関関係の分析にとどまっており，因果関係を分析したものは少ない。そこで，この節では香港のデータを用いて，外国ポピュラー文化の接触がどのような影響をもたらすのか，その因果関係を明らかにすることを目的とする。

香港人の日本文化への関心の実態を把握するため，広い意味での「日本文化」に含まれる21項目について，興味があるものをいくつでも選んでもらった（表5.11）。結果をみると，「食べ物」「電子製品」への関心が最も高く，「ファッション」「アニメ」「テレビドラマ」がこれに次いでいる。表5.11の右側にある「次元1」と「次元2」は，このデータを多次元解析（コレスポンデンス分析）にかけた結果であり，説明力の高い二つの次元の値を示している。次元1はすべての項目の係数がプラスであり，関心を持つ人が少ない項目ほど得点が高くなっている。したがって，次元1は「日本文化への一般的な関心」を表す次元であると解釈できる。これに対して，次元2は，アニメ，テレビドラマ，ゲーム，流行歌，漫画などがマイナスであり，文学，武術，陶器などがプラスである。これは，「ポピュラー文化対伝統文化」（伝統文化の方がプラス）を表す次元で

第5章 韓国,台湾,香港における「日本」イメージとナショナリズム意識

あると解釈できる。

次にこうした関心の二つの次元が,回答者の属性など他の変数とどのような関係があるのかを相関係数によって見ることにする。「日本文化への一般的な関心」の次元は,予想されるように,日本への関心や知識と相関関係が見られる。また,中国人意識尺度,香港人意識尺度[20],物質主義及びインターネット利用時間とも相関関係が見られた。興味深いのは,中国人意識が強い人ほど「日本文化への一般的な関心」が低いのに対して,香港人意識については,逆に強い人ほど「日本文化への一般的な関心」が高いという結果になったことである。いっぽう,「ポピュラー文化対伝統文化」の次元については年齢以外は統計的に有意な関係を持つ変数はなかった。年齢については,高齢者ほど伝統的な文化に関心を持ち,若者はポピュラー文化により関心を持つ傾向を示していた。

香港人のナショナリズム意識は,いわゆる「一国二制度」の問題とも関係して,中国本土に対する意識と香港に対する意識の間に政治的な葛藤がある。この二つの意識と外国への好意度及び外国メディアとの接触頻度の相関関係を求めたものが表5.13である(なお,香港人意識と中国人意識の間のピアソンの相関係数は,$r=0.340$ ($p<0.001$, $n=708$) であった)。ここでも,中国人意識と香港人意識は,いくつかの点で対照的な結果を示している。まず,日本への好意度との関係を見ると,中国人意識の方が日本への否定的な態度とより強く結びついていることが分かる。また,コンテンツとの関係で見ると,中国人意識は中国本土のドラマをよく見ることしか有意な相関がないが,香港人意識は米国ドラマ,日本ドラマ,日本アニメなどとも有意な相関があり,外国のコンテンツを志向する開放的な意識と関係があることが分かる。

表 5.11 興味を持っている日本文化のジャンルとそのコレスポンデンス分析 (N=708)

	回答比率	次元 1	次元 2
アルコール	18.1	0.886	0.233
歴史遺跡	25.7	0.991	0.500
言語	17.1	1.183	0.186
文学	7.2	1.793	0.941
武術	7.5	1.553	0.794
映画	32.9	0.851	−0.373
絵画・芸術	14.5	1.271	0.478
人	23.3	1.036	0.253
流行歌	23.2	0.976	−0.607
陶器	15.3	1.014	0.974
茶	32.2	0.783	0.434
アニメ	47.2	0.563	−0.495
テレビドラマ	44.5	0.591	−0.432
ゲーム	35.7	0.686	−0.594
建築	23.9	0.915	0.418
服飾	43.1	0.586	−0.031
マンガ	35.3	0.731	−0.535
風俗習慣	45.9	0.579	0.295
電子製品	60.6	0.334	−0.195
ファッション	45.3	0.541	0.067
食品	72.5	0.255	0.048

第5章 韓国,台湾,香港における「日本」イメージとナショナリズム意識

表5.12 各次元得点との相関係数 (n=708)

	第一次元(日本文化への一般的な関心の次元)	第二次次元(伝統文化対ポピュラー文化)
日本の知識	0.286***	0.041
日本の好意度	0.378***	0.017
年齢	−0.180***	0.075*
学歴	0.122**	−0.045
収入	0.077*	0.022
インターネット利用時間	0.170***	−0.021
テレビ視聴時間	−0.004	0.039
中国人意識尺度	−0.110**	−0.034
香港人意識尺度	0.126***	−0.061
物質主義尺度	0.154***	−0.051

*$p<0.05$, **$p<0.01$, ***$p<0.001$

表5.13 中国人意識・香港人意識との相関関係

		中国人意識	香港人意識
各国への好意度	韓国	0.04	0.05
	アメリカ	−0.08*	0.03
	日本	−0.28***	−0.08*
	イタリア	−0.05	0.04
	ベトナム	0.07	0.00
	ドイツ	0.05	0.08*
	インド	0.18***	−0.01
	中国	0.65***	0.12**
コンテンツの利用頻度	中国のドラマ	0.22***	0.08*
	米国のドラマ	−0.01	0.10**
	韓国のドラマ	0.07	0.06
	日本のドラマ	0.01	0.08*
	日本のアニメ	−0.02	0.09*

*$p<0.05$, **$p<0.01$, ***$p<0.001$

次に，日本アニメと日本ドラマが日本への好意度に対してどのような因果関係を持つのかを見るため，構造方程式モデル（AMOS）を用いた因果分析の結果を紹介する。この方法の考え方と相関関係については第8章を参照していただきたい。この分析では，日本アニメと日本ドラマがインターネットで見られることが多いという香港での状況をふまえて，インターネット利用時間を外生変数として用いている（なお，図には示していないが，学歴と年齢はすべてのモデルでコントロールされている）。

分析結果を見ると，日本アニメや日本ドラマの視聴時間から日本の好意度へのパスよりも逆方向のパスの方が大きな値となっている。どちらのパスも統計的には有意ではないが，日本アニメや日本ドラマを見ることが，日本への好意度を改善するという方向よりも，日本にもともと好意的な人ほど日本アニメや日本ドラマを見るという方向の影響力が強いこと示唆する結果といえる。

ただし，同様のモデルで香港人の韓国ドラマ視聴時間と韓国への好意度の間の関係について分析したところ，韓国ドラマ視聴時間から韓国への好意度のパスの方が大きくなり（なおかつ，このパスの係数は10％水準では有意だった），韓国ドラマを見ることが韓国への好意度にプラスに寄与している可能性を示唆する結果になった。第8章で示すように，日本の調査では，韓国に対して好意を持っていることが韓国ドラマを見ることにプラスに寄与していたので，香港と日本では因果の方向が逆になっている。香港人は韓国に対する好意度が非常に高いものの（表5.1参照），韓国は身近な存在ではなく，日本人のように韓国に対して，もともと特に強い感情は持っていなかったと考えられる。このような韓国人に対する態度の先有傾向の違いが，韓国ドラマの影響に関する日本人と香港人の結果の違いをもたらしたのかもしれない。また，興味深いことに香港人意識は，日本アニメ，日本のテレビドラマ，韓国のテレビドラマのいずれの

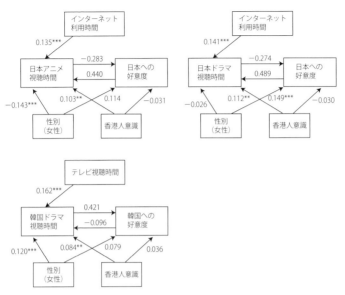

図5.1 日本ドラマ・日本アニメ視聴時間と日本に対する好意度の因果分析
(標準化係数)

視聴に対しても正の有意なパスを示している。香港人意識は，外国のコンテンツを積極的に受け入れるように作用していることがわかる。

6. まとめ

ここまで見てきたように，韓国，台湾，香港の人々が持つ日本イメージにはさまざまな違いがあることが浮き彫りになった。特に，「ステレオタイプの二次元モデル」を援用した場合，日本に対する「温かさ」の次元のイメージが韓国と台湾や香港では大きく異なり，それが日本への好意度，文化コンテンツへの接触度，製品購買の意

向度など，異なる領域の評価とも関連していた。こうした分析結果は「二次元モデル」の有用性を示すものと言ってよい。

また，韓国に比べて台湾や香港の人々は全般的に日本に対して好意的であった。また，香港では反中国的な意識が親日的な意識と結びついていることが見出された。一方，台湾ではかつて言われていたような反中国（大陸）的な意識が親日的な意識に結びついているという結果は見出されなかった。ただし，いずれの国・地域においても，若者ほど日本への好意度が高いという結果が得られた。さらに，香港のデータを用いた因果分析の結果によると，日本アニメや日本のテレビドラマを視聴することが日本への好意度を高めるという方向の因果関係は支持されなかった。

こうしたことを念頭に置いた場合，日本の「クールジャパン」政策は，国家ブランディングの目標を明確に設定したうえで推進していくべきである。つまり，主たる目標が対日意識の改善そのものなのか，製品の輸出促進や外国人観光客誘致の促進のためのイメージ改善なのかなど，何をターゲットとするのかを決める必要があろう。各国別にイメージの改善策をとることが政策的に可能なのであれば，韓国の場合，「有能さ」よりも「温かさ」のイメージを高めることが求められる。それは対日意識の改善につながる可能性があることはもちろんだが，今回の調査では，韓国の人は日本製品に対して自動車を除くとネガティブな評価をしているいっぽうで（かつては韓国社会にあった「日本製神話」がもはや減退），「温かさ」のイメージが日本製品の購買促進と関連していることもわかったからである。

アニメは，麻生元首相の演説でとりあげられたり，外務省における「アニメ大使」などに見られるようにクールジャパン政策では特に重視されているコンテンツである（櫻井 2009）。しかし，今回の調査結果から，いずれの国・地域においても，アニメは，日本のイメージ改善についてはあまり大きな効果を持っていないことが示唆

された。「温かさ」と「有能さ」だけでなく,「カッコいい」というイメージの改善にも統計的に有意な効果は見られなかった。ポピュラー文化のコンテンツでも,むしろテレビドラマや映画の方が効果的であるという結果が得られたが,最も大きな効果が示唆されたのは「日本料理」である。前述したように,過去の研究でも,外国料理がその国への観光旅行を促進する効果があることが指摘されている。

　また,台湾や香港では日本への好意度が高く,日本のポピュラー文化の接触者も多いにもかかわらず,日本の歴史認識問題については否定的な考えを持つ人が大部分を占めている。回帰分析の結果でもポピュラー文化の接触と歴史認識問題への態度には関係が見られなかった。したがって,ポピュラー文化の普及を通して中国等が批判している歴史認識問題を緩和できると考えることはできない。本章の分析結果から考えると,政府が行っているアニメを文化外交に活用する「アニメ文化外交」は,第3章でも述べたように,それがナショナリズム意識と結びついた政策だと解釈された場合は逆効果になりかねないことを考えると,あまり賢明な政策とはいえないようである。

注
1　なお,本章で用いる調査データについては,石井・小針・渡邉（2013）及び石井（2013a）の報告書で概要を報告している。また,台湾と韓国の結果については,石井・小針・渡邉（2014）で報告しているが,本稿はこの内容を大幅に加筆修正したものである。
2　http://www.simonanholt.com/Research/research-city-brand-index.aspx
3　これ以外にも多次元のイメージの理論はあり,第9章で紹介するがここでは詳細は省略する。
4　2011年10月上旬に台湾の社会福祉団体「金車教育基金会」が高校生や大学生を対象に行った国際観に関する調査（$N = 1425$）によれば,「台湾

第二部　日中韓をめぐる相互イメージとその規定要因

に友好的ではない国はどこか」との質問（複数回答）に韓国を挙げた人が47.4％に達し，トップの中国（87.9％）に次いで多かった。「友好的な国」には56.1％が日本と答え，2位は米国の39.7％であった（台北発＝時事通信電，2011年11月23日）。

5　このことは，表5.3の相関係数の値からも確認できる。
6　Scheffeの多重範囲検定による（有意確率5％）。
7　ここでは，説明変数にはすべてダミー変数を用いた回帰分析を用いている。韓国において日本好意度に5％水準で有意に影響を与えている要因は，政党支持，日本人の友だち，日本渡航経験，年齢（20代と比較した40代と50代）であった（N = 960）。台湾において日本への好意度に5％水準で有意に影響を与えている要因は，日本人の友だち，日本渡航経験，年齢（10代と比較した40代）であった（N = 800）。一方，韓国において中国への好意度に5％水準で有意に影響を与えている要因は，政党支持，所得，中国人の友だち，中国渡航経験，年齢（20代と比較した40代と50代）であった。台湾において中国への好意度に5％水準で有意に影響を与えている要因は，性別，学歴，中国渡航経験，年齢（10代と比較した30代と40代）であった。
8　韓国では，中国人の友だち「あり」は22％，中国渡航経験は36％である。これに対して，日本人の友だち「あり」は21％，日本渡航経験は42％である。
9　台湾では，中国人の友だち「あり」は55％，中国渡航経験は35％である。これに対して，日本人の友だち「あり」は23％，日本渡航経験は41％である。
10　石井・渡邊が2014年1月に実施した全国調査による。詳しくは，第9章参照。
11　「新しい日本の創造――「文化と産業」「日本と海外」をつなぐために」平成23年5月12日クール・ジャパン官民有識者会議提言」〈http://www.meti.go.jp/committee/kenkyukai/seisan/cool_japan/2011_houkoku_01_00.pdf〉［経済産業省ホームページ］。
12　映画，テレビドラマ，音楽，アニメは，過去6か月以内での接触経験を，料理については好きかどうかを質問している。韓国の結果は，日本映画は27％，日本のテレビドラマ21％，日本の音楽21％，日本アニメ56％，日本料理は65％であった。台湾では，日本映画は50％，日本のテレビドラマ39％，日本の音楽52％，日本アニメ71％，日本料理は79％であった。
13　「効果量」には「Cohenのd」という指標を用いている。これは二つのグ

第 5 章 韓国,台湾,香港における「日本」イメージとナショナリズム意識

ループの平均値が標準偏差を単位としてどれだけ差があるかを示すものである。たとえば,0.5 は標準偏差の半分だけ日本のコンテンツ接触者と非接触者に差があることを示す。高校の模擬試験などで使われる「偏差値」で言うと,1 標準偏差は 10 点に相当するので,0.861 は偏差値で 8.61 点に相当する。一般に 0.8 以上は効果量が「大きい」といわれる。

14 ただし,厳密には,コンテンツがイメージを改善しているのか,もともとイメージが良い人がコンテンツに接触する可能性が高いのかを識別することはできない。

15 日本料理が好きな人とそうでない人の「有能さ」得点の差を「効果量」で見ると,韓国では 0.891,台湾では 0.764 と,いずれも全項目中の最大値である。

16 合成尺度の信頼性を表すクロンバッハのアルファ係数は,台湾で 0.821,香港で 0.875 であった。

17 日本料理は「好み」を聞いているので,日本に対する好意度が回答に反映したとも考えられる。しかし,日本に対する好意度を用いて効果量を計算した結果は,韓国では 0.410,台湾では 0.748 であり,いずれも「有能さ」の効果量より小さかった。ただし,香港では 0.958 と大きかった。

18 各製品カテゴリーについては「非常に買いたい」から「絶対に買いたくない」までの 5 段階,日本への観光意向については「非常に行きたい」から「絶対に行きたくない」までの 5 段階の質問に対する回答を被説明変数とし,説明変数には「温かさ」,「有能さ」,日本に対する好意度に同様の項目を加えた(ただし,性別や年齢の効果についての結果は省略)。表 5.4 には 5% 水準で統計的に有意な項目を示している。

19 統計は日本側が「統計報道発表資料・2013 年 12 月推計値」(平成 26 年 1 月 17 日発表)⟨https://www.jnto.go.jp/jpn/news/data_info_listing/pdf/pdf/140117_monthly.pdf⟩[日本政府観光局ホームページ],韓国側が「出入国観光統計」⟨http://www.tour.go.kr/main.asp⟩[韓国文化観光研究院ホームページ]による。なお,2013 年に訪韓した日本人は前年比 21.9% 減の 274 万 7750 人と急減した(日本人の海外出国者総数は前年比 5.5% 減に過ぎない)。これは日韓間の政治・外交関係の悪化とそれに伴う嫌韓感情の拡大によるものが大きいと推察され,観光地の選択と国に対する好意度の関係は日本人の方が顕著なのかもしれない。

20 「中国人意識尺度」は,2 項目で構成され,信頼性を意味するクロンバックの $\alpha = 0.900$ であった。「香港人意識尺度」は,2 項目で構成され,$\alpha = 0.829$ であった。

参考文献

Cahyanti, M.M., Rohman, F., Irawanto, D (2014) "Investigating the image of Japanese Food on Intention of Behavior: Indonesian Intention to Visit Japan", *Journal of Indonesian Tourism and Development Studies*, 2(2), 77-81.

Chattalas, M. & Takada, H (2013) "Warm versus competent countries: National stereotyping effects on expectation of hedonic versus utilitarian product properties", *Place Branding and Cultural Diplomacy*, Vol.9, No.2, 88-97.

Fan, Ying (2010) "Branding the nation: Towards a better understanding". *Place Branding and Public Diplomacy*, Vol.6, 97-103.

Fan, Ying (2006) "Branding the nation: What is being branded?." *Journal of Vacation Marketing*, Vol.12, No.1, 5-14.

Fiske, S.T., Cuddy, A.J.C., and Glick P. (2006) "Universal Dimensions of Social Cognition: Warmth and Competence", *Trends in Cognitive Science*, 11(2), 78-83.

金子將史（2011）「パブリック・ディプロマシーと国家ブランディング」『外交』3号.

小針進（2004）「韓流の現状と韓国の文化産業政策」『東亜』第449号.

倉田徹・張彧暋（2015）『香港──中国と向かい合う自由都市』岩波書店.

石井健一（編）（2001）『東アジアの日本大衆文化』蒼蒼社.

Ishii, Kenichi (2009) "Nationalistic Sentiments of Chinese Consumers: The Effects and Determinants of Animosity and Consumer Ethnocentrism", *Journal of International Consumer Marketing*, Vol.21, No.4, 299-308.

Ishii, Kenichi, (2012) Nationalism, Materialism, and Preferences for the US and East Asian Countries in Japan, ejcjs (electronic journal of contemporary japanese studies), 12(1)

石井健一・小針進・渡邉聡（2013）「韓国における外国イメージ調査」第一次報告書, Department of Social Systems and Management Discussion Paper Series, 1304号.

石井健一（2013a）「台湾における外国イメージ調査」第一次報告書, Department of Social Systems and Management Discussion Paper Series, 1305号. http://www.simonanholt.com/Research/research-city-brand-index.aspx

第5章　韓国，台湾，香港における「日本」イメージとナショナリズム意識

石井健一（2013b）「台湾における外国イメージと外国製品評価」『日本社会心理学会第54回大会発表論文集』．
石井健一・小針進・渡邊聡（2014）「韓国と台湾における『日本』イメージの比較——国家ブランディング調査から」『東亜』562号，78-91．
石井健一・渡邉聡（2012）「国のイメージと原産地効果——国家ブランディングの効果測定」『日本社会心理学会第53回大会発表論文集』．
経済産業省（2011）「新しい日本の創造——『文化と産業』『日本と海外』をつなぐために」平成23年5月12日，クール・ジャパン官民有識者会議提言．〈http://www.meti.go.jp/committee/kenkyukai/seisan/cool_japan/2011_houkoku_01_00.pdf〉［経済産業省ホームページ］．
Phillips, W. J., Asperin, A., Wolfe, K. (2014) "Investigating the effect of country image and subjective knowledge on attitudes and behaviors: US Midwesterners' intention to consume Korean Food and visit Korea", *International Journal of Hospitality Management*, 32, 49-58.
櫻井孝昌（2009）『アニメ文化外交』筑摩書房．
園田茂人（2012）「マクドナルド化する東アジア？食文化の変化にみる多様なグローバル化」園田茂人（編）『勃興する東アジアの中産階級』勁草書房，233-257．
辻村明，古畑和孝，飽戸弘（編）（1987）『世界は日本をどう見ているか——対日イメージの研究』日本評論社．

［中国語］

朱全斌（1998）由年齡，族群等變項看台灣民眾的國家及文化認同《新聞學研究》56, 35-63.
李丁讚，陳兆勇（1998）衛星電視與國族想像 以衛視中文台的日劇為觀察對象《新聞學研究》56, 9-34.

第6章 アメリカにおける日中韓のイメージとポピュラー文化の影響

石井　健一

　本章の目的は，アメリカ人の日本イメージをアンケート調査に基づいて中国や韓国のイメージと比較しつつその特徴を記述すること，またアメリカ人の日本のポピュラー文化への接触と日本イメージの関係を見ることである。

　本章では，アメリカ人の日本，中国，韓国への認識がどのように差異化されているのかを確認する。その上で，これら3か国への態度がどのような要因で規定されているのかを分析する。次に，アニメなど日本のポピュラー文化への接触の影響についての分析を行う。同時に，日本の伝統文化とポピュラー文化の愛好者の違いも見る。また，これらの結果を中国，韓国の文化に対するアメリカ人の評価・態度と比較しつつ，対日意識とポピュラー文化や伝統的な文化への好みがどのように関係しているのかを見る。これらの結果を踏まえて，日本のポピュラー文化に接触することがどのような効果をもたらしているのか，特に日本への一般的な好意度，日本の電気製品への好みと日本への観光意向を目的変数とする因果モデルによって明らかにしたい。

第6章　アメリカにおける日中韓のイメージとポピュラー文化の影響

1. アメリカ人の日本観

　貿易摩擦に始まる対立により，1980年代の後半にアメリカ人による「日本叩き」(Japan-Bashing) を示す事件がいくつか起こり，日米関係は極端に悪化した。これは，米国において第二次世界大戦の頃から続く日本への偏見が根強く残っていることを示しているものであった。1939年のFortuneの調査では，日本を友好的と考えるアメリカ人の比率は，0.2%と当時の枢軸国（ドイツ，イタリア，日本）の中でも最低であった（丹野 2011: 38-39）。また，丹野（2011）は，アメリカ白人が今でもアジア人に対して人種差別的態度をもっており，反捕鯨問題において他国（ノルウェー人やアイスランド人）よりも日本人に厳しい態度をとっていることをアンケート調査によって明らかにした。

　アメリカ人は長らく日本に対して矛盾のある見方をしてきた（Johnson 1986）。たとえば，日本人は軍国主義的で攻撃的とみなすと同時におとなしいと考えたり，保守的なのに新しいものにとびつきやすいなどとしていた。また，アメリカ人による日本人の見方は，アメリカと日本の政治的な関係によっても変化してきた。たとえば，80-90年代の日米貿易摩擦の時には，日本は脅威であるとされ，「日本人異質論」が多くの米国人によって唱えられた（下村 1990）。しかし，現在アメリカ人の日本観からは，バブル期に「脅威」とみなされたような否定的な要素はほとんど消え，対日意識は大幅に改善している。Pew Research Centerの2015年の調査結果によると，日本を「非常に」か「ある程度」信頼すると答えた者は68%であった。この数字はオーストラリアの80%よりは低いものの，中国の30%や韓国の49%よりは高い値であり（Pew Research Center 2015），アメリカ人は日本を比較的信頼しているといえる

（Pew Research Center 2015）。これは，第二次世界大戦後に日本に対する偏見が根強く残っていたことを考えると，大きな変化といえる。

石井・海後（2013）は，2012-2013年にインターネット上で自動的に収集した218,815件のTwitterの英語ツイートに対して内容分析とテキスト分析を行った。コーダによる内容分析の結果は，中国，日本，台湾，韓国・北朝鮮のうち，台湾への好意度が最も高く，次いで日本が肯定的に評価されていた。一方，中国や韓国については否定的な評価が大半であった。ツイートのテキスト分析も同様の結果であり，「好き」や「人が好き」という表現の頻度で見ると，台湾について最も好意的であり，次いで日本，韓国，中国という順で好意的に評価されていた。twitter上のメッセージからも，日本に対するポジティブな反応が多いこと示している。

アメリカ人の日本に関する知識は他国よりも高い方である。1984年に7か国（アメリカ，西ドイツ，フランス，イギリス，ハンガリー，ケニア，インド）で実施された国際比較調査によると，アメリカ人は日本に対する関心度は低かったが（7か国中5位），日本に関する知識度は最も高かった（辻村・古畑・飽戸 1987: 48-60）。この調査では，日本に関する知識を「現代日本」に関するもの（現代日本映画，日本の食べ物，日本の企業と経営，日本の科学と技術，日本人の日常生活）と「伝統日本」に関するもの（「茶道・華道」「空手・柔道」「日本の寺神社・庭」「歌舞伎・能」「禅」）に分けているが，どちらの得点もアメリカ人が最も高かった（同 p.51）。

アメリカ人の対日観には東アジアにおける日中間の国際状況が影響しているという指摘がある。ジョンソンは，アメリカ人の対日観を決める上で中国への見方が影響しているという（Johnson 1986）。中国人と日本人は同じ東洋人としてひとまとめにされる傾向もあるが，対中観と対日観は，シーソーのように一方が好意的に評価されると他方が否定的に評価されるという相反的な関係がある。1990

年代前半の日本のバブル経済期には,アメリカ人は日本に対して否定的な見方をしていたが,当時はアメリカ人の中国に対する見方は肯定的であった。日本のバブル経済の拡大にともなうアメリカへの企業の進出は,アメリカ経済にとって「脅威」と受け取られていた (下村 1990)。こうした状況において,多くの識者が日本人は「異質」であり,「不公正」であるとみなしていた (下村 1990)。一方,この時期の対中観は 1989 年の天安門事件が起こるまでは良かったといえる。

アメリカのメディア,とりわけテレビ番組において,日本の存在感はきわめて薄い。日本人や日系人の登場も非常に少ない。その一方で最大の人気はアニメである。1999 年の調査において,最大の評価を得ていた日本のテレビ番組は『ポケットモンスター』であった (川竹ほか 2000)。『ポケットモンスター』は,アメリカでは少なくとも 20 のテレビ局で放送されており,コスプレ・コンテストも行われていた (川竹ほか 2000: 20-21)。ただし,アメリカでも日本のアニメに興味をもつ人はいるが,アメリカでの日本アニメは,メジャーなポピュラーカルチャーとは言えず,東アジア出身者を中心とする「ビッグなニッチ」にとどまっている (三原 2014)。アメリカにおける日本のポピュラー文化の浸透は東アジア諸国に比べると限定されていることを,2 節以下で筆者の調査結果を用いて示す。

2. 分析の方法

本章で用いるアメリカの調査データは,サーベイモンキー (SurveyMonkey) のパネルを用いて,2013 年 10 月にオンラインで米国人 800 人から回答を得た。この調査は,海後宗男,Leslie TKACH-KAWASAKI, Anya Hommadova との共同研究によるものである。当初三つの年齢層 (18-29 歳, 30-44 歳, 45-59 歳) から人

第二部　日中韓をめぐる相互イメージとその規定要因

口分布と同じ比率でとる予定であったが（各層男女は同数），45-59歳の回答者が少なく 18-29歳＝ 43.1％，30-44歳＝ 43.9％，45-59歳＝ 13.0％という結果になった（平均年齢は 39.5歳）。したがって，この調査の結果は，現実の人口分布より若い方に偏った結果であることに注意する必要がある。回答者の人種については 68％が白人であり，黒人が 14％，ヒスパニックが 7％，アジア系 4％であった。学歴については 26％が 4年制大学卒業，40％が短大または大学中退レベルであった。

この調査では，国への認知度は，"Are you familiar with Japan (China, South Korea など)？" という質問を用いて 5件法のリッカード尺度で測定した。好意度は，"How much do you like or dislike Japan?" という質問（7件法）で測定した。また，日本，中国，韓国の伝統文化・ポピュラー文化の関心について 24の項目（表6.4参照）を提示し，関心のあるものをいくつでも挙げてもらった。なお，本データの記述統計の結果は，既刊の論文（Ishii, Kaigo, TKACH-KAWASAKI, Hommadova 2015）に報告されている。本章は，この分析を修正・発展させたものである。

また，アメリカでは日本食が非常に人気になっている。上記の調査では日本食に関する項目がなかったので，Pew Research Center (2015) が実施した "Pew Research Center Global Attitudes & Trends 2015 U. S. -Japan Relations Survey" の公開調査データを用いて再分析した結果も紹介する。この調査は，2015年 2月 12-15日に 18歳以上の 1000人のアメリカ人を対象として行われた。この調査では日本でも調査が行われているが，本章の分析で用いるのは，アメリカ人の回答者のみである。この分析では「日本と聞いてあなたが最初に思い浮かぶことは何ですか（"What is the first thing that comes to mind when you think of Japan?"）という自由回答形式の質問を中心に分析を行う。

3. アメリカ人の日本の認知

　まず，日本についての認知度と好意度についての結果を，韓国及び中国と比較しながら見ていく。日本についての結果は，認知度，好意度ともに中国・韓国よりはよい。アメリカ人から見て認知度が最も高い国は，今回質問項目に含めた国の中では，カナダであり，ついでイギリス，イタリア，メキシコとなっている。好意度については最も好まれているのが，オーストラリアであり，ついでイギリス，イタリアとなっている。日本は，中国や韓国よりも好意度は高いが，14か国の中では9番目である。なお，日本の認知度と日本の好意度の相関は，0.388であった。

　ただし，日本への認知度は韓国・中国への認知度と高い相関がある。日本への好意度との相関はやや低いが，すべてがプラスであり，日本，韓国，中国への好みについて明確な分化は見られない。中国への好みと日本への好みも0.5という比較的高い相関係数となっている。ただし，日本と韓国，中国との高い相関は，そもそも米国人の外国一般の認知度を反映したものかもしれない。実際，日本の認知度は他の国の認知度とも高い。たとえば，インドの認知度と日本の認知度の相関も0.66という値である。そこで，同じアジアに属するインドの認知と好みでコントロールした偏相関係数を算出してみたが，日本と中国の認知度の偏相関は0.690，韓国の認知度との偏相関は0.455と高く，やはり同じ東アジアの国としてひとまとめに認知されている可能性を示している。また，同じように日本への好意度についてもインドへの好みをコントロールした偏相関係数を計算したが，日本と中国の好意度の偏相関係数は0.474，日本と韓国の好意度の偏相関係数は0.228であった。

　この結果は，日本，韓国，中国3か国の認知度と好意度は類似

していることを示している。特に，日本と中国の類似度が高いと言える。つまり，アメリカ人から見ると「日本・韓国・中国」はひとまとまりとして認識される傾向があるということである。つまり，日本が好きな人には，韓国や中国も好きな人が多いのである。

表6.1　アメリカ人の各国への認知度と好意度

	認知度	好意度	日本の認知度との相関	日本の好意度との相関
インド	1.77	4.22	0.66	0.39
メキシコ	2.07	4.42	0.57	0.29
ブラジル	1.83	4.65	0.82	0.29
ロシア	2.01	4.05	0.73	0.20
オーストラリア	1.96	5.31	0.66	0.46
イギリス	2.10	5.11	0.79	0.35
フランス	1.88	4.80	0.71	0.45
ドイツ	2.02	4.93	0.83	0.23
イタリア	2.08	5.21	0.66	0.23
スペイン	1.87	4.69	0.63	0.23
カナダ	2.34	4.74	0.60	0.10
中国	1.93	4.12	0.87	0.50
日本	1.95	4.63	1.00	1.00
韓国	1.74	4.25	0.82	0.63

そこで，アメリカ人が「東アジア」をひとまとめとして認知している程度を測定するため，「東アジアの認知度」及び「東アジアの好意度」という潜在変数を想定して，この変数がどの程度説明力があるかを構造方程式モデル（SEM）を用いて推定することにした。図6.1には，構造方程式モデルの推定結果（標準化係数）が記されている。係数を見ると，好意度よりも，認知度において潜在変数との関連が強いことがわかる。「東アジア諸国の認知度」という潜在変

第 6 章　アメリカにおける日中韓のイメージとポピュラー文化の影響

数（因子分析の因子に相当）からのパス（矢印の係数）を見ると，中国の認知度へのパスが 0.864 である以外は，すべて 0.9 以上ときわめて高い。一方，好意度のパス係数の値はやや低くなっている（「東アジア諸国への好意度」から中国の好意度へのパス係数は 0.554 であり，中国に関しては「東アジア諸国への好意度」以外の影響がかなりあることがわかる。ただし，日本の好意度へのパスは 0.843 であり，韓国や中国に比べると 3 か国に対する東アジア諸国への共通の好意度との相関は高いといえる）。また，意外なことに，東アジア諸国の認知度が高い人の好意度が高くなるという傾向が見られない（パス係数は -0.126）。これは，東アジアに関してネガティブな情報が多いためであるかもしれない。

この結果をまとめると，日本，韓国，中国への認知度・好意度の分散の 70～80％は，東アジア諸国への共通の意識で説明されるといえる。つまり，アメリカ人の東アジア 3 か国に対する認識は，十分に差異化しているとは言えないのである。

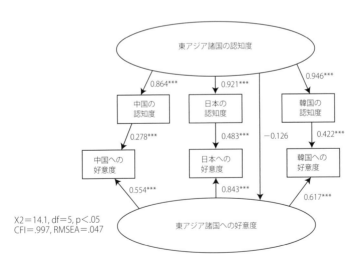

図 6.1　東アジア 3 か国の認知度・好意度の因果モデル（標準化回帰係数）

4. 日本への好意度を説明する要因

それではどのような要因がアメリカ人の日本への認知度に関係しているのだろうか。日本とアメリカが軍事同盟関係にあることを考えると，アメリカ人のナショナリズム意識が日本への認知度に影響している可能性があると予想される。また，テレビでは日本関係の情報が少ない（川竹ほか 2000）ため，テレビ視聴は日本への認知度に影響しているとは考えられないが，インターネットは，日本への認知度に影響を与えている可能性がある。

これらの仮説の検証を含め，アメリカ人の日本の認知度がどんな要因で説明されるのかをみるため，回帰分析を行った。説明変数には，性別，年齢，学歴，自民族中心消費，愛国主義及びテレビ視聴時間とインターネット利用時間を用いた。分析の結果は，性別，年齢，学歴，に加えてインターネットの利用時間が統計的に有意であった（R^2=.113）。女性，若者，高学歴，インターネット利用という要因が日本への認知に寄与しているといえる。

表6.2 日本の認知度・好意度を従属変数とする回帰分析の結果
(標準化回帰係数)

説明変数	日本認知度		日本への好意度	
	回帰係数	t 値	回帰係数	t 値
性別	.155	4.601***	.110	3.248**
年齢	−.094	−2.620**	−.038	−1.054
学歴	.208	6.059***	.136	3.910***
消費者自民族中心主義	−.042	−1.150	−.207	−5.616***
愛国心	−.041	−1.179	.075	2.118*
テレビ視聴時間	.017	.488	.052	1.455
インターネット利用時間	.121	3.434***	.040	1.132

*$p<0.05$, **$p<0.01$, ***$p<0.001$

第6章　アメリカにおける日中韓のイメージとポピュラー文化の影響

　日本への好意度についても同じ説明変数を用いて回帰分析を行った。その結果，性別，学歴，自民族中心主義消費，愛国心が統計的に有意であった。女性，高学歴，低い自民族中心主義消費傾向，高い愛国心が日本への高い好みと関係している。この結果は，日本への認知と好意度では関係している変数が異なることを意味している。インターネットを利用することは日本に対する認知度を高めるが，日本に対する好みに影響するわけではない。一方，愛国心や自民族中心主義消費といったナショナリズム意識は，日本の認知に影響を及ぼしていないが，好みに対しては影響を与えている。消費者自民族中心主義がマイナスなのは，日本製品の競争力があるため米国製品を好む人にとっては日本に対する敵意の原因となるのかもしれない。一方，愛国心については日本への好意度を高める効果が見られるが，これは日本との同盟関係を反映したものであるのかもしれない。日本人のアメリカに対する好意度についても，「日本は一流国だ」という認識や排外主義などナショナリズム意識が正の相関を持っていたこと（第9章参照）は，こうした見方が正しいことを示唆するものといえる。

　中国についても同様の回帰分析を行った。女性，若者，高学歴，インターネット利用という要因が中国への認知に寄与している点は，日本と同じである。中国への好意度については，自民族中心消費がマイナスの影響を与えていることは日本の場合と同じだった。中国製品がアメリカで競争力を増しており，それに対する警戒感が反映しているのであると考えられる。インターネット利用は，日本と中国への認知度にプラスに寄与しているが，中国への好みについてもインターネット利用がプラスの影響を与えていた。インターネットを多く利用する人ほど，中国を好む傾向があることがわかる。テレビなど一般のメディアでは，中国脅威論が浸透しているが，中国に関心を持つ者がインターネットを活用して情報収集しているのかも

しれない。

表6.3 中国の認知度・好意度を従属変数とする回帰分析の結果
(標準化回帰係数)

説明変数	中国認知度		中国への好意度	
	回帰係数	t値	回帰係数	t値
性別	.141	4.209***	.036	1.026
年齢	−.115	−3.225**	−.070	−1.893
学歴	.222	6.491***	−.013	−.377
消費者自民族中心主義	−.020	−.544	−.181	−4.824***
愛国心	−.038	−1.075	.048	1.323
テレビ視聴時間	.022	.608	.060	1.635
インターネット利用時間	.141	4.008***	.085	2.338*

*$p<0.05$, **$p<0.01$, ***$p<0.001$

5. 日本の伝統文化・ポピュラー文化への接触

それでは,アメリカ人の日本,韓国,中国の文化への関心はどの程度異なっているのであろうか。表6.4は,中国,日本,韓国のそれぞれの国の文化的関心の24項目について「関心がある」とした者の比率を示したものである。また,参考までに香港での比較可能な調査結果も右の欄に示した。「武術」を除くと,すべての項目で香港人の方が日本文化への関心が高くなっている。

24項目のうち12項目は伝統的な文化,7項目はポピュラー文化,残りの5項目は現在の人々の習慣や風習など一般的な文化と考えられるので,3分類した結果を示した。3か国を比較すると,中国は伝統文化の領域で最も関心が高いことがわかる。伝統的な文化の12項目中,8項目で中国への関心が最も高くなっている。それ

第6章　アメリカにおける日中韓のイメージとポピュラー文化の影響

表6.4　日中韓3か国の伝統文化・大衆文化の関心（％）

	米国の調査結果				香港の調査結果
	中国	韓国	日本	3か国の差の検定	日本
伝統文化					
アルコール飲料	5.6	4.8	7.7	**	17.9
建築	19.2	6.9	16.6	***	23.7
手作り製品	9.7	4.5	8.7	***	
料理	47.5	22.9	38.1	***	71.9
遺跡	22.7	12.9	22.5	***	25.6
文学	5.7	3.7	7.0	**	7.2
武術	31.3	9.8	25.0	***	7.3
絵画と芸術	18.5	6.0	15.1	***	14.7
哲学	13.8	7.0	14.6	***	
陶器	7.4	2.1	6.0	***	15.3
宗教	5.4	2.4	6.0	***	
茶	16.4	3.4	12.0		32.5
ポピュラー文化					
アニメ	12.6	4.2	18.3	***	46.9
マンガ	7.3	2.5	12.9	***	35.6
ファッション	10.6	6.4	11.2	***	45.6
映画	12.8	5.7	13.2	***	32.4
ポピュラー音楽	2.8	3.5	3.7		23.5
テレビドラマ	2.9	2.4	3.3		43.9
ビデオ・テレビゲーム	11.6	5.8	15.4	***	35.3
一般的な文化					
衣服	14.8	7.0	16.1	***	42.7
習慣・風習	20.8	13.2	22.0	***	46.1
電気製品	18.1	9.6	25.0	***	60.3
言語	12.9	6.8	13.9	***	16.9
人々	20.6	14.9	22.2	***	23.2
何も関心がない	19.1	46.9	23.5	***	4.5

出典：Ishii ほか（2015）　3か国の差は，コクランのQ検定による
$*p<0.05$, $**p<0.01$, $***p<0.001$

に対して，ポピュラー文化と一般的な文化の計12項目については，すべての項目で日本への関心が最も高くなっている。アメリカ人は，過去の伝統的な文化については中国への関心が高いが，現在の文化については日本への関心が高い。韓国については，ポピュラー音楽の関心で中国を上回っていることを除くと，すべての項目で最も関心が低い。

3種類の文化的関心を比較するため，伝統文化とポピュラー文化，一般文化の各項目の中から，関心のあるものの個数を得点とした平均点を求めた（表6.5）。各項目の単純加算尺度について平均値，標準偏差と信頼性係数を示してある。一般文化については，信頼性係数が低く，尺度化は行わなかった。

表6.5 文化関係の尺度得点の平均値と信頼性係数

	伝統文化			ポピュラー文化		
	平均	標準偏差	信頼性係数	平均	標準偏差	信頼性係数
中国	2.03	2.13	0.726	0.61	1.11	0.659
日本	1.80	2.17	0.758	0.78	0.32	0.718
韓国	0.88	1.51	0.718	0.31	0.87	0.716

3か国（中国，韓国，日本）の伝統文化，ポピュラー文化への関心度の相関関係は，表6.6のようになっている。この表からわかることは，同一国の伝統文化とポピュラー文化の相関よりも，異なる国の間の伝統文化，あるいはポピュラー文化の間の相関の方が高いことである。また日本と中国の間では，同じカテゴリーの文化への関心度の相関が特に高い。先述したようにアメリカ人は3か国をあまり区別していないようであり，特に日本と中国については関心度の相関がきわめて高いことを示している。

表6.6 3か国の伝統・ポピュラー・一般文化間の相関関係 (N=827)

		中国	韓国		日本	
		ポピュラー	伝統	ポピュラー	伝統	ポピュラー
中国	伝統	0.426	0.573	0.268	**0.745**	0.449
	ポピュラー		0.288	0.424	0.339	**0.612**
韓国	伝統			0.500	**0.655**	0.425
	ポピュラー				0.336	0.518
日本	伝統					0.556

すべての係数が0.1％水準で統計的に有意

表 6.7 は，各国の伝統文化とポピュラー文化への関心度がどのような要因に規定されているのかを探るため，回帰分析によって各国へのポピュラー文化，伝統文化への関心得点の説明要因の影響力を測定したものである。ポピュラー文化については，3か国に共通して若年齢とインターネット利用が関心を高めていることがわかる。一方，伝統文化については，年齢は関係がなく，高学歴であることと低い消費者自民族中心主義傾向が高い関心と関係があることがわかる。ポピュラー文化と伝統文化では，有意な要因がかなり異なるといえよう。

表6.7 各国のポピュラー文化への関心度を目的変数とする回帰分析
(標準化回帰係数)

	中国	日本	韓国
性別	0.02	0.05	−0.01
年齢	−0.20 ***	−0.23 ***	−0.13***
学歴	−0.05	0.03	0.01
消費者自民族中心主義	−0.08*	−0.06	−0.03
愛国心	0.00	−0.03	−0.01
テレビ視聴時間	0.03	0.00	0.00
インターネット利用時間	0.15***	0.07 *	0.12 ***

*$p<0.05$, **$p<0.01$, ***$p<0.001$

第二部　日中韓をめぐる相互イメージとその規定要因

表6.8　各国の伝統文化への関心度を目的変数とする回帰分析
(標準化回帰係数)

	中国	日本	韓国
性別	0.01	0.03	0.08*
年齢	−0.08*	−0.04	−0.02
学歴	0.09**	0.16***	0.10**
消費者自民族中心主義	−0.16***	−0.11**	−0.08*
愛国心	0.10**	0.05	0.05
テレビ視聴時間	−0.04	−0.07	−0.02
インターネット利用時間	0.03	0.02	0.05

*$p<0.05$, **$p<0.01$, ***$p<0.001$

「クールジャパン」で政策的な活用が論議されているアニメなどの日本のポピュラー文化は，アメリカではどの程度受け入れられているのであろうか。表6.9は，代表的な日本のポピュラー文化の項目についてどの程度認知しているのかを聞いた結果である。アニメが最も高いが，その比率は38.5％に過ぎない。次いで，キャラクターグッズ（36.9％），ゲーム（25.3％），電子玩具（24.8％）となっている。日本のアニメは，これらの項目の中では最もよく知られているが，実は大部分のアメリカ人は日本の「アニメ」を知らないのである。また，香港の結果と比較してみると（ただし，アメリカと香港で一部対応していない項目がある），ほとんどの項目で香港の認知度が高い。例外は，「キャラクターグッズ・フィギュア」と「アダルトアニメ・ゲーム」のみである。アメリカにおける日本のポピュラー文化の浸透は，香港ほどの広がりはないといえる。

第6章　アメリカにおける日中韓のイメージとポピュラー文化の影響

表6.9　日本のポピュラー文化の認知度（香港との比較）

	米国% ($N = 817$)	香港% ($N = 800$)
アニメ	38.5	43.2
キャラクターグッズ・フィギュア	36.9	33.7
コスプレ	15.2	17.3
電子玩具（例　タマゴッチ）	24.8	30.7
ゲーム	25.3	32.3
原宿スタイル	7.5	10.5
アダルトアニメ・ゲーム（Hentai/変態系）	12.9	4.7
日本のアダルトビデオ	4.0	20.7
Jポップ	6.3	21.1
マンガ	15.0	34.3
おたく（Otaku）	4.7	
リアリティ番組（Reality TV）	7.5	10.3
ボーカロイド	2.1	7.6
ひとつも知らない	38.6	26.0

注：空欄は調査していないもの

　アメリカ人の日本のポピュラー文化の認知がどのような要因から影響を受けているのかをみるため、これらの項目の認知（知っている／知らない）を目的変数とするロジスティック分析を行った。分析結果によると、アニメ、キャラクーグッズともに、若年齢、高学歴、日本への好意度、日本への認知度が統計的に有意なプラスの係数となっている。なお、キャラクターグッズについては女性の方がよく知っている。アニメ、キャラクターグッズともに、ナショナリズム意識やメディア利用とは有意な関係が見られなかった。

表6.10 日本のアニメ及びキャラクターグッズの認知度を従属変数とする
ロジスティック回帰分析の結果

	アニメ		キャラクターグッズ	
	係数	Wald 値	係数	Wald 値
性別	−.163	1.047	−.857	27.381***
年齢	−.023	11.327**	−.020	8.745**
学歴	.121	10.485***	.082	4.873*
日本の認知度	.226	8.343**	.357	20.576***
日本の好意度	.362	24.713***	.215	9.025**
テレビ視聴時間	.003	.055	−.017	1.933
インターネット利用時間	−.034	.927	−.026	.541
消費者自民族中心主義	−.034	2.600	−.037	2.990
愛国心	−.040	.761	.042	.825

*$p<0.05$, **$p<0.01$, ***$p<0.001$

6. 伝統文化・ポピュラー文化への関心はどのような効果をもたらしているのか

　ここでは，アメリカ人の日本への好意度，日本の電気製品の購買意向，日本への観光旅行意向の三つを目的変数として，これらに対して伝統文化とポピュラー文化がどのような関係を持っているかを見ていく。

　文化への関心が持つ効果を明らかにするため図6.2のような構造方程式モデルを用いる。このモデルでは，ポピュラー文化の関心と伝統文化の関心が日本への認知及び好意度に影響を与えると仮定されており，認知度から好意度，そして電気製品の購買や観光意向へとつながることが想定されている。図6.2には，構造方程式モデルの分析結果が示されている（標準化係数）。モデルの適合度を示す指標は，$X^2 = 7.13$, df = 1, $P = .008$, RFI = 0.892, RMSEA = 0.087 と良好である。

第6章 アメリカにおける日中韓のイメージとポピュラー文化の影響

構造方程式モデルでは，個々の係数以外に，色々な経路を経由した変数の総合効果を推定することができる。たとえば，ポピュラー文化から日本の好意度への影響は，直接的な「ポピュラー文化への関心」→「日本への好意度」という経路のほかに，「ポピュラー文化への関心」→「日本の認知度」→「日本への好意度」という「日本の認知度」を経由した間接的な影響が含まれる。こうした直接的な影響と間接的な影響のすべてを合計したものがポピュラー文化から日本の好意度への総合効果になる。ポピュラー文化への関心から日本の好意度への総合効果は 0.209 であり，日本の電気製品への購買態度については 0.220，日本への観光旅行意向は 0.230 であった。モンテカルロ法により総合効果の有意性を検定したが，その結果はこれらのパスは統計的に有意であった[1]。

つまり，ポピュラー文化への関心は日本への観光旅行意向，電気製品への購買態度や日本への好意度にある程度の効果が見られると

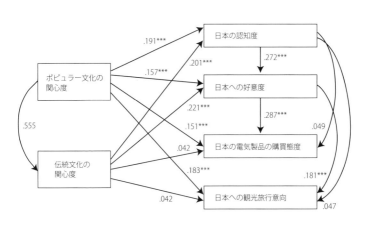

図6.2 伝統文化とポピュラー文化の因果分析（標準化係数）

いえよう。これに対して，伝統文化について同様の総合効果を算出してみると，日本の好意度への総合効果は 0.275 であり，日本の電気製品への購買態度については 0.130，日本への観光旅行意向は 0.244 であった（モンテカルロ法の分析結果はこれらの係数はすべて統計的に有意であった）。日本の好意度と観光旅行意向への効果については，ポピュラー文化よりも伝統文化の方が強い効果を持っていることがわかる。ただし，電気製品の購買に関しては，ポピュラー文化の方が強い効果を持っており，ターゲットとする分野によって効果のある文化的関心は異なることがわかる。

7．アメリカ人にとっての日本料理

　第 5 章では台湾，韓国，香港において，アニメやテレビドラマ以上に，日本食の好みが日本への好意度と関連していることを示した。そこで，アメリカ人にとって「日本食」が日本への信頼感や観光旅行意向とどのように結びついているのかを Pew Research Center（2015）を再分析した結果から見ることにしたい。この調査には「日本と聞いてあなたが最初に思い浮かぶことは何ですか（"What is the first thing that comes to mind when you think of Japan?"）」という自由回答形式の質問がある。この質問は日本に対する回答者の基本的なイメージが反映されていると考えることができる。自由回答であるため多様な回答が含まれているので，ここでは以下の答えをした人のみを抽出して分析上の七つのグループをつくった。

（1）日本料理（Food, Japanese Food, Sushi, Noodle など）
（2）自動車（Cars, Automobiles, Toyota など）
（3）第二次世界大戦（The war, Pearl Harbor, World War 2）
（4）技術（Technology, Electronics, など）
（5）親戚・友人（Relative, Friend, Daughter, Niece など）

（6）東日本大地震・福島原発事故（Earthquake, Fukushima, Tsunami など）
（7）アニメ（Animation, Anime, Cartoon）

　「アニメ」を答えた回答者は少数であったが，本書の研究の関心のひとつがポピュラー文化であり，「クールジャパン」の代表としてアニメがよく取り上げられるので，ここでは独立のカテゴリーとして比較した。まず，表 6.11 の結果から七つの自由回答のグループの特徴を見ることにしたい。
　まず，日本のイメージとして「日本料理」と答えた人々の特徴であるが，日本への観光に関心があるという比率が高い。また，日本を信頼するという比率も比較的高い。「自動車」と答えた人々は，年齢がやや高く男性が多い。また，日本を信頼する比率は高いが，日本への観光に関心がある人は少ない。「第二次世界大戦」と答えた人々は，高齢者が多く，日本を信頼する率，日本への観光の関心ともに低い。「技術」と答えた人々は，男性が多い。日本を信頼するという比率は低いが日本への観光に関心がある人が多い。親戚・友人と答えた人は，女性が多く，日本への信頼度・観光への関心度ともに平均的である。最後に，「アニメ」と答えた人は若者が多く，日本への信頼度・観光への関心度ともに高い（表 6.11）。
　表 6.12 は，日本への観光関心度を従属変数とする回帰分析の結果を示すものである。性別，年齢などの属性変数及び日本への信頼度をコントロールしても，「日本料理」をイメージする人々の観光関心度が有意に強いことが示された。一方，興味深いことに，「自動車」をイメージする人々は観光関心度が有意に低い。自動車をイメージすることは，日本との貿易摩擦などネガティブなイメージにつながるのかもしれない。

第二部　日中韓をめぐる相互イメージとその規定要因

表6.11　七つの自由回答グループの特徴

	N	平均年齢	男性比率(%)	日本を信頼する(%)	日本への観光に関心ある(%)
(1) 日本料理	87	44.0	50.6	82.1	77.0
(2) 自動車	48	58.7	75.0	85.1	62.5
(3) 第二次世界大戦	54	65.8	42.6	60.4	50.0
(4) 技術	51	42.8	68.6	77.1	80.0
(5) 親戚・友人	25	61.8	28.0	70.8	60.9
(6) 地震・福島	33	54.3	30.3	71.9	62.5
(7) アニメ	7	27.8	57.1	85.7	100
その他の回答	695	54.1	46.0	72.3	61.7
N	1000	53.5	47.9	73.4	63.7

表6.12　日本への観光関心度・日本の信頼度を目的変数とする回帰分析の結果

	日本への観光関心度		日本の信頼度	
	標準化係数	t 値	標準化係数	t 値
日本のイメージ^(注)				
(1) 日本料理	0.06	2.02*	0.04	1.32
(2) 自動車	−0.07	−2.26*	0.02	0.50
(3) 第二次世界大戦	−0.03	−1.11	−0.09	−2.61**
(4) 技術	−0.01	−0.16	0.00	0.13
(5) 親戚・友人	0.00	−0.13	−0.01	−0.44
(6) 地震・福島	−0.03	−1.04	0.01	0.22
(7) アニメ	0.06	1.81	0.03	0.81
性別（男性 =1，女性 =2）	−0.10	−3.08**	−0.20	−5.84***
年齢	−0.23	−7.21***	0.09	2.66**
学歴	0.18	5.05***	0.20	5.59***
収入	0.03	0.97	0.12	3.36***
日本への信頼度	0.31	9.51***		
R^2	0.266		0.138	

注：基準はこれら七つの回答以外（無回答含む）。

*p<0.05，**p<0.01，***p<0.001

また，日本への信頼度を目的変数とする回帰分析も行ってみた。結果は，「第二次世界大戦」をイメージする人の信頼度が有意に低いことがわかる。また，多くの属性変数と統計的に有意な関係があり，女性，高年齢，低学歴，低収入の人の日本への信頼度が低いこともわかる。

8. 結 論

本章ではアメリカ人を対象として日本，中国，韓国への認知度，好意度及び文化への関心度を分析してきた。その結果，3か国（特に日本と中国）についてアメリカ人は，認知度，好意度，文化の関心においてひとまとめにしている傾向があることがわかった。ただし，文化的な関心で見ると，伝統的な文化については中国への関心度が高いが，ポピュラー文化については日本への関心度が高いという違いは見られた。日本・中国と比べると，韓国への関心は，いずれの領域においても低かった。また，アメリカ人の日本への文化的関心は，香港人と比べるとほとんどの領域で関心度が低かった。アメリカ人の日本への文化的関心の程度は，香港人と比べると限定されたものといえる。

また，ポピュラー文化と伝統文化は異なる領域において効果を持っていることが分析結果から示唆された。調査結果は，日本への好意度や日本への観光意向をターゲットとするのであれば，ポピュラー文化よりも伝統文化を用いた方が効果が高くなることを示唆している。ただし，電気製品の購買をターゲットにするのであれば，伝統文化を強調したキャンペーンよりは，ポピュラー文化の方が効果が高いことが示唆されている。つまり，ターゲットとする領域によってポピュラー文化と伝統文化を使い分ける必要がある。一般的に言うと，ポピュラー文化に関心を持つ層は若者に集中しており，

伝統文化の方が年齢的に偏りがないという意味で汎用性が高いといえよう。

　最後に，日本料理がポピュラー文化以上に日本のイメージに影響を与えている可能性が示唆された。まず，「日本」から連想することで最も頻度が多くあげられたのが日本料理であった。日本への観光意向という点で見ると，自動車がマイナスの相関関係が見られたのに対して日本料理はプラスの相関関係が見られている。日本料理の好みが日本への好みと強く関係しているというのは，第5章の分析結果と同様の傾向を示すものである。食の好みが観光旅行意向に影響することを示唆するものといえる。

　テレビドラマなどと異なり，国への好意度やイメージに対して食の与える影響についての研究はあまり多くない。園田茂人は，東アジアでの外国料理の好みを分析してグローバル化の視点では説明できないものもあることを指摘している（園田 2012）。今後，日本料理が日本のイメージをどのように変えるのかについて体系的な研究を行うことが必要であろう。

注

1　モンテカルロ法により，バイアス修正済み90％信頼区間の下限が0以上であった。

参考文献

石井健一・海後宗男（2013）「Twitterのツイートからみた日本と東アジア諸国のイメージ」『Institute of Socio-Economic Planning discussion paper series』no.1312.

Ishii, K., Kaigo, M., Tkach-Kawasaki, L., Hommadova, A. (2015) "*Assessing American Attitudes Toward East Asian Countries*", International and Advanced Japanese Studies, 7, 111-120.

Johnson, S. K. (1989) *"The Japanese Through American Eyes"*, Kodansha International.

川竹和夫・杉山明子・原由美子・櫻井武(編)(2000)『外国メディアの日本イメージ』学文社.

三原龍太郎(2014)『クール・ジャパンはなぜ嫌われるのか──『熱狂』と『冷笑』を超えて』中央公論新社.

Pew Research Center, 2015 April, "Americans, Japanese: Mutual Respect 70 Years After the End of WWII". http://www.pewglobal.org/2015/04/07/americans-japanese-mutual-respect-70-years-after-the-end-of-wwii/

下村満子(1990)『日本たたきの深層──アメリカ人の日本観』朝日新聞社.

園田茂人(2012)「マクドナルド化する東アジア──食文化の変化にみる多様なグローバル化」園田茂人編『勃興する東アジアの中産階級』勁草書房, 233-257.

辻村明・古畑和孝・飽戸弘(編)(1987)『世界は日本をどう見ているか──対日イメージの研究』日本評論社.

丹野大(2011)『反捕鯨? 日本に鯨を捕るなという人々(アメリカ人)』文眞堂.

第7章　中国人の日本ブランド消費
——ナショナリズム意識の消費行動への影響

石井　健一

　本章の目的は，中国人の日本商品の消費や日本アニメの視聴に対して中国人のナショナリズム意識がどのように影響しているのかを見ることにある。中国では戦前から日本製品のボイコットや国産品の購買を奨励する運動が広く行われていた。改革開放後は欧米製品を崇拝する風潮が広がっていたが，現在そうした傾向は弱まりつつある（Zhou and Hui 2003）。最近は毎年のように消費者権利デー特別番組で外国製品を非難するキャンペーンが行われるなどナショナリズム意識と消費行動の結びつきが強くなっている。反日デモのときにも日本商品や日本企業が標的になった。

　しかし，どのようなプロセスでナショナリズム意識が日本商品の購買にどの程度のマイナスの影響を与えているのかは明らかでない。本章では，ナショナリズム意識を「排外主義」「愛国心」「国際主義」の三つの次元に分け，外国製品の購買に関わる消費意識として外国製品の「品質の評価」「消費者自民族中心主義」「敵意」の三つを設定し，これらの変数がどのように日本商品の購買意図に影響を与えるのかを見ていく。また，日本アニメの視聴に中国人のナショナリズム意識がどのように関連しているのかも見る。

第7章　中国人の日本ブランド消費

1. ナショナリズム意識と外国製品の不買運動

　中国では2005年と2012年に大規模な反日デモが起こった。このときに標的となったのが，日本企業である。反日意識が日本製品への敵意と結びつき，現地に進出していたジャスコなどの日系スーパーマーケットやパナソニックの工場も破壊された[1]。デモの4か月後に中国の主要12都市で実施された調査によると，日本製品を「これまでも買っていない」は13.1％，「今後は買わない」が40.1％と，反日意識が日本製品への購買にマイナスの影響を与えていることがわかる[2]。

　中国では，20世紀の初頭から「日貨排斥」といわれる日本を標的とした不買運動がしばしば起きている。石田（2004）によると，不買運動は，中国において外国との政治的・軍事的対立のたびに発生している。1908年に始まり，1909年，1915年，1919年，1923年，1925-1926年，1928年，1929年，1931-1932年と頻繁に日本製品への不買運動が発生している。

　また，不買運動と並行して行われていたのが，国貨（国産品）運動である。張仲礼が『中国近代国貨運動』に寄せた序文によると，「中国近代国貨運動とは，20世紀初頭に民族経済の振興を目的とした一種の進歩的社会的運動である。民族資産階級が積極的に国貨（国産品）を生産・販売，外国製品のダンピングを阻止し，民族工商業の発展と進歩を目ざした運動であり，強烈な愛国主義的色彩を具えている」とされる（潘 1996）。消費者は国産品と外国製品の区別が難しいので，政府は「国貨証明書の発行」と「中国国貨暫定標準」をつくった。後者は，何が国産品かを定義するため，八つの基準にしたがい，国産品について第一等から第六等まで六つのランクをつくったものである（石田 2004）。国産品の展覧会がしばしば開

かれ，国産品の使用を勧める歌もつくられた（潘 1998）。1934 年の『申報』（当時の上海の大手新聞）には，外国製品ばかり使うモダンガールやモダンボーイの洋服をはさみで切り刻んだ人の行為を肯定する論説が掲載されている（石田 2004）。

　外国製品への排外運動が展開しているにもかかわらず，中国では外国製品を好む人々もいる。これは，人々がブランドをどう評価するかということ，つまり商品の社会的価値を中国人が重視していて，高価な外国製品を買うことが自分の「面子」の維持になると考えているからである（Mueller, Wang, Liu and Cui 2016）。ただし，外国製品が改革開放後に持っていた現代性や威信といった象徴的な価値は，2000 年頃から低下傾向にあるといわれる（Zhou & Hui 2003）。

　2000 年代に中国ではインターネットを中心に「サイバーナショナリズム」が広がり，民衆主導で外国製品や外国企業のバッシングが行われた。2003-2004 年には，マクドナルド，ナイキ，トヨタの広告が中国人や中国文化を侮蔑するものとして批判が広がり，広告の停止に追い込まれた。たとえば，ナイキの場合，プロバスケット選手のレブロン・ジェームズが敵を次から次へと倒していく CM の中で倒される相手の中にカンフーの達人が含まれていたことが中国民族への侮辱とされた（Sandoval 2004）。トヨタの「プラド」の広告では獅子が「プラド」にお辞儀をしているのが，中国への侮辱と解釈された（陳・孫 2008）。また，外資企業を対象にした品質問題がしばしば起こるようになっており，2010 年から 2015 年にかけて毎年のように中国中央テレビで外資批判キャンペーンがあり，日本企業ではソニー，シャープ，ホンダ，ニコン，日産自動車などが標的になった[3]。こうしたキャンペーンが起こった背後には，中国人のナショナリズム意識の高まりがあると考えられる。

　ところで日本製品の不買運動は，中国のみではなく，現在は親日的とされるタイや米国でも過去に生じたことがある。タイでは，

当時の日本の強すぎる経済力に対する反発から，1972年には日本商品の不買運動が起こり，1974年にはタイを訪問した田中首相をデモ隊が立ち往生させた。1985年にも再び不買運動が起こったが，原因は貿易不均衡であった。また，1984年に安倍外相が訪問したときには，日本が援助して建設した「国立文化センター」に対して，なぜ設計から完成まで日本人にゆだねるのかと，抗議の声が上がった。1984年11月から「おしん」が放送され，タイで多くの人の共感を得ていた時期のことである。また，米国では日米貿易戦争といわれた1980–1990年代において，競争力を増した日本製品への不満が高まり，自動車など日本製品のバッシングが行われた。

2. 原産地効果・消費者自民族中心主義・敵意

　従来から，消費者行動の研究においては，消費者の購買行動における「自国産バイアス」の存在が知られている（Balabanis, Diamantopoulo, Mueller, and Melewar 2001）。これは，消費者には他国から輸入した製品よりも自国の製品を好むという一般的な傾向があることを意味するものである。こうしたバイアスを説明する変数として，消費者行動研究では，「原産地効果」（country-of-origin effect）と「消費者自民族中心主義」（consumer ethnocentrism）の効果が論じられてきた。原産地効果とは，「生産国を知ることで生じる商品への評価の影響」と定義できる。これは商品カテゴリーレベルの品質に関わる効果を想定するものであり，たとえば「イタリア製のバッグ」から感じる高品質の評価は原産地効果によるものといえる。消費者自民族中心主義傾向（consumer ethnocentrism tendency）とは，愛国心から自国産品を好む傾向であり，消費の領域におけるエスノセントリズム（民族主義）であるといえる（Shimp & Sharma 1987）。これは，特定の商品カテゴリーに限定されない商品への態度である。

ただし,自国の製品が優れていると認識されている場合は,原産地効果は自国産バイアスをもたらすことになるが,自国製品の品質が劣っていると認識されている発展途上国では必ずしもプラスの自国産バイアスをもたらさない。この場合,原産地効果はマイナスの自国産バイアスとして働くことになる。逆に言うと,発展途上国に見られる自国産バイアスは原産地効果では説明できないといえる。

自国産品を買うことが自国の労働者や産業を守ることにつながるという信念が,消費者自民族中心主義の背後にある(Shankarmahesh 2006)。韓国では1998年のアジア通貨危機のとき,海外製品を買い控えて国産品のみを買う運動が起こり,外国企業の韓国からの撤退が相次いだ(Shim and Lee 1998)。これは,自民族中心主義消費の典型であるといえる。消費者自民族中心主義を測定する尺度として多くの研究で使われているものがCETSCALE(Consumer Ethnocentrism Scale)である。この尺度は,米国をはじめ多くの国において,一次元性と信頼性があること(Netemeyer, R. G., Durvasula, S., and Lichtenstein, D. R. 1991)や因子構造が同一であることが確認されている(Steenkamp, J. E. M., and Baumgartner, H. 1998)。

消費者自民族中心主義は,特定の外国に向けられるものではなく,自国産品の購買を優先しようという内向きの意識である点が以下で述べる「敵意」とは異なる。消費者自民族中心主義は,多くの国で消費者行動を分析する変数として使われており,社会経済的属性との関係が分析されている。それらの分析結果を見ると,年齢とは正の相関が見られ(高齢者ほど消費者自民族中心傾向が強い),男性より女性,また,低学歴者や収入の低い人で強い傾向がある(Shankarmahesh 2006; Stere and Trajani 2015)。また,集団主義や保守主義と正の相関関係が報告されており,国内の労働者を助けなればいけないという状況が顕在的になるほど,経済状況が悪化するほど強くなるといえる(Shankarmahesh 2006)。

消費者自民族中心主義の効果とは独立に，特定の国に対する「敵意」(animosity) がその国の製品を拒否しようとする影響があると主張したのがKleinら (1998) である。クレインらは，南京での調査によって，日本人への反感の強さが日本製品の購買を抑制する効果があること，またこうした効果は原産地効果や消費者民族主義とは独立に働いていることを示した。クラインらが検証したのは図7.1のモデルであり，日本への敵意が日本製品への購買意向を抑制していることを示した (Klein 1998)。また，アメリカにおいて戦争体験などにより日本に対して反感を持つ人が日本製品を買わない傾向があることも示した (Klein 2002)。これらの事例において「敵意」はネガティブな感情であるが，特定の国に対してポジティブな感情を持つ場合，その国の製品を優先的に購買すると考えられる。原産地効果と異なるのは，原産地効果が製品カテゴリーレベルの品質評価に対するものであるのに対して，敵意（ネガティブ・ポジティブいずれも）は，製品カテゴリーとは関係なくすべての製品に影響すると想定されることである。

「消費者自民族中心主義」や「敵意」がどのような条件で強く働くのかを調べた研究がある。たとえば，消費者民族中心傾向の影響は，車やテレビについては高いが玩具や家具では低いこと，また経済的な競争力が強い国や文化的な類似性が高い国の製品の場合は，消費者民族中心主義の影響力は弱いことが示されている (Balabanis, Diamantopoulo, Mueller, and Melewar 2001)。また，関与度の高い製品ほど，消費者自民族中心主義の影響力が強い。先進国（米国，フランス，英国）及び発展途上国（中国，エジプト，インド，ブラジル，マレーシア，モーリシャス，南アフリカ，トルコ）の比較研究によると，発展途上国においては消費者自民族中心主義と海外製品のイメージに負の相関関係が見られたが，先進国においてはこのような相関は見られなかった (Jinほか 2015)。これは，発展途上国の方が海外製品に対

して自国産業への脅威を強く感じているからであると考えられる。また，先進国であるが経済規模は小さいオランダでの調査結果によると，オランダ人の消費者自民族中心主義傾向は，ドイツ製のテレビに対する評価にネガティブに影響していたが，ドイツ製の自動車に対しては影響が小さかった（Nijssen & Douglas. 2004）。これは，オランダでテレビは製造しているが自動車は製造していないためであると考えられる。つまり，自国産品の入手可能性が低い場合，消費者自民族中心主義や敵意の影響は小さくなると考えられる。

3. ナショナリズム意識の次元

消費者自民族中心主義や敵意の背後にあると想定されるのが，自分の国に対する意識であり，これは「ナショナリズム意識」とよばれる。本書では，ナショナリズム意識を「自分の国に関係する意識や感情」と定義する。多くの心理学的な研究は，ナショナリズム意識に二つの次元があることを指摘している（Li & Brewer 2004; Karasawa 2002）。ひとつは，自分の国に対する単純なポジティブな感情であり，一般には「愛国心」（patriotism）とよばれるものである。もうひとつは，他国と比べて自国が優越しているという信念に基づく自国への無批判の支持であり，これは「国家主義」（狭義のナショナリズム）とよばれるものである。狭義のナショナリズムは，排外主義的な傾向を持つことが多いので，本書では広義のナショナリズム（「国に関係する意識や感情」）と区別するために，「国家主義」を「排外主義」（exclusionism）とよぶことにする。また，唐沢は因子分析の結果からナショナリズムに「国際主義」（internationalism）という第三の次元があることを指摘している。国際主義とは，他国と協調すべきであるというコスモポリタン的な信念である。これは，他のナショナリズム意識とは方向性が逆であるが，「愛国心」や「排外

主義」と区別される第三の次元とされる（Balabanis, Diamantopolous, Mueller and Melewar 2001; Karasawa 2002; 唐沢 1993）。

　これらの三つの次元は相関関係があることが多い。唐沢によると，愛国心と排外主義の間に0.45の相関があったことを報告している（Karasawa 2002）。一方，愛国心と国際主義の相関はほぼゼロ，排外主義と国際主義の間は−0.24の相関が得られた（Karasawa 2002）。ただし，これらの三つの変数の間には弱い相関は見られるが，理論的に区別して分析する必要がある。たとえば，Skitka（2005）は，9・11テロの後に多くのアメリカ人が車にアメリカ国旗を貼った行動は，排外主義ではなく愛国心であると分析している。排外主義と愛国主義がどのような条件において生起するのかを実験で検証しているのが，Li & Brewer（2004）の研究である。この実験では，国民の統合について文化的な要素を強調する実験条件と国の共通の目的を強調する条件を設定した。その結果，前者では文化の多様性を否定する排外主義的な傾向が高まったのに対して，後者では愛国心は高まったが排外主義と愛国心の間に相関関係が見られないという違いが見られた。この結果は，政府が自国の文化の独自性を強調する政策を行うと排外主義が強まることを示唆するものといえる。愛国心と排外主義は，実証データにおいては中程度の相関が見られることが多いが，この分析結果が示すように心理的な方向性は異なるものであり，分析では異なる変数として区別する必要がある。

　「排外主義」「愛国主義」「国際主義」はナショナリズム意識の一般モデルとして多くの国の研究で使われている。しかし，中国人のナショナリズム意識には，そうした一般モデルでは把握しきれない中国の独自性もある。たとえば，江藤名保子は，中国の「公定ナショナリズム」が，2006年以降に「中華民族の偉大な復興」をスローガンとする大国指向ナショナリズムに再構成されたことを指摘している（江藤 2014: 201）。一方，一般人のナショナリズム意識

は必ずしも政府の統制に従っておらず，インターネット上で「サイバーナショナリズム」として形成されている。インターネット上で不満を表現する若者のことを「憤青」（fenqing）というが，彼らは愛国心が強く，排外意識も強いといわれており，この点で日本のネット右翼と共通点がある（Osnos, Lu, and Xiao 2006）。日本人の嫌韓意識の分析では，因果関係の方向については断定はできないものの，インターネット利用時間は，韓国へのネガティブな意識と有意な相関が見られている（第8章）。そこで本章でも中国人のインターネット利用とナショナリズム意識の関係について分析する。

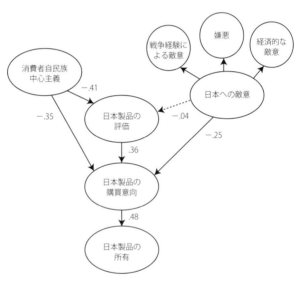

図 7.1　Klein ら（1988）による日本製品購買の分析結果　（数字は標準化パス係数）

4. 中国人のナショナリズム意識と日本・米国製品の消費

先述のように中国においてナショナリズム意識が日本製品の購買

にどのように影響しているのかを最初に研究したのは，クラインらである (Klein, Ettenson and Mosrris 1998)。クラインらは，反日意識が最も強いと考えられる南京でアンケート調査を行った。クラインらは，中国人の日本製品の購買に三つの要因（日本への敵意，消費者自民族中心主義，品質の評価）が働いているのではないかと予想した（図7.1)。消費者自民族中心主義は，すべての製品について国産品を優先すべきだという態度を示すものである。この傾向が強い人は，日本製品を含めて外国製品の購買を抑制すると予想される。日本製品の品質の評価は，先述した原産地効果に対応するものであり，日本製品の品質に対する評価は日本製品の購買意向に影響を与えるであろうと予想される。日本に対する敵意（animosity）は，消費者自民族中心主義と異なり，他の外国製品ではなく日本製品の購買のみを抑制すると予想される。中国の場合，敵意の原因は主として戦争経験によると考えられるが，それ以外にも日本人への嫌悪感や日本の経済的な脅威に対する敵意も想定された。

　分析結果を見ると，三つの要因とも日本の製品の購買意向に有意な影響を与えていた。予想どおり消費者自民族中心主義と敵意はマイナスの有意な影響，日本製品の品質に対する評価はプラスの有意な影響が見られた。また，構造方程式モデルで変数間の因果関係を推定したところ，消費者自民族中心主義傾向が強い人は，日本製品の品質を低く評価する傾向も見出された。

　ただし，クラインらの研究は1997年頃に行われた調査をもとにしており，その後の中国の経済発展と反日意識が高まった状況では，結果が異なるかもしれない。また，唐沢の三つのナショナリズムの次元がこれらの日本製品購買に関する変数とどのように関係しているのかは明らかでない。消費意識とナショナリズム意識の関係を明らかにするためには，ナショナリズム意識の基本的な三つの次元との関係を明らかにする必要がある。このことは，中国人の日本製

品の拒否が，愛国心によるものなのか，排外主義によるものなのか，という問いに答えることにもつながる。

また，図 7.1 のようなナショナリズム意識の影響のプロセスが日本以外の国の製品にも適合するかどうかも研究すべき課題といえる。日本との戦争体験は反日意識に結びつきやすいが，中国で近年高まってきた「サイバーナショナリズム」は，反米や反西洋感情とも結びついている。実際，中国では政治情勢によっては反米意識が強くなることもある。2000 年に海南島付近で米中の軍用機衝突事件があった後は，中国青少年研究センターによる調査では，中国の青年が最も嫌いな国はアメリカが 31.1% で第一位であった（浅野 2004）。中国の「サイバーナショナリズム」は，事件に対して反応し極端から極端に走る傾向がある。マクドナルドやナイキの広告内容に中国人への侮辱があるとして，これらの企業への大きな非難が起こったこともある（Li 2006）。また，チベット問題による北京オリンピックの聖火リレーへの抗議活動に反発して，フランス企業であるカルフールが不買運動の標的となった。したがって，中国人のナショナリズム意識は日本製品以外にも影響を与えていると予想される。

上記の仮説を検証するため，筆者は，日本製品だけでなく米国製品も研究対象に含めることにし，反日デモが起きた直後の 2005 年夏に上海でアンケート調査を実施した（Ishii 2009c；以下，「上海 2005 年調査」）。調査方法は街頭調査で上海市内の歩行者の多い場所を選び，現地の調査会社に委託して面接方式で 600 人を対象に調査を行った。調査対象の年齢を 15-24 歳，25-34 歳，35-44 歳，45-54 歳，55-64 歳の五つの層に分け各層の人数がなるべく同数になるように，また各年齢層は男女同数を計画して調査を行った。その結果，回答者の平均年齢は 38.5 歳，男性 298 人（49.7%），女性（50.3%）となった。なお，回答者をランダムに二つのグループに分け，一方

のグループには日本製品関連の質問を，他方のグループにはアメリカ製品関係の質問を行った。それ以外の質問は，二つのグループとも共通の質問を用いた（消費者自民族中心主義の尺度や回答者の属性など）。

表7.1 分析で使われた変数の記述統計と相関関係

相関係数						
日本製品						
	平均	標準偏差	2	3	4	5
1. 日本製品の品質評価	28.3	4.9	.420***	−.225***	.196**	.216***
2. 日本製品の購買意向	15.8	6.0		−.444***	−.483***	.244***
3. 日本への敵意	36.1	8.8			.291***	−.133*
4. 消費者自民族中心主義	14.7	5.5				−.114*
5. 日本製品の所有	1.7	1.4				
米国製品						
	平均	標準偏差	7	8	9	10
6. 米国製品の品質評価	27.7	4.8	.390***	−.308***	−.126*	.099
7. 米国製品の購買意向	17.1	5.2		−.391***	−.441***	.119*
8. 米国への敵意	34.1	8.0			.363***	−.211***
9. 消費者自民族中心主義	14.6	5.1				−.097
10. 米国製品の所有	0.9	1.0				

上海2005年調査　(Ishii, 2009c)　　*$p<0.05$, **$p<0.01$, ***$p<0.001$

日本製品または米国製品の購買意向を説明するモデルとして，図7.2のような変数間の因果関係を想定して構造方程式モデル(AMOS)で係数を推定した（Ishii 2009c）。推定結果は表7.2に示されている。日本と米国について別々に係数を推定したが，消費者自民族中心主義が購買意向に与える影響など日本と米国の結果はよく似ていた。まず，日本と米国の結果の共通点について述べると，

(1)「敵意」（日本または米国への敵意）に最も関連しているナショナリズム意識は，「排外意識」である。

(2)「愛国心」は，敵意と有意な負の相関関係が見られる。つまり，

第二部　日中韓をめぐる相互イメージとその規定要因

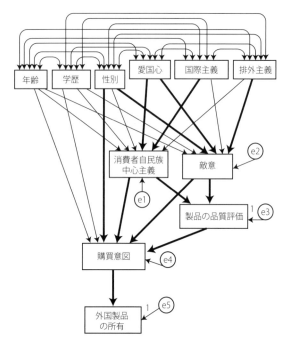

図 7.2　日米製品の購買意図を説明する AMOS モデル（Ishii2009C）
（太線は日本製品の場合に有意なパス）

ナショナリズムのひとつの次元である「愛国心」は，他国の拒否につながるものではないのである。

（3）「製品の品質評価」にその国への「敵意」がマイナスの影響を与えている。つまり，国への敵意が，その国の製品の品質評価に対してマイナスの影響を与えることが認められる。

（4）日米の製品の購買意向に直接的に最も強く影響を与えているのは，消費者自民族中心主義であるが，品質の評価や敵意も有意な影響を与えている。

愛国心が「敵意」に負の影響を与えているというのは注目すべき

表 7.2 AMOS モデルの推定結果（標準化係数）

目的変数		説明変数	日本	米国
敵意	←	**性別**（M=1, F=2）	0.107*	−0.204***
敵意	←	年齢	0.076	−0.001
敵意	←	学歴	−0.078	−0.056
敵意	←	**愛国心**	−0.124*	−0.265***
敵意	←	国際主義	−0.002	−0.059
敵意	←	**排外主義**	0.559***	0.519***
CET	←	性別	0.028	0.030
CET	←	年齢	0.051	0.050
CET	←	学歴	0.035	0.037
CET	←	**愛国心**	0.371***	0.383***
CET	←	**国際主義**	−0.216***	−0.226***
CET	←	排外主義	0.066	0.070
CET	←	**敵意**	0.278***	0.386***
製品の品質評価	←	敵意	−0.183**	−0.299***
製品の品質評価	←	CET	−0.138*	−0.017
製品の購買意向	←	性別	0.128**	−0.068
製品の購買意向	←	年齢	0.040	−0.081
製品の購買意向	←	学歴	0.073	−0.006
製品の購買意向	←	**製品の品質評価**	0.286***	0.277***
製品の購買意向	←	**CET**	−0.360***	−0.356***
製品の購買意向	←	**敵意**	−0.291***	−0.186***
製品の所有	←	**製品の購買意向**	0.245***	0.119*

出典：Ishii（2009C） CET 消費者自民族中心主義傾向
太字は日本，米国のどちらも有意なもの。　*$p<0.05$, **$p<0.01$, ***$p<0.001$

結果である。報道では，中国人の愛国心が反日意識に結びついているような論調を見かけるが，これは本研究の結果からいうと誤りであり，愛国心はむしろ敵意を低下させる傾向がある。「敵意」を高

めているのは,ナショナリズム意識における排外意識なのである。自分の国を愛するという意味での「愛国心」は,他の国に対する敵意を生じさせるものではないのである。

中国では民衆の下からのナショナリズムが「サイバーナショナリズム」として形成されていると指摘したので,ナショナリズム意識とインターネット利用の関係についてみてみよう。ただし,この予想に反して,分析結果では,インターネット利用とナショナリズム意識の間には明確な関係は見られなかった。表7.3は,インターネット利用とナショナリズム意識について,ピアソンの相関係数を求めた結果である。全般に相関係数の値は低いが,いくつかの組み合わせは有意な関係を示している。インターネット利用者の方が消費者自民族中心主義が弱く,国際主義が強く,またインターネット利用時間は長い人の方が排外主義が弱いという傾向が見られる。これらは,すべてインターネット利用が排外意識や愛国心を高めるという「サイバーナショナリズム」の予想とは反対の結果である。ただし,これらの多くは性別や年齢,学歴といった属性変数でコントロールした偏相関係数を求めたところ,インターネット利用と国際主義の相関以外は,すべて統計的に有意ではなくなった。つまり,上記の相関関係は属性による疑似相関の可能性が高いといえる。イ

表7.3 インターネット利用とナショナリズム意識の相関係数
(カッコ内は偏相関係数)

	排外主義	愛国主義	国際主義	消費者自民族中心主義
インターネット利用 [*1] ($N=600$)	−.062 (−.048)	.009 (.057)	.081 * (.088*)	−.116 * (−.067)
インターネット利用時間 [*2] ($N=582$)	−.085 * (−.063)	.023 (.044)	.046 (.044)	−.073 (−.029)

[*1] 利用者を1,非利用者を0と定義。
[*2] インターネット非利用者は0とした。　　$*p<0.05$

ンターネット利用とナショナリズム意識の間には相関関係は見られるが，さまざまな媒介要因や調整要因が働いているとことを示しており，インターネット利用時間が長いほどナショナリズム意識が強いという直接的な関係は見出されない。インターネットが一部の利用者においてサイバーナショナリズムを強めているとしても，インターネットには他国のコンテンツを見るなどナショナリズム意識を低める効果もあり，ナショナリズム意識に対して方向性の異なる効果が混在していると考えられる。

分析結果をまとめると，消費者自民族中心主義と敵意の両方の要因が，中国において日本製品への消費傾向を抑制していることを示している。また，この傾向は，日本製品だけではなく，アメリカ製品でも同様であった（ただし，米国への敵意のレベルが低いので現状では米国製品への影響は少ない）。複数のパスを経由した製品の購買意図への間接効果と直接効果を合計した総合効果で見ると，日本・米国ともに，敵意の影響力が最も強く，消費者自民族中心主義がその次であるという結果であった。つまり，消費者自民族中心主義と敵意は，両方とも日米の製品の購買意図に影響しているといえる。

5. 日本アニメの好みとナショナリズム意識

中国人が日本製品を購買する場合，ナショナリズム意識が消費行動に影響していることを本章の前半の研究結果は示していた。それでは，日本アニメの視聴に対しては，ナショナリズム意識はどのように影響しているのであろうか。消費行動と同じメカニズムが働いているとすると，ナショナリズム意識（排外主義や愛国心）が強い若者ほど日本アニメを好まないのではないかと予想される。

表7.4は，陳・宋（2009）が中国人大学生を対象として，日本アニメのヘビーユーザー（月100元以上関連商品を消費／週15時間以上視聴

/同人誌の購買)と一般の大学生で日本に関する態度でどのように違いが見られるかを示したものである。「日本人になりたい」「友好・親善」「日本の文化や言語の学習」のいずれも，一般の大学生よりも日本アニメのヘビーユーザーの方が高いことがわかる。ただし，「関係することは日本から学ぶが日本への態度とは関係ない」もヘビーユーザで多くなっており，一般の日本製品とは異なり，意識的に政治とアニメを結びつけないようにしているユーザーも見られる。また，日本アニメのヘビーユーザーで「アニメは好きだが日本は許さない」が約20％いることも注目される。

表7.4 日本アニメ関係商品の消費と日本に対する態度

	ヘビーユーザー			全体
	月100元以上消費 ($n=137$)	週15時間以上 ($n=152$)	同人誌の購買者 ($n=85$)	男女総平均
日本人になりたい (％)	6.6	3.9	3.5	0.9
友好・親善 (％)	20.4	23.0	26.2	12.4
文化や言語の学習 (％)	33.3	33.3	28.9	20.3
関係することは学ぶが態度とは関係ない	44.5	44.1	45.9	37.9
アニメは興味があるが日本には関心がない	6.6	8.0	7.1	10.4
アニメは好きだが日本は許さない	19.0	20.4	24.7	23.1
日本人は嫌いである (％)	13.9	14.5	20.0	17.9

陳・宋 (2009) p105

以下では，ナショナリズム意識と日本のアニメへの好みの関係に関する二つの問いについて実証データを用いた分析を行う。ひとつは，中国における日本アニメのファンはどのような社会経済的属性

としての特徴を持つのかということである。第2は，日本アニメに接触することは，ナショナリズム意識や日本への好意度とどのように関係しているのか，ということである。

これらの問いに答えるため，筆者は中国において何回か質問紙調査を実施してきた。ひとつは，2008年8月に中国・広東省の中心都市である広州市で実施したアンケート調査である（以下，「広州調査」と略記）。調査対象の選択には，割当法を用い，対象年齢は15-39歳で「好きなアニメーション番組がある」者という条件を設定して，広州市の商店街で市場調査会社の調査員が面接調査で調査した（男女同数とし，15-19歳を25%，20-29歳を50%，30-39歳を25%に割り当てた）。最終的に得られた回答者は，男性406人（49.8%），女性410人（50.2%），年齢平均は24.4歳（標準偏差6.6）であった（石井2009b）。もうひとつは，2009年7月に上海市の繁華街で実施したアンケート調査である（以下「2009年上海調査」と略記）。400名（男女同数）を対象として実施したが，こちらの調査では好きなアニメーション番組があるかどうかという条件は設定しなかった。この調査の回答者の平均年齢は24.7歳（標準偏差は7.2歳）だった（Ishii 2013）。

中国において日本アニメのファンはどのような特徴を持つのであろうか。日本アニメの視聴者の特徴を見るため，「広州調査」のデータを用いて中国人における日本アニメ，米国アニメ，国産（中国）アニメを好む人たちの三つのグループを比較する。表7.5は，中国における「日本アニメ」「米国アニメ」「中国アニメ」の各々の愛好者を比較したものである[4]。日本アニメの愛好者の年齢はアメリカや中国のアニメ愛好者よりもかなり若いことがわかる。また，テレビ視聴時間とインターネット利用時間についても，三つのグループ間に有意な差が見られた。日本アニメの愛好者はテレビ視聴時間が最も短く，インターネット利用時間は最も長かった。つまり，日本アニメの愛好者は，中国やアメリカのアニメの愛好者に比べて

年齢が若いことが特徴的であり,メディア利用に関してはテレビ視聴時間が短く,インターネット利用時間が長いという特徴がある。

さらに,この三つのグループ「中国アニメ愛好者」「米国アニメ愛好者」「日本アニメ愛好者」は,どのようなメディアでよくアニメを見るのかでも差が見られた(石井 2009a)。中国では,調査当時,多くの人が日本アニメをインターネットのP2Pサイトを通じて海賊版を視聴しており,たとえば「NARUTO」は,日本での放送日の翌日には中国語の字幕つきで視聴可能になるという状況であった[5]。実際,アンケート調査の回答を見ても,日本アニメ愛好者は「アニメを主としてインターネットでアニメを見る」とした比率が多く,中国アニメ愛好者では,テレビを主要なメディアとする回答が最も多かった。

表7.5 好みのアニメ別の比較

好みのタイプ	性別(男性比率)	4年制大卒以上の比率	平均年齢(歳)	アニメ視聴頻度(月当たり日数)	テレビ視聴時間(1日当たり時間)	インターネット利用時間(1日当たり時間)
中国アニメ ($n = 29$)	44.8%	17.2%	31.1	16.8	3.09	2.55
米国アニメ ($n = 93$)	46.2%	21.5%	29.7	12.9	2.08	2.75
日本アニメ ($n = 498$)	51.4%	24.5%	21.6	13.0	2.47	3.31
3タイプの差の検定結果	比率の差の検定		平均値の差の検定(分散分析)			
	$\chi^2=4.21$	$\chi^2=1.1$	$F=106.7***$	$F=1.5$	$F=4.34*$	$F=7.64**$

「広州調査」による。* $p<0.05$, ** $p<0.01$, *** $p<0.001$ で統計的に有意

日本アニメ,中国アニメ,アメリカのアニメのどれを好むかによって,アニメを見る動機にも差がある。表7.6には,広州調査に

おいて統計的に有意な差が見られた視聴動機の項目を示している。日本アニメの愛好者には,「気晴らし」や「好きなキャラクターがいる」が多いのに対して,中国アニメは「子供と一緒に見る」が多い（表7.6）。この結果は,中国のアニメは子供向けアニメについては,すでに一定の国際的な競争力を持っている（青崎・デジタルコンテンツ協会2008）という事実を反映しているように思われる。

表7.6 好みのアニメ別に見たアニメ視聴頻度とアニメを見る理由 （広州調査）

好みのタイプ	アニメを見る理由[6]		
	気晴らし	子供と一緒に見る	好きなキャラクターがいる
中国アニメ（$n=29$）	3.79	4.24	4.07
米国アニメ（$n=93$）	3.38	3.85	4.18
日本アニメ（$n=498$）	3.95	2.88	4.43
分散分析結果（F値）	11.44***	33.3***	4.98**

* $p<0.05$, ** $p<0.01$, *** $p<0.001$ で統計的に有意

それでは,日本アニメに接触することは,「クールな日本」という日本に関するポジティブなイメージを高めるのであろうか。本章の前半では,中国では排外的なナショナリズム意識が消費行動（外国製品のボイコットと自国製品の購買）を通して表現されていることを示した。そこで「日本製品は非常に独創的だ」と「私は中国製品だけが欲しい」の2項目[7]を従属変数とする回帰分析を行った。前者は,日本製品に対するポジティブな評価を示すものであり,後者は中国で典型的な「愛国主義的消費」の意見のひとつといえる[8]。独立変数には,「日本アニメの好み」と回答者の属性変数（性別,年齢,学歴）を用いた。

表7.7を見ると,日本アニメの好みと日本製品の評価や愛国主義

的消費の間には統計的に有意な関係は見られない[9]。つまり，日本アニメが好きだからといって日本製品を高く評価したり，逆に中国製品を低く評価したりする傾向があるとは言えないのである。ただし，中国アニメの好みは，日本製品へのネガティブな評価や「中国製品だけが欲しい」という愛国主義的な消費と関係があった。第3章で示したように中国では政府がアニメ国産化政策を推進しており，中国アニメには愛国的な内容のものが多い。中国アニメにはこうした政策的背景があるため，中国アニメの好みは愛国主義的な意識と関係があると解釈できる。

表7.7 消費意識を目的変数とする回帰分析

説明変数	目的変数					
	「日本製品は非常に独創的だ」			「私は中国製品だけが欲しい」		
	標準化回帰係数	t 値	有意確率	標準化回帰係数	t 値	有意確率
日本アニメの好み	−0.005	−0.113		−0.036	−0.828	
中国アニメの好み	−0.101	−2.566	*	0.077	1.976	*
性別（男=1，女=2）	−0.125	−3.535	***	−0.084	−2.406	*
年齢	−0.036	−0.894		0.088	2.198	*
学歴	0.046	1.272		−0.087	−2.429	*
テレビ視聴時間	0.037	1.023		0.104	2.940	**
インターネット利用時間	0.005	0.132		−0.025	−0.691	
R（重相関係数）	$R = 0.155$			$R = 0.182$		

* $p<0.05$，** $p<0.01$，*** $p<0.001$ で統計的に有意。広州調査

さらに，アニメの好みの要因を詳しく見るため，「中国のアニメの好み」「アメリカのアニメの好み」「日本アニメの好み」の各々を目的変数とし，説明変数には属性変数に加えて「集団主義」「物

質主義」「愛国心」という価値観及び消費者民族主義，中国中央電視台（CCTV）チャンネルの好み，テレビ視聴時間，インターネット利用時間を用いた回帰分析を行った。表7.8の分析結果を見ると，多くの点で中国のアニメの好みと日本のアニメの好みは対照的であることがわかる。まず，中国のアニメを好む人は年齢が高い人が多いのに対して，日本アニメは若者が多い。また，愛国心，中国中央電視台（CCTV）チャンネルの好み，インターネット利用時間との関係についても，中国アニメと日本アニメは，ちょうど正反対の結びつきを示している。日本アニメの好みと愛国心は負の相関があるのに対して，中国アニメの好みと愛国心は正の相関関係がある。日本アニメは，インターネット利用時間と正，中国中央電視台の好みと負の相関関係があるのに対して，中国アニメは，インターネット利用時間と負，中国中央電視台の好みと正の相関関係がある。

　ただし，日本アニメの好みは日本への好意的な態度と有意な関係が見られない（表7.9）。構造方程式モデルを用いて因果関係の方向を推定した結果も同様であり，日本アニメの好みが日本への好意度を高めるという結果は得られなかった（図7.3）。この理由として考えられるのは，表7.4の陳らの調査結果が示すように，日本アニメの利用者が政治的な問題を切り離して日本アニメを評価しているということである。アニメの好みが日本への好みとあまり関係していないという点は，香港や台湾での調査結果でも同様であった（第5章参照）。実写ではないというアニメのコンテンツの特性が日本との結びつきを弱くしているのかもしれない。

表7.8 アニメの好みと価値観との関係 (標準化回帰係数)

	好きなアニメ		
	中国	アメリカ	日本
性別 (男=1, 女=2)	0.08	−0.11 *	0.01
年齢	0.35 ***	0.09	−0.33***
学歴	−0.07	0.10 *	0.02
集団主義	−0.11 *	−0.02	0.08
物質主義	0.05	0.03	−0.08
愛国心	0.12 **	0.01	−0.11 *
消費者自民族主義	0.07	−0.01	−0.04
CCTVチャンネルの好み	0.14 **	0.13 *	−0.17 ***
テレビ視聴時間	0.00	−0.09	0.08
インターネット利用時間	−0.14 **	−0.04	0.14 **
R^2	0.263	0.087	0.268

注: $N=399$ (2009年上海調査)。 $*p<.05$, $**p<.01$, $***p<.001$

表7.9 日本への好意度を目的変数とする分析結果

	標準化回帰係数	t値
日本アニメの好み	0.13	1.58
中国アニメの好み	0.02	0.22
性別	−0.09	−1.72
年齢	−0.04	−0.61
学歴	−0.06	−1.10
集団主義	−0.07	−1.38
物質主義	−0.02	−0.46
愛国心	−0.09	−1.68
消費者自民族中心主義	−0.11	−2.08*
外国番組の好み	0.05	1.03
CCTVの好み	0.00	−0.04
テレビ視聴時間	−0.03	−0.66
インターネット利用時間	0.01	0.19
アニメ視聴頻度	0.01	0.26
漫画閲覧頻度	0.02	0.44
ゲーム頻度	−0.07	−1.14

注: $N=395$ (2009年上海調査)。 $*p<.05$, $R^2=0.073$

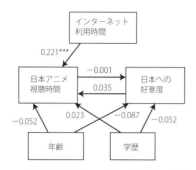

図7.3 日本アニメ視聴頻度と日本に対する好意度の因果分析（標準化係数）

6. 結　論

　経済学では，人々は価格や品質など合理的にさまざまな条件を判断して購買行動を行うと仮定している。しかし，現実の消費行動を分析すると，こうした経済学の仮定は正しくないことがわかる。他国での研究結果と同様に，中国においても消費行動に対して国への意識—ナショナリズム意識—が複雑な影響を与えている。本章の分析結果によると，愛国心，排外主義，国際主義というナショナリズムの三つの次元からの影響のプロセスは，日本製品だけでなく米国製品の購買意図に対してもほぼ同様のプロセスで影響を与えていた。現在の中国における反日意識の強さを考えると，日本製品の購買に対してかなりのネガティブな影響が生じていると考えられる。

　また，日本のアニメを見ることで親日的な態度が形成されると期待することはできない。本章では，中国の多くの若者は，アニメの魅力と政治を切り離して考えようとしていることを示した。第8章で論じる韓流ドラマと日本人の対韓意識との関係と同じように，日本アニメへの接触が日本への意識を変えるのではなく，むしろ対日意識の改善が日本アニメへの接触を促していると考えられる。こ

の問題を考えるときには，中国政府が国産アニメの政策を推進していることも考慮する必要がある。中国アニメのコンテンツの競争力が高まれば，愛国心の高い若者は，外国のアニメではなく中国のアニメを積極的に見るようになるかもしれない。現在の中国アニメは，あまりにも若者にとって魅力度で劣っているので，ナショナリズム意識とは無関係に日本アニメが好まれるという状況が生まれているのにすぎないとも解釈できる。

第4章で論じたように，特定の国のコンテンツへの接触がその国のイメージを高めるという効果は，実証データによって検証されているわけではない。本研究でも日本製品の評価と日本アニメ接触の間には相関関係が見出されなかったが，これは過去の分析結果と同様の傾向を示すものである（石井 2008b, 2001）。日本のコンテンツの魅力と日本という国への評価については多くのファンが切り離して考えており，これらの研究結果は，アニメをソフトパワーに活用する根拠に疑問符をつけるものであるといえる。

また，今後，日本政府が日本アニメのビジネスの国際展開を積極的に支援したり，外交に日本アニメを積極的に活用することは，反日意識が依然として根深く残る中国に対しては，逆効果になる可能性すらあることも配慮する必要があろう。たとえば，「人民網」（www.people.com.cn）は「日本政府は文化輸出を外交手段にまで高め，漫画・アニメ文化を日本の国際的な影響力を高める重要な手段とした」と述べている[10]。さらに，人民網はアニメ『黒子のバスケ』を評して次のように述べている。

　　日本は熱血漫画の力を借りて「日本は簡単には負けない，さらに強大になることができる」というメッセージを世界に向けて発信した。このように日本は，屈服せず，弱気になることもなく，他国に勝つために頑張るという国家イメージを懸命に努

力して構築しようとした。(人民網日本語版 2015 年 5 月 26 日)

これまでの分析結果において,日本のアニメが外交的に有効な役割を果たしてきたことを示すものはない。さらに『黒子のバスケ』が国家イメージの構築のために制作されたという人民網の解釈も研究者の立場から言うと明らかに誤りである。しかし,政府が日本アニメの国際展開を促進する政策をとるのであれば,上記のように批判される可能性があることを配慮することが必要であろう。いずれにしても,実証分析の裏づけがないまま,安易に「ソフトパワー」論を適用した政策を実行していくことには大きな危険があるといえよう。

注
1 日本経済新聞朝刊 2012 年 9 月 16 日,1 頁。
2 NIKKEI BUSINESS 2013 年 2 月 18 日号 p.38-39 による。また,主要 12 都市のうちでは,青島,南京,瀋陽で「日本製品を買わない」とする回答が特に多かった(NIKKEI BUSINESS 2012 年 12 月 21 日号 p.34-35)。
3 日本経済新聞 2016 年 3 月 17 日朝刊,11 頁。
4 調査では最大三つまで好きなアニメを答えているが,三つのうち二つ以上が特定の国(日本,アメリカ,または中国)のアニメで占められている場合,その国のアニメの「愛好者」とした(石井 2009a)。中国アニメの愛好者は 29 人,米国アニメの愛好者は 93 人,日本アニメの愛好者は 498 人となった(196 人は三つのいずれのグループにも入らなかった)。
5 2009 年の筆者の個人的なインタビューによる。
6 「全くあてはまらない」(1) から「非常にあてはまる」(5) までの 5 段階の評定法で回答している。
7 各々について「非常に賛成」から「全く不賛成」までの 5 件法で回答している。
8 愛国主義的消費については,石井(2008b)を参照。また,中国で最近ナショナリズムが高まった背景については,石井(2008a)を参照されたい。

9 ただし、統計的には有意ではないが回帰係数の符号は、アニメの好みは日本製品を高く評価し、愛国主義的消費を弱める方向を示唆している。
10 人民網日本語版 2015 年 6 月 11 日。

参考文献

Ang, S.H., K. Jung, A. K. Kau, S. M. Leong, C. Pornpitakpan, and S. J. Tan (2004) "Animosity towards economic giants: what the little guys think", *Journal of Consumer Marketing*, Vol.21, No.3, pp.190-207. doi: 10.1108/07363760410534740

Anti-Japan Rampage in Shanghai (2005) CBS News, April 16. http://www.cbsnews.com/

青崎智行・財団法人デジタルコンテンツ協会（編著）（2008）『コンテンツビジネス in 中国』翔泳社.

荒巻裕（1985）「再燃した日本商品不買運動」『エコノミスト』1985 年 1 月 15 日号、89-91.

浅野亮（2004）「ライバルとしてのアメリカ――中国のアメリカ観」押村高編『帝国アメリカのイメージ――国際社会との広がるギャップ』早稲田大学出版部、162-191.

Balabanis, G., A. Diamantopoulos, R.D. Mueller, and T.C. Melewar (2001) "The impact of nationalism, patriotism, and internationalism on consumer ethnocentric tendencies", *Journal of International Business Studies*, Vol.32, No.1, 157-175.

陳静静・孫斌華（2008）「異文化コミュニケーションにおける民族主義的な読み方――トヨタ『覇道（プラド）』広告の事例研究」村井香織訳、石井健一・唐燕霞編『グローバル化における中国のメディアと産業――情報社会の形成と企業改革』271-288.

江藤名保子（2015）「中国の公定ナショナリズムにおける反『西洋』のダイナミズム」『アジア研究』61 (4), 61-80.

Gerth, K. (2003) *China Made: Consumer culture and the creation of the nation*, Harvard University Press, Cambridge, MA.

Gries, P. H. (2004) *China's new nationalism: Pride, politics, and diplomacy.*, University of California Press, Berkeley and Los Angeles, CA.

He, J. and Wang, C. L. (2015) "Cultural identity and consumer ethnocentrism impacts on preference and purchase of domestic versus import brands: An empirical study in China", *Journal of business research*, 68(6), 1225-1233. doi:10.1016/j.jbusres.2014.11.017.

石田亮（2014）「南京国民政府時期の『国貨運動』――ボイコットと『国貨』奨励のあいだ」山本浄邦編『韓流・日流――東アジア文化交流の時代』勉誠出版, 125-150.

石井健一（2006）「ファッション雑誌にみる欧米志向」真鍋一史編『広告の文化論』日経広告研究所, 191-206.

石井健一（2009a）「アニメの視聴行動と内容の日中比較」,『21世紀東アジア社会学』第2号, 30-42.

石井健一（2009b）「中国におけるアニメ国産化政策と日本アニメの利用実態――『ソフトパワー』論の一考察」『情報通信学会誌』26(4), 17-28.

Ishii, Kenichi (2009c) "Nationalistic Sentiments of Chinese Consumers: The Effects and Determinants of Animosity and Consumer Ethnocentrism", *Journal of International Consumer Marketing* 21(4), 299-308.

Ishii, Kenichi (2013) "Nationalism and preferences for domestic and foreign animation programmes in China", *International Communication Gazette* 75(2), 225-245.

Jin, Zhongqi, Richard Lynch, Samaa Attia, Bal Chansarkar, Tanses Gulsoy, Paul Lapoule, Xueyuan Liu, William Newburry, Mohamad Sheriff Nooraini, Ronaldo Parente, Keyoor Purani, Marius Ungerer (2015) "The relationship between consumer ethnocentrism, cosmopolitanism and product country image among younger generation consumers: The moderating role of country development status", *International Business Review, Volume* 24, Issue 3, 2015, Pages 380-393, ISSN 0969-5931, http://dx.doi.org/10.1016/j.ibusrev.2014.08.010.

唐沢穣（1993）Nationalism, Internationalism, and Patriotism among Japanese College Students: A Factor-Analytic Approach,『愛知学院大学文学部紀要』23, 25-33.

Karasawa, M. (2002) "Patriotism, nationalism, and internationalism among Japanese citizens: an epic-emic approach", *Political Psychology*, Vol.23, No.4, pp.645-666. doi:10.1111/0162-895X.00302

金春姫（2009）「消費者民族中心主義――概念と測定方法の再検討（その一）」『成城・経済研究』186, 73-88.

金春姫（2010）「消費者民族中心主義――概念と測定方法の再検討（その二）」『成城・経済研究』187, 357-368.

Klein, J. G. (2002) "Us versus them, or us versus everyone? delineating consumer aversion to foreign goods", *Journal of International Business Studies*, 33(2), 345-363.

Klein, J. G, R. Ettenson, and M. D. Morris (1998) "The animosity model of foreign product purchase: An empirical test in the People's Republic of China", *Journal of Marketing*, Vol.62, No.1, 5-24.

Klein, J. G., R. Ettenson, and B. C. Krishnan (2006) "Extending the construct of consumer ethnocentrism: when foreign products are preferred", *International Marketing Review*, Vol.23, No.3, pp.304-321. doi:10.1108/02651330610670460

Li, Q. & Brewer, M.B. (2004) "What Does It Mean to Be an American? Patriotism, Nationalism, and American Identity After 9/11", *Political Psychology*, 25(5), 727-739.

Li, F. (2006) "On Toyota's misstep in advertising it land cruiser SUV in Beijing", *Journal of International Consumer Marketing*, Vol.18, No.4, 61-77.

Lumb, R., & Kuperman, J. C. (2012) "Ethnocentrism in the U.S.: An examination of CETSCALE stability from 1994 to 2008", *Academy of Marketing Studies Journal*, 16(1), 99-110. Retrieved from https://search.proquest.com/docview/1037409680?accountid=25225

真鍋一史（1998）『国際イメージと広告――国際広告・国際イメージ・文化的ナショナリズム』日経広告研究所.

McDonald's ad banned for insulting plot., 2005, People's Daily Online, .June 3. http://english.people.com.cn/

Moon, B. J, & S. L. Jain (2002) "Consumer processing of foreign advertising: roles of country-of-origin perceptions, consumer ethnocentrism and country attitude", *International Business Review*, Vol.11, pp.117-138. doi:10.1016/S0969-5931(01)00052-X

Mueller, R. D., Wang, G. X., Liu, G., & Cui, C. C. (2016) "Consumer xenocentrism in china: An exploratory study", *Asia Pacific Journal of Marketing and Logistics*, 28(1), 73-91. Retrieved from https://search-proquest-com.ezproxy.tulips.tsukuba.ac.jp/docview/1750371027?accountid=25225

Netemeyer, R. G., Durvasula, S., & Lichtenstein, D. R. (1991) "A cross-national assessment of the reliability and validity", *JMR, Journal of*

Marketing Research, 28(3), 320-327.

Nijssen, Edwin J., Susan P. Douglas (2004) "Examining the animosity model in a country with a high level of foreign trade", *International Journal of Research in Marketing*, Volume 21, Issue 1, 23-38.

Evan Osnos, Jingxian Lu and Yang Xiao (2006) "Hear china's 'angry youth'; an increasingly influential slice of society, activists called fenqing are uprooting stereotypes about liberal youth", Chicago Tribune Retrieved from https://search-proquest-com.ezproxy.tulips.tsukuba.ac.jp/docview/420401239?accountid=25225

Phau, I., & Chan, K. (2003) "Targeting east asian markets: A comparative study on national identity. *Journal of Targeting", Measurement and Analysis for Marketing*, 12(2), 157-172. Retrieved from https://search-proquest-com.ezproxy.tulips.tsukuba.ac.jp/docview/236967762?accountid=25225

Pierra, A., C. Hsu, and S. Kundu (2002) "A cross-cultural analysis of ethnocentrism in China, India, and Taiwan", *Journal of International Consumer Marketing*, Vol.15, No.1, 77-90.

櫻井孝昌（2009）『アニメ文化外交』筑摩書房.

Sandoval, G. (2004) "China bans LeBron James Nike Ad; Kung Fu theme found insulting", *The Washington Post* [Electronic Version], December 7.

Shankarmahesh, M. (2006) "Consumer ethnocentrism: an integrative review of its antecedents and consequences", *International Marketing Review*, Vol.23, No.2, 146-172. doi:10.1108/02651330610660065

Shim, J. H., & Lee, C. S. (1998) "Unlocking the citadel", *Far Eastern Economic Review*, 161(13), 10-12. Retrieved from https://search-proquest-com.ezproxy.tulips.tsukuba.ac.jp/docview/208241461?accountid=25225

Shimp, T. A, and S. Sharma (1987) "Consumer ethnocentrism: Construction and validation of the CETSCALE", *Journal of Marketing Research*, Vol.24, 280-289.

Skitka, L. J. (2005) "Patriotism or nationalism? Understanding post-September 11, 2001, flag-display behavior", *Journal of Applied Social Psychology,* Vol.35, No.10, 1995-2011.

Steenkamp, J. E. M., & Baumgartner, H. (1998) "Assessing measurement invariance in cross-national consumer research", *Journal of Consumer*

Research, 25(1), 78-90. Retrieved from https://search.proquest.com/docview/215042771?accountid=25225

Stere, S. & Trajani, B. (2015) "Review of the theoretical and empirical literature of consumer ethnocentrism", *Social Sciences and Education Research Review*. 2015; 2(1): 41-54.

Supphellen, M, and T.L. Bittenburg (2001) "Consumer ethnocentrism when foreign products are better", *Psychology and Marketing*, Vol.18, No.9, 907-927. doi:10.1002/mar.1035.

Tong, X., & Li, C. (2013) "Impact of brand personality and consumer ethnocentrism in china's sportswear market", *Asia Pacific Journal of Marketing and Logistics*, 25(3), 491-509.

Tsai, W; LEE, W; SONG, Y. (2013) "A Cross-Cultural Study of Consumer Ethnocentrism between China and the U.S", *Journal of International Consumer Marketing*. 25, 2, 80-93, Mar. 2013. ISSN: 08961530.

Tsai W, Yoo J, Lee W (2013) "For Love of Country? Consumer Ethnocentrism in China, South Korea, and the United States", *Journal of Global Marketing [serial online]*. April 2013; 26(2): 98-114. Available from: Business Source Complete, Ipswich, MA. Accessed August 29, 2017.

Wang, C. L. and Z. X. Chen (2004) "Consumer ethnocentrism and willingness to buy domestic products in a developing country setting: testing moderating effects", *Journal of Consumer Marketing*, Vol.21, No.6, pp.391-400. doi:10.1108/07363760410558663

Zhao, S. (1998) "A state-led nationalism: The patriotic education campaign in post-Tiananmen China", *Communist and Post-Communist Studies*, Vol.31, No.3, pp.287-302. doi:10.1016/S0967-067X(98)00009-9

Zhou, L., & Hui, M. (2003) "Symbolic Value of Foreign Products in the People's Republic of China", *Journal of International Marketing*, 11(2), 36-58. Retrieved from http://www.jstor.org/stable/25048932

[中国語]

潘君祥（主編）(1998) 近代中国国貨運動研究，上海社会科学院出版社．
潘君祥（主編）(1996) 中国近代国貨運動，中国文史出版社．

第8章　韓流の影響と日本人の嫌韓意識

石井　健一・小針　進・渡邉　聡

　本章は，日本人の韓国に対する意識に焦点を当てる。植民地支配という歴史的背景を持ちながら，最近では韓流ブームが生まれるなど，日本人の対韓意識についてはさまざまな視点から多くの人が論じてきた。しかし，日本人の対韓意識を実証データに基づき客観的な視点で論じた研究は多くない。

　本章では，まず中国や韓国への親近感や好意度が経時的にどのように変化しているのかを概観し，コーホート分析によって中国や韓国への親近感を時代・世代・年齢の要因に分解した結果を紹介する。次に若者のアジア意識を分析した調査結果を紹介し，アジアに対する関心がどのような意識で構成されているのか，またこうした関心はナショナリズム意識とどのような関係にあるのかを検討する。また，最近の韓流ドラマやインターネット利用が対韓意識に与える影響を因果モデルで分析する。最後に，日本人の嫌韓意識の心理的構造について，先行研究で提案されている心理尺度を用いた分析結果から論じる。

1. 対韓意識の変化

1-1 中韓への好意度における世代の効果

　まず，韓国に対する好意度の時系列的な変化がどのような要因で生じているのかを検討するためにコーホート分析という手法を適用する。コーホート分析とは，ある変数の値の時間的な変化を調査時点の「時代」，回答者の「年齢」，回答者がいつ生まれたかということで定義される「世代」の三つの要因に分解して説明しようとするモデルである。通常の一時点の調査では，これらの三つの要因を区別することはできない。たとえば，一時点の調査では，回答者の年齢の違いと世代の違いは完全に重なっているので，回答者の年代間に見られる差が年齢の違いによるものなのか世代の違いによるものなのかを識別することができないのである。ところが，データが経時的に収集されている場合には，ある種の制約条件を仮定することによって上記の三つの要因を分解することが可能になる（石井 1984）。なお，以下の分析では，韓国と同様に中国への好意度についても同じモデルを適用して分析する。表 8.1 と表 8.2 は年齢×調査時期のクロス表で，「標準コーホート表」といわれるものであり，各セルにはそのセルに該当する対象者のうち内閣府の「外交に関する世論調査」（内閣府，内閣総理大臣官房広報室 1980, 1990）で「親しみを感じる」または「どちらかというと親しみを感じる」と答えた者の比率（パーセント）が入っている（この表では，ナナメに同一世代が並ぶ）。このデータに石井（1984）が提案したモデルを当てはめてパラメータを推定した。具体的には，中村（1982）が提案した隣接したパラメータ間の差がなるべく小さくなるという条件の下での解を解析的に求めている[1]。

第8章 韓流の影響と日本人の嫌韓意識

表8.1 標準コーホート表：韓国に親しみを感じる比率（%）

	20-29歳	30-39歳	40-49歳	50-59歳	60-69歳	70歳以上
1980年	40.8	41.7	46.5	44.4	42.2	42.2
1990年	34.5	42.7	44.6	47.5	42.1	37.4
2000年	59.1	53.4	52.5	50.1	47.9	48.5
2010年	64.0	66.8	67.0	66.6	57.3	52.4

表8.2 標準コーホート表：中国に親しみを感じる比率（%）

	20-29歳	30-39歳	40-49歳	50-59歳	60-69歳	70歳以上
1980年	74.5	79.8	81.7	80.0	75.6	75.6
1990年	45.8	52.8	50.4	51.3	55.7	60.9
2000年	50.8	47.3	51.6	48.7	47.9	46.9
2010年	25.1	15.8	23.1	21.3	18.1	19.2

表8.3の分析結果を見ると，時代効果のパターンが韓国と中国では異なり，中国では2010年に親しみが最低になったのに対して，韓国では最も高くなっている。これは近年，日本で全体的に反中意識が高まるいっぽうで，2010年頃には韓国に対する意識は改善を見せていた趨勢を示している。レンジで見るかぎり，韓国と中国のいずれも時代効果の影響が一番大きく，韓国，中国への親近感が短期的な要因で変動することを示唆している。

時代の次に影響力が大きいのが，韓国，中国ともに世代の効果である。中国に対しては特に中年・若者世代の親しみの低下が著しい。世代交代が進むにつれて中国への親近感が減少していくことを示唆している。逆に韓国については，若い世代ほど親近感が高くなる傾向が示されている。これは，中国とは逆に世代交代によって韓国への親近感が上昇することを示唆しているといえる。また，1970年代・1980年代生まれの世代が，その前の世代に比べると韓国に対して親しみを強く感じていることが注目される。

表 8.3 韓国・中国への「親しみ」のコーホート分析結果

	韓国	中国
定数項	0.040	0.016
時代効果	レンジ 0.684	レンジ 1.982
1980 年	−0.202	0.936
1990 年	−0.271	0.003
2000 年	0.061	0.106
2010 年	0.413	−1.046
年齢効果	レンジ 0.413	レンジ 1.075
20-29 歳	−0.232	0.485
30-39 歳	−0.027	0.333
40-49 歳	0.171	0.258
50-59 歳	0.181	−0.077
60-69 歳	0.018	−0.426
70 歳以上	−0.112	−0.572
世代効果（生まれた年代）	レンジ 0.578	レンジ 1.724
1910 年以前	−0.041	0.751
1910 年代	−0.172	0.801
1920 年代	−0.133	0.491
1930 年代	−0.162	0.196
1940 年代	−0.190	−0.080
1950 年代	−0.033	−0.280
1960 年代	−0.011	−0.555
1970 年代	0.386	−0.776
1980 年代	0.355	−0.548

「世代」の効果の存在は，若年のときの経験（たとえば，戦争や日中国交回復など）がそれぞれの国に対する好意度に長期的な影響を与え続けていることを示唆している。世代の効果を説明するひとつの有力な理論は，その世代が持つ「集合的記憶」の影響である。たとえば，台湾では 1947 年に 228 事件といわれる国民党系の大陸人によ

る台湾人の虐殺事件があり，この事件の記憶がその世代の本省人（台湾籍）と外省人（大陸籍）の間のお互いに対する偏見の原因となってきたといわれる。若い頃の体験がその後も引き続いて影響を与え続けることが世代の効果としてあらわれると考えられる。

1-2 対韓意識の変化の位相

2007年のNHKの全国調査結果によると，日本人の韓国に対する好意度は，ギリシャやスウェーデンに対する好意度を上回り，アジアでも中国や台湾を上回るなど，必ずしも低いわけではない。しかし，1960年代までは，韓国に対する好意度はきわめて低かった。たとえば，1946年に16の民族・人種に対する好意度を調査した結果（楠 1949）によると，「朝鮮人」に対する好意度は「黒人」「蒙古人」を下回り，16の民族・人種中の最下位であった（当時はまだ大韓民国という国はなく，「韓国人」という呼称は一般的でなかった）。日本人はアジア人に偏見を持っているということがよく指摘されるが，調査の結果を見ると1945年以降1960年代頃まで，韓国・朝鮮人に対する好意度は同じアジア人の中で常に最下位である。少なくとも1960年代頃まで韓国人（朝鮮人）イメージが極端に悪かったことは，さまざまなデータから確認することができる。1958年に行われた調査では，「朝鮮人」に対する好意度は，小学生，中学生，大学生のいずれにおいても，12の民族・人種の中で最低であり，「きたならしい」「くさい匂いの」「だらしない」の評定が上位をしめた（原谷・松山・南 1960）。また，秋田（1968）は，韓国人に対する大学生のイメージでは，「くさい」「悪い」「信頼できない」「弱い」「小さい」といったネガティブ形容詞についての得点が，分析対象とした12の民族・人種の中で最も高かったことを示している。

しかし，意外なことに1945年以前は朝鮮人に対するイメージは，それほど悪くはなかった。楠（1941）によると，1940年頃には朝

鮮人への好意度は14の民族中の4位と上位にある。朝鮮人への好意度が高かったことを戦前の「内鮮融和」や「五族協和」政策の効果であると解釈することもできそうだが，そうだとすると，同じく植民地下にあった満州人が1946年の調査においても依然として6位と上位にあるのに，朝鮮人への評価だけが突出して下がった理由が説明できない。つまり，対韓意識のみが終戦後に急速に悪化したのであり，これは日本人が韓国に差別意識を持っているということだけでは説明できないし，一時点のデータによる心理学的な分析では不十分である。対韓意識が急速に悪化し，その後に長期的に改善した理由を理解するためには，時系列的な変化を見て時代的な背景を理解することが必要となる。

鄭大均（2010）は，日本人の韓国イメージを四つの時期に分けて変化を論じている。それによると，第一期は，1945年から日韓基本条約が調印される1965年までの20年間である。この時期の朝鮮人観（韓国人観）はきわめて否定的であった。鄭はこの時期の朝鮮人観が悪かったのは，進駐軍下での在日朝鮮人の無法な行為や日本漁船の拿捕事件が影響しているとしている。続く第2期は，1965年から1983年までであり，韓国における政治的な問題が主たる関心となった時期であった。第一期のような深刻な問題はなくなったが，韓国が独裁政権を続けているため，一般のイメージはあまり良くはなかったといえる。第三期は，1984年から1998年であり，韓国への文化的な関心が高まり，考古学や焼き物，韓国語への関心が高まった時期である。鄭（2010）は指摘していないが，実はこの時期には韓国の流行音楽への関心も高まっている。この点については第2節であらためて言及する。第四期は，1998年以降の「韓流」の時代である。この時期から対韓意識はかなり好転した。ただし，2012年の李明博大統領の竹島上陸をきっかけにして対韓意識は悪化している。

1-3 戦後の長期間,対韓意識はなぜ最悪であったのか

調査結果を見ると,日本人の韓国人への意識は,1945年から1960年代まで極端に悪い状況であった。これに対して1970年代から対韓意識は徐々に改善していったとみられる。福元らは,1960年から2010年までの時事通信社の世論調査データを分析し,貿易や報道量などの外部要因をコントロールしても,韓国への好意度が有意に増加するトレンドを持つことを示している(福元・古田 2012)。本章のコーホート分析の結果でも,分析対象とした中で最も若い1970年代・1980年代生まれの世代の人々が,その前の世代に比べて韓国に対して親しみをより強く感じていることも,韓国への好意度が長期的に上昇してきたことを反映しているといえよう。

こうした変化はどのように説明されるのであろうか。韓国人(朝鮮人)へのステレオタイプを分析した心理学的な研究では,韓国人へのステレオタイプがどのような要因と相関を持つのかが調べられている(葛谷 1960, 1961; 鈴木 1969; 我妻・米山 1967; 高 2015)。たとえば,1960年代までは権威主義的パーソナリティとの関係が論じられている(葛谷 1961)。我妻・米山(1967)は,「憎しみの転移と投射」「軽蔑による劣等感の補償」「無意識的衝動の投射」というプロセスが偏見の成立に寄与しているとした。また,最近では在日韓国人への偏見に「古典的なレイシズム」とは異なる「現代的レイシズム」が関係していることが示されている(高 2015)。なお,最近の嫌韓感情がいかなる構造によるものなのかについては,本章でも第4節で分析を行う。

しかし,これらの研究はステレオタイプの個人的な心理的プロセスを明らかにしたとは言えるが,韓国人への否定的な感情が社会的にどのように形成されたのかという問いには答えていない。たとえば権威主義的パーソナリティが韓国人へのステレオタイプと結び

ついているとしても，権威主義的パーソナリティが高い人が短期間のうちに多くなることは想定しにくいので，権威主義的パーソナリティでは時系列的な変化を説明することはできない。つまり，従来の研究では，1960年代まで対韓意識が最悪であったのはなぜなのか，その後に改善したのはなぜかという問いに答えることができないのである。

韓国人への好意度が低くなった理由を説明していない点は，心理学だけでなく時事評論的な著作も同様である。たとえば，『日本人はなぜ韓国が嫌いなのか』（岡崎 2006）という本を見ると，「日韓間の相互信頼関係が生まれていないので，日本人の韓国人イメージは悪い」（岡崎 2006: p55）と論じられているが，なぜ相互信頼関係が生まれていないのか書かれていない。また，「韓国は併合前は独立国であり，このことは台湾とは違う。併合前後の韓国人の抵抗の強さは，列強に植民地化された民族の中でも最も激しいものであった」（p.40）とし，韓国人が日本人を嫌う理由は書かれているが，日本人が韓国人を嫌う理由は明確にされていない。特に1960年代まで日本人が韓国人を極端に嫌っていた理由は明確にされていない。

1960年代まで韓国人への評価がきわめて低かったのは，以下に三つにわけて記述するように，第二次世界大戦終了後10年近くの間に韓国や韓国人に関してきわめてネガティブな外部的な「状況」（事件や行動）が多数発生したためと考えられる。この点については，われわれの見解は基本的には鄭（2010）の指摘と同じである。逆に言うと，こうした外部的な状況要因がなければ，決して悪くなかった対韓意識が戦後になって急速に悪化した理由を説明できないのである。

・**在日朝鮮人社会**[2]**と日本政府の間の対立**

1945年に終戦を迎え，それまで「日本国民」としてみなされていた日本在住の朝鮮半島と台湾の出身者は，1947年5月の外国

人登録令により，突然，「当分の間，外国人とみなす」とされるに至った。在日朝鮮人社会では，民族教育や生活の保障などを求める運動が熱を帯び，日本政府サイドと対立する場面が少なくなかった。当時の共産党が主導する過激な大衆運動へ関与する者もあった。たとえば，各地で作られていた民族学校に対して，日本政府は1948年1月に閉鎖令を都道府県へ通達したが，民族教育への弾圧だとして在日朝鮮人らが強く反発した。阪神地区では武装警官隊との衝突もあり，占領軍によって非常事態宣言も発せられている（朝日新聞1948年4月27日）。当時，占領軍は在日朝鮮人を占領秩序の阻害要因とみなしていた（水野・文2015）。朝鮮戦争の勃発（1950年）という混沌とした情勢も相まって，当時，「警察の焼討ちも計画？神戸朝鮮人騒擾事件首謀者に逮捕状」（毎日新聞1950年12月6日）といった報道が，新聞紙上でしばしばにぎわせた。「朝鮮人問題」を当時の吉田内閣は重大な問題としており，1952年8月，法務大臣であった木村篤太郎は「善良な人たちまで憎むことになっては由々しき問題である」と慎重に言葉を選びつつ，「不良朝鮮人を強制送還せよというのは国を挙げての世論といってよい」と述べている（朝日新聞1952年8月12日夕刊）。こうした政府の態度は，一般の日本人の韓国・朝鮮人観にネガティブな影響を与えたであろう。

・ヤミ市と「不法占拠」

終戦直後の日本各地には統制物資（コメ，酒，繊維製品など）が売られる「ヤミ市」が存在した。ヤミ取引に関与する商人には朝鮮人と台湾人が多く，とくに日本人の朝鮮人観に少なくない影響を与えた。たとえば，密造酒などは飛ぶように売れた。日本の敗戦で自分たちは「解放国民」となり，日本の法に従う必要がないという意識が支配した。占領当局が日本当局に朝鮮人と台湾人を含めた「非日本人」に対する司法権を認めていなかったことも，こうした行為が目立つ背景であった（金賛汀2010）。

本岡（2015）によると1950年代の後半の東京には，終戦直後に認められていた使用期限が切れたケースも含めて，公有地を「不法占拠」した居住地区が51か所，面積で120,000㎡もあった。これらの地区は，河川敷など環境劣悪な場所や公園内などにあり，「バタヤ」などと呼ばれて居住者の多くが廃品回収業に従事していた（星野・野中 1973）。同様の地区は関西にもあり，神戸市や京都市には「朝鮮人部落」とされる地域が存在していた（本岡 2006; リム 2001; 山本 2013a, 2013b）。「不法占拠」地区に住んでいたのは，韓国・朝鮮人だけではなく，地方出身の日本人も含まれているが，「朝鮮人部落」と呼ばれていた地区以外でも韓国・朝鮮人の比率が高かったといわれている。たとえば東京都文京区役所土木課（1954）によると，「後楽園バタヤ部落」の居住者においては18.4％が外国籍世帯（ほとんどが韓国・朝鮮籍）であった。「不法占拠」地区の多くは日常的に観察できる場所にあり，報道を通して，あるいは現実の「不法占拠」地区の観察を通して，前述の調査結果に見られるように朝鮮人のネガティブなイメージ（原谷・松山・南 1960; 秋田 1968）を強めることに影響したと考えられる。

・**韓国政府の強硬な対日外交政策**

　在日韓国・朝鮮人だけでなく，韓国政府と日本政府の間にも大きな問題があった。1948年に成立した大韓民国政府は，日本政府に対してきわめて強硬な態度をとり続けていた。李承晩大統領は，竹島を占拠しただけでなく「対馬の返還も要求する」（朝日新聞 1948年8月19日1面）など日本に対して強硬な態度をとり続けた。いわゆる「李承晩ライン」を公海上に一方的に設定して日本漁船を締め出し，従わない漁船を拿捕して連行した。514隻もの漁船が拿捕され（朝日新聞 1953年2月14日1面），連行された日本人漁民の中には韓国の官憲に射殺された者もいた（「大邦丸事件の根本的解決を望む」朝日新聞社説 1953年2月22日）。漁民の中には長期にわたって抑留され懲

役刑を受けた人もおり，1956年4月4日の報道では690人もの日本人が韓国に抑留されていた。この問題は，1965年3月に李ラインが撤廃されるまで続いた。漁船拿捕は新聞でも頻繁に報道されており，対韓意識にネガティブに働いたと考えられる。

表8.4　民族・国民の好みについての調査結果

調査年	1940年*1 （楠 1941）	1949-1950年 （楠，1951）	*2（我妻・米山，1967）	1951年 （岡・泉）*3
1	ドイツ人	アメリカ人	イギリス人	アメリカ人
2	イタリア人	ドイツ人	フランス人	フランス人
3	満州人	フランス人	ドイツ人	イギリス人
4	朝鮮人	イギリス人	アメリカ人	ドイツ人
5	蒙古人	イタリア人	イタリア人	イタリア人
6	インド人	満州人	インド人	インド人
7	アメリカ人	インド人	ロシア人	タイ人
8	フランス人	中国人	タイ人	ビルマ人
9	トルコ人	トルコ人	中国民族	インドネシア人
10	黒人	ユダヤ人	インドネシア人	シナ人
11	イギリス人	ロシア人	フィリピン人	安南人
12	支那人	蒙古人	朝鮮民族	フィリピン人
13	ユダヤ人	黒人	黒人	満州人
14	ロシア人	朝鮮人		ロシア人
				朝鮮人
				ニグロ人

注：*1　調査年が明記されていないが1939年または1940年と思われる。
　　*2　60年代の前半と思われる。　　*3　鈴木（1969）による。

これらの要因以外にも，朝鮮戦争による混乱状況や朴正熙や全斗煥の強権的な軍事政権は，韓国・朝鮮人に対するネガティブな評価につながったであろうと考えられる（小針 2012b）。たとえば，金大中事件（1973年）や文世光事件（1974年）のときには，世論調査で

韓国への嫌悪度が上昇したことが報告されている（福元・古田 2012）。ただし，福元らは分析結果から，日本人に直接に関係がないこれらの政治的事件は，韓国への嫌悪度を強めることはあっても，好意度を下げるという点では影響が小さかったとも論じている（福元・古田 2012）。

2. 若者におけるアジア志向の心理

こうした韓国にとってネガティブなイメージを引き起こす問題の大半は，少なくとも 80 年代頃から少なくなり，それにともなって極端にネガティブな対韓意識はなくなっていった。いっぽうで，文化の領域を中心に韓国への関心が高まっていった。鄭（2010）は，1980 年代から韓国の文化への関心が高まり，考古学や焼き物，韓国語への関心が高まったとしている。80 年代の後半にはチョー・ヨンピルなどの韓国音楽も流行した（序章参照）。さらに，90 年代後半からは，韓国映画の人気が高まった。1999 年に上映された映画『シュリ』は，日本で延べ 130 万人もの観客を動員し，翌年の 2000 年だけで韓国映画が 11 本も上映された（クォン・ヨンスク 2010）。これらのファンのほとんどは若者であったと見られる。『冬のソナタ』など韓国ドラマの流行だけを見ると，韓国のポピュラー文化への関心層の中心は中高年の女性であるように思われるかもしれないが，90 年代の終わりから韓国のポピュラー文化に関心を持ったのは主として若者であった。

それでは，2000 年代前半に若者の間で高まってきた韓国への関心は，どのような意識なのであろうか。この点を分析するため，韓国のポピュラー文化が流行しつつあった 2003 年末に首都圏の大学生と高校生を対象に実施した「韓国大衆文化の受容とアジア意識」の調査データを用いることにしたい（渡邉・石井・小針 2004）。この調

査は,『冬のソナタ』がNHKの地上波で放送される1年前に実施されたものであり,この時期は若者中心に韓国への関心が高まっていた時期にあたる。

この調査は,2003年12月から2004年1月に大学及び高校の授業を利用して実施され,調査票は授業担当の教員によって配布・回収された(渡邉・石井・小針 2004)。ただし,高校生の外国ポピュラー文化への接触状況は大学生より制約されていると考えられるので,以下の分析では大学生のみを対象とする。大学生の有効回収数は693人であり,うち男性が40.2%,女性が59.8%,年齢平均は19.8歳(標準偏差1.5歳)である。なお,回答者における中国語の学習経験者が34.9%,韓国語が25.1%と,一般大学生に比べるとやや高いようであり,この調査の回答者にはアジアに対する関心度が高い学生が多く含まれていたと考えられる。韓国の映画・テレビの視聴経験が「ある」回答者は全体の68%を占めていた。

この調査では,米国,中国,韓国,北朝鮮,台湾,フランス,ドイツ,イギリス,ロシアの9か国への親近感を聞いている(「親しみを感じない」1点から「親しみを感じる」5点までの5点尺度)。結果は,韓国への親近感が最も高く,米国,中国がそれに続いている(表8.5)。この回答傾向は,一般人の調査における回答傾向とはかなり異なるものであり,回答した学生たちが韓国をはじめアジアに対する関心が高いことを示している。これは,この回答者集団がアジアへの親近感が強いという意味でバイアスがかかっていることを示すものではあるが,そのことはアジアに親近感を抱く若者の意識を分析するという目的にとってはむしろ好都合であるといえる。

これら9か国への親近感がどのような構造を持っているのかを見るため,因子分析(最尤法の解をプロマックス回転)を行ったところ,表8.5のような結果になった。第1因子は,ロシア及びヨーロッパ諸国に高い因子負荷量を示し,ヨーロッパへの親近感を表す次元で

あると解釈できる。これに対して，第2因子は，中国，韓国，北朝鮮，台湾で高い因子負荷量となっており，アジアへの親近感を表す次元であるといえる。第3因子は，米国にのみ高い因子負荷量を示している。第2因子の結果から，若者の間にアジア志向の意識が確かに存在するといってよい。なお，ヨーロッパへの親近感の因子は，アジアへの親近感の因子とは0.314，米国への親近感の因子とは0.467の相関があった。アジアへの親近感の因子と米国への親近感の因子の相関は0.466であった。すなわち，アジアへの親近感と欧米への親近感は対立するものではなく，アジアに親近感が高い学生は欧米にも親近感が高いという傾向が見られた。これは，外国への関心の高さが共通にあるためと思われる。

表8.5　各国への親近感の因子分析

	平均点	共通性 (抽出因子)	第1因子 ヨーロッパの 国への親近感	第2因子 アジアの国 への親近感	第3因子 米国への親 近感
米国	3.44	0.410	−0.01	−0.02	0.65
中国	3.19	0.561	0.00	0.64	0.19
韓国	3.70	0.462	−0.12	0.58	0.23
北朝鮮	1.70	0.194	0.00	0.50	−0.21
台湾	2.91	0.250	0.25	0.40	−0.06
フランス	2.76	0.623	0.78	−0.07	0.07
ドイツ	2.86	0.625	0.84	−0.02	−0.09
イギリス	3.10	0.587	0.55	−0.12	0.39
ロシア	2.36	0.433	0.57	0.31	−0.14

最尤法でプロマックス回転 KMO 基準値 =.794

因子の共通性の値を見ると，北朝鮮（0.194）と台湾（0.250）の値が低く，北朝鮮と台湾への親近度にはこれらの三因子で説明されない独自の要因があることが示されている。一方，韓国や中国では0.4以上の値となっており，これら三因子の説明力は高い。つまり，

第 8 章　韓流の影響と日本人の嫌韓意識

学生たちの韓国に対する親近感には，韓国という国の独自の要因はあまり影響していないといえる。

それでは，このようなアジア各国に対する親近感と関係しているアジアに対する意識は，どのようなものなのであろうか。この点を見るため，アジアへの意識に関連すると考えられる，いくつかの心理尺度を想定した質問を準備した。回答は「そう思う」から「そう思わない」までの5件法を用いた。カッコ内は表8.6の項目番号である。ただし，数字の後ろにRを記したものは逆転項目であることを意味している。

- ●アジア文化への親近性（項目 1, 2, 3, 4, 5, 6）　アジアとの文化的共通性から親しみを感じる程度である。たとえば，アジアの「癒し」や伝統芸術を評価する見方はここに含まれる。
- ●愛国心（項目 20, 21, 22R）　ナショナリズム意識としての日本への愛国心を測定するものである。Karasawa（2002）及び唐沢（1994）を参考にして作成した。
- ●ぷちナショナリズム（項目 7, 13, 14, 15）　香山（2002）は，若者を中心に政治的イデオロギーを伴わない「情緒的で感覚的なナショナリズムの気分が広まっている」（香山 2015; 28; 香山 2002）ことを指摘している。たとえば，若者の間で高まっている祭りや日本語への関心などがぷちナショナリズムを示す現象であるとしている。そこで，香山（2002）の事例を参考に「ぷちナショナリズム」を測定する4問を作成した。
- ●アジアへの優越感（項目 8, 9, 10）　アジアへの関心は持ちながらも，日本がアジアのリーダーになるべきだとする考えである。これは，Karasawa（2002）の三つのナショナリズム意識の中の狭義のナショナリズム（排外主義）に対応するものであり，アジアを支配しようとする排外的なナショナリズム意識であるといえる。
- ●欧米志向（項目 17, 18, 19）　欧米の文化を高く評価する意識である。

たとえば，英語万能主義，欧米の高級ブランド志向などは，こうした意識を反映したものといえよう。阿部（2001）は，最近のアジアブームの中の「アジア」は，西洋オリエンタリズムの眼差しの下でのイメージが関係しており，日本らしさを「カワイイ」と捉えるのは，西洋の眼差しなのだと指摘した。もし，これが正しいとすると欧米志向とアジア諸国への親近感が有意な相関を持つことになる。

●**日本異質論**（項目23, 24）　日本人のユニークさを強調する日本人論が今まで数多く出版されてきた。実は，「日本人論」もまた社会意識であり（吉野 1997），一種のナショナリズム意識であるといえる。ただし，こうした意識と日本人のナショナリズム意識との間に相互関係があるのかは，過去の研究で十分に検証されているとはいえない。

　これらの質問への回答に対して因子分析（最尤法でプロマックス回転）を行ったところ，上記の想定にほぼ対応する因子が見出された。第1因子の因子負荷量が0.3以上の6項目は「アジア文化への親近性」に対応する項目である。これは，アジアと日本の伝統的な文化に共通性を感じる程度を示す次元といえる。「アジアは私を癒してくれる」と「アジアの伝統芸術に興味がある」が最も高い因子負荷量を示している。

　第2因子は，「アジアへの優越感」に対応する次元であると考えられる。これはまた，ナショナリズム意識において自国の優越性に対する信念を意味する「排外主義」（狭義のナショナリズム）と近いものとも考えられる。

　第3因子は，「国際試合で日の丸が振られているのを見ると感激する」「皇室に親しみを感じる」「国際試合では，日本の勝敗が何より気になる」に高い因子負荷量があり，「ぷちナショナリズム」に

対応する次元といえる。ただし，予想と異なり，項目3（「日本語は美しいと思う」）はこの因子に対して高い因子負荷量を示さなかった。

第4因子は，「英語ができることは国際人の条件だ」「日本はまだ欧米から学ぶことが多い」「欧米の文化にあこがれる」が高い因子負荷量であり，欧米志向の因子であると考えられる。「日本はアジア諸国に悪事を働いてきた」の因子負荷量が高いのは意外であるが，アジアに対する侵略の反省が，実は欧米的な視点に由来することを示すものかもしれない。

第5因子は「生まれ変わるとしたら，また日本人に生まれ変わりたい」と「日本という国が好きだ」が正の高い因子負荷量，「将来は外国で暮らしたい」が負の因子負荷量を示しており，日本を好きであるという「愛国心」を示す因子であると解釈できる。

最後の第6因子は，「日本の文化は世界の中でもかなり独特だ」と「日本人の考え方は独特で，外国人には理解できない」の因子負荷量が高く，吉野（1997）が論じた日本人の文化的異質性に関する因子であると解釈できる。

これらの六つの因子について，表8.6の中でそれぞれの因子負荷量の数字が太字となっている項目の合計点を尺度得点として，信頼性係数（α係数）と相互の相関係数を求めた結果が表8.7である。欧米志向，ぷちナショナリズム，愛国心の信頼性係数がやや低いが，他の三つは0.6以上であり尺度としての信頼性はあると判断できる。

相関係数を見ると，「アジア文化への親近性」と「欧米志向」が値は低いが有意な正の相関関係を示している。これは，アジアとの文化的共通性の意識と欧米志向が結びついているものであることを示している。アジアとの文化的共通性を感じるがゆえに，欧米の異質な文化に憧れるということなのであろう。また，「アジアへの優越感」は「愛国心」「ぷちナショナリズム」「日本異質論」との間にやや高い相関が見られる。ナショナリズム意識の背景に日本が他の

第二部　日中韓をめぐる相互イメージとその規定要因

国々と異なるという認識があり，それがアジアへの優越感と結びついている可能性を示すものといえる。

「ぷちナショナリズム」は「愛国心」及び「アジアへの優越感」と正の有意な相関関係があったが，その値は低く，従来のナショナリズム意識とは異なるタイプのものであることを示している。ただし，「愛国心」よりは「アジアへの優越感」との相関がより高く，排外主義的なナショナリズム意識と類似性が高いといえよう。

表8.6　アジアに関連する意識の因子分析結果

		因子					
	平均	1	2	3	4	5	6
1. アジアは私を癒してくれる	2.90	**0.75**	−0.03	0.14	−0.03	−0.04	−0.01
2. アジアの伝統芸術に興味がある	2.46	**0.72**	0.03	0.03	−0.17	−0.14	−0.04
3. アジアは日本の失った良いものを持っている	2.66	**0.43**	−0.08	0.05	0.19	−0.04	−0.02
4. アジアは世界の中で先進的な地域だ	3.61	**0.41**	−0.02	0.06	−0.10	0.05	0.03
5. 欧米人よりもアジア人のほうが理解しやすい	2.62	**0.36**	0.13	−0.16	0.20	0.06	−0.04
6. アジアの文化は日本と共通するところが多い	2.36	**0.32**	0.00	−0.12	0.22	0.12	−0.05
7. 日本語は美しいと思う	2.18	0.27	0.12	0.05	−0.08	0.19	0.13
8. 日本はアジアの発展に貢献してきた	2.50	0.06	**0.82**	−0.10	−0.01	0.02	−0.08
9. 日本はアジア諸国のリーダーとなるべきだ	2.86	−0.03	**0.63**	0.10	0.05	−0.05	−0.08
10. アジア製品は日本製品のコピーが多い	2.06	0.02	**0.51**	−0.11	−0.04	−0.01	0.12
11. 国連等での日本の発言権はもっと大きくあるべきだ	2.16	−0.02	**0.43**	0.03	−0.02	−0.08	0.12
12. 最近，日本では外国人犯罪が増えている	2.05	−0.04	0.28	0.11	0.14	0.09	0.08
13. 国際試合で日の丸が振られているのを見ると感激する	3.30	0.03	−0.01	**0.82**	0.07	0.01	−0.04
14. 皇室に親しみを感じる	4.02	0.14	−0.06	**0.44**	−0.11	0.05	0.04
15. 国際試合では，日本の勝敗が何より気になる	2.39	−0.07	0.07	**0.39**	0.15	0.15	0.02

16. 日本はアジア諸国に悪事を働いてきた	1.74	0.17	−0.16	−0.19	0.57	0.00	0.05
因子							
	平均	1	2	3	4	5	6
17. 英語ができることは国際人の条件だ	1.92	0.01	−0.01	0.04	0.52	−0.02	0.06
18. 日本はまだ欧米から学ぶことが多い	2.36	−0.09	0.10	0.04	0.41	0.00	−0.07
19. 欧米の文化にあこがれる	2.78	−0.07	0.08	0.22	0.40	−0.26	−0.02
20. 生まれ変わるとしたら,また日本人に生まれ変わりたい	2.53	−0.02	0.07	0.03	−0.05	**0.63**	−0.01
21. 日本という国が好きだ	1.82	0.08	0.02	0.13	0.07	**0.54**	0.02
22. 将来は外国で暮らしたい	3.05	0.11	0.14	−0.03	0.11	**−0.50**	0.06
23. 日本の文化は世界の中でもかなり独特だ	2.43	0.03	0.04	0.04	0.00	−0.02	**0.72**
24. 日本人の考え方は独特で,外国人には理解できない	2.56	−0.09	0.02	−0.03	0.01	−0.02	**0.67**

KMO 基準値 =.746

表8.7 各尺度の信頼性（α）係数と相関係数

	α係数	アジアへの優越感	プチナショナリズム	愛国心	欧米志向	日本異質論
アジア文化への親近性（項目 1, 2, 3, 4, 5, 6）	.679	0.015	0.086*	0.016	0.146***	0.022
アジアへの優越感（項目 8, 9, 10）	.661	1	0.346***	0.175***	0.096*	0.257***
ぷちナショナリズム（項目 13, 14, 15）	.550		1	0.238***	0.051	0.115**
愛国心（項目 20, 21, 22）	.558			1	−0.183***	0.086*
欧米志向（項目 17, 18, 19）	.538				1	0.100**
日本異質論（項目 23, 24）	.656					1

*$p<0.05$, **$p<0.01$, ***$p<0.001$

　次に，各国への親近感がどのような意識構造に影響を受けているのかを見るために，これらの尺度で測定したそれぞれの意識を説明変数とし，各国への親近感を目的変数とする回帰分析を行った。表

8.8 は，その結果を示すものである。まず，「アジア文化への親近性」が，アジア諸国への親近感と強い相関（B = 0.398）を示している。一方，「アジアへの優越感」はアジア諸国への親近感とは有意な負の相関（B = –0.103）がある。ただし，「アジア文化への親近性」は，米国やヨーロッパの国への親近感とも弱いながら有意な正の相関関係を持っている。これはやや意外な結果であるが，ここで測定されている「アジア文化への親近性」の中に，外国に対する関心の強さが反映されているからかもしれない。米国とヨーロッパ諸国への親近感に対しては，予想されるように欧米志向が有意な正の相関を示している。

また，この調査には「欧米の音楽」「中国・香港・台湾の音楽」「韓国の音楽」をどのくらいの頻度で聴いているかという質問がある。そこで，これらの音楽を聴く要因を見るために同様の回帰分析を行った。ここでは「月に2～3日以上聴く」とした回答者を各音楽の「聴取者」それ以外を「非聴取者」とし，これを目的変数とするロジスティック回帰分析を行った結果が表 8.9 に示されている。なお，説明変数には，表 8.8 の親近感の回帰分析に使ったものと同じ変数を用いている。韓国音楽について見ると，最も強く関係しているのはアジア文化への親近性であることがわかる。また，韓国音楽を聴く人は欧米志向が有意に低いこともわかる。なお，性別がプラスで有意であるのは，男性に比べて女性が韓国音楽をよく聴く傾向があることを示している。

これらの分析結果からは，阿部（2001）が述べているような「西洋オリエンタリズム」の眼差しがアジア諸国への関心や「ぷちナショナリズム」につながっているという関係は見出せなかった。欧米志向はアジア文化への親近性と正の相関関係を示してはいたが，アジア諸国への親近感とは相関関係が見られなかった。また，「アジアへの優越感」はアジア諸国への親近感と負の相関関係を示して

第8章　韓流の影響と日本人の嫌韓意識

表8.8　各国への親近感の回帰分析（標準化係数）

	アジア諸国への親近感	ヨーロッパ諸国への親近感	米国への親近感
アジア文化への親近性	.398***	.154***	.123**
アジアへの優越感	−.103*	.015	.114**
プチナショナリズム	.072	.132***	.149***
愛国心	−.021	−.037	.005
欧米志向	.067	.130**	.288***
日本異質論	−.048	−.167***	−.086*
性別	.018	−.084*	−.047
年齢	.064	−.013	−.028
R^2	0.196	0.085	0.163

*$p<0.05$, **$p<0.01$, ***$p<0.001$

表8.9　各地のポピュラー音楽の聴取習慣を従属変数とするロジスティック回帰分析

	欧米の音楽		中国・香港・台湾の音楽		韓国の音楽	
	係数	Wald値	係数	Wald値	係数	Wald値
アジア文化への親近性	.051	4.6*	.137	10.4**	.151	22.2***
アジアへの優越感	.097	7.3**	−.004	.00	−.002	0.0
プチナショナリズム	.046	1.3	.030	.19	.066	1.8
愛国心	−.142	11.9***	−.082	1.5	−.068	1.9
欧米志向	.022	0.4	−.044	0.6	−.097	4.6
日本異質論	−.030	0.3	.051	0.4	.104	2.7
性別	.253	1.5	−.152	0.2	.725	6.5
年齢	.001	0.0	.337	15.5***	.277	13.2***
定数項	−1.359	.68	−11.298	19.0***	−10.954	26.9***
COX & Snell R^2	0.049		0.050		0.091	

*$p<0.05$, **$p<0.01$, ***$p<0.001$

いた。つまり，欧米志向のあるなしとは関係なく，アジアへの優越感を持たず，素朴にアジア文化に親近性を感じている学生ほど，韓国・中国などに親近感を持つ傾向がある。「アジアへの優越感」と正の相関関係があるのはアジアではなく米国への親近感であり，アジアに対して西洋オリエンタリズム的な見方をしている人は，アジアではなく米国に親近感を感じているのである。

香山（2002）は，「『日本国が好き』という人たちには，生涯，ほかの選択は存在しないのである」として若者の「無邪気なプチナショナリストたち」を批判した。しかし，回帰分析の結果によると，「ぷちナショナリズム」はアジア諸国への親近感との間には予想されるような負の相関関係はなく，米国やヨーロッパへの親近感とはむしろ有意な正の相関関係が見られるなど，排外的な意識であるとは言えない。また，第1章で既に述べたように，若者は高齢者よりも国を誇る気持ちが弱く（第1章の表1.7），国際的に見れば日本人の国に対する誇りは極端に低い（第1章の表1.6）。そうしたことを考えると，香山のプチナショナリスト批判は正鵠を射ていないように思える。

分析結果でもうひとつ重要なことは，若者の韓国観が，あくまで「多くの国の中のひとつの国としての韓国」という認識であることだ。因子分析の結果は，北朝鮮や台湾とは異なり，韓国への親近感は独自な成分で説明できる比率が低い。対韓意識が戦後長い間にわたって極端に悪かったのは，日韓関係の特殊な歴史的背景があることは前節で指摘したが，日本人の学生の回答パターンからはそうした影響はほとんど見いだせない。つまり，この調査データを見る限りでは，韓国への親近感の高まりは，日韓の固有の関係を意識したものとは言えないのである。

3. 韓流は対韓意識を改善させたのか──韓国ドラマの影響の因果分析

「韓流」に関する時事的な評論を見ると,韓国ドラマの流行が日本人の対韓意識を改善したとする議論が多い(林 2005; クォン・ヨンスク 2015)。実際,韓国ドラマのファンが韓国に対して好意的であることはNHKの世論調査でも報告されている。たとえば,『冬のソナタ』を見たことがある人は「きっかけはともかく,韓国に対する関心が高まるのはよいことだと思った」ということに賛成する率が45%であり,見たことのない人の賛成率26%を大幅に上回っている(三矢 2004)。また,『冬のソナタ』を見たことのある人で「韓国のイメージが変わった」という人は25.8%,「韓国への興味が増した」人が21.7%,「韓国の文化に対する評価が変わった」人が12.9%などとなっており,韓国ドラマを見ることによって韓国への意識が改善することを示しているように見える(三矢 2004)。斉藤らの研究でも,韓国人イメージ尺度得点を従属変数にした重回帰分析の結果では,韓国ドラマ視聴が韓国イメージに対してプラスの効果を持つという有意傾向が見られた(斉藤・李・有馬・向田・日吉 2010)。

われわれが2014年に実施した全国調査[3]の結果でも,韓国のテレビドラマを見ている人のほうが韓国が好きな傾向が高いという関係があることが示された。両者の相関係数を求めると,0.241($N = 642$)であり,0.1%水準で統計的に有意な関係があった[4]。このように,テレビドラマの視聴と国に対する好意度に相関関係が見られることから,韓国のポピュラー文化が日本人の対韓意識を改善するのではないかと期待する議論(たとえば,クォン・ヨンスク 2010)がある。しかし,こうした議論は,相関関係と因果関係を混同している点で問題がある。ある国のテレビドラマの視聴が「原因」で,そ

の国に対する好意が「結果」だという因果関係を主張するためには，いくつかの条件を満たす必要がある。

まず，両者の間の相関係数が統計的に有意な値であっても，それが疑似相関である可能性を考慮する必要がある。疑似相関とは，第3の変数と二つの変数それぞれとの間に相関関係があることによって二つの変数の間に見かけ上の相関が生じることである。たとえば，女性のほうが韓国ドラマを多く見る傾向があり，同時に女性のほうが韓国に対して好意的であれば，性別という第3の変数が韓国ドラマの視聴と韓国に対する好意との間に疑似相関をもたらすことになる。今回の分析で得られた相関係数が少なくとも性別や年齢など属性変数による疑似相関ではないことは偏相関係数を求めることで確かめることができる。性別，年齢，学歴，世帯収入をコントロールした偏相関係数を求めると，その値は 0.249 ($p<.001$, $n=636$) で，単純な相関係数よりもむしろ高くなった。したがって，韓国ドラマの視聴と韓国に対する好意の間の相関関係は，性別，年齢，学歴，世帯収入などの属性変数による疑似相関ではないといえる。

相関関係が疑似相関ではない場合，両者の因果関係には二つの方向性が考えられる。ひとつは，韓国ドラマを視聴したことによって韓国に対する好意が高まったという方向性。これは，多くの論者が前提としている方向性である。もうひとつは，韓国に高い好意を持っていたことによって韓国ドラマを視聴するようになったという方向性である。そこで，どちらの方向性が正しいといえるのか，因果関係の方向を分析するために図8.1のような構造方程式モデル（AMOS）で各パスの強さ（矢印の方向の因果的影響力）を推定した[5]。図には示していないが，分析には性別，年齢，学歴，年収もコントロール変数に加えている。また，前述したように，ナショナリズム意識のひとつである排外主義は韓国ドラマ視聴と韓国に対する好意度の両方に負の影響を及ぼしている可能性があるため，これを外生

第 8 章　韓流の影響と日本人の嫌韓意識

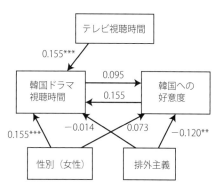

図 8.1　韓国ドラマ視聴時間と韓国に対する好意度の因果分析 (標準化係数)

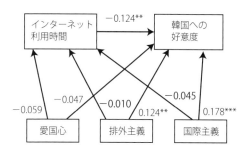

図 8.2　ナショナリズム意識とインターネットが韓国に対する好意度に
及ぼす影響の因果分析 (標準化係数)

変数として用いて影響力をコントロールしている。

　通常の統計分析においては「韓国ドラマの視聴」⇔「韓国に対する好意度」のように両方向のパスを同時に推定することはできない。ただし，このモデルでは「テレビ視聴時間」という外生変数を導入しており，この変数からのパスを「韓国ドラマの視聴」に対してのみ仮定することによって，「韓国ドラマの視聴」⇔「韓国に対する好意度」の両方向のパスを推定することが可能になる。韓国ド

ラマはテレビ番組全体の視聴率が比較的低い時間帯に放送されることが多いことを考えると，テレビ視聴時間の長い人のほうが韓国ドラマを多く見ることになる可能性が高いと予想できる。これに対して，テレビの視聴時間が長いことが直接に韓国に対する好意度を高めるという影響は想定できないので（実際，両者の相関係数は0.006であり，ほぼ無相関である），テレビ視聴時間から韓国に対する好意度へのパスはモデルから取り除いている。

構造方程式モデルの係数を推定した結果,「韓国ドラマの視聴」と「韓国に対する好意度」の間のどちらのパスも統計的には有意でなかったが,「韓国に対する好意度」から「韓国ドラマの視聴」へ向かうパスの係数が0.155であるのに対して,「韓国ドラマの視聴」から「韓国に対する好意度」へ向かうパスの係数は0.095と小さく，因果の方向性としては「韓国に対する好意度が高い人が韓国ドラマを多くみている」という方向の可能性が，どちらかといえば高いことがわかった。少なくとも韓国ドラマを見ることで韓国に対する好意度が高まるということは言えない。つまり，韓国ドラマが対韓意識を改善しているとは言えないのである。なお，テレビドラマ視聴の影響に関するこの結果の一般性をチェックするため，欧米ドラマ（ほとんどが米国ドラマと思われる）と米国への好意度に関しても同様のモデルで因果関係を分析した。結果は図8.3の通りであり，やはりテレビドラマがその国の好意度を高める方向の影響力は見られなかった。

対韓意識に影響を与えている可能性があるもうひとつのメディアはインターネットである。高（2015）は，Twitter 上では韓国を批判する発言が多いことをツイートの分析から示し，インターネット利用時間と「現代的レイシズム」の傾向との間に有意な正の相関関係があることを大学生を対象とした調査によって示している（高, 2015）。また，橋元らの2005年の全国調査の分析結果においても，

第8章 韓流の影響と日本人の嫌韓意識

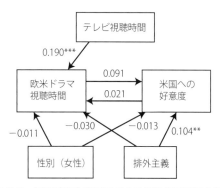

図8.3 欧米ドラマ視聴時間と米国に対する好意度の因果分析 (標準化係数)

インターネットの匿名の掲示板をよく読む人ほど反韓意識が強いことが報告されている (橋元・石井・木村・金・小笠原・金 2007)。

インターネットの利用が韓国に対する好意度に負の影響を与えているという関係は, 今回のわれわれの分析結果でも見られた。図8.2 は, ナショナリズム意識を構成する三つの変数及びインターネットの利用と韓国に対する好意度の間の因果関係について構造方程式モデル (AMOS) をあてはめた結果である (このモデルにおいても図には示されていないが, 性別, 年齢, 学歴, 収入の影響は統制されている)。この分析に用いたナショナリズム意識の三つの変数は Karasawa (2002) を参考にしたもので,「愛国心」は単純に日本が好きだという感情であり,「排外主義」は日本が他国よりも優れているという信念である。「国際主義」は国際的な協力や連携への選好で, ナショナリズム意識とは反対方向の意識であり,「国際主義」の欠如がナショナリズム意識に対応するものとして考えられている。韓国への好意度に対して, ナショナリズム意識のうちの「排外主義」はマイナスの影響,「国際主義」はプラスの影響を示している (これは先行研究や本書の第9章の分析結果と同様の傾向である) が, ここで注目

すべきはインターネットの影響である。インターネットの利用時間から韓国への好意度に向かう矢印の係数はマイナスであり，統計的にも有意な数字となっている。つまり，インターネットの利用時間が長くなるほど韓国に対してネガティブな態度を持つようになる傾向があるといえる（ただし，このモデルでは韓国ドラマの場合のように両方向の因果関係を比較しているわけではない）。

これらの因果分析の結果は必ずしも決定的なものとは言えないが，代表的なポピュラー文化のひとつであるテレビドラマが韓国に対する好意度に変化をもたらすことはなさそうであり，たとえもたらすことがあったとしても，その影響力は小さなものにすぎないこと，むしろ韓国に対する好意度が高まったことが韓国のテレビドラマの視聴につながっている可能性のほうが高いことを示している。一方，2ちゃんねるなどに代表されるインターネットの影響力は，韓国を否定的に評価する方向に働いている可能性が高い。

4. 嫌韓意識の構造

韓流の人気が高まる一方で，「韓流」に対して反感を持つ人も少なくない。序章でも述べたように韓流の人気が頂点に達した2011年には，フジテレビが韓国ドラマを数多く放送していることに抗議するデモ活動が起こった。フジテレビへの抗議活動の参加者は警察集計で延べ5,300人（朝日新聞2011年9月1日朝刊）であったことは，韓流に否定的な人が少なからず存在する状況を反映している可能性を示している。2ちゃんねるなどのインターネット掲示板を見ると分かるように，インターネットでは韓国や中国に対する批判があふれている。筆者がTwitterのツイートを分析した結果でも，中国や韓国に対して否定的・非好意的な発言が多いことが確認されている（石井 2012；石井・海後 2013；高 2015）。また，前述（3節）の分析結

第8章　韓流の影響と日本人の嫌韓意識

果も，インターネットを利用する人ほど韓国に対して否定的な意識を示すことを示していた。

たとえば，2005年に刊行された『マンガ嫌韓流』は，批判も多かったもののシリーズ累計で100万部以上も売れたとされている（山野 2015）[6]。このマンガでは，人々は大手マスコミのゴリ押し韓流ブームに嫌気がさしており（山野 2015, p174），さらに韓国の「国家ブランド委員会」の存在と活動など，韓流の裏側をインターネットなどで知った人たちの間でマスコミへの不信感が高まっていったと主張されている（山野 2015: 179）。たとえば『マンガ嫌韓流』には，次のような会話がある。

　韓国人はよく「日本人は本当の歴史を知らない」と主張するが，彼らの信じている「本当の歴史」というのは彼らの願望に沿って捏造された偽りの歴史にすぎないんだ。……そんな歪んだ社会が生み出した捏造歴史をもとに被害者意識を日本にぶつけているんだ!!（山野 200: 270）。

このような考え方は一般の人々にも浸透しているのだろうか。表8.10は，フジテレビに対する抗議デモがあった約半年後の2012年

表8.10　韓流に関する態度（N = 880）

項目	好ましいと思う	どちらとも言えない	好ましくないと思う
日本のテレビで放送される韓国ドラマの数が増えたこと	21.5	39.3	39.2
K-popが日本でも流行していること	23.5	44.4	32.0
日本で韓国の電化製品の普及が進むこと	13.4	48.4	38.2
旅行で韓国に出かける日本人が増えたこと	37.7	45.6	16.7

筆者によるインターネット調査（男女20-69歳，2012年2月実施）

にわれわれが実施した調査で韓国のポピュラー文化の流行を好ましいと思うかどうか等について尋ねた結果である。韓国ドラマとKポップのいずれについても，その流行を「好ましいと思う」人より「好ましくないと思う」人の方がやや多い。ただし，「韓国に旅行で出かける人が増えたこと」は「好ましい」とする人が圧倒的に多く，韓国ドラマへの反感は「嫌韓」感情を単純に反映しているのではなく，国内のテレビ番組に外国番組が増えること自体への反感が含まれていると考えられる。2006年に斉藤らが実施した調査の結果でも『韓流』ブームは一部のマスコミが作り上げたものだ」という意見に44%が賛成しており，「マスコミは『韓流』ブームを大げさに取り上げすぎだ」については62%の回答者が賛成していた（斉藤・李・有馬・向田・日吉 2010）。したがって，対韓意識が改善していた2000年代の前半においても，少なくない人が韓国ドラマなどの「韓流」に対して批判的な態度を持っていたことが考えられる。

心理学においては，「権威主義」が民族や人種のステレオタイプを説明するパーソナリティ変数として広く使われてきた（Adornoほか 1950）。権威主義的パーソナリティの理論によると，階統的で権威主義的で利己的な親子の依存関係が，結果的には，底辺に位置するすべてのものを無条件に軽蔑し拒否するような政治哲学や社会観の保持につながるという（Adornoほか 1950, 訳書: 493）。こうした権威主義的パーソナリティが第二次世界大戦前のドイツなどのファシズムを支持した人々の心理と関係があるとされる。最近の研究では，米大統領選挙において，テレビ視聴時間が権威主義を媒介してトランプ候補への支持を促進する効果があることが見出されている（Morgan & Shanahan 2017）。従来の研究では，権威主義は親子関係のあり方や養育方法を通して親から子へと伝達されるとされていたが，双生児を用いた最近の研究では遺伝の影響が強いことが明らかにされている（敷島・安藤・山形・尾崎・高橋・野中 2008）。

また，権威主義と類似したパーソナリティ変数として最近注目されているのが，社会的支配志向性（Social Dominance Orientation）である（Pratto,Sidanius, Stallwarth, & Malle, 1994; Sidanius & Pratto 2011）。社会的支配志向性（Social Dominance Orientation）とは，集団間の平等な関係あるいは階層的な関係のいずれを志向するかについての個人の志向性のことであり，階層維持メカニズムを説明する中心的な概念として使われている（杉浦・坂田・清水 2014）。また，社会的支配志向性は，偏見など集団間態度を予測する変数としても使われている（杉浦・坂田・清水 2014）。この変数は，「平等主義志向性」（逆転尺度）と「集団支配志向性」という二つの下位尺度に分けられるので，以下の分析では二つの下位尺度を別々の変数として扱う。なお，この分析で用いた尺度は，Pratto, Sidanius, Stallworth, & Malle（1994），Jost & Thompson（2000），Sidanius & Pratto（2012）を参考に，オリジナルの質問文（英文）を翻訳して作成したものである（表8.10）。

　最近の反韓意識と関係があると思われるのが，「現代的レイシズム」または「象徴的レイシズム」（Symbolic racism）とよばれる新しいレイシズムの傾向である。高（2015）はTwitterのツイートの分析から在日韓国人（コリアン）へのレイシズムを特徴づけるのが「現代的レイシズム」であるとし，能力が劣っているという理由で差別が正当化されるとする「古典的レイシズム」と区別した。現代的レイシズム（Modern Racism）の持ち主は，人種や民族間の平等の必要性自体は認めているが，(1) 偏見・差別はすでに存在しておらず，(2) 現に存在する経済的格差は不平等によるものではなく，その人種・民族の努力の欠如によるものであり，(3) その人種・民族は政府による優遇を過剰に求め，(4) 不当な経済的恩恵を受けている，と考えている（高・雨宮 2013）。以下の分析でも，高・雨宮（2013）が用いた「現代的レイシズム」と「古典的レイシズム」の尺度を用

いることにする。

しかし，これらのパーソナリティ変数で嫌韓感情を説明するには問題がある。それは，嫌韓感情の時代的な変化を説明するのが困難であるという点である。パーソナリティ変数は，短期間の時間的な変化を想定していないので，韓国から歴史認識関係の問題（たとえば，竹島の領有権や従軍慰安婦）を刺激されるたびに日本で嫌韓感情が高まるプロセスを説明することはできない。これらの変数で説明できるのは，あくまで一時点でみた個人差なのである。

そこで，現代的・時事的な問題に関する二つの態度を説明変数に加えることにした。ひとつは，「新自由主義」といわれる90年代の後半から強くなってきた政治的な価値観に関係した態度であり，測定には社会的な格差をどの程度容認するかを測定する尺度を用いる。もうひとつは，中国や韓国が近年頻繁に日本批判に用いている歴史認識問題への態度である。歴史認識問題への態度に関係が深いと予想される，「日本の首相が靖国神社を参拝するのは当然である」「慰安婦の問題で，韓国に対してこれ以上妥協すべきではない」「日本人は過去のアジアへの侵略行為をもっと反省すべきである（逆転尺度）」の3問で測定尺度を構成した（各5点尺度）。この尺度は点が高いほど韓国や中国の歴史認識に対して否定的な態度を示すものであり，信頼性を示す α 係数は0.705であった。「新自由主義」を加える理由は，価値観の変化が韓国への好意度の変化をもたらしている可能性があるからである。また，歴史認識問題への態度を説明変数に加える理由は，歴史認識問題を韓国や中国が提起するたびに，日本国内で反発が起きていることから，歴史認識問題への態度が対韓・対中意識の短期的な変動を説明するのではないかと予想されるからである。

これらの質問文を使ってインターネットで2013年9月に調査を行った。対象は，20歳から59歳までの男女300人とし，10歳き

ざみの年齢層について男女が同数になるように割り当てた。回答者の学歴をみると大学卒または大学院卒が47.3%，短大・高専が24.3%，高卒が25.3%，中卒が3%などとなっている。職業別に見ると，会社員が49.3%，主婦・主夫が13.7%，自営業が10.3%などとなっている。

表8.11　分析に用いた尺度と質問項目

平均値	標準偏差	質問文［尺度名］　　（R）は逆転尺度
		［愛国心］ α =0.848
4.07	0.95	物価の安い外国に暮らすのもよいが，少々高くついても日本に暮らしたい
4.06	0.98	生まれ変わるとしたら，また日本人に生まれたい
3.97	0.95	私は日本人であることを誇りに思う
3.86	0.98	治安の良さから考えて，他の国には住みたくない
2.17	0.96	日本にはあまり愛着を持っていない　（R）
3.43	1.03	日本は世界で一番良い国である
4.05	0.83	私は日本という国が好きだ
		［伝統主義］ α =0.848
2.73	1.21	君が代を聞くと感動をおぼえる
2.41	1.11	祝祭日や国民の休日に，町で日の丸が掲げられているのを見ると最高の気分になる
2.60	1.11	日の丸は世界一の国旗である
2.37	1.06	子供が日の丸に対して起立させられたり，君が代を歌わされたりしているのを見ることは苦しいことだ　（R）
3.43	0.95	神社・仏閣に参拝することは国民として望ましい態度である
3.42	1.03	国を思う気持ちは国民の一番大切な感情である
3.56	0.92	日本の若者は日本の歴史や遺産に敬意を払わなければならない
3.65	0.90	日本の古い寺や民家を見ると非常に親しみを感じる
3.92	0.81	日本の伝統文化に誇りを感じる
		［ナショナリズム　排外主義］ α =0.869
3.67	0.87	日本の経済力を考えれば，国連や国際会議における日本の発言権はもっと大きくあるべきだ

第二部　日中韓をめぐる相互イメージとその規定要因

平均値	標準偏差	質問文［尺度名］　（R）は逆転尺度
3.32	0.90	世界の貧しい国の生活水準をあげるために，私たちの生活水準を下げる気にはならない
3.42	0.94	日本人は世界で最も優れた民族のひとつである
3.43	0.94	アジアの将来を決定する上で，日本は最大の発言権を持つべきである
3.58	0.93	日本が戦後に驚異的な成長を遂げたのは，国民の優秀性による
3.49	1.03	海外援助をするなら日本の不利益になるような援助はすべきでない
3.54	0.96	日本はもっと強い国になるべきだ
3.39	1.01	在日外国人に対する社会保障をこれ以上充実させる必要はない
3.34	0.97	日本は防衛力の増強を図るべきだ
		［国際主義］ α =0.630
3.85	0.76	日本は諸外国から学ぶことが多い
3.37	0.85	もっと日本人は外国人に対して，いろいろな部分で門戸を開放すべきである
2.71	0.88	他国の貧困の緩和は彼ら自身の問題であって，私たちとは無関係である（R）
2.18	0.96	日本のスポーツ界に活躍する外国人勢は排除すべきだ（R）
3.68	0.80	外来文化を積極的に取り入れることは日本にとってプラスになる
		［歴史認識問題への態度］ α =0.705
3.27	1.12	日本の首相が靖国神社を参拝するのは当然である
2.88	0.93	日本人は過去のアジアへの侵略行為をもっと反省すべきである（R）
3.76	0.97	慰安婦の問題で，韓国に対してこれ以上妥協すべきではない
		［権威主義］ α =0.836
2.69	0.95	権威ある人々にはつねに敬意を払わなければならない
2.44	0.85	以前からのやり方を守ることが，最上の結果を生む
2.07	0.90	子供のしつけで一番大切なことは，両親に対する絶対的服従である
2.28	0.88	たとえ正しくないと思っていても，目上の人には従わなければならない
2.65	0.83	伝統や慣習に従ったやり方に疑問を持つ人は，結局問題を引き起こすことになる
2.51	0.93	この複雑な世の中で何をなすべきかを知る唯一の方法は，指導者や専門家に頼ることだ
		［新自由主義＝格差容認］ α =0.661
3.32	0.90	能力の高い人がもっと高い収入を得られるようにすべきだ

第8章　韓流の影響と日本人の嫌韓意識

平均値	標準偏差	質問文［尺度名］　（R）は逆転尺度
3.06	0.98	自由な競争の結果，社会の格差が広がってもやむを得ない
3.55	0.98	政府は，自分で努力をしない人まで援助する必要はない
		［古典的レイシズム］ $\alpha = 0.926$
2.73	0.94	在日朝鮮人は，一般的に日本人ほど知的能力に優れていない
2.87	1.03	在日朝鮮人は，その場に自分がふさわしいか配慮して控えめに振る舞うべきだ
2.52	1.04	在日朝鮮人と日本人が結婚するのは，不幸なことだ
2.55	1.05	在日朝鮮人に隣に住まれると，自分と同程度の収入・学歴があったとしても，かなり気にかかる
2.77	1.05	在日朝鮮人の居住の自由を認める法には反対だ
3.02	1.12	日本国内で日本人と在日朝鮮人との法的平等を認めようとするのは，間違いだ
		［現代的レイシズム］ $\alpha = 0.931$
3.20	0.94	在日朝鮮人は，教育における差別の解消を求めると称して，不当に強い要求をしてきた
3.31	0.98	在日朝鮮人は，平等の名の下に過剰な要求をしている
3.18	0.90	在日朝鮮人はすでに，不当に高い経済的地位を得ている
		［平等主義志向性］ $\alpha = 0.875$
4.52	1.45	他のどんな集団よりも優れた集団などというものは存在しない
4.58	1.50	すべての集団が平等になれたら素晴らしいことだろう
4.99	1.28	欲しいものを手に入れるときに，他の集団に対して力づくでのぞむ必要は決してない
4.66	1.32	すべての集団が社会生活の中で平等な機会を与えられるべきだ
4.92	1.21	強い立場にある集団が弱い立場の集団を支配しようとしてはならない
4.71	1.23	さまざまな集団が置かれている条件を平等なものにするためにできるだけのことをするべきだ
4.83	1.21	いくつかの集団が支配的な立場を占める一方で，いくつかの集団は社会の最底辺に置かれるというような社会は問題が大きい
4.77	1.27	どんな集団も社会の中で支配的になるべきではない
		［集団支配志向性］ $\alpha = 0.821$
4.10	1.24	集団間の平等は追求する価値のある理想ではない
3.88	1.22	自分たちの集団が世の中で成功するためには，他の集団を犠牲にすることも時には必要だ

平均値	標準偏差	質問文［尺度名］　（R）は逆転尺度
4.30	1.07	いくつかの集団が社会の中で置かれた立場を受け入れ，そこにとどまっていれば，問題は今よりも少なくなるだろう
3.41	1.26	社会が今よりも平等になることは好ましくない
4.31	1.03	異なる集団を今より平等に扱うようにしても，社会的な問題は解決されるどころかむしろ増えるだけだろう
3.70	1.26	劣った集団は，社会の中で自分たちが置かれた立場をわきまえ，その立場にとどまるべきだ
4.63	1.30	収入の平等化を目ざしても意味がない
3.96	1.14	自分たちの集団以外の集団の立場が強くならないように押さえつけなければならないこともある

表8.12　ナショナリズム意識，レイシズムと韓国，中国，台湾への好意度の関係 (標準化係数)

	韓国への好意度		中国への好意度		台湾への好意度	
	係数	t値	係数	t値	係数	t値
性別	0.02	0.39	0.00	0.05	−0.01	−0.19
年齢	−0.09	−1.64	−0.10	−1.75	−0.04	−0.60
学歴	−0.05	−0.98	−0.05	−1.00	0.20	3.48***
収入	−0.11	−2.04 *	−0.19	−3.32**	−0.09	−1.46
愛国心	−0.08	−1.31	−0.06	−0.94	−0.07	−1.08
排外主義	0.10	1.23	−0.27	−3.25**	0.06	0.63
国際主義	0.03	0.55	−0.03	−0.54	0.19	2.99**
伝統志向	0.01	0.12	0.08	1.04	0.21	2.67**
権威主義	0.05	0.89	0.03	0.47	−0.14	−2.20*
平等主義志向性	−0.12	−2.16*	−0.13	−2.31*	−0.06	−0.97
集団支配志向性	0.18	2.77**	0.15	2.24*	0.12	1.65
新自由主義	0.00	−0.04	0.05	0.76	0.02	0.34
古典的レイシズム	−0.27	−3.13**	−0.10	−1.15	−0.02	−0.19
現代的レイシズム	−0.09	−1.20	0.06	0.71	0.09	1.05
歴史認識問題への態度	−0.38	−5.07***	−0.24	−3.00**	0.07	0.89
R^2	0.568		0.506		0.449	

*$p<0.05$, **$p<0.01$, ***$p<0.001$

まず，分析で想定した各尺度は，α係数を見ると国際主義が 0.63 とやや低いことを除くと，いずれも 0.7 以上であり，尺度としての信頼性が十分にあることを示している。次に韓国への好意度（五段階尺度）がどのような変数によって説明されるのかを見るため，韓国への好意度を目的変数とし，これらの尺度と性別，年齢，学歴，収入などの属性変数を説明変数とする回帰分析を行った。また，韓国と他の国の好意度の要因の違いを見るため，東アジアに属する中国と台湾への好意度についても，同じ説明変数を用いて回帰分析を行った。

　回帰分析の結果を，表 8.12 に示した。まず分かることは，韓国への好意度を従属変数とする分析結果では「歴史認識問題への態度」の係数（標準化係数）が最も大きいことである。つまり，韓国への好意度と最も相関が高いのは「歴史認識問題への態度」である。また，予想と異なり，「現代的レイシズム」は韓国への好意度に直接的な影響を持っていなかった。韓国への好意度と統計的に有意な相関があるのは，歴史認識問題への態度，社会的支配志向性の二つの下位尺度（平等主義志向性及び集団支配志向性）と古典的レイシズムであった。また，中国への好意度の場合は，歴史認識問題への態度，社会的支配志向性の二つの変数（平等主義志向性及び集団支配志向性）と排外主義であった。韓国と中国で有意に効いている変数が異なるのは，高・雨宮（2013）による古典的レイシズム及び現代的レイシズムの尺度が，もともと在日韓国人を想定した質問であったためと考えられる。一方で台湾への好意度に対しては，全く異なる変数が統計的に有意な関係を示している。具体的には，国際主義と伝統志向がプラスの相関関係を持っており，権威主義が有意なマイナスの相関関係を持っていた。韓国や中国の場合と異なり，レイシズム及び社会的支配志向性のいずれの変数も統計的に有意な関係を持たなかった。台湾に対する好意は韓国や中国に対する好意とは全く

表8.13 歴史認識問題への態度を目的変数とする回帰分析の結果（標準化係数）

	係数	t 値
性別	−0.12	−3.02**
年齢	−0.06	−1.45
学歴	−0.04	−0.91
収入	−0.08	−1.98*
愛国心	−0.05	−1.00
排外主義	0.37	6.24***
国際主義	−0.04	−0.82
伝統志向	0.32	6.15***
権威主義	−0.14	−2.98**
平等主義志向性	−0.11	−2.48*
集団支配志向性	−0.08	−1.52
新自由主義	0.11	2.33*
古典的レイシズム	0.02	0.30
現代的レイシズム	0.25	4.15***
R^2	0.763	

*$p<0.05$, **$p<0.01$, ***$p<0.001$

異なる心理メカニズムで形成されていることがわかる。

　さらに、「歴史認識問題への態度」がどのような変数と関係しているのかをみるため、「歴史認識問題への態度」を目的変数とする回帰分析を行ったところ、権威主義、排外主義的なナショナリズム意識、現代的レイシズムが「歴史認識問題への態度」に影響を与えていた。この結果から、「現代的レイシズム」は韓国に対する好意度に直接的には影響を与えていないが、「歴史認識問題への態度」を通して間接的な影響を与えていると言えそうである。「現代的レイシズム」が「歴史認識問題への態度」に媒介されるかたちで韓国への好意度に影響を与えているかどうかを確かめたSobelテストの

結果は 1% 水準で有意であった（$z = 3.22; p = 0.0013$）。

このように，「現代的レイシズム」が「歴史認識問題への態度」を通して韓国への好意度に間接的に影響を与えているという側面はあるものの，「歴史認識問題への態度」は韓国に対する好意度を最もよく説明する変数であり，単独で見ると最も相関の高い変数である。たび重なる韓国側からの「歴史認識問題」の提起により，多くの日本人が韓国に嫌悪感を持つようになったと考えられる。逆に言うと，われわれの分析結果は，歴史認識問題について何らかの決着がつけば，韓国への好意度を大幅に改善することが期待できることを示唆している。その意味で 2015 年 12 月に日韓外相会談で取り交わされた，「従軍慰安婦問題に関する日韓合意」は日本人の対韓感情の改善という点で大きな期待ができる出来事であった。しかし，韓国の一部市民団体がこの合意に強く反発し，元慰安婦を象徴する「少女像」を，ソウルの日本大使館前だけでなく，2016 年 12 月に釜山の総領事館前にも建て，2017 年 1 月にはこれに抗議した日本政府が在韓大使を召喚する事態に発展した。同年 5 月の文在寅政権発足後も，同年 12 月 28 日に「日韓合意では解決されぬ」と声明を出し，2018 年 11 月 21 日には合意に基づいて日本政府の出資で韓国に設立されていた「和解・癒やし財団」（元慰安婦の支援を目的とした財団）の解散を発表するなど問題は混迷を深めている。

80 年代頃からの韓国への好意度の高まりが韓国のポピュラー文化の受容をもたらしたという本章の分析結果は，韓国に対する嫌悪感が 1960 年から 2000 年にかけて長期的に低下傾向にあったことを示した福元・古田（2012）の時系列研究の結果とも整合的である。このような韓国に対する嫌悪感の低下（逆に言えば，好意度の高まり）が背景になって，韓国ドラマなど韓国のポピュラー文化の受容が進んだのであり，韓国ドラマなどの流行が日本人の対韓意識を改善したわけではないのである。

5. まとめ

　1960年代以降，長期的な改善傾向を示し，2000年代前半の韓流ブーム時に最も改善を見せた韓国に対する好意度や親近感は，2012年の李明博による竹島上陸後，著しく悪化した。これは，本章の分析結果が示すように，日本人が韓国の提起する歴史認識問題に対して反応した結果だとみられる

　ただし，現実に日韓間に歴史認識問題の対立が存在するとしても，両国のメディア報道の歪みが歴史認識問題への対立を過度に煽っている可能性もある。小針（2012a）は，韓国メディアは「謝罪する日本」を取り上げておらず，日本メディアも「寛容な韓国」の実態について十分に取り上げていないことを指摘している。日本政府が「謝罪」を何度も行っていることを，ほとんどの韓国人は理解していない（小針 2012b）。内容分析による研究結果でも，韓国の報道はあいかわらず日本批判に偏っており，特に政治記事においてその傾向が強い（李 2007）。したがって両国のメディアは，歴史認識の問題の対立を実際以上に強く見せている可能性もある。こうしたメディア報道のバイアスについても改善が望まれるところである（Kohari 2015）。

　本章の分析結果が示しているのは，心理学で使われるパーソナリティ変数で現実の嫌韓問題を説明することには限界があるということである。最近の研究結果によると，人種的偏見と深い関連があるとされる権威主義パーソナリティは，家庭や教育などで伝達されるのではなく，遺伝的な要因が大きいことが示されている（敷島・安藤・山形・尾崎・高橋・野中 2008）。この研究結果が示唆しているのは，社会的な啓蒙や教育のあり方によって，権威主義的パーソナリティを持つ人の数が増えたり減ったりすることは考えにくいというこ

とである。韓国人に対する日本人の意識の問題についてこの知見を適用するなら，権威主義的パーソナリティというパーソナリティ要因によって説明できる差別意識・嫌韓感情は，いつの時代にも一定程度存在しており，それが大きく変化することはあまりないということである。しかし，本章のコーホート分析の結果が示したように，対韓意識は時代や世代による変動が大きく見られる。こうした対韓意識の時間的変動は，権威主義パーソナリティのようなパーソナリティ変数では説明することができないのである。

　本章が強調したいのは，対韓意識の時間的変動の大部分は，現実の「状況」に関する変数で説明されるということである。たとえば，1945年から1960年代頃まで見られた韓国・朝鮮への強い差別意識は，先述したような当時の日本の状況から強く影響を受けたことで生じたものだと考えられる。また，最近の嫌韓意識の高まりも，慰安婦問題など韓国側が提起する歴史認識問題に反応していると考えられる。現在，対韓意識を悪化させている「状況」は，遺伝的に決定されるパーソナリティとは異なり，社会的・政治的に変えることが不可能ではないであろう。

　本書のテーマでもあるポピュラー文化の影響についていうと，通説とは異なり，韓国ドラマが対韓意識の改善に寄与しているという結果は得られなかった。むしろ，韓国に対する好意度の改善が韓国のポピュラー文化の受容の前提条件になっているという，逆方向の因果関係が分析結果からは示唆された。つまり，韓国のポピュラー文化が日本で浸透することによって，対韓意識が改善するということは期待できない。他方で，インターネットを利用する人ほど韓国，中国に対して否定的・非好意的な評価をしている傾向があった。これは，インターネット上には韓国や中国に対して否定的・非好意的な発言が多く見られることを反映していると考えられる。ただし，インターネット利用と韓国への好意度との間の負の相関関係が，前

者から後者への因果関係といえるかどうかを確認するためには，さらなる研究が必要であろう。

　最後に，今後に残された研究課題について述べる。韓国にかぎらず外国に対する意識については，今後はもっと長期的な要因を考慮した分析をする必要がある。本章のコーホート分析の結果によると，国の好みには世代差があり，国の好みの変化は緩慢にしか生じないことを示唆している。そうした世代差の原因となる可能性があるのは大きな事件（影響力のある事件）の経験である。たとえば，戦争経験や戦後占領期の在日朝鮮人に関わるさまざまな事件は，それを経験した世代の人々には長期的に影響を与え続けていると考えられる。ポピュラー文化の影響についても，短期的な影響ではなく，長期的・累積的な効果を想定した研究が必要だろう。

注

1　コーホート分析には統計学における「識別問題」が存在するが，ここでは石井（1984）によって提案された方法を用いてパラメータを推定した。石井（2003）は，このモデルをラジオの視聴時間の分析に適用しており，ラジオの視聴時間には世代効果（深夜ラジオの経験など）が強く働いていることを示している。なお，従属変数は，ある国を好きな国として選んだか選ばなかったかの二値なので，ロジット変換したのちに線型モデルでパラメータを推定した。ここで用いた識別問題を回避するための制約条件は中村（1982）によって提案されたものであり，隣接するパラメータ間の差の2乗和が最小になるような条件である。このモデルでは，この制約条件を付加して，石井（1984）の不定解の式を用いてパラメータを決定した。分析に用いたデータにおいて時代や年齢，世代の区切りは5年間隔であるが，もともと時代や年齢の区切りは恣意的なものであり，隣接するパラメータでの変化をなるべく小さくするという条件は，論理的にも妥当性があると考えられる。
2　昭和20〜30年頃は朝鮮半島出身者を「朝鮮人」と呼ぶのが一般的であったので，ここでは「在日朝鮮人」という表記をしている。

3 2014年1月に留置き法により全国調査を実施した。この調査では，日本全国の80地点で各地点10人の標本（回答者）をエリア抽出によって抽出し，訪問調査を行った。この調査の分析結果は，第9章でも報告している。
4 ただし，同じような関係は欧米のテレビドラマ（ほとんどが米国ドラマと考えられる）の視聴と米国に対する好意についても見られる。両者の相関係数は韓国の場合に比べると低く0.09だが，5％水準で統計的に有意な関係である。
5 韓国ドラマの視聴と韓国に対する好意度に関するモデルの適合度は，$\chi^2=0.052$, df=1, $p=.820$; RFI=.995; RMSEA=.000であった。欧米ドラマの視聴と米国に対する好意度に関するモデルの適合度は，$\chi^2=0.030$, df=1, $p=.863$; RFI=.996; RMSEA=.000であった。インターネット利用時間と韓国への好意度に関するモデルの適合度は，$\chi^2=0.023$, df=1, $p=.879$; RFI=.998; RMSEA=.000であった。
6 ただし，著者である山野氏は「あの抗議デモに対して全面的な賛成はできません」（山野 2015, p.180）としている。毎日新聞の世論調査の結果をみると「嫌韓」「嫌中」本や記事については，「日本と韓国・中国との関係を悪化させる」に49％が賛成している一方で，「韓国・中国への不安や不満を代弁している」が30％であった（毎日新聞2014年10月26日）

参考文献

阿部潔（2001）『彷徨えるナショナリズム』世界思想社.

Adorno, T. W., Frenkel-Brunswik E., Levinson, D. J., & Sanford, R. N. (1950) *The Authoritarian Personality, Harper & Brothers*: NewYork.（田中義久・矢沢修二郎・小林修一訳『権威主義的パーソナリティ』青木書店）

秋田清（1968）「SD法からみた日本の1大学生の民族偏見」『人文学』104, 10-38.

鄭大均（2010）『韓国のイメージ（増補版）』中公新書.

我妻洋・米山俊直（1967）『偏見の構造――日本人の人種観』NHK出版.

Elasmar, M.G. & Hunter, J. E. (1997) "The Impact of Foreign TV on a Domestic Audience: A Meta-Analysis", *Communication Yearbook*, 20, 47-69.

福元健太郎・古田紘也（2012）「近隣諸国の好き嫌いに新聞報道が与える影響」『東洋文化研究』14, 243-265, 2012-03.

萩原滋（2007）「大学生の外国認識とメディアの役割」萩原滋編『テレビニュー

スの世界像――外国関連報道が構築するリアリティー』勁草書房, 313-341.
橋元良明・石井健一・木村忠正・金相美・小笠原盛浩・金仁培 (2007)「ネット利用とオンラインコミュニティの日韓比較」東京大学大学院情報学環『情報学研究 調査研究編』24, 1-48.
林香里 (2005)『「冬ソナ」にハマった私たち――純愛, 涙, マスコミ…そして韓国』文藝春秋.
原谷達夫・松山安雄・南寛 (1960)「民族的ステレオタイプと好悪感情についての一考察」『教育心理学研究』8(1), 1-7.
樋口直人 (2016)「ヘイトスピーチ, 在日コリアン, 参政権・国籍」小倉紀蔵・大西裕・樋口直人編『嫌韓問題の解き方』朝日新聞出版.
星野朗・野中乾 (1973)『バタヤ社会の研究』蒼海出版.
池田謙一 (1982)「日本の対韓イメージ」辻村明編『日本と韓国の文化的摩擦』出光書店.
石井健一 (1984)「コーホート・モデルの不定解の一つの表現とその応用」『応用統計学』13(1), 31-36.
Ishii, K. (2013) "Nationalism and preferences for domestic and foreign animation programmes in China", *International Communication Gazette* 75(2), 225-245.
石井健一・海後宗男 (2013)「Twitter のツイートからみた日本と東アジア諸国のイメージ」, Institute of Socio-Economic Planning discussion paper series no.1312.
石井健 (2012)「Twitter 上のメッセージによる国のイメージ測定――内容分析とテキストマイニングによる分析」, Department of Social Systems and Management Discussion Paper Series no.1294.
Ishii, K. (2012) "Nationalism Materialism and Preferences for the US and Asian Countries in Japan", *Electronic Journal of Contemporary Japanese Studies* 12(1).
石井健一 (2011)「韓国ドラマ視聴の要因分析――対外意識とコンテンツ利用の関連」Department of Social Systems and Management Discussion Paper Series no.1282
石井健一 (2005)「韓流の源流」Institute of Policy and Planning Sciences discussion paper series no.1109.
Ishii, Kenichi. (1996) "Is the U.S. Over-reported in the Japanese Press? Factors Accounting for International News in the Asahi", *Gazette* (The

International Journal for Mass Communication Studies), 57, pp.134-144.
石井健一（2001）「文化と情報の国際流通」『東アジアの日本大衆文化』蒼蒼社．
Ishii, Kenichi, Su, H., & Watanabe, S. (1999) "Japanese and U.S. Programs in Taiwan: New Patterns in Taiwanese Television", *Journal of Broadcasting and Electronic Media*, 43(3), 416-431.
Jost, J.T. & Thompson, E.P. (2000) "Group-Based Dominance and Opposition to Equality as Independent Predictors of Self-Esteem, Ethnocentrism, and Social Policy Attitudes among African Americans and European Americans". *Journal of Experimental Social Psychology*, 36, pp.209-232.
唐沢穣（1994）「日本人の国民意識の構造とその影響」『日本社会心理学会第35回大会発表論文集』246-247．
Karasawa, M. (2002) "Patriotism, Nationalism, and Internationalism among Japanese Citizens: An etic-emic approach", *Political Psychology*, 23(4), 645-666.
香山リカ（2002）『ぷちナショナリズム症候群』中央公論新社．
香山リカ（2015）『がちナショナリズム』筑摩書房．
金贊汀（2010）『韓国併合百年と「在日」』新潮社．
小針進（2012a）「日韓関係とパブリック・ディプロマシー」小此木政夫・河英善編『日韓新時代と共生複合ネットワーク』慶應義塾大学出版会, 139-176．
小針進（2012b）日韓関係, 小倉紀蔵編『現代韓国を学ぶ』有斐閣, 258-290．
Kohari, S. (2015) "Mutual Perception" between Japan and Korea during the Last Fifty Years, *Journal of Contemporary Korean Studies*, 2(2), 53-84.
葛谷隆正（1960）「民族的好悪とその人格的要因」『教育心理学研究』8(1), 8-17．
葛谷隆正（1961）「民族的態度に及ぼす社会的刺激の効果について」『教育心理学研究』9(3), 43-52．
楠弘閣（1941）「民族好性品等の研究」『心理學研究』16(2), 64-65．
楠弘閣（1951）「現時における我国学生の民族好悪」『心理學研究』21(3/4), 126．
クォン・ヨンスク（2010）『「韓流」と「日流」文化から読み解く日韓新時代』NHK出版．
李光鎬（2007）「韓国のテレビニュースにおける日本報道」萩原滋編『テレビニュースの世界像──外国関連報道が構築するリアリティー』勁草書房,

177-196.

リム・ボン（2001）「鴨川スクォッター地区の住環境整備と地域支援活動」藤巻正巳編『生活世界としての「スラム」――外部者の言説・住民の肉声』立命館大学人文科学研究叢書，古今書院．

三矢 惠子（2004）「世論調査からみた『冬ソナ現象』――『冬のソナタ』に関する世論調査結果から」『放送研究と調査（月報）』643(12)，12-25．

水野直樹・文京洙（2015）『在日朝鮮人――歴史と現在』岩波書店．

Morgan, M & Shanahan, J. (2017) "Television and the Cultivation of Authoritarianism: A Return Visit From an Unexpected Friend", *Journal of Communication*, 67, 424-444.

本岡拓哉（2015）「1950 年代後半の東京における『不法占拠』地区の社会・空間的特性とその後の変容」『地理学評論』88(1)，25-48．

本岡拓哉（2006）「神戸市長田区「大橋の朝鮮人部落」の形成――解消過程」『在日朝鮮人史研究』36，207-230．

内閣府「外交に関する世論調査」http://survey.gov-online.go.jp/index-gai.html

内閣総理大臣官房広報室（1990）『外交に関する世論調査』［世論調査報告書平成 2 年 10 月調査］

内閣総理大臣官房広報室（1980）『外交に関する世論調査』［世論調査報告書昭和 55 年 5 月調査］

中村隆（1982）「ベイズ型コウホート・モデル」『統計研究所彙報』29 (2), 77-97．

大場吾郎（2012）『韓国で日本のテレビ番組はどう見られているのか』人文書院．

岡崎久彦（2006）『なぜ日本人は韓国人が嫌いなのか』ワック．

Pratto, F., Sidanius, J., Stallwarth, L. M., & Malle, B. F., (1994) "Social dominance orientation: A personality variable predicting social and political attitudes", *Journal of Personality and Social Psychology*, 67, 741-763.

斉藤慎一・李津娥・有馬明恵・向田久美子・日吉昭彦（2010）「韓流ブームと対韓意識――韓流との関係で見た韓国・韓国人イメージおよび日韓関係に関する認識」『東京女子大学比較文化研究所紀要』71，1-32．

Sidanius, J. & Pratto, F. (2012) "Social Dominance Theory". In P.A.M.Van Lange, A.W. Kruglanski, & E.T. *Higgins Handbook of Theories of Social Psychology* vol.2, Sage, pp.418-438.

敷島千鶴・安藤寿康・山形伸二・尾崎幸謙・高橋雄介・野中浩一（2008）「権威主義的伝統主義の家族内伝達――遺伝か文化伝達か」『理論と方法』23

(2), 105-126.
鈴木二郎(1969)『人種と偏見』紀伊國屋書店.
杉浦仁美・坂田桐子・清水裕士(2014)「集団と個人の地位が社会的支配志向性に及ぼす影響」『社会心理学研究』30(2), 75-85.
高史明・雨宮有里(2013)「在日コリアンに対する古典的/現代的レイシズムについての基礎的検討」『社会心理学研究』28(2), 67-76.
高史明(2015)『レイシズムを解剖する』勁草書房.
渡邉聡・石井健一・小針進(2004)「日本の若年層における韓国大衆文化の受容とアジア意識――首都圏および静岡県の大学生と高校生を対象にした調査から」『国際関係・比較文化研究』3(1), 73-94.
ユ・サンチョル,アン・ヘリ,チョン・ヒョンモク,キム・ジュンスル,チョン・ガンヒョン(2008)『韓流熱風 映画・テレビドラマ・音楽――強さの秘密』蓮池薫訳 朝日新聞社.
山野車輪(2015)『嫌韓道』[ベスト新書]KKベストセラーズ.
山野車輪(2005)『マンガ嫌韓流』晋遊社.
山野車輪(2006)『マンガ嫌韓流2』晋遊社.
山本崇記(2013)「『不法占拠地域』における在日朝鮮人の記憶と集合性――地域と住民の結節点」町村敬志編『都市空間に潜む排除と反抗の力』明石書店, 61-90.
山本崇記(2013)「在日朝鮮人の居住と共同性『不法占拠』という地平からの一考察」松田素二・鄭根埴編『コリアンディアスポラと東アジア社会』京都大学出版会, 207-226.

第9章　日本人の外国イメージとポピュラー文化の影響

石井　健一・渡邉　聡

　本章の目的は，日本人の外国イメージがどのような構造を持っているのか，日本人の外国イメージがどのような要因に規定されているのかを実証データの分析を通して明らかにすることである。第5章や第8章で紹介したように，ナショナリズム意識は外国へのイメージに複雑な影響を与えている。第8章では対韓意識に焦点をあてた分析結果を紹介したが，本章では主要国についてのイメージを比較しながら，日本ではナショナリズム意識が外国イメージとどのように関係しているのかを明らかにする。また，近年，日本人の外国イメージの規定要因のひとつとして政策的な注目を集めてきたポピュラー文化の影響力について分析する。

1. 日本人の外国イメージ

　我妻・米山（1967）は，当時の日本人が外国人に対して持っていた態度やイメージを調べている。この研究では，主要な13の国・民族を好きな順に並べることを調査対象者に求めているが，その結果をみると，当時日本人に最も好まれていたのは「イギリス人」だった。次いで「フランス人」，「ドイツ人」，「アメリカ人」，「イタリア人」，「インド人」，「ロシア人」，「タイ人」，「中国民族」，「イ

ンドネシア人」,「フィリピン人」,「朝鮮民族」,「黒人」という順番だった。我妻・米山（1967）は，各国人・民族のイメージについても形容詞を用いて測定しているが，アメリカ人については「陽気だ」,「愛想が良い」,「行動的」,「進歩的」,「個人主義的」など肯定的なイメージが上位を占めたのに対して，中国民族は「抜け目がない」,「迷信深い」,「ずるい」,「保守的」, 朝鮮民族は「不潔だ」,「ずるい」,「卑屈だ」,「行儀が悪い」,「群集心理に支配されやすい」などの否定的なイメージが大部分を占めていた。我妻・米山（1967）の研究では，好きな国・民族の上位や好ましいイメージを持たれている国・民族はいずれも欧米諸国だったが，最近の調査結果を見てもこうした状況は変わらない（第8章参照）。

　国のイメージは，国が関係するさまざまな場面できわめて重要な役割を果たす変数である。たとえば，北京オリンピックの効果は，中国という国のイメージの変化を媒介して，中国製品の評価につながっていた（Gibson, Qi, and Zhang. 2008）。また，多くの人は「ドイツ＝頑丈」「フランス＝豪華」「イタリア＝美」といった国イメージを持っており，そのイメージがそれぞれの国の製品に結び付けて考えられやすく（Usunier & Lee 2009），そのことが製品に対する評価に影響を与えている。Chattalas and Takada（2013）は，国の「温かさ」のイメージがその国の製品の情動的な価値の知覚に関係しているのに対して，国の「能力」に関するイメージはその国の製品の有用性の知覚に関係していることを示した。アメリカでの調査では，「イタリア製」であることが製品評価に及ぼす影響は，イタリアという国の「温かさ」のイメージによって媒介されて，イタリア製品は「快楽的」（使うことが楽しいもの）だという評価につながっており，「ドイツ製」であることの影響は，ドイツという国の「有能さ」のイメージによって媒介されて，ドイツ製品は「実用的」だという評価につながっていた（Chattalas & Takada 2013）。

外国に対する態度は，どのような要因から影響を受けているのだろうか。偏見研究の古典とされる『偏見の心理』（原題：*The Nature of Prejudice*）の中でAllport（1954）が唱えた「接触仮説」（contact theory）によれば，偏見の対象となる人々との接触経験の欠如が偏見の原因であり，接触経験はそれらの人々に対する好意度を高めるとされる。この理論は多くの実証研究で支持されている（Pettigrew & Tropp 2006）。たとえば，高（2015）は在日コリアンとの直接接触や拡張接触（「友達の友達が在日コリアンである」）がある方がレイシズムが弱いとしている。また，第4章でレビューしたように，外国への「渡航体験」，外国人の「友人」や「同僚」といった直接的な接触経験だけでなく，メディアやイベントを通した接触，外国「製品」の利用や外国「料理」を食べるといった間接的な接触による効果を示す研究結果もある。たとえば，辻村・古畑・飽戸（1987）は，日本を紹介した映画の視聴や日本食などを通した間接的な接触が日本への好意度を高める効果を持つことを示した。第5章で紹介したわれわれの調査の分析結果も日本食が日本のイメージを高めていることを示唆していた。ただし，これらの研究結果の多くは相関関係に基づくものであり，もともと偏見が少ない人のほうが接触行動をしやすいという可能性もある。

外国に関してどのような情報を得ているかということも，外国イメージに対して影響があるだろう。多くの人にとって，外国に関する情報源のほとんどはマスメディアである。たとえば，日本人は韓国や中国に関する情報の90%以上をテレビや新聞などマスメディアから得ている（飽戸・原 2000）。ところが，外国に関する情報はしばしば不十分であったりバイアスがかかっていたりする。そのことが外国に対する偏ったイメージにつながる可能性がある。たとえば，飽戸・原（2000）は，中国に関する知識不足が中国に対するステレオタイプの原因ではないかと論じている。

メディアではさまざまなニュースが報道される。当然，肯定的なニュースもあれば否定的なニュースもあるが，国によって肯定的なニュースが多い国もあれば，否定的なニュースが多い国もある。そのため，メディア接触が国のイメージに与える効果は国によって異なる。外国に対する知識の水準によって外国イメージがどのように変わるのかを調べるために首都圏の大学生を対象として実施された調査では，中国に関しては，外国に対する知識の水準が高いほど，「歴史が古い」「伝統的」「文化が豊かな」「強い」といった肯定的なイメージが強くなる一方で，「貧しい」「危険な」という否定的なイメージも強まり，「先進的な」という肯定的なイメージは弱まる傾向が見られた（萩原 2007）。これに対して，韓国については，外国に対する知識の水準が高いほど，「先進的な」「豊かな」「伝統的」「活力がある」という肯定的なイメージが強くなり，「貧しい」「危険な」という否定的なイメージは弱まる傾向が見られた。これは，メディアを通して外国に関する知識を獲得する際，新聞やテレビなどで伝えられる中国に関するニュースは否定的なイメージをともなうものが多いのに対して，韓国に関するニュースは肯定的な内容のものが増えていたことを反映していると考えられる。

　テレビドラマや映画などの娯楽コンテンツも，外国のイメージに影響を与えると考えられる。これらのコンテンツがニュースと異なるのは，コンテンツへの接触がきわめて選択的であるということである。韓国ドラマは韓国が嫌いな人は見ない可能性が高く，この点は，韓国が嫌いな人でも韓国の情報に接触する可能性があるニュース接触とは区別して考える必要がある。外国の娯楽コンテンツに接触することは，その国への好意度を高めると予想されるが，第4章でも紹介したように，先行研究は必ずしもそうした効果を明確には支持していない（Elasmar & Hunter 1997）。第8章で分析結果を示したように，韓国ドラマや欧米ドラマの視聴はその国に対する視聴

者の好意度を高めるという効果を持っていなかった。

　経済や文化のグローバル化は，外国のイメージの形成プロセスに影響を与えている可能性がある。日本に在留する外国人は増加し続けているし，韓国ドラマなど海外からの娯楽コンテンツもその多様性を増している。藤田（2016）は，NHK放送文化研究所の『日本人の意識』調査のデータ（1993〜2008年）を用いてマルチレベル分析を行い，外国に対する好意度の時間的な変化がどのような要因によるものなのかを検討している。その結果，外国の好みがグローバリゼーションにともなって多様化していること，その年の新聞記事に当該国が現れる頻度によって，その国に対する好意度が影響を受けていることを示した。ただし，この研究では，マクロレベルの変数が4時点でしか測定されておらず，結果の信頼性はあまり高くないと考えられる。また，年齢効果をゼロとおいていることやグローバリゼーションの指標の妥当性にも疑問が残る。

　また，最近強まっている中国や韓国との政治的な摩擦は，これらの国のイメージに影響を及ぼしている。福元・古田（2012）は，どのような要因が近隣諸国（中国・韓国・北朝鮮）に対する好意度・嫌悪度に影響を与えているのかを，604時点における世論調査と報道量の時系列データを用いて因果分析している。その結果，これらの国に関する否定的な報道が増えると，短期的にはその国に対する好意度・嫌悪度に大きな変化が起こるが，トレンドとしての好意度・嫌悪度には変化はもたらされないことが分かった。また，貿易量が増えると嫌悪度が高まるという結果も示されており，経済的な関係が密接になることが単純に好感度を高めるとはいえないことも示している。次節では，藤田（2016）も利用していたNHKの「日本人の意識」調査のデータ（1993〜2008年）の2次分析を通して，日本人の「好きな外国」の時系列変化を概観するとともに，日本人がアメリカや中国を好む意識の背景にナショナリズムがあることを示す

ことにする。

2. 好きな国の時系列的な変化

　NHK 放送文化研究所が 1973 年から 5 年ごとに実施している「日本人の意識」調査には 1993 年から好きな国を尋ねる質問が含まれるようになっており，このデータを分析することで，日本人の好きな国の経時的な比較と国の好みの要因を分析することができる[1]。この調査では，好きな国をリストの中からひとつだけ選ばせているが，その結果は表 9.1 のようになっている。アメリカが一貫して好きな国の 1 位であることが分かる。また，上位 9 か国まではすべて欧米諸国であり，2013 年の時点で中国や韓国を好む人の比率は各々 3% 以下である。こうした結果は，日本人が，欧米を好みアジアを好まない一般的な傾向があることを示している（ただし，表 5.1 が示すように韓国などにも同様の傾向はある）。以下では，これらの国のうち，好意率の高いアメリカ，オーストラリア，スイス，フランスの 4 か国に中国を加えた計 5 か国について，それぞれの国を好む要因をロジスティック回帰分析により分析する。

　ここでは，好きな国を説明する独立変数として，性別，学歴，年齢といった属性に加えて，自民党支持とナショナリズム意識を用いる。ナショナリズム意識と自民党支持を加えた理由は，過去に石井が行った研究においてナショナリズム意識とアメリカへの好みに正の相関関係が見られたからである。その研究では，アメリカに対する好意はナショナリズム的な意識及び物質主義的な価値観と正の相関が見られた（Ishii 2012）。ただし，韓国と中国に対しては，ナショナリズム意識が強い人ほど好意度が低いという関係があり，ナショナリズム意識が働く方向はアメリカに対する場合とは正反対である（第 8 章参照）。実は，同じような結果は，1970 年代の調査でも報告

第二部　日中韓をめぐる相互イメージとその規定要因

表9.1　好きな国の時系列変化（%）

	1993年	1998年	2003年	2008年	2013年
アメリカ	22.9	24.2	22.5	17.7	22.1
オーストラリア	15.2	10.6	9.8	8.6	6.5
スイス	10.5	10.3	9.7	8.6	8.5
フランス	5.0	4.6	4.6	5.0	5.7
中国	3.8	3.7	2.7	1.6	0.7
カナダ	4.4	5.2	3.8	3.5	4.0
イギリス	4.4	4.9	4.8	5.1	5.1
ドイツ	2.0	2.3	2.9	3.2	3.6
ニュージーランド	1.9	2.1	2.6	3.0	2.0
イタリア	1.2	3.6	4.5	5.1	5.0
韓国	–	–	1.0	1.9	2.4
その他の国	5.3	6.4	6.2	8.8	7.7
ない	20.3	20.0	22.3	23.7	22.0

出典：NHK放送文化研究所（2015）
注　：韓国は1998年まで調査時の選択リストの中に入っていなかった。

されている。伊藤・丸茂・佐藤（1974）によると，伝統主義が強い人は，アメリカ人に好意的な傾向があるのに対して，ロシア人，中国人，フランス人，朝鮮人には非好意的な傾向があった。つまり，アメリカとその他の国（特に中国，韓国）では，ナショナリズム意識と好意度の関係が逆方向になると予想される。

「日本人の意識」調査では，ナショナリズム意識については尺度構成を想定しない項目が使われている。具体的には「日本に生まれてよかった」「日本は一流国だ」「日本の古い寺や民家をみると，非常に親しみを感じる」「日本人は他の国民に比べて，きわめてすぐれた素質をもっている」「日本のために役にたちたい」「外国から見習うべきことが多い」という項目が個別に用いられている。回答の選択肢は「そう思う」と「そう思わない」の二者択一である（ただ

し,「わからない」という選択肢もある)。なお,今回の分析では,1993年から2008年までの4回の調査のデータをプールし,年度については1993年を基準値とするダミー変数を設定したうえでロジスティック回帰分析を行った。

分析結果を示したものが表9.2である。分析結果を見ると,アメリカに対する好みが自民党支持及び「日本は一流国だ」という認識と有意な正の相関を示していることが注目される。アメリカを好むということは,政治的な立場(自民党支持)を反映していると同時に他国に対する日本の優越性の認識と関係があるということだ。一方,中国を好きな国に選ぶことは,アメリカとはちょうど反対の傾向があり,自民党を支持しないことや「日本は一流国だ」に対する否定的な認識と結びついている。こうした結果は,アメリカまたは中国が好きであるということが,政治的なイデオロギーやナショナリズム意識の方向性と密接に関係していることを示している。

オーストラリアとフランスについては,その国を好むことと「日本に生まれてよかった」という愛国心との間に正の相関関係が見られた。また,スイスについては,「日本は一流国だ」という考え方を否定する人がスイスを好む傾向が見られ,この点では中国と類似性があった。スイスが政治的に永世中立国であり,日本との政治的・軍事的な関係がないためため,ナショナリズム意識の低い人がスイスを好むという結果になったのかもしれない。フランスについては,ナショナリズム意識や政治意識との関係は見られなかった。

表9.2 好きな国のロジスティック回帰分析の結果（1993～2008年）

	米国		オーストラリア		スイス		フランス		中国	
性別	−0.57	150.8***	0.11	3.5	0.53	63.6***	0.45	24.3***	−0.46	15.5***
年齢	−0.01	11.5***	−0.02	114.5***	0.01	24.1***	−0.01	21.9***	0.04	88.3***
大学卒（ダミー）	−0.16	10.1**	−0.15	5.3*	−0.05	0.6	0.16	2.8	−0.18	1.9
自民党支持	0.35	42.1***	−0.03	0.2	0.03	0.2	0.21	4.0*	−0.23	3.1
日本に生まれてよかった	−0.13	0.7	0.75	8.5**	0.46	2.8	−0.37	2.1	0.21	0.2
日本は一流国だ	0.39	63.7***	0.00	0.0	−0.28	16.5***	0.11	1.3	−0.26	4.5*
日本の古い寺や民家をみると，非常に親しみを感じる	−0.15	4.5*	0.03	0.1	0.18	2.7	0.01	0.0	−0.25	1.9
日本人は他の国民に比べて，きわめてすぐれた素質をもっている	0.04	0.5	0.11	2.8	0.12	2.7	0.07	0.5	−0.14	1.3
日本のために役にたちたい	0.03	0.2	−0.08	1.1	0.14	2.8	−0.02	0.0	0.25	2.7
外国から見習うべきことが多い	0.08	1.4	−0.12	2.0	0.07	0.7	0.04	0.1	−0.07	0.2
1998年ダミー	0.19	9.6**	−0.48	35.8***	−0.01	0.0	−0.10	0.7	−0.15	1.1
2003年ダミー	0.10	2.2	−0.53	39.0***	−0.13	2.0	−0.01	0.0	−0.66	16.3***
2008年ダミー	−0.20	8.7**	−0.58	43.5***	−0.31	10.5**	0.15	1.5	−1.12	34.4***
定数項	−0.20	1.1	−1.49	25.9***	−4.19	167.6***	−2.91	73.5***	−4.23	66.2***
Cox & Shell R^2	0.03		0.02		0.01		0.01		0.02	

*$p<0.05$, **$p<0.01$, ***$p<0.001$

3. 国家ブランドパーソナリティ

　前節の分析では，国の好き嫌い（好意度）を目的変数とした分析を行った。好意度は外国に関する意識を構成する重要な変数のひと

つではあるが,国に対するイメージは「好き－嫌い」というひとつの次元には還元することのできない多次元的なものである。国のイメージの構造を分析するためには,多次元的なモデルを想定してイメージを測定する必要がある。第5章では,国のイメージを測定するために,Fiske ら（2002）が提唱している「ステレオタイプの二次元モデル」を前提として分析を行った。Fiske らによると,ステレオタイプには二つの種類があり,ひとつは「温かさが欠けている」あるいは「冷たい」という認知に基づくものであり,もうひとつは「有能でない」という認知に基づくものである。たとえば,アメリカ白人の場合,黒人を「有能でない」という認知に基づいて差別するのに対して,アジア人は「有能である」とは認知していても「温かさがない」という認知があるために差別をすることになる。外国に対してはステレオタイプ的な認知がされやすいと考えられるので,この理論を適用することは適切であると考えられる。実際に,多くの研究が「温かさ」と「有能さ」の二次元モデルに基づいて国のイメージを測定している（Chattalas & Takada, 2013; 佐久間・八ツ橋・李, 2010; Li, Sakuma, Murata, Fujishima, Chen, Zhai, Wang, Yamashita, Oe and Kim 2010）。

ただし,以下では「ステレオタイプの二次元モデル」ではなく,「国家ブランドパーソナリティ」といわれる理論を前提にして分析を行うことにしたい。「国家ブランドパーソナリティ」とは Aaker（1997）が企業ブランドを分析するためのモデルとして提唱した「ブランドパーソナリティ」理論を国に適用したものである。国家ブランディングの研究領域では多くの研究がこの理論を採用して国のイメージを測定している。そのもととなる「ブランドパーソナリティ」とは,「ブランドに結び付けられた人間の特徴のセット」のことである（Aaker 1997）。ただし,ブランドイメージ（企業のブランドのイメージ）の具体的な次元についてはさまざまな研究結果がある。研

究者によって次元の内容が少しずつ異なっており、必ずしも意見は一致していないが、五つ程度の次元を想定するものが多い（表9.3）。

表9.3　ブランドパーソナリティの理論で提案されている次元

	Aaker（1997）	Geuens,Wijters, De Wulf,（2009）	松田（2003）
1	誠実さ（sincerity）	責任（responsibility）	能力因子
2	刺激（excitement）	活動性（activity）	元気因子
3	能力（competence）	攻撃性（aggressiveness）	内気因子
4	洗練（sophistication）	単純さ（similicity）	洗練因子
5	丈夫さ（ruggedness）	情動性（emotionality）	男性的因子

　Aakerの「ブランドパーソナリティ」は「ステレオタイプの二次元モデル」と矛盾するものではない。Aaker（1997）の「誠実さ」やGeuens,Wijters, De Wulf（2009）の「情動性」の因子は「温かさ」の次元に近いものと考えられるし、Aaker（1997）及び松田（2003）の能力因子は、「有能さ」の次元にほぼ対応しているものと考えられる。つまり、「ブランドパーソナリティ」は「ステレオタイプの二次元モデル」の「温かさ」や「能力」に対応する次元を含むので、「ブランドパーソナリティ」の方がより包括性の高いモデルであるといえる。そこで、以下の分析では、より包括的にイメージを測定できる「ブランドパーソナリティ」理論を適用して、各国のイメージを測定することにした。

4. 国のイメージと企業のイメージ

　国のイメージは国と関連するさまざまな対象のイメージに影響を与えている。容易に予想されるように、国のイメージはその国の国民のイメージと関係している。たとえば、日本という国の評価

は，日本人のつきあいやすさのイメージとの間に正の相関関係がある（辻村・古畑・飽戸 1987: 28-29）。つまり，日本を肯定的に評価する人ほど，日本人をつきあいやすいと認知しているという関係がある。また，国への好意・嫌悪は，その国の製品の好意・嫌悪と結びつくことがある。反日感情から日本製品を拒否するのは，そのひとつの例である（第7章参照）。

また，国のイメージは，その国の企業のイメージにも影響すると考えられる。表9.4は，2017年1月に筆者が調査会社に委託して，日本人を対象にインターネット上で実施したアンケート調査（$N = 700$）の結果である。表9.4を見ると，アメリカという国への好意度は，アメリカ企業（コカコーラ，アップル，デル）への好意度とすべて有意な正の相関がある。意外なことにアメリカへの好意度は中国企業であるレノボとも弱い相関があるが，レノボは2004年にアメリカIBMのパソコン部門を買収したという経緯があるため，どこの国の会社か正確に認知されていないのかもしれない。また，韓国への好意度はサムスン（Samsung）への好意度と高い相関（$r = 0.57$）がある。中国への好意度もサムスンの好意度と $r = 0.42$ と比較的高い相関が見られるが，これは中国への好意度と韓国への好意度の間に正の相関関係があるためと思われる（第8章参照）。また，中国への好意度は中国の企業であるレノボと有意な相関があるほか，理由は不明であるがアメリカのデルともやや弱い相関が見られる。

表9.4　国への好意度と企業への好意度の相関係数（$N = 700$）

	コカコーラ	アップル (Apple)	デル (Dell)	サムスン (Samsung)	レノボ (Lenovo)
アメリカ	0.39***	0.38***	0.21***	−0.05	0.15***
中国	−0.04	0.00	0.15***	0.42***	0.32***
韓国	0.01	0.03	0.06	0.57***	0.30***

*$p<0.05$, **$p<0.01$, ***$p<0.001$

表9.4は好意度についての相関関係であったが,コカコーラ,アップル,サムスン,レノボについて,具体的なイメージごとに国のイメージと企業のイメージの相関関係を見たのが表9.5である[2]。アップルとコカコーラの場合,アメリカとの相関が最も高いのは「活動的な」というイメージについてである。つまり,アメリカを「活動的」と知覚する人は,アップルやコカコーラを「活動的」と知覚する傾向がある。サムスンの場合は,「有能な―平凡な」「正直な―正直でない」というイメージにおいて,韓国という国のイメージとの相関が高い。韓国政府要人の歴史認識問題などに対する発言などから韓国に対して「正直でない」という否定的なイメージを持つと,それがサムスンのイメージにも影響している可能性が高いことを示唆している。ただし,レノボについては中国のイメージと有意な関係は見出せなかった。前述したように,アメリカIBMのPC部門を買収したレノボはどこの国の会社か正確に認知されていない可能性がある。

表9.5　国のイメージと企業のイメージの相関係数 ($N = 700$)

国	アメリカ		韓国	中国
企業	アップル	コカコーラ	サムスン	レノボ
魅力がある	0.243***	0.196***	0.070	−0.018
誠実な	0.197***	0.070	0.087*	−0.016
堅実な	0.209***	0.129***	0.203***	−0.029
活動的な	0.406***	0.211***	0.118**	0.016
有能な―平凡な	0.274***	0.060	0.249***	0.086*
正直な―正直でない	0.171***	0.072	0.282***	−0.066
温かい―冷たい	0.095*	−0.032	0.120**	0.027

*$p<0.05$,　**$p<0.01$,　***$p<0.001$

第8章では日本製品の評価と日本のイメージの関係を分析したが，そこでは日本の「温かさ」の次元が日本製品に対する評価と関係しているという結果が見られた。しかし，表9.5においては，「温かい―冷たい」の次元について，国と企業のイメージの間に強い相関関係は見られない。つまり，少なくともここで取り上げたような企業については，「温かさ」の次元での国のイメージは企業のイメージに対してはあまり強い影響力を持っていないようである。

5．日本人の外国イメージの構造と外国製商品の評価

本章の著者である石井・渡邉は日本人が外国に対して抱いているイメージの構造を明らかにし，それらのイメージが外国商品に対する評価とどのように関係しているかを分析するために，2014年1月に留置き法による全国調査を実施した。調査では，アメリカ，中国，韓国，台湾，イタリア，スウェーデン，ドイツ，インドという8か国のイメージとその規定因，及びそれらのイメージがそれぞれの国の商品に対する評価とどのように関係しているかを検討した。この調査では，日本全国の80地点で各地点10人の標本（回答者）をエリア抽出によって抽出し，留置き調査を行った。各地点で抽出する10人については，年齢と性別に基づいた割り当て抽出を行い，各エリアについて20代，30代，40代，50代，60～65歳の男女各1人を回答者として抽出した。なお，上記8か国すべての国のイメージを答えてもらうのは回答者にとって負担が大きいため，8か国のうちの2か国を組み合わせた8パターンの調査票[3]を用意し，各回答者にはそのうちのひとつをランダムに割り当て，8か国のうちの2か国のイメージについて回答を求めた。ただし，国家ブランドパーソナリティ以外の質問に関しては，すべての回答者が共通の質問に答えている。

この調査で得られた国のイメージについて因子分析を行った結果が，表 9.6 に示されている。因子分析には主因子法を用い，そこで得られた因子をプロマックス回転した解を表に示した。なお，因子分析は，8か国のイメージについて8パターンの調査票から得られた回答すべてをプールしたデータに対して行った。

結果をみると，第1因子は「責任感のある」「堅実な」「正直な」などが高い因子負荷量を示しており，「信頼感」の程度を示す因子と解釈された。第2因子は「ダイナミックな」「活動的な」などが高い因子負荷量を示しており，「活動性」を表わす因子と解釈された。第3因子は，「ロマンチックな」「魅力がある」「カッコいい」が高い因子負荷量を示しており，その国の「魅力」に関する因子と解釈できる。第4因子は，「単純な」のみが0.5以上の因子負荷量となっており，「単純さ」に関する因子と解釈された。因子間の相関係数を見ると，第1因子と第3因子の相関が0.703と高く，これら二つの因子が比較的類似したものであることを示している。

なお，その国が好きかどうかの好意度との相関係数は，第1因子（信頼感）が0.664，第3因子（魅力）が0.659と高く，第2因子（活動性）は0.268，第4因子（単純さ）は−0.341と低かった。第5章で用いた「ステレオタイプの二次元モデル」における「有能さ」の次元は「信頼感」と「単純さ」の次元の両方に分かれたと考えられる。また，本分析の結果では「温かさ」の次元が「信頼感」と「魅力」の次元に分かれてしまっていた。

これら四つの因子それぞれの因子得点の平均値を国ごとに求めた結果が表 9.7 である。第1因子の「信頼感」の得点が高いのはドイツとスウェーデン，次いでアメリカである。逆に「信頼感」が最も低いのは中国で，韓国がそれに続いている。欧米諸国への信頼感が高く，アジア，特に中韓両国への信頼感が低いことがわかる。第2因子の「活動性」の値が突出して高いのはアメリカであり，かなり

第9章　日本人の外国イメージとポピュラー文化の影響

表9.6　外国のイメージの因子分析（下線は 0.70 以上）

	第1因子	第2因子	第3因子	第4因子
	信頼感	活動性	魅力	単純さ
責任感のある	0.80	0.18	0.50	−0.21
安定した	0.75	0.20	0.52	−0.21
活動的な	0.34	0.73	0.41	−0.12
ダイナミックな	0.31	0.82	0.42	−0.12
革新的な	0.51	0.57	0.59	−0.16
ロマンチックな	0.51	0.31	0.83	−0.15
感傷的な	0.23	0.29	0.42	0.20
大胆な	0.09	0.75	0.27	0.13
攻撃的な	−0.32	0.44	−0.27	0.26
普通の	0.44	−0.06	0.28	0.28
単純な	0.01	0.13	−0.02	0.55
上流の	0.63	0.34	0.70	−0.19
魅力がある	0.67	0.33	0.76	−0.35
有能な	0.70	0.46	0.57	−0.26
正直な	0.79	0.15	0.57	−0.04
温かい	0.66	0.18	0.58	−0.07
誠実な	0.89	0.11	0.62	−0.12
堅実な	0.84	0.15	0.53	−0.09
カッコいい	0.64	0.36	0.78	−0.26
頑健な	0.54	0.37	0.37	−0.02
固有値	7.89	2.63	1.37	1.16
相関係数（第1因子）	1	0.246	0.703	−0.197
相関係数（第2因子）		1	0.384	−0.057
相関係数（第3因子）			1	−0.233
α係数	0.910	0.815	0.863	

注：KMO = 0.917．α係数は値に下線を引いた変数を単純加算した合成変数の信頼性係数である。

離れてイタリアが続いている。第3因子の「魅力」が最も高いのはイタリアで，スウェーデンがそれに続き，さらにアメリカ，ドイツという順になっている。「信頼感」と同じように，「魅力」の評価が最も低かったのは中国で，韓国がそれに続いている。最後の第4因子の「単純さ」の評価が高かったのは中国と韓国だった。

表9.7 国イメージの各因子得点の国別平均値

	第1因子	第2因子	第3因子	第4因子
	信頼感	活動性	魅力	単純さ
アメリカ	0.30	0.95	0.35	−0.23
中国	−1.27	−0.06	−1.19	0.40
韓国	−0.54	−0.23	−0.57	0.35
台湾	0.05	−0.30	−0.19	0.17
イタリア	0.06	0.29	0.87	−0.26
スウェーデン	0.64	−0.39	0.58	−0.17
ドイツ	0.68	0.06	0.30	−0.25
インド	0.11	−0.30	−0.11	−0.02

注：網掛けは絶対値が0.5以上

商品および観光先に対する評価について，それがどの国の商品か（観光先がどこの国か）ということがどのように関係しているか，また，その国のイメージの4因子がどのように関係しているかを因子分析によって分析した結果を表9.8に示した[4]。どの国の商品か（観光先がどの国か）を表す変数には，インドを基準とした国別のダミー変数を用いた。つまりダミー変数は，これらの4因子では説明できない各国の固有の効果を示すものとなる。表9.8を見ると，商品カテゴリーによって，どのようなイメージを持った国の商品が高い評価を受けるのかがわかる。たとえば，国イメージの「信頼感」の因子は，すべての商品についての評価及び観光意向との間で統計的

に有意な正の相関関係が見られる。つまり,「信頼感」のイメージが高い国の商品は高い評価を受けるし,観光でその国を訪れたいという意向も高い傾向にあるということである。特にスマートフォン,シャツ,自動車,ミネラルウォータについては,説明変数の中で「信頼感」の係数が最も高くなっているが,IT機器,食品・飲料水,自動車は信頼性を必要とする商品だと考えられるので,この結果はうなずけるものである。

　第2因子の「活動性」について見ると,革靴やシャツといったファッション商品の評価と正の関係があり,ミネラルウェータとは負の関係がある。つまり,「活動性」のイメージが強い国については,その国のファッション商品が高く評価されるということである。ただし,ファッションとは逆に,ミネラルウォータについては「活動性」はマイナスの方向に働くようである。

　第3因子の「魅力」は,「信頼性」と同様に,すべての商品の評価及び観光意向との間で有意な正の相関関係が見られる。中でも,「魅力」の係数が説明変数の中で最も高い値となっているのは,革靴,映画及び観光である。特に観光は,「魅力」の係数が0.31であり,その国の「魅力」に関するイメージとの相関がきわめて高い。観光でその国に行きたいと思うかどうかは,その国について魅力的なイメージを持っているかどうかと非常に強く関係しているといえる。魅力はその国を好むかどうかと高い相関関係（r = 0.659）があるので,主観的な好みがこうした商品及び観光には特に強く関連しているといえる（同様の傾向が,韓国・台湾・香港における調査結果を分析した第5章の表5.10にも見られる）。

　また,国を表すダミー変数の多くが統計的に有意な効果を示していないことも注目される。たとえば,中国製の商品はどれも一般に人気が低いが,中国を表すダミー変数の係数で統計的に有意なものはひとつもない。これは,中国製商品の評価が低いのは,それ

第二部　日中韓をめぐる相互イメージとその規定要因

表9.8　各商品の評価を従属変数とする回帰分析
(標準化回帰係数)（$N = 1516$）

		革靴		スマートフォン		映画	
		標準化係数	t値	標準化係数	t値	標準化係数	t値
因子得点	信頼感	0.13	3.68***	0.30	7.48***	0.16	4.02***
	活動性	0.08	3.07**	0.00	0.16	0.04	1.27
	魅力	0.22	5.23***	0.11	2.36*	0.25	5.59***
	単純	−0.10	−4.36***	−0.08	−3.20**	−0.09	−3.69***
国のダミー	アメリカ	0.15	5.20***	0.25	7.80***	0.27	8.78***
	中国	0.00	−0.06	−0.01	−0.27	−0.03	−0.93
	韓国	−0.04	−1.48	0.09	2.94**	0.05	1.61
	台湾	0.28	9.36***	0.03	0.78	0.02	0.70
	イタリア	0.04	1.36	0.02	0.71	0.01	0.42
	スウェーデン	0.08	2.71**	0.03	0.99	−0.06	−1.89
	ドイツ	0.16	5.79***	0.07	2.31*	−0.02	−0.68
属性	学歴	0.02	0.78	0.04	1.61	0.00	0.11
	性別	−0.01	−0.61	−0.05	−2.29*	−0.01	−0.36
	年齢	−0.04	−1.74	−0.04	−1.60	−0.04	−1.95
	R^2	.392		.271		.308	

*$p<0.05$, **$p<0.01$, ***$p<0.001$

が「中国」の商品だからということ自体ではなく，中国のイメージ，たとえば「信頼感」や「魅力」に関する中国のイメージが低いことによって説明されるものであることを意味している。つまり，原産地効果に見られるような国の持つ影響は，国のイメージが媒介しているということができる。

表9.9は，国イメージの各因子がどのような変数で説明できるかを見るため，各因子得点を従属変数とする回帰分析を行った結果を示したものである。なお，ここでは8か国のデータをプールして分析を行い，国を表すダミー変数を独立変数に入れている。

回帰分析の結果から以下のことがわかる。第1因子である「信頼感」と相関が高いのは，その国の「友だちがいる」こととその国

表9.8 各商品の評価を従属変数とする回帰分析（続き）
（標準化回帰係数）（N = 1516）

シャツ		自動車		ミネラルウォータ		観光（逆）	
標準化係数	t値	標準化係数	t値	標準化係数	t値	標準化係数	t値
0.18	4.64***	0.24	6.66***	0.23	6.40***	0.20	5.49***
0.10	3.50***	0.01	0.49	−0.08	−3.12**	−0.01	−0.53
0.17	3.82***	0.08	1.99*	0.20	4.63***	0.31	7.44***
−0.11	−4.62***	−0.06	−2.95**	−0.05	−2.35*	−0.09	−4.36***
0.12	3.92***	0.21	7.32***	0.24	8.28***	0.19	6.65***
0.01	0.44	−0.02	−0.63	−0.02	−0.70	0.00	−0.01
−0.065	−1.78	−0.01	−0.50	0.08	2.89**	0.07	2.69**
0.21	6.46***	0.27	9.12***	0.20	6.65***	0.16	5.35***
0.00	0.12	−0.01	−0.51	0.05	1.98*	0.05	1.68
0.01	0.37	0.15	5.62***	0.258	8.78***	0.08	2.71**
0.04	1.30	0.35	13.24***	0.21	7.51***	0.13	4.64***
0.01	0.25	−0.01	−0.32	0.00	−0.03	0.09	4.32***
0.00	−0.11	−0.04	−1.94	−0.2	−1.08	−0.01	−0.73
−0.07	−3.03**	−0.04	−2.20*	−0.01	−0.31	−0.05	−2.36*
.312		.423		.388		.406	

*$p<0.05$, **$p<0.01$, ***$p<0.001$

の「映画」が好きであることである。ただし，オルポートの接触仮説が予想するような「その国への訪問経験がその国に対する信頼感を高める」という関係は見られていない。第2因子である「活動性」については「友だちがいること」だけが有意な相関を示している。第3因子である「魅力」については，「信頼感」と同様に，「友だちがいること」及び「映画が好き」であることが有意な正の相関関係を示している。ただし，これらの結果はすべて相関関係であることには注意が必要である。たとえば，その国の友人がいることがその国の魅力を高めたのか，もともとその国の魅力が高かったから外国人の友人を作るようになったのか，因果関係の方向についてはこの分析から結論を出すことはできない。

表 9.9　国イメージの因子得点を従属変数とする回帰分析（回帰係数）（N = 1516）

	第1因子（信頼感）		第2因子（活動性）		第3因子（魅力）		第4因子（単純性）	
	係数	t値	係数	t値	係数	t値	係数	t値
切片項	-0.05	-0.28	-0.27	-1.36	-0.05	-0.28	0.18	1.01
訪問経験	0.03	0.52	0.11	1.64	0.03	0.52	-0.10	-1.63
友だち	0.18	2.30*	0.21	2.44*	0.18	2.30*	-0.02	-0.23
映画が好き	0.20	3.13**	0.05	0.67	0.20	3.13**	-0.05	-0.83
学歴	0.01	0.65	0.01	0.80	0.01	0.65	-0.01	-1.25
性別	0.05	1.22	0.01	0.30	0.05	1.22	-0.09	-2.34*
年齢	0.00	0.09	0.00	-2.04*	0.00	0.09	0.00	1.66
アメリカ	0.00	0.00	1.14	10.99***	0.00	0.00	-0.14	-1.62
中国	-1.43	-17.89***	0.17	1.99*	-1.43	-17.89***	0.42	5.68***
韓国	-0.73	-9.06***	-0.01	-0.15	-0.73	-9.06***	0.40	5.30***
台湾	-0.07	-0.93	0.56	6.52***	-0.07	-0.93	-0.23	-3.18**
イタリア	-0.09	-1.09	-0.04	-0.52	-0.09	-1.09	0.20	2.68**
スウェーデン	0.49	6.21***	-0.12	-1.35	0.49	6.21***	-0.16	-2.11*
ドイツ	0.54	6.73***	0.33	3.79***	0.54	6.73***	-0.23	-3.06**

*$p<0.05$，**$p<0.01$，***$p<0.001$

6. 外国に対する好意度に影響を与える要因

　次に，前節と同じく石井・渡邉が2014年に実施した全国調査のデータを用いて，各国に対する好意度がどのような変数から影響を受けているのかを見ることにしたい。ただし，ひとくちに外国といっても，ひとまとめに考えることはできない。中国や韓国のように非好意的な評価を受けている国とアメリカや台湾のように好意的に評価されている国では，規定要因やその働き方が異なると考えられるからだ。具体的には，中国と韓国は，歴史解釈，慰安婦問題，靖国神社問題などをめぐって反日的な立場をとる国家として認識されている。たとえば，樋口（2016）によると，右派論壇誌において「反日」というトピックと最も結びつきやすい単語は「韓国」（8.4%）

であり，次いで「中国」(4.8%) であった。したがって，この両国については，回答者のナショナリズム意識が両国に対する好意度にマイナスの影響を与えていることが予想される。一方，反日と結びつけられることがない国では，回答者のナショナリズム意識は当該国に対する好意度と関係しないだろうと予想される。

　以下では，回答者のナショナリズム意識がその国に対する好意度にマイナスの影響を与えていると予想される中国と韓国，逆にプラスの影響を与えていると予想されるアメリカ，さらにはナショナリズム意識の影響が小さいと考えられる台湾とインドについて，同じ独立変数を用いた回帰分析を行うことで，それぞれの国に対する好意度を規定する要因を比較する。分析では，Karasawa (2002) がナショナリズム意識を構成する三つの次元としている排外主義，愛国主義，国際主義をそれぞれ個別の独立変数として用いた[5]。

　ナショナリズム意識を測定した質問項目を具体的に示すと，排外主義は「日本人は世界で最も優れた民族のひとつである」「アジアの将来を決定する上で，日本は最大の発言権を持つべきである」「日本が戦後に驚異的な成長を遂げたのは，国民の優秀性による」「海外援助をするなら日本の不利益になるような援助はすべきでない」の4問で構成され，α係数は 0.710 であった。愛国心は，「物価の安い外国に暮らすのもよいが，少々高くついても日本に暮らしたい」「生まれ変わるとしたら，また日本人に生まれたい」「治安の良さから考えて，他の国には住みたくない」「日本は世界で一番良い国である」「私は日本という国が好きだ」の5問で構成され，α係数は 0.815 であった。国際主義は，「日本は諸外国から学ぶことが多い」「もっと日本人は外国人に対して，いろいろな部分で門戸を開放すべきである」「外来文化を積極的に取り入れることは日本にとってプラスになる」の3問で構成され，α係数は 0.665 であった。

表 9.10 5 か国に対する好意度を従属変数とする回帰分析
(標準化回帰係数)

	中国		韓国	
	係数	t 値	係数	t 値
訪問経験	0.02	0.81	0.07	2.86**
その国の友だち	−0.02	−0.71	0.03	1.37
その国の映画	0.01	0.25	−0.01	−0.50
テレビ視聴	−0.03	−0.93	0.04	1.23
ニュース視聴	−0.02	−0.52	−0.01	−0.42
欧米ドラマ	−0.02	−0.72	−0.03	−1.37
韓国ドラマ	0.11	3.96***	0.24	9.35***
新聞	0.00	0.09	−0.05	−1.63
インターネット利用	−0.07	−2.28*	−0.15	−5.31***
学歴	0.00	−0.07	−0.03	−1.34
排外主義	−0.13	−4.66***	−0.09	−3.62***
愛国主義	−0.06	−2.33*	−0.05	−1.92
国際主義	0.16	6.32***	0.16	6.54***
性別	0.00	0.09	0.07	2.64**
年齢	−0.06	−1.98*	−0.14	−4.63***
R^2	.070		.142	

$*p<0.05$, $**p<0.01$, $***p<0.001$

表 9.10 は,中国,韓国,アメリカ,台湾,インドについて,それぞれの国に対する好意度を同一の独立変数を用いて回帰分析した結果を示したものである。なお,訪問経験とは,それぞれの国への訪問経験をダミー変数としたものである。なお,VIF 値はすべての独立変数について 2 以下であり,変数間に多重共線性の問題はないと判断された。

分析結果で注目されるのは,ナショナリズム意識を構成する次元のひとつである「排外主義」が中国と韓国に対する好意度に関して

表9.10 5か国に対する好意度を従属変数とする回帰分析（続き）
（標準化回帰係数）

アメリカ		台湾		インド	
係数	t値	係数	t値	係数	t値
0.02	0.92	0.02	0.95	−0.02	−0.70
0.02	0.89	0.00	0.10	−0.02	−0.89
0.01	0.60	0.00	−0.19	0.02	0.69
−0.02	−0.65	−0.06	−1.90	−0.08	−2.47*
0.03	0.99	0.06	1.93	0.05	1.52
0.09	3.60***	0.10	4.02***	−0.02	−0.64
0.00	0.17	0.04	1.39	0.02	0.80
−0.02	−0.80	0.01	0.22	0.08	2.79**
0.07	2.32*	0.09	3.37***	0.00	−0.07
0.02	0.92	0.06	2.28*	0.05	1.70
0.12	4.32***	0.10	3.71***	0.03	1.16
−0.05	−1.73	−0.15	−5.50***	−0.08	−2.91**
0.20	7.71***	0.15	5.82***	0.09	3.39***
−0.01	−0.48	0.11	4.23***	−0.05	−1.76
−0.10	−3.17**	−0.14	−4.52***	−0.02	−0.54
.089		.116		.040	

*$p<0.05$，**$p<0.01$，***$p<0.001$

のみ負の相関を示していることである。つまり，「排外主義」が強い人ほど中国と韓国に対して非好意的な態度を示しているといえる。これは「ナショナリズム意識は中国・韓国に対する好意度にマイナスの影響を与えているだろう」という前述の仮説を支持するものといえる。ただし，同じくナショナリズム意識を構成する次元である「愛国主義」については，排外主義ほど関係は見られない。また，「国際主義」は中国・韓国を含むすべての国に対する好意度と正の相関が見られる。一方，アメリカと台湾については，中国や韓国と

は逆に「排外主義」が強い人ほどアメリカを好意的に評価している。また、「訪問経験」は韓国に対する好意との間でのみ統計的に有意な正の相関関係を持っている。しかし、他の国については「訪問経験」の係数は統計的に有意な関係を示す値ではなかった。また、当該国の友だちの有無も統計的に有意な関係を示してなかった。本章の冒頭で紹介した「接触仮説」——その国民との接触の欠如が偏見の原因である——は、この分析結果からは支持されないといってよいであろう。

また、「インターネット利用」の係数がアメリカや台湾の場合には両国に対する好意的な態度につながることを示しているのに対して、中国と韓国の場合には負の値となっており、「インターネット利用」が中韓両国に対する非好意的な態度につながっていることを示している。これらの結果は、第8章でも紹介したインターネット上では中国や韓国に対する否定的・非好意的な意見が多いという先行研究の結果（石井 2012; 高 2015）と合致する傾向を示すものである。また、韓国の好意度とネットニュースの接触に負の相関があることを示した萩原（2007）と同一の傾向を示すものといえる。

テレビドラマの影響について見ると、韓国とアメリカのテレビドラマを見ることは、これらの国に対する好意度と統計的に有意な正の相関がある。ただし、この結果からテレビドラマを見ることがその国の好意度を高めていると結論を下すことはできない。テレビドラマの視聴が好意度を高めているのか、逆に、もともとその国に対する好意度が高いことがその国のテレビドラマの視聴につながっているのか、この結果だけでは判断できないからだ。第8章では、韓国ドラマと韓国への好意度について因果関係の方向性について分析を行ったが、その結果は、逆方向の因果関係、つまり韓国への好意度が韓国ドラマの視聴を規定していることを示唆するものであった。したがって、テレビドラマの係数がプラスで有意であっても、

これは必ずしも影響があることを示すものではなく，あくまでも相関関係のひとつとして解釈すべきであろう。

7. まとめ

　本章では，国のイメージも企業ブランドのイメージと同じようにパーソナリティの次元で測定できるとするブランドパーソナリティ理論に基づいて各国のイメージを測定し，その国の商品の購買意欲や観光意向との関係を分析した。実際，国のイメージは企業のイメージとも相関があり，その国の商品に対するイメージにも影響を与えていると考えられる。ただし，第5章で想定した「ステレオタイプの二次元モデル」の「温かさ」の次元は，本章の因子分析の結果からは見出すことができなかった。Fiske ら（2006）のステレオタイプのモデルが，人の集団の中でも最も大きい，「国」という，ある意味で抽象的な対象にも適用可能かどうかは，今後さらに検討する必要があると思われる。

　われわれの全国調査のデータ分析の結果から，6種類の商品の購買意向について見ると，その国にどのようなイメージを持っているかということが，それぞれの国の商品に対する購買意向と強く関係していることがわかった。この結果は，商品原産国が商品評価に与える影響はその国に対するイメージに媒介されて働いていることを示すものといえる。また，商品カテゴリーによって関連が強いイメージは少しずつ異なっていた。「信頼感」や「魅力」は，ほとんどの商品・観光意向に対してプラスの影響を持っていると考えられるが，他のイメージはそうではなく，結びつきの強さも異なっている。たとえば，ファッション製品では「活動性」のイメージが関係していたが，他の製品ではそうではなかった。IT 製品や自動車では「信頼感」が強く関係していたのに対して，観光地，映画や

ファッション製品の評価については,「魅力」のイメージが最も強く関係していた。日本において中国製品や韓国製品の評価が相対的に低いのは,中国と韓国が「信頼感」と「魅力」の点で劣っているためと考えられる。

　この結果は,日本政府が目ざす「クールジャパン」戦略においても,ターゲットとする領域によって強調すべきイメージが異なってくることを示している。「信頼感」や「魅力」のように,どのような製品やサービスにも影響するだろうと考えられるイメージもあるが,それ以外の場合には個別にイメージの内容を検討する必要がある。たとえば特定のアニメをキャンペーンに使ったりする場合は,そのアニメが喚起するのはどのようなイメージなのかについて注意を払う必要があろう。

　前章と同様にナショナリズム意識が外国のイメージに対して深く関係していることも明らかになった。本章の分析結果でもナショナリズム意識（排外主義）が強い人ほど,中国や韓国に対する好意度が低いという結果が得られた。外国イメージを因子分析した結果では,中国と韓国に対して「信頼感」と「魅力」の点で著しく低い評価がなされていた。第4章でも述べたように,Phalet & Poppe（1997）や Fisk, Cuddy, & Glick（2002）は,ステレオタイプの内容は集団間の関係のあり方と関係していること,たとえば,ある目的（goal）をめぐって葛藤・競合関係にある集団に対するイメージは,「徳性」や「温かさ」の次元で否定的なものになりやすいことを示した。つまり政治的な問題について日本と非友好的な関係にあると認識されている現在の中国や韓国に対しては温かさや信頼感の点で評価が低くなる。

　好意度に影響を及ぼす要因の分析結果を見ると,回答者の排外主義意識が強ければ強いほど中国と韓国は非好意的に評価されていた。一方,同盟国関係にあると見られているアメリカについては逆に排

外主義が強い人ほど好意的に評価している。政治的な関係があまり強くないインドについては，排外主義との関係は見られない。

　また，本章の分析結果からは，古典的な接触仮説の説明力はあまり高くないことが示された。訪問経験や友だちが欠如していることが，中国や韓国に対する非好意的な態度につながっているわけではない。また，インターネットの利用は，中国と韓国に対する否定的な態度と関連があり，逆にアメリカや台湾に対しては肯定的な態度と関連がある。一般的なテレビの接触時間やニュースの接触時間は，これらの国への好意度とは関係が見られなかった。一方，韓国ドラマや欧米ドラマは，確かにその国の好意度と高い相関が見られたが，第8章でも述べたように因果関係の方向性については注意して結果を解釈する必要があるであろう。

注
1　今回の二次分析に当たり，東京大学社会科学研究所附属社会調査・データアーカイブ研究センター SSJ データアーカイブから〔「日本人の意識調査，1973～2008」（NHK 放送文化研究所世論調査部）〕の個票データの提供を受けた。ここに感謝の意を表したい。
2　ただし，このデータは，各企業について個々のイメージを独立に評定したものではなく，「『魅力がある』に当てはまる企業はどれですか」という質問をして「アップル (Apple)，レノボ (Lenovo)，パナソニック (Panasonic)，サムスン (Samsung)，どれも当てはまらない」の中からひとつ選ばせ，該当する企業に 1，それ以外に 0 を得点として与えた結果を分析したものである。なお，「温かい・冷たい」「正直な・正直でない」「有能な・平凡な」は二つの項目を独立に測定し，両者の差を取ることによってイメージの得点を定義した。
3　それぞれの調査票における国家ブランドパーソナリティを測定した 2 か国の組み合わせは，「アメリカ・インド」「中国・アメリカ」「韓国・中国」「イタリア・韓国」「台湾・イタリア」「スウェーデン・台湾」「ドイツ・スウェーデン」「インド・ドイツ」の 8 パターンだった。

4 四つの因子及び好意度の間には相互に相関関係があるため,これらを同時に独立変数として用いる場合には多重共線性の可能性が懸念される。そこで,多重共線性の有無を測る指標として用いられる VIF 値を算出したが,すべての独立変数について VIF 値は 5 未満であり,多重共線性の問題は見られなかった。
5 理論的には排外主義と愛国主義は区別されるが,実証的には排外主義と愛国主義には中程度の相関があることが知られている (Ishii 2009)。

参考文献

Aaker, J. L. (1997) Dimensions of Brand Personality, *Journal of Marketing Research*, 34(3), 347-356.

飽戸弘・原由美子 (2000)「相手国イメージはどう形成されているか——日本・韓国・中国世論調査から (その2)」『放送研究と調査』50(8), 56-93.

Allport, G. W. (1954) *The nature of prejudice. Reading, MA: Addison Wesley.*

我妻洋・米山俊直 (1967)『偏見の構造——日本人の人種観』(NHK ブックス 55) NHK 出版.

鄭大均 (2010)『韓国のイメージ (増補版)』中公新書.

Chattalas, M. & Takada, H. (2013) "Warm versus competent countries: National stereotyping effects on expectation of hedonic versus utilitarian product properties" *Place Branding and Cultural Diplomacy*, Vol.9, No.2, 88-97.

Elasmar, M.G. & Hunter, J. E. (1997) *The Impact of Foreign TV on a Domestic Audience: A Meta-Analysis*, Communication Yearbook, 20, 47-69.

Fiske, S. T., Cuddy, A. J. C., & Glick (2002) "A Model of (Often Mixed) Stereotype Content: Competence and Warmth Respectively Follow From Perceived Status and Competition, *Journal of Personality and Social Psychology*, 82(6): 878-902.

Fiske, S.T., Cuddy, A.J.C., & Glick P. (2006) "Universal Dimensions of Social Cognition: Warmth and Competence", *Trends in Cognitive Science*, 11(2), 78-83.

Geuens, M., Wijters, B., De Wulf, K. (2009) A new measure of brand personality, *International Journal of Research in Marketing*, 26, 97-107.

Gibson, H. J., Qi, C. X., Zhang, J. J. (2008) Destination Image and Intent to Visit China and the 2008 Beijing Olympic Games, *Journal of Sport Management*, 22, 427-450.

藤田文子(2015)『アメリカ文化外交と日本』東京大学出版会.

藤田智博(2016)「外国イメージのコーホート分析——好きな外国へのグローバリゼーションの効果」太郎丸博編『後期近代と価値意識の変容——日本人の意識 1973-2008』東京大学出版会.

福元健太郎・古田紘也(2012)「近隣諸国の好き嫌いに新聞報道が与える影響」『東洋文化研究』14, 243-265, 2012-03.

萩原滋(編)(2007)『テレビニュースの世界像——外国関連報道が構築するリアリティ』勁草書房.

萩原滋(2007)「大学生の外国認識とメディアの役割」萩原滋編『テレビニュースの世界像——外国関連報道が構築するリアリティー』勁草書房, 313-341.

林香里(2005)『「冬ソナ」にハマった私たち——純愛, 涙, マスコミ…そして韓国』文藝春秋.

樋口直人(2016)「ヘイトスピーチ, 在日コリアン, 参政権・国籍」小倉紀蔵・大西浩・樋口直人『嫌韓問題の解き方』朝日新聞出版, 177-200.

石井健一(1984)「コーホート・モデルの不定解の一つの表現とその応用」『応用統計学』13(1), 31-36.

石井健一(2003)『情報化の普及過程』学文社.

Ishii, Kenichi (2009) Nationalistic Sentiments of Chinese Consumers: The Effects and Determinants of Animosity and Consumer Ethnocentrism, *Journal of International Consumer Marketing* 21(4), 299-308.

Ishii, Kenichi (2012) Nationalism, Materialism, and Preferences for the US and East Asian Countries in Japan, ejcjs (electronic journal of contemporary japanese studies), 12(1).

石井健一(2011)「韓国ドラマ視聴の要因分析——対外意識とコンテンツ利用の関連」Department of Social Systems and Management Discussion Paper Series no.1282.

石井健一(2005)「韓流の源流」Institute of Policy and Planning Sciences discussion paper series no.1109.

石井健一(2012)「Twitter 上のメッセージによる国のイメージ測定——内容分析とテキストマイニングによる分析」Department of Social Systems and Management Discussion Paper Series no.1294.

石井健一・海後宗男（2013）"Twitter のツイートからみた日本と東アジア諸国のイメージ" Institute of Socio-Economic Planning discussion paper series no.1312.

Ishii, Kenichi & Watanabe, Satoshi (2015) Nation brand personality and product evaluation among Japanese people: Implications for nation branding. *Place Branding and Public Diplomacy* 11(1), 51-64.

伊藤ルミ子・丸茂真理子・佐藤洋子（1974）「人種偏見」『人間研究』日本女子大学教育学会，10, 106-125.

Karasawa, M. (2002) Patriotism, nationalism, and internationalism among Japanese citizens: An epic-emic approach. Political Psychology 23(4): 645-666.

クォン・ヨンソク（2010）『「韓流」と「日流」――文化から読み解く日韓新時代』NHK 出版.

国土交通省総合政策局観光事業課（2008）「海外旅行者満足度・意識調査報告（概要版）」http://www.mlit.go.jp/common/000019458.pdf

小城英子・萩原滋・テーシャオブン・上瀬由美子・李光鎬・渋谷明子（2011）「外国に関する集合的記憶とテレビ――ウェブ・モニター調査（2010 年 2 月）の報告（3）」慶應義塾大学メディア・コミュニケーション研究所紀要 61, 127-148.

Li, Y-M., Sakuma, I., Murata, Fujishima,Y., Chen, W-M., Zhai, C-X., Wang, F., Yamashita, R., Oe, T., and K. Kim, J. (2010) From international sports to international competition: Longitudinal study of the Beijing Olympic Games, *Asian Journal of Social Psychology*, 13, 128-138.

Matthew Carlson & Travis Nelson (2008) Anti-Americanism in Asia? Factors shaping international perceptions of American influence, *Intercultural Relations of the Asia-Pacific 8*, 303-324.

松田智恵子（2003）「日本的ブランドパーソナリティの測定――「内気因子」の発見」小川孔輔編『ブランド・リレーションシップ』同文舘出版, 155-172.

向田久美子・坂元章・高木栄作・村田光二（2007）『オリンピック報道は外国人・日本人イメージにどのような影響を与えてきたか――シドニー・オリンピックを中心に』人間文化創成科学論叢 10, 297-307.

内閣府「外交に関する世論調査」http://survey.gov-online.go.jp/index-gai.html

中村隆（1982）「ベイズ型コウホート・モデル」統計研究所彙報 29(2), 77-97.

NHK 放送文化研究所（2015）『現代日本人の意識構造［第 8 版］』NHK 出版.

小倉紀蔵・大西浩・樋口直人(2016)『嫌韓問題の解き方』朝日新聞出版.
Pettigrew, T.F. & Tropp, L.R. (2006) A Meta-Analytic Test of Intergroup Contact Theory, *Journal of Personality and Social Psychology*, 90(5), 751-783.
Phalet, K., & Poppe, E. (1997) "Competence and morality dimensions of national and ethnic stereotypes: a study in six eastern-European countries", *European Journal of Social Psychology*, 27: 703-723.
佐久間勲・八橋武明・李岩梅(2010)「北京オリンピック大会と国民イメージ(1)」文教大学情報学部『情報研究』第42号, 23-30.
Song, Y-A & Sung, Y. (2013) Antecedents of Nation Brand Personality, *Corporate Reputation Review*, 16(1), 80-94.
高史明(2015)『レイシズムを解剖する――在日コリアンへの偏見とインターネット』勁草書房.
辻村明・古畑和孝・飽戸弘(編)(1987)『世界は日本をどう見ているか――対日イメージの研究』日本評論社.
Usunier, Jean-Claude and Lee, Julie Anne (2009) *Marketing Across Cultures* (5th edition), Pearson Education Limited.(小川孔輔・本間大一監訳『異文化適応のマーケティング[原書第5版]』ピアソン桐原)

おわりに

石井　健一

　本書はポピュラー文化をめぐる筆者たちの研究結果を中心に紹介してきた。本書の重要な知見をまとめると以下のようになる。

　2000年前後から見られるポピュラー文化の国際的な流れの変化を説明するには，既存の研究で使われている「国内の市場規模」と「文化的割引」の2要因では不十分であり，「需要と供給のギャップ」の要因が必要であることを指摘した。情報化の進展により消費者に従来は入手困難であった，海外のポピュラー文化への新たな需要が生まれ，それを満たすためにコンテンツの「逆流」現象が発生した。韓流はこうした国際的な「逆流」現象のひとつに位置づけられる。しかし，日本で韓流がなぜ発生したのかということについては，対韓意識の長期的な改善という歴史的背景の理解が重要である。1945年から1960年頃まで対韓意識は最悪の状況になっていた。こうした状況は70年代以降徐々に好転してきたのだが，対韓意識の改善が日本で韓流を受け入れることを可能にしたのである。本書の因果分析の結果も，韓国ドラマの人気が対韓意識を改善したのではなく，対韓意識の改善が韓国ドラマの人気を導いたことを示唆していた。韓流に関する評論の多くが韓国ドラマの流行が対韓意識の改善に結びつくと論じているが，こうした評論は現象の原因と結果を取り違えているといえる。

また，調査対象とした中国，韓国，香港，台湾ではナショナリズム意識がさまざまな影響を及ぼしていることが見出された。中国ではナショナリズムの主要な次元である排外意識と愛国心が，日本や米国の商品の購買に対して抑制的に働いている。また，中国の文化産業政策は，国家ブランディング政策と情報規制が一体になって進められているが，これは中国の国家ブランディングの目的が自国のアイデンティティ維持にあることを示している。情報規制に対して一般市民の態度は中立的であるが，インターネット利用は情報規制への否定的な態度と関係していた。ただし，日本アニメの視聴と情報規制への態度には有意な関係は見られなかった。韓国，香港，台湾においてもナショナリズム意識と日本や中国への意識が関係していた。いっぽう，「ステレオタイプの二次元モデル」で測定された日本に対するイメージは日本の各種の製品評価や観光意向と関連していることが見出された。本研究は，東アジア以外にアメリカでもアンケート調査を行ったが，アメリカ人の日本のポピュラー文化への関心度は，東アジア諸国の人々と比べるとかなり低かった。そもそも一般のアメリカ人が日本と中国をきちんと区別して認識していない状況もわかった。

　次に日本の国家ブランディング政策「クールジャパン」の問題点について述べておく。多くの論者が「クールジャパン」戦略の手段としてアニメに期待を寄せている。しかし，筆者らが対象とした地域については，アニメへの好みは日本への好みとあまり結びついていない。少なくとも，本書が対象とした中国，台湾，香港，韓国においては，日本アニメへの好みが親日的な態度を促進しているという証拠は見出せなかった。むしろ，アニメより日本食の方が日本への好みとの相関が高いという結果が得られている。アメリカでは現代文化よりも伝統文化の方が日本への好みとの関連が強く見られた。また，中国はアニメの国産化政策を進めており，アニメを対外広

報など国家ブランディング政策の手段として使うことは，アニメがナショナリズムと結びつけて解釈される危険性を高めることになる。また，アニメを日本の対外的なイメージ戦略に用いることは，経済効果の点から見ても，必ずしもプラスの効果ばかりではなく，マイナスの効果もありうることを見落としてはいけない。

もちろん本研究が対象としなかった国では，アニメが日本の対外広報の有効な手段となる可能性はないとは言えない。しかし，東アジア諸国を除くと，アメリカでの調査結果が示すように，日本のポピュラー文化を好む人は決して多数派ではないとみられる。他の地域でも，アニメを活用することの効果は，あったとしても限定されるだろうと予想される。

また，「クールジャパン」など日本の国家ブランディング政策は，統一的なブランディングとして企画されていないという問題がある。多くの省庁が「クールジャパン」政策に関与しているが，これらの政策では日本にどのような国家ブランドを目指そうとしているか統一的な目標が明確にされていない。「ステレオタイプの二次元モデル」の分析結果が示すように，国のイメージは多次元的であり，どのイメージを政策ターゲットにするかによって期待できる効果は異なる。たとえば，IT製品，ファッション製品，あるいは観光のどれをターゲットとするかによって，ターゲットとすべきイメージの次元も異なってくる。また，日本の国家ブランディング政策は，政府の上からの決定で進められており，ステークホルダーである国民がほとんど参加していないことも問題である。日本をどのようにブランディングするのかということは，国家ブランディングが国のアイデンティティ形成と関係していることを考えると，一般国民にとっても重要な問題であるはずである。

ポピュラー文化に関する政策を立案するためには，データに基づいた科学的な分析が必要である。論者の主観や政治的立場を混ぜこ

ぜにした，ポピュラー文化の「研究」をしばしば見かけるが，政策的に有効な知見を出すためには「研究」と「評論」を峻別しなければいけない。たとえば，ポピュラー文化の国際的な流れについては経済的な要因が明らかに働いているにもかかわらず，経済的な要因を無視し論者に都合のよい要因のみ（政治的要因など）を恣意的に取り上げる評論はしばしば見かけるところである。社会学，社会心理学，経済学，マーケティング研究など，関連する理論すべてを参照しながら，実証的なデータの裏づけのある論拠に基づいて，国家ブランディング政策を策定するべきである。そうした方向性をめざす研究が今後増えていくことを期待したい。

最後に，最近のポピュラー文化に関するニュースについて私的な感想を述べることで本書を終えることにしたい。2018年にアメリカや日本で人気のあるKポップグループのBTSが，原爆のキノコ雲に歓喜している人々を描いたTシャツを着用したことが批判され，その後謝罪したという出来事があった。このニュースで思い出したのは，私が韓国を訪れたとき，広島が原爆の標的になったのは広島に軍事基地があったからだという主張を韓国人研究者から聞いたことである。実は私は被爆二世であり，多くの一般市民が無残に亡くなった状況を聞いてきたので，どちらの話も到底受け入れることはできない。グローバル化したポピュラー文化は人々の相互理解を深めることもあるのだろうが，現実に流通しているポピュラー文化は，ナショナリズム意識から脱却しているとは言えないのである。

この本は，明石書店の日中社会学会の研究活動へのご理解によって生まれた。本書で紹介した研究の多くは，首藤明和先生が会長を務める日中社会学会の大会や研究集会で報告したり，学会誌である「日中社会学研究」や「21世紀東アジア社会学」に発表した内容を発展させたものである。商業化が進む出版界において，学術的，社会的に価値のある本を出し続けている明石書店の大江道雅社長には，

深い敬意と感謝の気持ちを表したい。また，困難な編集作業を担当してくださった秋耕社の小林一郎さんにも感謝の意を示したい。

索　引

2ちゃんねる ………………… 340
CCTV(中国中央電視台) ………… 167
Kポップ ………………… 19, 130
Twitter ………… 145, 260, 338, 340

【あ】
愛国主義 ………………… 266
愛国心 ………………223, 233, 282
アジア文化への親近性 ………… 327
アジアへの優越感 ……………… 327
温かさ ……………………… 369
「温かさ」のイメージ ………… 228
アダルトアニメ ………………… 272
アップル ……………………… 371
アニメ… 56, 75, 157, 167, 237, 272, 277
アニメ国産化政策 ……………… 158
アニメ産業基地 ………………… 157
アニメの殿堂 ……………………35
アンホルト(サイモン・アンホルト)
　　　51, 52,、55, 106, 107, 109, 125,
　　　139, 222
慰安婦 ……………221, 236, 351
異質化・同質化 ……………………26
李明博 ………… 73, 102, 103, 107, 108,
　　　109, 113, 114, 115, 116, 120,
　　　121, 126, 135, 136
因果分析 ………………… 246
インターネットの規制 ………… 162
インターネット利用 ……168, 313, 384
インターネット利用時間 ……… 266

インドネシア ………………… 147
映画 ……………… 57, 237, 379
英雄 ……………………… 162
欧米志向 ……………………… 327
欧米の音楽 …………………… 332
おしん ……………………… 179
オリンピック ……………… 46, 80
温家宝 ……………………… 150

【か】
外国製品の購買 ………………… 282
海賊版 …………………… 161, 170
カウンターカルチャー …………… 170
カッコいい ……………………… 240
鎌倉市 ………………………78
観光旅行意向 ………………… 274
韓国コンテンツ振興院 …………… 10
韓国ドラマ …………… 16, 18, 335, 340
韓国の音楽 …………………… 332
韓流… 17, 118, 128, 130, 133, 134, 136
韓流ドラマ ……………………… 313
企業のイメージ ………………… 370
金大中 …… 102, 104, 105, 115, 117, 121,
　　　125, 134
金泳三 ………………………73
逆流 ………………………17
キャラクターグッズ …………… 272
クール(・)ジャパン …… 10, 46, 49, 74,
　　77, 114, 127, 138, 237, 240, 272, 386
クッポン… 129, 130, 131, 132, 133, 141

397

国のイメージ管理…………………52
国のブランド価値…………………51
クリエイティブ産業………………70
グローバリゼーション……………34
黒子のバスケ……………………306
経済効果……………………………46
経済産業政策………………………33
経済的規模…………………………64
権威主義(的)パーソナリティ……320, 342, 352
原産国効果…………………………53
原産地効果………………………285
現代的レイシズム………338, 343, 349
孔子学院……………………151, 168
江沢民………………………144, 150
コーホート分析……………314, 353
コカコーラ………………………371
胡錦濤………………………150, 158
国際主義…………………………282
国民国家……………………………34
国民のアイデンティティ…………46
国家ブランディング…… 36, 48, 50, 52, 102, 103, 105, 106, 109, 110, 111, 113, 114, 116, 117, 120, 121, 125, 126, 127, 129, 130, 132, 133, 135, 136, 137, 138, 141, 252
国家ブランド委員会…… 103, 107, 110, 111, 113, 114, 115, 116, 117, 126, 138, 139
国家ブランドパーソナリティ… 53, 369
古典的レイシズム………………343
コ・ブランディング………………82
コレスポンデンス………………248
コンテンツ供給能力………………15
コンテンツ振興策…………………78
コンテンツツーリズム………… 49, 67

【さ】

サイバーナショナリズム……… 290, 296
サブカルチャー……………………35
サムスン………… 108, 110, 140, 371
時代効果…………………………315
自動車……………………………277
自民族中心消費…………………266
社会主義先進文化………………158
社会的支配志向性………… 343, 349
習近平……………………………143
収斂化………………………………26
小康社会…………………………158
消費者自民族中心主義…… 62, 282, 285, 291
情報規制……………………162, 167
情報統制政策……………………143
ジョゼフ・S・ナイ ……… 56, 136, 142
人権………………………………164
新自由主義………………………344
人民中国…………………………153
スクリーン（・）クォータ制 ……11, 64
寿司…………………………………33
ステークホルダー…………… 63, 72
ステレオタイプ……………319, 369
ステレオタイプの二次元モデル…222, 369
精神文明の建設…………………144
聖地巡礼……………………………67
西洋オリエンタリズム…………332
世代………………………………314
接触仮説…………………………362
セヌリ党…………………………232
尖閣諸島（釣魚島）問題………236

潜在的連合テスト……………… 211
走出去…………………… 10, 161
創造経済………………………… 65
創造都市………………………… 72
ソフトパワー………… 56, 143, 147, 148,
　　　156, 158, 168, 306, 307

【た】
対外イメージ…………………… 46
第二次世界大戦………………… 276
竹島……………………………… 322
脱国家ブランディング………… 133
ダラス…………………… 179, 203
単純な接触の効果…… 186, 187, 188
崔順実…… 122, 123, 124, 125, 128, 129,
　　　137, 140
チベット………………………… 156
チベット問題…………………… 292
中国アニメ……………… 159, 299
中国脅威論……………… 143, 145, 149
中国文化………………… 143, 147
チョー・ヨンピル……………… 324
全斗煥…………………………… 323
敵意……………………… 282, 285
テキスト分析…………………… 260
テキストマイニング…………… 153
デル……………………………… 371
テレノベラ……………………… 17
テレビ視聴時間………………… 266
テレビドラマ…………………… 237
伝統文化………………… 56, 262, 271
動画視聴サービス……………… 17

【な】
内部ブランディング…………… 60

ナショナリズム………………… 365
ナショナリズム意識…… 223, 233, 288,
　　　327, 365, 381
日本の電気製品………………… 274
日本のポピュラー文化………… 246
日本アニメ……………… 297, 299, 306
日本異質論……………………… 328
日本叩き………………………… 259
日本の電気製品の購買意向…… 274
日本への観光旅行……………… 237
日本への観光旅行意向………… 274
日本料理………………… 33, 237
狙った恋の落とし方…………… 49
盧武鉉………… 106, 107, 115, 120, 121,
　　　126, 134
ノンノ…………………… 16, 24

【は】
哈日族（ハーリーズー）…… 31, 190
排外意識………………… 223, 233
排外主義………………… 282, 337, 382
培養……………………… 184, 185
朴槿恵………… 102, 114, 115, 116, 117,
　　　119, 120, 121, 122, 123, 124, 125,
　　　126, 127, 128, 129, 131, 132, 133,
　　　135, 136, 137, 141
朴正熙…………………………… 323
パブリック・ディプロマシー…… 48, 56,
　　　149, 150, 168
反捕鯨問題……………………… 259
ファッション…………………… 246
ファンサブ……………………… 170
フィルム（・）コミッション… 49, 68, 71
フジテレビ……………… 340, 341
ぷちナショナリズム…… 327, 332

物質主義……………………… 365
不買運動……………………… 283
不法占拠……………………… 321
冬のソナタ……… 67, 196, 197, 213, 335
ブランドパーソナリティ…………… 369
ブリック・ディプロマシー……… 150
文化強国……………………… 144
文化産業政策………………… 156, 157
文化政策……………………… 47
文化多様性……………………… 70
文化帝国主義…………………… 29
文化的無臭性………………… 192
文化的割引……………………… 12
米国アニメ…………………… 299
北京オリンピック…… 83, 86, 149, 169, 292
ベトナム……………………… 147
保釣運動……………………… 194
ポピュラー音楽……………… 237
ポピュラー文化……… 9, 26, 34, 46, 237, 262, 271

ボリウッド…………………………17
香港…………………………… 156, 221
香港人意識…………………… 247
本省人………………………… 221, 230

【ま】
民主主義……………………… 164
文在寅……… 102, 121, 127, 132, 133, 137, 141
メガイベント……………………80

【や】
ヤミ市………………………… 321
「有能さ」のイメージ ………… 228, 369

【ら】
李承晩（ライン）…………… 322
歴史認識問題……… 150, 236, 344, 349, 351, 352
レノボ………………………… 371

●著者紹介

石井健一（いしい　けんいち）
筑波大学システム情報系准教授。
東京大学大学院社会学研究科博士課程単位取得退学，博士（社会工学）。
主な業績に，『東アジアの日本大衆文化』（編著, 蒼蒼社, 2001），『グローバル化における中国のメディアと産業——情報社会の形成と企業改革』（共編著, 明石書店, 2008），『情報化の普及過程』（学文社, 2003），"Between the Public and Private in Mobile Communication"（分担執筆, Routledge），"Agenda-setting within business news coverage in developed, emerging and frontier markets"（分担執筆, Routledge）などがある。

小針　進（こはり　すすむ）
静岡県立大学国際関係学部教授。
東京外国語大学朝鮮語科卒業，韓国・西江大学校公共政策大学院修士課程修了。ソウル大学校大学院博士課程中退。特殊法人国際観光振興会東京本部職員，同ソウル事務所次長，外務省専門調査員（在韓日本大使館）などを経て，現職。
主な業績に，『日韓関係の争点』（共編著, 藤原書店, 2014），『日韓交流スクランブル』（大修館書店, 2008），『韓流ハンドブック』（共編著, 新書館, 2007），『韓国人は，こう考えている』（新潮社, 2004），『韓国と韓国人』（平凡社, 1999），『世紀末韓国を読み解く』（東洋経済新報社, 1998），『韓国ウォッチング』（時事通信社, 1995）などがある。

渡邉　聡（わたなべ　さとし）
静岡県立大学国際関係学部・教授。
東京大学文学部社会心理学科卒業，東京大学大学院社会学研究科博士課程単位取得退学，東京大学修士（社会学）。
主な業績に，「偏見はなぜ消えにくいのか？——認知心理学の実験研究から」『「世界の中の日本」への課題』（北樹出版, 1994），pp.47-80. Nation brand personality and product evaluation among Japanese people: Implication for nation branding. Place Branding and Public Diplomacy. 11(1)：50-64（石井健一との共著）などがある。

中国社会研究叢書　21世紀「大国」の実態と展望　2

日中韓の相互イメージとポピュラー文化
——国家ブランディング政策の展開

2019年4月10日　初版第1刷発行

著　者	石　井　健　一
	小　針　　　進
	渡　邉　　　聡
発行者	大　江　道　雅
発行所	株式会社明石書店

〒101-0021 東京都千代田区外神田6-9-5
電話 03（5818）1171
FAX 03（5818）1174
振替 00100-7-24505
http://www.akashi.co.jp

組　版	有限会社秋耕社
装　丁	明石書店デザイン室
印刷・製本	モリモト印刷株式会社

（定価はカバーに表示してあります）　　ISBN 978-4-7503-4813-1

JCOPY 〈（社）出版者著作権管理機構　委託出版物〉

本書の無断複写は著作権法上での例外を除き禁じられています。複写される場合は，そのつど事前に，（社）出版者著作権管理機構（電話 03-5244-5088，FAX 03-5244-5089、e-mail：info@jcopy.or.jp）の承諾を得てください。

中国社会研究叢書
21世紀「大国」の実態と展望

首藤明和(日中社会学会 会長)[監修]

社会学、政治学、人類学、歴史学、宗教学などの学問分野が参加して、中国社会と他の社会との比較に基づき、何が問題なのかを見据えつつ、問題と解決策との間の多様な関係の観察を通じて、選択における多様な解を拓くことを目指す。21世紀の「方法としての中国」を示す研究叢書。

❶ 中国系新移民の新たな移動と経験
── 世代差から照射される中国と移民ネットワークの関わり
奈倉京子 編著　　　　　　　　　　　　　　◎3800円

❷ 日中韓の相互イメージとポピュラー文化
── 国家ブランディング政策の展開
石井健一、小針進、渡邉聡 著　　　　　　　◎3800円

❸ 下から構築される中国
──「中国的市民社会」のリアリティ
李妍焱 著　　　　　　　　　　　　　　　　◎3300円

❹ 近代中国の社会政策と救済事業
── 合作社・社会調査・社会救済の思想と実践
穐山新 著

❺ 中国の「村」を問いなおす
南裕子、閻美芳 編著

❻ 中国のムスリムからみる中国
── N.ルーマンの社会システム理論から
首藤明和 著

❼ 東アジア海域から眺望する世界史
鈴木英明 編著

❽ 日本華僑社会の歴史と文化──地域の視点から
曾士才、王維 編著

❾ 現代中国の宗教と社会
櫻井義秀 編著

〈価格は本体価格です〉